Elogios dedicados a *Prompt engineering para inteligencia artificial generativa*

Definitivamente, es el mejor recurso en forma de libro que he leído sobre *prompt engineering*. Mike y James son maestros en su oficio.

—Dan Shipper, cofundador y CEO de Every

El libro constituye una sólida introducción a los fundamentos de *prompt engineering* y la inteligencia artificial (IA) generativa. Los autores tratan una amplia gama de técnicas útiles para cualquier nivel de habilidad de que se trate, desde principiante hasta avanzado, y lo hacen de forma sencilla, práctica y fácil de entender. Si está buscando cómo mejorar la precisión y fiabilidad de sus sistemas de IA, este libro debería formar parte de su biblioteca.

—Mayo Oshin, fundador y CEO de Siennai Analytics, antiguo colaborador de LangChain

La guía de Phoenix y Taylor constituye verdaderamente un faro en medio del vasto océano de la IA generativa. Su libro se convirtió en la piedra angular de mi equipo de Phiture's AI Labs, ya que aprendimos a aprovechar los LLM y los modelos de difusión para crear activos de *marketing* que estuvieran en consonancia con la esencia de las aplicaciones y juegos de nuestros clientes. Gracias a *prompt engineering,* hemos sido capaces de generar contenido personalizado a escala. No se trata solo de teoría; es una clase práctica magistral que transforma el potencial en bruto de la IA en soluciones a medida, convirtiéndolo en una lectura esencial para desarrolladores que pretenden elevar la integración de la IA a nuevas cotas de creatividad y eficacia.

—Moritz Daan, fundador y socio de Phiture Mobile Growth Consultancy

Prompt Engineering para inteligencia artificial generativa es probablemente la forma más efectiva de asegurar su carrera tecnológica para el futuro. Este es sin duda el mejor recurso para cualquiera que trabaje en aplicaciones prácticas de IA. Los ricos y refinados principios contenidos en él ayudarán, tanto a los ingenieros de IA noveles como a los experimentados, a mantenerse en la cima de este juego tan competitivo, en un futuro inmediato.

—Ellis Crosby, CTO y cofundador de Incremento

Se trata de una guía esencial para los profesionales de agencias y servicios. La integración de la IA con el servicio y la entrega al cliente, utilizando la gestión de la automatización y acelerando las soluciones, establecerá nuevos estándares de la industria. Podrá encontrar información y tácticas útiles y prácticas en el libro, que le permitirán comprender y utilizar todo el potencial de la IA.

—Byron Tassoni-Resch, CEO y cofundador de WeDiscover

Una lectura realmente interesante e informativa, en la que se mezclan consejos prácticos y trucos con una sólida información fundamental. El mundo de la inteligencia artificial generativa (GenAI) se desarrolla a una velocidad vertiginosa, y disponer de un conjunto de herramientas que puedan ofrecer resultados, independientemente del modelo fundacional que se utilice, ¡vale su peso en oro!

—Riaan Dreyer, director de tecnología digital y responsable de datos de Bank of Iceland

Los autores traducen con maestría los entresijos del *prompt engineering* en un conjunto de herramientas prácticas para la generación de textos e imágenes. Esta guía, que abarca desde prácticas estándar hasta técnicas de vanguardia, capacita a los lectores con consejos prácticos para maximizar las capacidades de los modelos de la IA generativa.

—Aditya Goel, consultor de IA generativa

Prompt engineering para inteligencia artificial generativa

Cómo elaborar preguntas para obtener respuestas fiables y relevantes con la IA

James Phoenix y Mike Taylor

Marcombo

Finançat per la Unió Europea NextGenerationEU
GOBIERNO DE ESPAÑA
Plan de Recuperación, Transformación y Resiliencia
Next Generation Catalunya
Generalitat de Catalunya

Primera edición original publicada en inglés por O'Reilly con el título *Prompt Engineering for Generative AI,* ISBN 978-1-098-15343-4 © 2024 Saxifrage, LLC y Just Understanding Data LTD.

This translation is published and sold by permission of O'Reilly Media, Inc., which owns or controls all rights to publish and sell the same.

Título de la edición en español: *Prompt engineering para inteligencia artificial generativa*

Primera edición en español, 2025

Gran Via de les Corts Catalanes 594, 08007 Barcelona
Contacto: info@marcombo.com

Diseño de portada: Karen Montgomery
Ilustración: Kate Dullea
Traducción: Francisco Martínez Carreño
Corrección: Mónica Muñoz
Directora de producción: M.ª Rosa Castillo

ISBN: 978-84-267-3883-7
D. L.: B 1172-2025

Impreso en Service Point
Printed in Spain

Libro ecológico
Impreso con papel procedente de bosques gestionados de manera eficiente, libre de cloro

Contenido

Prefacio

El rápido ritmo de innovación de la IA generativa promete cambiar nuestra forma de vivir y de trabajar, pero cada vez resulta más difícil mantenerse al día. El número de artículos sobre IA publicados en arXiv crece de forma exponencial *(https://oreil.ly/EN5ay)*. Stable Diffusion *(https://oreil.ly/QX-yy)* ha sido uno de los proyectos de código abierto de más rápido crecimiento en la historia, y el servidor de Discord de la herramienta de arte Midjourney (*https://oreil.ly/ZVZ5o*) cuenta con decenas de millones de miembros, superando incluso a las comunidades de juegos más grandes. Lo que más cautivó la imaginación del público fue el lanzamiento por parte de OpenAI de ChatGPT, que alcanzó 100 millones de usuarios en dos meses *(https://oreil.ly/FbYWk)*, convirtiéndose en la aplicación de consumo de más rápido crecimiento de la historia. Aprender a trabajar con IA se ha convertido rápidamente en una de las competencias más demandadas.

Todo el que utiliza IA de forma profesional aprende con rapidez que la calidad del resultado depende, en gran medida, de lo que el usuario proporcione como entrada. La disciplina de *prompt engineering* ha surgido como un conjunto de buenas prácticas para mejorar la fiabilidad, eficiencia y precisión de los modelos de IA. "Dentro de diez años, la mitad de los puestos de trabajo del mundo se dedicarán al *prompt engineering*", afirma Robin Li *(https://oreil.ly/IdIfO)*, cofundador, y CEO del gigante tecnológico chino Baidu. Sin embargo, prevemos que el *prompting* (creación de *prompts*) será una habilidad requerida para muchos trabajos, similar al dominio de Microsoft Excel, más que un popular título de trabajo en sí mismo. Esta nueva ola de disrupción está cambiando todo lo que creíamos saber acerca de los ordenadores. Estamos acostumbrados a escribir algoritmos que devuelven el mismo resultado, pero ese no es el caso de la IA, donde las respuestas no son deterministas. El coste y la latencia vuelven a ser factores que tener en cuenta, después de décadas en las que la ley de Moore nos ha hecho confiar en la computación en tiempo real a un coste insignificante. El mayor obstáculo es la tendencia de estos modelos a inventar cosas transmitiendo certeza, lo que se conoce como *alucinación*, y que nos obliga a que tengamos que replantear la forma en la que evaluamos la precisión de nuestro trabajo.

Llevamos trabajando con la IA generativa desde la versión beta de GPT-3 en el año 2020 y, a medida que veíamos progresar los modelos, muchos de los primeros trucos y *hacks* (soluciones ingeniosas) de *prompts* ya no fueron necesarios. Con el paso del tiempo surgió un conjunto coherente de principios que seguían siendo útiles con los modelos más recientes, y funcionaban tanto en la generación de texto como de imágenes. Hemos escrito el libro basándonos en estos principios, que se mantienen vigentes con el tiempo, para ayudarlo a aprender habilidades transferibles a distintos trabajos y situaciones que seguirán siendo útiles, sin importar lo que ocurra con la IA durante los próximos cinco años. La clave para trabajar con la IA no es "averiguar cómo jaquear el *prompt* añadiendo una palabra mágica al final que cambie todo lo demás", como afirma el cofundador de OpenAI Sam Altman *(https://oreil.ly/oo262)*, pero lo que siempre importará es la "calidad de las ideas y la comprensión de lo que uno quiere". Aunque no sabemos si lo llamaremos *prompt engineering* dentro de cinco años, trabajar eficazmente con la IA generativa será cada vez más importante.

Requisitos de *software* para desarrollar el contenido del libro

El código del libro está escrito en Python y se diseñó para ejecutarse en Jupyter Notebook *(https://jupyter.org)* o en un cuaderno de Google Colab *(https://colab.research.google.com)*. Los conceptos que se presentan en el libro son transferibles a JavaScript o, si se prefiere, a cualquier otro lenguaje de codificación, aunque el contenido del libro se centra en las técnicas del *prompting* más que en las habilidades de codificación tradicionales. La totalidad del código se puede encontrar en GitHub *(https://oreil.ly/BrightPool)*, y proporcionaremos enlaces a los cuadernos relevantes a lo largo del libro. Es muy recomendable que utilice el repositorio de GitHub *(https://oreil.ly/BrightPool)* y ejecute los ejemplos que se proporcionan a medida que vaya leyendo el libro.

Para ejemplos que no sean de cuadernos, puede ejecutar el *script* (fragmento de código) con el formato `python content/chapter_x/script.py` en su terminal, donde `x` es el número de capítulo y `script.py` es el nombre del *script*. En algunos casos, las claves de la API deben configurarse como variables de entorno, y lo aclararemos cuando sea necesario. Los paquetes utilizados se actualizan frecuentemente, por lo que lo recomendable es instalar nuestro *requirements.txt (https://oreil.ly/BPreq)* en un entorno virtual antes de ejecutar ejemplos de código.

El archivo *requirements.txt* se genera para Python 3.9. Si desea utilizar una versión diferente de Python, puede generar un nuevo archivo *requirements.txt* a partir del archivo *requirements.in (https://oreil.ly/YRwP7)*, que se encuentra en el repositorio GitHub, ejecutando estos comandos:

```
`pip install pip-tools`
`pip-compile requirements.in`
```

Para usuarios de Mac:

1. Abra Terminal: puede encontrar la aplicación Terminal en la carpeta Applications, en Utilities o utilice Spotlight para buscarla.
2. Navegue hasta la carpeta del proyecto: utilice el comando `cd` para cambiar el directorio a la carpeta del proyecto; por ejemplo: `cd path/to/your/project`.

3. Cree el entorno virtual: utilice el siguiente comando para crear el entorno virtual llamado `venv` (puede ponerle cualquier nombre): `python3 -m venv venv`.
4. Active el entorno virtual: antes de instalar los paquetes, debe activar el entorno virtual. Hágalo con el comando `source venv/bin/activate`.
5. Instale los paquetes: ahora que su entorno virtual está activo, puede instalar los paquetes utilizando `pip`. Para instalar los paquetes desde el archivo *requirements.txt,* utilice `pip install -r requirements.txt`.
6. Desactive el entorno virtual: cuando haya terminado, puede usted desactivar el entorno virtual escribiendo el comando `deactivate`.

Para los usuarios de Windows:

1. Abra el símbolo del sistema: puede buscar por `cmd` en el menú Inicio.
2. Navegue hasta la carpeta del proyecto: utilice el comando `cd` para cambiar el directorio a la carpeta del proyecto; por ejemplo, `cd path/to/your/project`.
3. Cree el entorno virtual: utilice el siguiente comando para crear un entorno virtual llamado `venv`: `python -m venv venv`.
4. Active el entorno virtual: para activar el entorno virtual en Windows, utilice `.\venv\Scripts\activate`.
5. Instale los paquetes: con el entorno virtual activo, instale los paquetes requeridos: `pip install -r requirements.txt`.
6. Desactive el entorno virtual: para salir del entorno virtual, basta con teclear `deactivate`.

A continuación, se presentan algunos consejos adicionales sobre la configuración:

- Asegúrese siempre de que la versión de Python esté actualizada, para evitar problemas de compatibilidad.
- Recuerde que tiene que activar su entorno virtual siempre que trabaje en el proyecto.
- El archivo *requirements.txt* debe estar en el mismo directorio en el que cree el entorno virtual, o debe especificar su ruta cuando utilice `pip install -r`.

Se supone que tiene acceso a una cuenta de desarrollador de OpenAI, ya que su `OPENAI_API_KEY` debe configurarse como una variable de entorno en cualquier ejemplo en el que se produzca la importación de la biblioteca OpenAI, para lo cual utilizamos la versión 1.0. Encontrará instrucciones de inicio rápido para configurar el entorno de desarrollo en la documentación que aparece en el sitio web *(https://oreil.ly/YqbrY)* de OpenAI.

También debe tener la seguridad de que la *facturación esté habilitada* en su cuenta de OpenAI y que exista un método de pago válido para ejecutar parte del código que se utiliza en el libro. Los ejemplos del libro utilizan GPT-4 cuando no se indica lo contrario, aunque también tratamos brevemente el modelo competidor Claude 3 de Anthropic *(https://oreil.ly/jY8Ai)*, así como el código abierto de Meta, Llama 3 *(https://oreil.ly/BbXZ3)* y Gemini de Google *(https://oreil.ly/KYgij)*.

Para la generación de imágenes, utilizamos Midjourney *(https://www.midjourney.com)*, para lo cual necesita una cuenta de Discord en la que registrarse, aunque estos principios se aplican igualmente a DALL-E 3 (disponible con la suscripción a ChatGPT Plus o a través de la API) o Stable Diffusion (disponible a través de una API *(https://oreil.ly/cmTtW)*, o puede ejecutarse localmente *(https:// oreil.ly/Ha0T5)* en su ordenador si dispone de una GPU. Los ejemplos de generación de imágenes del libro utilizan Midjourney v6, Stable Diffusion v1.5 (ya que muchas extensiones siguen siendo solo compatibles con esta versión) o Stable Diffusion XL *(https://oreil.ly/S0P4s)*, y especificamos las diferencias cuando esto es importante.

Siempre que ha sido posible, hemos proporcionado ejemplos utilizando bibliotecas de código abierto, aunque también incluimos proveedores comerciales cuando ha procedido; por ejemplo, el capítulo 5 sobre bases de datos vectoriales muestra tanto FAISS (una biblioteca de código abierto) como Pinecone (un proveedor de pago). Los ejemplos que se muestran en el libro se deberían poder modificar fácilmente para modelos y proveedores alternativos, y las habilidades que se han presentado son transferibles. El capítulo 4 sobre generación avanzada de texto se centra en el *framework* LLM LangChain, y el capítulo 9 sobre generación avanzada de imágenes se basa en la interfaz Stable Diffusion Web UI de AUTOMATIC1111, de código abierto.

Convenciones utilizadas en el libro

En el libro se utilizan las siguientes convenciones tipográficas.

Cursiva
: Indica nuevos términos, URL, direcciones de correo electrónico, nombres de archivos y extensiones de archivos.

`Anchura constante`
: Se utiliza en listados de programas, así como en párrafos en los que haya que referirse a elementos de programas tales como nombres de variables o funciones, bases de datos, tipos de datos, variables de entorno, instrucciones y palabras clave.

`Anchura constante en negrita`
: Muestra comandos u otro tipo de texto que el usuario debe teclear literalmente.

`Anchura constante en cursiva`

Muestra el texto que debe sustituirse por valores proporcionados por el usuario o por valores determinados por el contexto.

Este elemento representa un consejo o sugerencia.

Este elemento representa una nota general.

Este elemento indica una advertencia o precaución.

A lo largo del libro, reforzamos lo que llamamos los cinco principios del *prompting*, identificando qué principio es el que mejor se puede aplicar al ejemplo en cuestión. Si lo desea, consulte el capítulo 1, donde se describen los principios en detalle.

Nombre del principio

Se explicará cómo se aplica el principio al ejemplo o sección de texto en cuestión.

Ejemplos de código

Existe material complementario (ejemplos de código o ejercicios) que está disponible para su descarga en *www.marcombo.info* con el código **PROMPT25**.

Agradecimientos

Nos gustaría dar las gracias a las siguientes personas por su contribución a la revisión técnica del libro y por su paciencia a la hora de corregir una meta en constante cambio:

- Mayo Oshin, uno de los primeros colaboradores de LangChain y fundador de SeinnAI Analytics *(https://www.siennaianalytics.com)*.

- Ellis Crosby, fundador de Scarlett Panda *(https://www.scarlettpanda.com)* y de la agencia de inteligencia artificial Incremen.to *(https://incremen.to)*.
- Dave Pawson, autor de O'Reilly de *XSL-FO (https://oreil.ly/XSL-FO)*.
- Mark Phoenix, ingeniero superior de *software*.
- Aditya Goel, consultor de GenAI.

También estamos muy agradecidos a nuestras familias por su paciencia y comprensión y queremos que tengan la seguridad de que seguimos prefiriendo hablar con ellas en lugar de hacerlo con ChatGPT.

CAPÍTULO 1

Los cinco principios del *prompting*

Prompt engineering es el proceso de descubrir *prompts* que generen, de manera fiable, resultados útiles o deseados.

El *prompt* es la entrada que usted proporciona, normalmente texto, cuando interactúa con un modelo de IA como ChatGPT o Midjourney. El *prompt* sirve como el conjunto de instrucciones que el modelo utiliza para predecir la respuesta deseada, bien sea texto de *modelos de lenguaje de gran tamaño* (los LLM) como ChatGPT *(https://chat.openai.com),* o imágenes de *modelos de difusión,* como Midjourney *(https://www.midjourney.com).*

A continuación, se muestra el sencillo ejemplo de un *prompt* de entrada para un generador de nombres de productos (inspirado en uno de ejemplos de OpenAI *(https://oreil.ly/Fc8cq)* y la salida resultante de ChatGPT.

Entrada:

```
Can I have a list of product names for a pair
of shoes that can fit any foot size?
```

Salida:

```
Certainly! Here's a list of product names for a
pair of shoes that can fit any foot size:

UniFit SoleStrides
FlexiSize All-Fit
Shoes OmniFit
FootFlex
...
AnyStep AdaptiWalkers
FlexiRange
UniversalSteps
PerfectGlide MultiFit
Shoes
```

Esto ya es una respuesta notable para un *prompt* elemental, que parece magia porque hemos llegado hasta aquí con muy poco esfuerzo. A medida que mejoran los modelos de última generación, aumenta la probabilidad de que obtenga resultados lo *suficientemente buenos* en su primer intento. Para cualesquiera interacciones intrascendentes con una

IA, en las que no tiene previsto volver a realizar la misma tarea, un enfoque elemental es todo lo que necesita.

Sin embargo, si tiene previsto poner el *prompt* en producción, le convendría esforzarse en. hacerlo bien. Los errores le cuestan dinero en términos de las tarifas que cobra OpenAI en función de la longitud del *prompt* y de la respuesta, así como del tiempo empleado en corregir los errores. Si tratara de crear un generador de nombres de productos con miles de usuarios, existen algunos problemas obvios que querría intentar solucionar.

Orientación imprecisa
: No informa a la IA sobre el tipo de nombre que quiere, o qué atributos debe tener. ¿Quiere que sea una sola palabra o una concatenación de palabras? ¿Pueden ser palabras inventadas o es importante utilizar palabras del español real? ¿Quiere que la IA emule a alguien a quien usted admira y que es famoso por crear grandes nombres para sus productos?

Salida sin formato
: Le devuelve una lista de nombres separados línea por línea, de longitud indeterminada. Si ejecuta este *prompt* varias veces, verá que en ocasiones le devuelve una lista numerada y, a menudo, tiene texto al principio, lo que dificulta realizar un análisis mediante programación.

Ausencia de ejemplos
: No le ha proporcionado a la IA ningún ejemplo de cómo deben ser los nombres adecuados. Está generando nombres automáticamente, utilizando un promedio de los datos de entrenamiento, es decir, de todo Internet (con todos los sesgos inherentes), pero ¿es eso lo que quiere? Lo ideal sería que le diera ejemplos de nombres de éxito, nombres corrientes que se utilicen en la industria, o incluso simplemente otros nombres que le gusten.

Evaluación limitada
: Usted no dispone de una forma consistente o escalable de definir qué nombres son buenos o malos, así que tiene que revisar cada respuesta una por una. Si puede implementar un sistema de puntuación u otra forma de medición, podría optimizar el *prompt* para obtener mejores resultados e identificar cuántas veces falla.

No existe la división de la tarea
: Le está exigiendo mucho a un solo *prompt*: hay muchos factores que intervienen en la denominación de un producto, y esta importante tarea se está delegando ingenuamente a la IA en un solo intento, sin especialización de tareas ni visibilidad de cómo la IA gestiona esta tarea por usted.

Abordar estos problemas es la base de los principios fundamentales que utilizamos a lo largo del libro. Hay muchas formas distintas de pedir a un modelo de IA que haga la misma tarea, e incluso pequeños cambios pueden suponer una gran diferencia. Los LLM funcionan prediciendo continuamente el siguiente *token* (aproximadamente, tres cuartas partes de una palabra), partiendo de lo que había en el *prompt*. Cada nuevo *token* se selecciona en función de la probabilidad que tenga de aparecer a continuación, con un elemento de aleatoriedad (controlado por el parámetro *temperature*). Como se muestra en la figura 1-1, la palabra *shoes* tenía una probabilidad más baja de aparecer tras el inicio del nombre *AnyFit* (0,88 %), mientras que una respuesta más predecible sería *Athletic* (72,35 %).

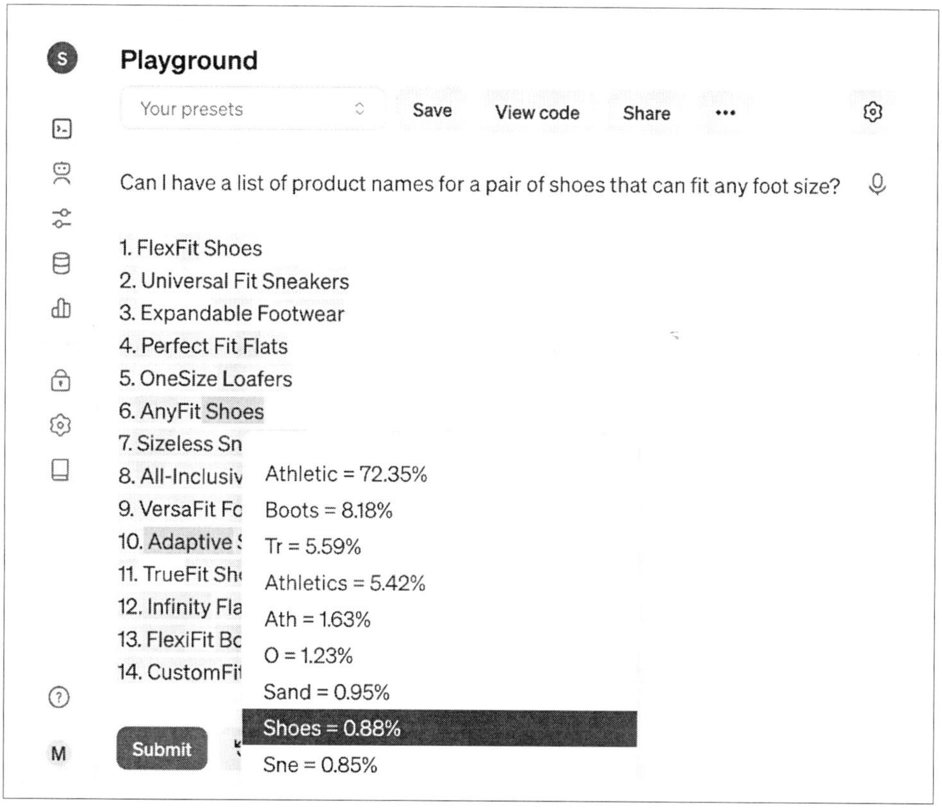

Figura 1-1. *Cómo se descompone la respuesta en* tokens.

A los LLM se les entrena básicamente con la totalidad del texto de internet y, luego, se les perfecciona para que proporcionen respuestas útiles. Los *prompts* promedio generan respuestas promedio, lo que lleva a algunos a sentirse decepcionados cuando los resultados no están a la altura de las expectativas. Lo que usted incluya en el *prompt* cambia la probabilidad de cada palabra que se genere, lo cual producirá un impacto importante en los resultados que obtendrá. Estos modelos han visto lo mejor y lo peor de lo que ha producido el ser humano y son capaces de emular casi cualquier cosa si se sabe la forma correcta de hacer las preguntas. OpenAI cobra en función del número de *tokens* utilizados *(https://openai.com/pricing)* en el *prompt* y la respuesta, por lo que los ingenieros de *prompts* necesitan aprovechar al máximo estos *tokens* optimizando los *prompts* en cuanto a coste, calidad y fiabilidad.

A continuación, se ilustra el mismo ejemplo con la aplicación de varias técnicas de *prompt engineering*. Le pedimos nombres del estilo de Steve Jobs, le indicamos que queremos una lista separada por comas y le proporcionamos ejemplos de una tarea bien hecha.

Entrada:

```
Brainstorm a list of product names for a shoe that fits any
foot size, in the style of Steve Jobs.

Return the results as a comma-separated list, in this format:
Product description: A shoe that fits any foot size
Product names: [list of 3 product names]

## Examples
Product description: A refrigerator that dispenses beer
Product names: iBarFridge, iFridgeBeer, iDrinkBeerFridge

Product description: A watch that can tell accurate time in
space
Product names: iNaut, iSpace, iTime

Product description: A home milkshake maker Product
names: iShake, iSmoothie, iShake Mini
```

Salida:

```
Product description: A shoe that fits any foot size
Product names: iFitFoot, iPerfectFit, iShoeSize
```

Aunque ningún *prompt* es perfecto, este *prompt* está optimizado para ofrecer de forma fiable nombres adecuados de productos en el formato correcto. El usuario de su generador de nombres de productos puede elegir a alguien que no sea Steve Jobs para obtener los tipos de nombres que le gusten, puede cambiar el formato de la respuesta si es necesario y la salida de este *prompt* puede convertirse en la entrada de otro. Por último, usted podría actualizar periódicamente los ejemplos que utiliza en el *prompt* teniendo en cuenta los comentarios de los usuarios, haciendo que su sistema sea más inteligente con el paso del tiempo.

Visión general de los cinco principios del *prompting*

El proceso para optimizar este *prompt* sigue los *cinco principios del* prompting, que analizaremos utilizando este ejemplo en el resto del capítulo y recordaremos a lo largo del libro. Se corresponden exactamente con las cinco cuestiones que planteamos al debatir el texto elemental del *prompt.* En el resto del libro, encontrará referencias a estos principios, para ayudarlo a entender cómo se utilizan en la práctica. Los cinco principios del *prompting* se exponen a continuación.

Proporcionar orientación
: Describa detalladamente el tipo deseado, o haga referencia a un personaje relevante.

Especificar el formato
: Defina qué reglas hay que seguir y la estructura requerida de la respuesta.

Proporcionar ejemplos
: Inserte un conjunto variado de casos de prueba en los que la tarea se haya realizado correctamente.

Evaluar la calidad
: Identifique los errores y valore las respuestas, comprobando qué es lo que mejora el rendimiento.

Dividir la tarea
: Divida las tareas en múltiples pasos, encadenándolos cuando se trata de objetivos complejos.

Estos principios no son *consejos* o *trucos* efímeros, sino convenciones generalmente aceptadas que resultan útiles para trabajar con cualquier nivel de inteligencia, sea esta biológica o artificial. Estos principios son independientes del modelo y deberían servir para mejorar el *prompt,* independientemente del modelo generativo de texto o imágenes que se utilice. Publicamos por primera vez estos principios en julio de 2022, en un *post* del blog *Prompt Engineering: From Words to Art and Copy (https://oreil.ly/RYYiV),* y han resistido el paso del tiempo, además de corresponderse bastante bien con la propia *Prompt Engineering Guide (Guía de* prompt engineering*)* de OpenAI *(https://oreil.ly/ dF8q),* que apareció un año después. Cualquiera que trabaje estrechamente con modelos de IA generativa, es probable que converja en un conjunto similar de estrategias para resolver problemas comunes y, a lo largo del libro, verá cientos de ejemplos demostrativos de cómo pueden ser útiles estos principios para mejorar los *prompts.*

Hemos incluido hojas informativas descargables para la generación de textos e imágenes que puede utilizar como listas de comprobación para aplicar estos principios. Estos se crearon para nuestro popular curso Udemy the Complete Prompt Engineering for AI Bootcamp *(https://oreil.ly/V40zg)* (con más de setenta mil estudiantes), que se fundamentaba en los mismos principios, pero con un material diferente al de este libro:

- Hoja informativa de generación de texto *(https://oreil.ly/VCcgy)*
- Hoja informativa de generación de imágenes *(https://oreil.ly/q7wQF)*

Para mostrar que estos principios se aplican igualmente bien al *prompting* en los modelos de imágenes, utilizaremos el siguiente ejemplo y explicaremos cómo aplicar cada uno de los cinco principios del *prompting* a este escenario en concreto. Copie y pegue el *prompt* completo de entrada en el bot de Midjourney en Discord, incluido el enlace a la imagen que escribirá al principio, después de teclear **`/imagine`**, para que aparezca la caja del *prompt* (requiere tener una cuenta gratuita de Discord *[https://discord.com]* y una cuenta de pago de *https://www.midjourney.com*) Midjourney.

Entrada:

```
https://s.mj.run/TKAsyhNiKmc stock photo of business meeting
of 4 people watching on white MacBook on top of glass-top
table, Panasonic, DC-GH5
```

En la figura 1-2, se muestra el resultado.

Figura 1-2. *Fotografía de* stock *de una reunión de negocios.*

Con este *prompt,* se aprovecha la capacidad de Midjourney para utilizar una imagen base como ejemplo. En primer lugar, hay que subir la imagen a Discord y, luego, copiar y pegar la URL en el *prompt (https://s.mj.run/TKAsyhNiKmc)*. El enlace se refiere a una imagen libre de derechos de Unsplash (figura 1-3). Si se encuentra con un error en el *prompt,* intente subir la imagen de nuevo y revise la documentación de Midjourney *(https://oreil.ly/UTxpX)* para ver si hay cambios en el formato.

Figura 1-3. *Fotografía de Mimi Thian en Unsplash (https://oreil.ly/J4Hkr).*

Comparemos este *prompt* bien diseñado con lo que le devuelve Midjourney si pide inocentemente una foto de *stock* de la manera más simple posible. En la figura 1-4, se muestra un ejemplo de lo que se obtiene cuando no se aplica *prompt engineering:* una imagen con un toque más oscuro y estilizado en una foto de *stock* de lo que cabría esperar normalmente.

Entrada:

```
people in a business meeting
```

En la figura 1-4, se muestra el resultado.

Aunque en la versión 5 y posteriores de Midjourney el problema es menor, los mecanismos de retroalimentación de la comunidad (cuando los usuarios seleccionan una imagen para redimensionarla a una resolución mayor, la imagen elegida puede utilizarse para entrenar el modelo) han sesgado, al parecer, el modelo hacia una estética de fantasía, que es menos adecuada para el caso de uso de las fotos de *stock*. Los primeros usuarios de Midjourney procedían del mundo del arte digital y se inclinaban naturalmente por los estilos de fantasía y ciencia ficción, lo que puede reflejarse en los resultados del modelo incluso cuando esta estética no sea la adecuada.

Los ejemplos utilizados a lo largo del libro serán compatibles con ChatGPT Plus (GPT-4) como modelo de texto y Midjourney v6 o Stable Diffusion XL como modelo de imágenes, aunque lo especificaremos si es importante. Estos modelos fundacionales son el estado actual de la técnica y son buenos en una amplia gama de tareas. Los principios están pensados para que, en la medida de lo posible, estén preparados para el futuro, por lo que, si está leyendo el libro cuando GPT-5, Midjourney v7 o Stable Diffusion XXL estén disponibles, o si utiliza otro proveedor como Google, todo lo que aprenda aquí debería seguir resultándole útil.

Figura 1-4. *Personas en una reunión de negocios.*

1. Proporcionar orientación

Uno de los problemas del texto elemental del que hablábamos antes era que no informaba a la IA de los *tipos* de nombres de productos que usted quería. Hasta cierto punto, poner nombre a un producto es una tarea subjetiva y, si no le proporciona a la IA una idea de los nombres que a usted le gustan, tiene pocas probabilidades de acertar.

Por cierto, a una persona también le costaría llevar a cabo esta tarea sin un buen *briefing/informe detallado*, razón por la cual las agencias creativas y de *branding* (gestión de marca) exigen a sus clientes un *briefing* detallado sobre cualquier tarea.

> Aunque no es una correspondencia perfecta, puede ser útil imaginar qué contexto podría necesitar una persona para realizar esta tarea e intentar incluirlo en el *prompt*.

En el ejemplo del *prompt*, proporcionamos orientación mediante el uso de *juegos de rol*, en este caso emulando el estilo de Steve Jobs, famoso por poner nombres icónicos a sus productos. Si usted cambia este aspecto del *prompt* por el nombre de otra persona famosa en los datos de entrenamiento (además de ajustar los ejemplos al estilo adecuado), obtendrá resultados radicalmente distintos.

Entrada:

```
Brainstorm a list of product names for a shoe that fits any
foot size, in the style of Elon Musk.

Return the results as a comma-separated list, in this
format: Product description: A shoe that fits any foot size
Product names: [list of 3 product names]

## Examples
Product description: A refrigerator that dispenses beer
Product names: Teslacool, FridgeX, Neuradrink

Product description: A watch that can tell accurate time in
space
Product names: WatchX, iSpace, The Watch Company

Product description: A home milkshake maker
Product names: ShakeX, The Milkshake Company, HyperShake
```

Salida:

```
ShoeX, MarsFit, The Shoe Company
```

También hay algunas reglas o buenas prácticas que haría bien en seguir, y que podrían incluirse en el *prompt* como contexto para orientar a la IA hacia un nombre que funcione. A esta técnica se la denomina a veces *precalentamiento* o *recuperación interna*, y es sencilla pero eficaz (Liu *et al.*, 2021 *[https://oreil.ly/1lqzK]*). Iniciar la conversación pidiendo consejo para las mejores prácticas, y luego pedirle que siga sus propios consejos, puede ayudar en gran medida. En efecto, usted utiliza la IA para que ella genere su propia dirección.

Entrada:

```
Please give me 5 tips for naming products based on expert
industry advice.
```

Salida:

```
Certainly! Naming a product is crucial as it often gives the
first impression to potential customers. Here are five
expert tips to guide you in naming products:

1.   **Simplicity & Memorability**: Opt for names that are
short, easy to spell, and memorable. Long, complicated names
can be difficult for customers to recall. Remember, the
easier the name is to remember, the more likely it is that
consumers will think of your product when making a purchase
decision.

...

5. **Positive Connotations**: Names that evoke positive
emotions or imagery can create a favorable perception of
```

```
your product. Avoid names that have negative or
controversial associations in any of the primary languages
or cultures where you intend to do business. It's often
worthwhile to conduct linguistic checks and market testing
to ensure there aren't unintended meanings.

Lastly, once you've shortlisted a few names, it's a good
idea to run them by diverse focus groups or conduct surveys
to gauge reactions. Also, ensure that the name you choose is
available for trademarking and doesn't infringe on existing
trademarks.
```

A continuación, dentro de la misma ventana de chat, en la que el modelo tiene el contexto de los consejos anteriores que este ha proporcionado, usted le pide la tarea inicial que quería completar.

Entrada:

```
Using this advice, can I have a list of product names for a
pair of shoes that can fit any foot size?
```

Salida:

```
Certainly! Based on the criteria given:

1. **Simplicity & Memorability**
2. **Relevance & Descriptiveness**
3. **Differentiation & Uniqueness**
4. **Adaptable & Scalable**
5. **Positive Connotations**

Here's a list of potential product names for shoes that can
fit any foot size:
1. **FitAll Walkers**: A simple and memorable name that
instantly suggests a universal fit.

...

10. **TrueFit Universals**: Emphasizing genuine comfort and
fit for all.

Before finalizing any name, remember to check for trademarks
to ensure there's no conflict with existing products or
brands.
```

Otra estrategia que proporciona un buen resultado, según nuestra experiencia, consiste en tomar los mejores consejos existentes para la tarea que se quiere realizar e insertar ese contexto en el *prompt;* por ejemplo, pueden utilizarse las cinco reglas de oro de Brandwatch para nombrar un producto *(https://oreil.ly/3bWjz)* u otro recurso externo de confianza que encuentre, e insertarlo como contexto en el *prompt.* Lo anterior aumentará significativamente la longitud de la solicitud, lo que hace que cueste más dinero (cuando se utiliza la API como desarrollador), pero puede merecer la pena si mejora la calidad de la respuesta.

Entrada:

```
Can I have a list of product names for a pair of shoes that
can fit any foot size? Please follow the five rules below:

1. It should be readable and writable.
If your product name is hard to pronounce, people won't talk
about it, and if they can't write it down (and spell it
correctly!) when they hear it, how do you expect them to
Google it?

Keep it simple and don't go with any wacky spellings just
for the sake of it.

...

5. It should evoke an emotion, feeling, or idea. (Debe
evocar una emoción, un sentimiento o una idea).
Your product name should tie back into what your product is,
what the feeling you want people to have when experiencing
your product is, and/or what idea are you trying to get
across.

It should be emotive and inspiring.
```

Salida:

```
1. FlexFit Footwear
2. OmniSize Sneakers
3. AdaptStride Shoes
...
18. OmniComfort Kicks
19. FlexSize Footwear
20. Boundless Soles
```

Hay muchas otras formas de proporcionar orientación. En el ejemplo de generación de imágenes, la orientación se ha proporcionado especificando que la reunión de negocios se celebra en torno a una mesa de cristal. Si usted cambia solo ese detalle, puede obtener una imagen completamente distinta, como se muestra en la figura 1-5.

Entrada:

```
https://s.mj.run/TKAsyhNiKmc stock photo of business
meeting of four people gathered around a campfire
outdoors in the woods, Panasonic, DC-GH5
```

En la figura 1-5 se muestra el resultado.

El juego de roles también es importante para la generación de imágenes, y una de las formas con las que mejor se puede orientar a Midjourney es proporcionar el nombre de un artista o estilo artístico al que emular. Uno de los artistas con más presencia en el mundo del arte de la IA es Van Gogh, conocido por sus pinceladas atrevidas y dramáticas y el uso que hace de vívidos colores. Observe lo que ocurre cuando incluye su nombre en el *prompt,* como se muestra en la figura 1-6.

Figura 1-5. *Fotografía de* stock *de una reunión de negocios en el bosque.*

Entrada:

```
people in a business meeting, by Van Gogh
```

En la figura 1-6, se muestra el resultado.

Figura 1-6. *Personas en una reunión de negocios, de Van Gogh.*

Para conseguir que funcione el último *prompt,* hay que deshacerse de gran parte de la orientación proporcionada anteriormente; por ejemplo, eliminar la imagen base y las palabras *fotografía de* stock, así como la cámara *Panasonic, DC-GH5* ayuda a incorporar el estilo de Van Gogh. El problema con el que se puede encontrar es que, a menudo, con demasiada orientación, el modelo puede llegar rápidamente a una combinación conflictiva que no pueda resolver. Si el *prompt* es demasiado específico, puede que no haya suficientes muestras en los datos de entrenamiento para generar una imagen que sea coherente con todos los criterios. En casos como este, debe elegir qué elemento es más importante (en este caso, Van Gogh) y decantarse por él.

La orientación es uno de los principios más utilizados y amplios. Puede consistir simplemente en utilizar las palabras descriptivas adecuadas para aclarar su intención, o en canalizar las personalidades de celebridades empresariales relevantes. Aunque un exceso de orientación puede limitar la creatividad del modelo, el problema más común es una orientación demasiado escasa.

2. Especificar el formato

Los modelos de IA son traductores universales. No solo significa traducir del francés al inglés o del urdu al klingon, sino también entre estructuras de datos como JSON a YAML, o del lenguaje natural al código Python. Estos modelos son capaces de devolver una respuesta en casi cualquier formato, por lo que una parte importante del *prompt engineering* es encontrar la manera de especificar en qué formato quiere que esté la respuesta.

De vez en cuando se encontrará que el mismo *prompt* le devolverá un formato diferente, por ejemplo, una lista numerada en lugar de separada por comas. La mayoría de las veces esto no es un gran problema, porque la mayor parte de los *prompts* son puntuales y se escriben en ChatGPT o Midjourney. Sin embargo, cuando se incorporan herramientas de IA al *software* de producción, los cambios ocasionales de formato pueden provocar todo tipo de errores.

Al igual que cuando se trabaja con personas, se puede evitar la pérdida de tiempo especificando por adelantado el formato en el que se espera recibir la respuesta. Para los modelos de generación de texto, a menudo puede ser útil generar JSON en lugar de una simple lista ordenada, ya que es el formato universal para las respuestas de la API, lo que puede simplificar el análisis y la detección de errores, así como su utilización para renderizar el HTML del *frontend* de una aplicación. YAML también es otra opción popular, porque impone una estructura que se puede analizar sin dejar de ser simple y legible para las personas.

En el *prompt* original, usted proporcionaba orientación tanto a través de los dos ejemplos facilitados, como del uso de los dos puntos al final del *prompt* que indicaban que el modelo debía completar la lista a lo largo de una línea. Para cambiar el formato a JSON, es necesario actualizar ambos (el formato de los ejemplos y el del *prompt*) y dejar el JSON sin completar, para que GPT-4 sepa que debe completarlo.

Entrada:

```
Return a comma-separated list of product names in JSON for
"A pair of shoes that can fit any foot size.".
Return only JSON.

Examples:
[{
            "Product description": "A home milkshake maker.",
            "Product names": ["HomeShaker", "Fit Shaker",
            "QuickShake", "Shake Maker"]
      },
      {
            "Product description": "A watch that can tell
            accurate time in space.",
            "Product names": ["AstroTime", "SpaceGuard",
            "Orbit-Accurate", "EliptoTime"]}
]
```

Salida:

```
[
      {
            "Product description": "A pair of shoes that
            can \ fit any foot size.",
            "Product names": ["FlexFit Footwear", "OneSize
            Step", "Adapt-a-Shoe", "Universal Walker"]
      }
]
```

El resultado que obtenemos es el JSON completo que contiene los nombres de los productos. A continuación, puede analizarse y utilizarse mediante programación, en una aplicación o *script* local. También es fácil, a partir de este punto, comprobar si hay algún error en el formato utilizando un analizador JSON, como la biblioteca estándar *json* de Python, ya que un JSON incorrecto dará como resultado un error de análisis, que puede actuar como desencadenante para volver a intentar el *prompt* o investigarlo antes de continuar. Si sigue sin obtener la respuesta con el formato, correcto, puede ser útil especificarlo al principio o al final del *prompt,* o en el mensaje del sistema si se utiliza un modelo de chat: Eres un asistente servicial que solo responde en JSON, o especificar la salida JSON *(https://oreil.ly/E7wua)* en los parámetros del modelo donde esta opción esté disponible (a esto se lo llama *gramáticas* con modelos Llama *[https://oreil.ly/yU27T]*).

Para ponerse al día sobre archivos con formato JSON, si no está familiarizado con ellos, W3Schools tiene una buena introducción *(https://oreil.ly/Xakgc).*

Para los modelos de generación de imágenes, el formato es muy importante, porque las posibilidades de modificar una imagen son casi infinitas. Van desde formatos populares, como las fotografías de stock, la ilustración y la pintura al óleo, a otros formatos más inusuales, como las grabaciones de una cámara de salpicadero, una escultura de hielo o formatos en Minecraft (véase la figura 1-7).

Entrada:

```
business meeting of four people watching on MacBook on top
of table, in Minecraft (reunión de negocios de cuatro
personas utilizando un MacBook sobre una mesa, en Minecraft)
```

En la figura 1-7, se muestra el resultado.

Figura 1-7. *Reunión de negocios en Minecraft.*

Cuando se define un formato, a menudo es necesario eliminar otros aspectos del *prompt* que podrían colisionar con el formato especificado; por ejemplo, si usted proporciona una imagen base de una fotografía de *stock,* el resultado es una combinación de fotografía de *stock* y el formato que usted desea. Hasta cierto punto, los modelos de generación de imágenes pueden generalizar a nuevos escenarios y combinaciones que no han visto antes en su conjunto de entrenamiento, pero, según nuestra experiencia, cuantas más capas de elementos no relacionados haya, más probabilidades hay de obtener una imagen inadecuada.

A menudo se produce un cierto solapamiento entre el primer y el segundo principio, proporcionar orientación y especificar el formato. Este último consiste en definir el tipo de salida que se desea, por ejemplo, el formato JSON, o el formato de una foto de *stock*. El primero se refiere al estilo de respuesta que se desea, independientemente del formato, por ejemplo, nombres de productos al estilo de Steve Jobs, o una imagen de una reunión de negocios al estilo de Van Gogh. Cuando se producen conflictos entre estilo y formato, a menudo es mejor resolverlos suprimiendo el elemento que sea menos importante para el resultado final.

3. Proporcionar ejemplos

La pregunta original no proporcionaba a la IA ningún ejemplo de lo que usted cree que son nombres apropiados. Por lo tanto, la respuesta es aproximada al promedio de lo que se encuentra en internet, y puede hacerlo mejor que eso. Los investigadores llamarían *zero-shot* a un *prompt* sin ejemplos, y siempre es una grata sorpresa cuando la IA puede incluso realizar una tarea *zero-shot:* es señal de que se trata de un modelo potente. Si no se proporciona ningún ejemplo, se está pidiendo mucho dando poco a cambio. Incluso si se proporciona un solo ejemplo *(one-shot),* ayuda considerablemente, y es norma entre los investigadores probar el rendimiento de los modelos con varios ejemplos *(few-shot).* Uno de estos trabajos de investigación es el famoso documento GPT-3 "Language Models are Few-Shot Learners" *(https://oreil.ly/KW5PS),* cuyos resultados se ilustran en la figura 1-8, donde se evidencia que añadir un ejemplo junto con el *prompt* puede mejorar la precisión en algunas tareas: ¡desde un 10 % hasta casi un 50 %!

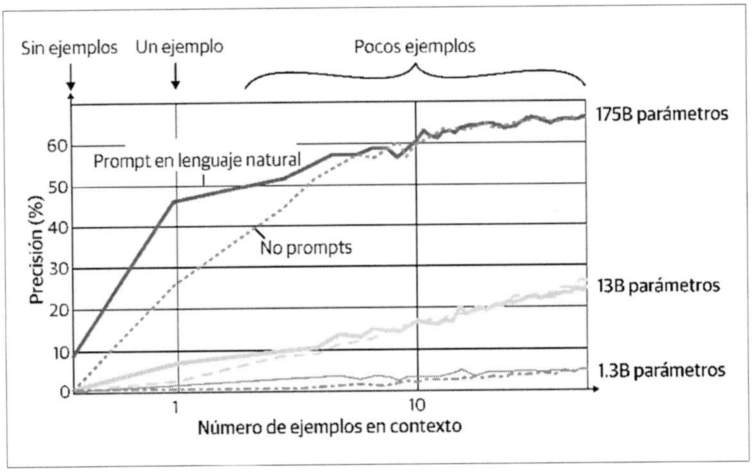

Figura 1-8. *Número de ejemplos en el contexto.*

Cuando se proporcionan instrucciones a un colega o se forma a un empleado júnior en una nueva tarea, es natural que se incluyan ejemplos de ocasiones en las que esa tarea se ha hecho bien anteriormente. Lo mismo ocurre cuando se trabaja con IA, y la eficacia de un *prompt* a menudo se reduce a los ejemplos utilizados. A veces puede resultar más fácil proporcionar ejemplos que intentar explicar exactamente qué es lo que le gusta de esos ejemplos, por lo que esta técnica es más eficaz cuando usted no es un experto en la materia de la tarea que está intentando llevar a cabo. La cantidad de texto que puede caber en un *prompt* es limitada (en el momento de escribir estas líneas, unos 6000 caracteres en Midjourney y, aproximadamente, 32 000 caracteres para la versión gratuita de ChatGPT), por lo que gran parte del trabajo de *prompt engineering* consiste en seleccionar e insertar ejemplos diversos e instructivos.

Hay un equilibrio entre fiabilidad y creatividad: si se pasa de tres a cinco ejemplos, los resultados serán más fiables, pero se sacrificará la creatividad. Cuantos más ejemplos proporcione, y menor sea la diversidad entre ellos, más restringida será la respuesta para que coincida con sus ejemplos. Si cambia el contenido de todos los ejemplos por nombres de animales en el *prompt* anterior, tendrá un fuerte efecto en la respuesta, que devolverá de forma fiable solo nombres que incluyan animales.

Entrada:

```
Brainstorm a list of product names for a shoe that fits any
foot size.

Return the results as a comma-separated list, in this
format: Product description: A shoe that fits any foot size
Product names: [list of 3 product names]

## Ejemplos:
Product description: A home milkshake maker.
Product names: Fast Panda, Healthy Bear, Compact Koala

Product description: A watch that can tell accurate time in
space
Product names: AstroLamb, Space Bear, Eagle Orbit

Product description: A refrigerator that dispenses beer
Product names: BearFridge, Cool Cat, PenguinBox
```

Salida:

```
Product description: A shoe that fits any foot size Product
names: FlexiFox, ChameleonStep, PandaPaws
```

Por supuesto, se corre el riesgo de perder la oportunidad de obtener un nombre mucho mejor, que no encaje en el limitado espacio que le queda a la IA para jugar. La falta de diversidad y variación en los ejemplos es también un problema a la hora de tratar casos extremos, o escenarios poco comunes. Incluir de uno a tres ejemplos es fácil y casi siempre tiene un efecto positivo, pero, por encima de esa cifra, resulta esencial experimentar con el número de ejemplos que se incluyen, así como con la similitud entre ellos. Hay cierta evidencia (Hsieh *et al.*, 2023 *[https://oreil.ly/6Ixcw]*) de que la orientación funciona mejor que proporcionar ejemplos y, normalmente, no es sencillo recopilar buenos ejemplos, por lo que suele ser prudente intentar primero el principio de proporcionar orientación.

En el ámbito de la generación de imágenes, proveer de ejemplos suele consistir en proporcionar una imagen base en el *prompt*, denominada *img2img* en la comunidad de código abierto Stable Diffusion *(https://oreil.ly/huVRu)*. Dependiendo del modelo de generación de imágenes que se utilice, estas imágenes pueden constituir el punto de partida para que el modelo genere nuevas imágenes a partir de ellas, lo que afecta en gran medida a los resultados. Puede mantener igual todo lo relacionado con el *prompt*, pero cambiar la imagen base proporcionada para obtener un efecto radicalmente diferente, como se ve en la figura 1-9.

Entrada:

```
stock photo of business meeting of 4 people watching on
white MacBook on top of glass-top table, Panasonic, DC-GH5
```

En la figura 1-9, se muestra el resultado.

Figura 1-9. *Fotografía de* stock *de una reunión de negocios de cuatro personas.*

En este caso, al sustituir la imagen mostrada en la figura 1-10, también de Unsplash, se puede ver cómo al modelo se le ha orientado de forma diferente e incorpora ahora pizarras blancas y notas adhesivas.

> Estos ejemplos muestran las capacidades de los modelos de generación de imágenes, pero deberíamos ser cautos a la hora de subir imágenes base para utilizarlas en prompts. Compruebe la licencia de la imagen que piensa subir y utilizar en el prompt como imagen base, y evite utilizar imágenes claramente protegidas por derechos de autor. Hacerlo puede ocasionarle problemas legales y va en contra de las condiciones de servicio de los principales proveedores de modelos de generación de imágenes.

Figura 1-10. *Fotografía de Jason Goodman en Unsplash (https://oreil.ly/ZbzZy).*

4. Evaluar la calidad

Hasta ahora, no ha habido ningún bucle de retroalimentación para juzgar la calidad de las respuestas, aparte de la prueba básica de ensayo y error de ejecutar el *prompt* y ver los resultados, lo que se conoce como *blind prompting* (*prompting* ciego) *(https://oreil.ly/42rSz)*. Esto está bien cuando los *prompts* se utilizan temporalmente para una sola tarea y rara vez se vuelven a usar. Sin embargo, cuando se reutiliza el mismo *prompt* varias veces o se crea una aplicación de producción que depende de un *prompt*, es necesario ser más riguroso con la medición de los resultados.

Hay varias formas de evaluar el rendimiento y depende, en gran medida, de las tareas que se pretendan realizar. Cuando se lanza un nuevo modelo de IA, la atención tiende a centrarse en lo bien que lo ha hecho el modelo en las *evals* (evaluaciones), un conjunto estandarizado de preguntas con respuestas predefinidas o criterios de calificación que se utilizan para comprobar el rendimiento de los modelos. Los distintos modelos se comportan de forma diferente según el tipo de tarea, y no hay garantía de que un *prompt* que funcionaba antes se traslade bien a un nuevo modelo. OpenAI ha convertido en código abierto su *framework* de *evals (https://oreil.ly/wolEL)* para la evaluación comparativa del rendimiento de los LLM y anima a otros a contribuir con plantillas de evaluación adicionales.

Además de las *evals* académicas estándar, también hay pruebas más destacadas, como es el caso deGPT-4, que aprobó el examen de acceso a la abogacía *(https://oreil.ly/txhSZ)*. La evaluación es difícil para tareas más subjetivas y puede ser muy laboriosa o prohibitivamente costosa para equipos pequeños. En algunos casos, los investigadores han recurrido a utilizar modelos más avanzados, como GPT-4, para evaluar las respuestas de modelos menos sofisticados, como se hizo con el lanzamiento de Vicuna-13B *(https://oreil.ly/NW3WX)*, un modelo perfeccionado basado en el modelo de código abierto Llama de Meta (véase figura 1-11).

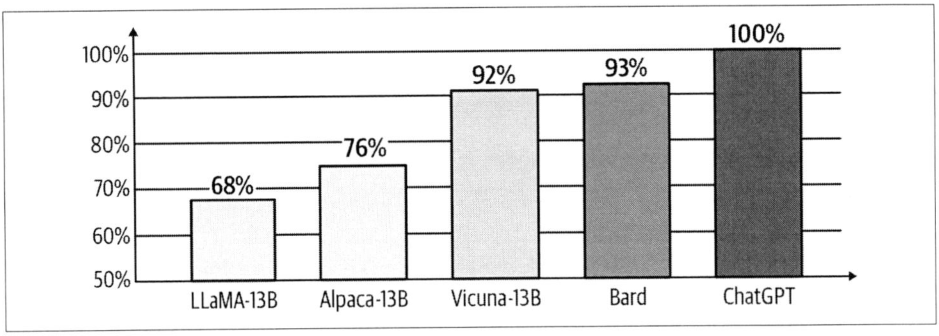

Figura 1-11. Evals *con GPT4 de Vicuna.*

Se necesitan técnicas de evaluación más rigurosas cuando se escriben artículos científicos o se evalúa una nueva versión de un modelo base, pero a menudo solo será necesario ir un paso más allá del método básico de ensayo y error. Es posible que descubra que un sencillo sistema de puntuación con pulgar hacia arriba/pulgar hacia abajo implementado en Jupyter Notebook sea suficiente para aportar algo de rigor a la optimización del *prompt*, sin añadir demasiada sobrecarga. Una prueba habitual es comprobar si merece la pena ofrecer ejemplos por el coste adicional en términos de longitud del *prompt*, o si se puede prescindir de estos en el *prompt*. El primer paso es obtener las respuestas de varias ejecuciones de cada *prompt* y almacenarlas en una hoja de cálculo, lo que haremos después de configurar nuestro entorno.

Puede instalar el paquete de Python de OpenAI con `pip install openai`. Si tiene problemas de compatibilidad con este paquete, cree un entorno virtual e instale nuestro *requirements.txt (https://oreil.ly/2KDV6)* (se incluyen instrucciones en el prefacio).

Para utilizar la API, tendrá que crear una cuenta OpenAI *(https://oreil.ly/oGv4j)* y, luego, navegar hasta la página donde obtendrá su clave de API *(https://oreil.ly/oHID1).*

No se recomienda codificar en el *script* las claves de la API por razones de seguridad. En su lugar, utilice variables de entorno o archivos de configuración para gestionar sus claves.

Una vez que tenga la clave de API, es crucial asignarla como variable de entorno ejecutando el siguiente comando, en el que se sustituye `api_key` por el valor real de su clave de API:

```
export OPENAI_API_KEY="api_key"
```

O en Windows:

```
set OPENAI_API_KEY=api_key
```

Como alternativa, si prefiere no configurar previamente una clave de API, puede hacerlo manualmente al inicializar el modelo o cargarla desde un archivo *.env* utilizando *python-dotenv (https://oreil.ly/IaQjS).* En primer lugar, instale la biblioteca con `pip install python-dotenv` y, a continuación, cargue las variables de entorno con el siguiente código en la parte superior de su script o cuaderno:

```
from dotenv import load_dotenv

load_dotenv() # take environment variables from .env.
```

El primer paso consiste en obtener respuestas para varias ejecuciones de cada *prompt* y almacenarlas en una hoja de cálculo.

Entrada:

```
# Define two variants of the prompt to test zero-shot
# vs few-shot
prompt_A = """Product description: A pair of shoes that
can fit any foot size.
Seed words: adaptable, fit, omni-fit.
Product names:"""

prompt_B = """Product description: A home milkshake
maker. Seed words: fast, healthy, compact.
Product names: HomeShaker, Fit Shaker, QuickShake,
Shake Maker

Product description: A watch that can tell
accurate time in space
```

```
Seed words: astronaut, space-hardened,
eliptical orbit Product names: AstroTime,
SpaceGuard, Orbit-Accurate, EliptoTime.

Product description: A pair of shoes that can
fit any foot size.
Seed words: adaptable, fit,
omni-fit. Product names:"""

test_prompts = [prompt_A, prompt_B]

import pandas as pd
from openai import OpenAI
import os

# Set your OpenAI key as an environment variable
# https://platform.openai.com/api-keys
client = OpenAI(
  api_key=os.environ['OPENAI_API_KEY'],
  # Default
  )

  def get_response(prompt):
      response = client.chat.completions.create(
          model="gpt-3.5-turbo",
          messages=[
              {
                  "role": "system",
                  "content": "You are a helpful assistant."
              },
              {
                  "role": "user",
                  "content": prompt
              }
          ]
      )
      return response.choices[0].message.content

 # Iterate through the prompts and get responses
 responses = []
 num_tests = 5

 for idx, prompt in enumerate(test_prompts):
 # prompt number as a letter
    var_name = chr(ord('A') + idx)

    for i in range(num_tests):
       # Get a response from the model
       response = get_response(prompt)

       data = {
          "variant": var_name,
          "prompt": prompt,
          "response": response
       }
       responses.append(data)
```

```
# Convert responses into a dataframe
df = pd.DataFrame(responses)

# Save the dataframe as a CSV file
df.to_csv("responses.csv", index=False)

print(df)
```

Salida:

```
variant                                          prompt
\
0  A Product description: A pair of shoes that can ...
1  A Product description: A pair of shoes that can ...
2  A Product description: A pair of shoes that can ...
3  A Product description: A pair of shoes that can ...
4  A Product description: A pair of shoes that can ...
5  B Product description: A home milkshake maker.\n...
6  B Product description: A home milkshake maker.\n...
7  B Product description: A home milkshake maker.\n...
8  B Product description: A home milkshake maker.\n...
9  B Product description: A home milkshake maker.\n...

                                              response
0  1. Adapt-a-Fit Shoes \n2. Omni-Fit Footwear \n...
1  1. OmniFit Shoes\n2. Adapt-a-Sneaks \n3. OneFi...
2  1. Adapt-a-fit\n2. Flexi-fit shoes\n3. Omni-fe...
3  1. Adapt-A-Sole\n2. FitFlex\n3. Omni-FitX\n4. ...
4  1. Omni-Fit Shoes\n2. Adapt-a-Fit Shoes\n3. An...
5  Adapt-a-Fit, Perfect Fit Shoes, OmniShoe, OneS...
6       FitAll, OmniFit Shoes, SizeLess, AdaptaShoes
7       AdaptaFit, OmniShoe, PerfectFit, AllSizeFit.
8  FitMaster, AdaptoShoe, OmniFit, AnySize Footwe...
9       Adapt-a-Shoe, PerfectFit, OmniSize, FitForm
```

Aquí utilizamos la API de OpenAI para generar respuestas del modelo a un conjunto de *prompts* y almacenamos los resultados en un *dataframe* (marco de datos), que se guarda en un archivo CSV. Así es como funciona:

1. Se definen dos variantes de *prompt,* y cada variante consta de una descripción del producto, palabras semilla y posibles nombres de productos, pero el `prompt_B` proporciona dos ejemplos.
2. Se llama a las declaraciones de importación para la biblioteca Pandas, la biblioteca OpenAI, y la biblioteca os.
3. La función `get_response` toma un *prompt* como entrada y devuelve una respuesta del modelo `gpt-3.5-turbo`. El *prompt* se pasa como un mensaje de usuario al modelo, junto con un mensaje del sistema para configurar el comportamiento del modelo.
4. Se almacenan dos variantes de prompt en la lista `test_prompts`.

5. Se crea la lista vacía `responses` para almacenar las respuestas generadas, y la variable `num_tests` se establece en 5.
6. Se utiliza un bucle anidado para generar las respuestas. El bucle exterior itera sobre cada *prompt,* y el bucle interior genera `num_tests` (cinco en este caso) número de respuestas por *prompt:*
   a. La función `enumerate` se utiliza para obtener el índice y el valor de cada prompt en `test_prompts`. A continuación, este índice se convierte en la correspondiente letra mayúscula (por ejemplo, 0 se convierte en *A,* 1 se convierte en *B*) que se utilizará como nombre de variante.
   b. Para cada iteración, se llama a la función `get_response` con el actual *prompt* para generar una respuesta del modelo.
   c. Se crea un diccionario con el nombre de la variante, el *prompt* y la respuesta del modelo, y este diccionario se añade a la lista `responses`.
7. Una vez generadas todas las respuestas, la lista `responses` (que ahora es una lista de diccionarios) se convierte en un *dataframe* de Pandas.
8. Este *dataframe* se guarda a continuación en un archivo CSV con la función `to_csv` incorporada de Pandas, estableciendo en el archivo *responses.csv* que `index=False` para no escribir índices de fila.
9. Por último, el *dataframe* se imprime en la consola.

Tener estas respuestas en una hoja de cálculo ya es útil, porque se puede ver de inmediato, incluso en la respuesta impresa, que `prompt_A` (sin entrenamiento *[zero-shot]*) en las primeras cinco filas nos proporciona una lista numerada, mientras que `prompt_B` (con poco entrenamiento *[few-shot]*) en las últimas cinco filas tiende a mostrar el formato deseado de una lista de elementos en línea separados por comas. El siguiente paso es asignar una puntuación a cada una de las respuestas, lo que se hace mejor a ciegas y aleatoriamente, para evitar favorecer a un *prompt* en detrimento de otro.

Entrada:

```
import ipywidgets as widgets
from IPython.display import display
import pandas as pd

# load the responses.csv file
df = pd.read_csv("responses.csv")

# Shuffle the dataframe
df = df.sample(frac=1).reset_index(drop=True)

# df is your dataframe and 'response' is the column with the
# text you want to test
response_index = 0
```

```
# add a new column to store feedback
df['feedback'] = pd.Series(dtype='str')

def on_button_clicked(b):
   global response_index
   # convert thumbs up / down to 1 / 0
   user_feedback = 1 if b.description == "\U0001F44D" else 0

   # update the feedback column
   df.at[response_index, 'feedback'] = user_feedback

   response_index += 1
   if response_index < len(df):
      update_response()
   else:
      # save the feedback to a CSV file
      df.to_csv("results.csv", index=False)

      print("A/B testing completed. Here's the results:")
      # Calculate score and num rows for each variant
      summary_df = df.groupby('variant').agg(
         count=('feedback', 'count'),
         score=('feedback', 'mean')).reset_index()
      print(summary_df)

def update_response():
   new_response = df.iloc[response_index]['response']
   if pd.notna(new_response):
      new_response = "<p>" + new_response + "</p>"
   else:
      new_response = "<p>No response</p>"
   response.value = new_response
   count_label.value = f"Response: {response_index + 1}"
   count_label.value += f"/{len(df)}"

response = widgets.HTML()
count_label = widgets.Label()

update_response()

thumbs_up_button = widgets.Button(description='\U0001F44D')
thumbs_up_button.on_click(on_button_clicked)

thumbs_down_button = widgets.Button(
   description='\U0001F44E')
thumbs_down_button.on_click(on_button_clicked)

button_box = widgets.HBox([thumbs_down_button, thumbs_up_button])

display(response, button_box, count_label)
```

La salida se muestra en la figura 1-12.

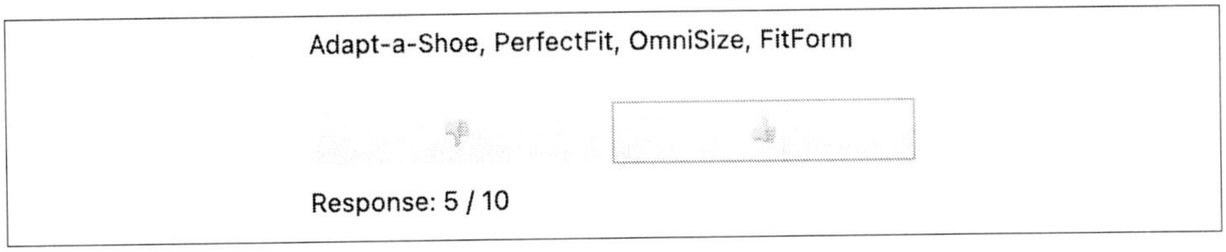

Figura 1-12. *Sistema de puntuación pulgar hacia arriba/pulgar hacia abajo.*

Si ejecuta lo anterior en Jupyter Notebook, un *widget* muestra cada respuesta de IA, con un botón de pulgar hacia arriba o hacia abajo (véase figura 1-12). Este sistema proporciona una sencilla interfaz para etiquetar rápidamente las respuestas, con una sobrecarga mínima. Si desea llevar a cabo lo anterior sin utilizar Jupyter Notebook, podría cambiar los emojis de pulgar hacia arriba y pulgar hacia abajo por *Y* y *N* e implementar un bucle utilizando la función integrada `input()`, como una sustitución exclusivamente de texto, en lugar de iPyWidgets.

Una vez que haya terminado de etiquetar las respuestas, obtendrá el resultado, que le mostrará cómo se comporta cada *prompt.*

Salida:

```
A/B testing completed. Here's the results:
   variant   count   score
0        A       5     0.2
1        B       5     0.6
```

El *dataframe* se ha barajado aleatoriamente y cada respuesta se ha etiquetado a ciegas (sin ver el *prompt*), de modo que se obtiene una imagen precisa de la frecuencia con la que se ha producido cada *prompt.* A continuación, se presenta la explicación paso a paso:

1. Se importan tres módulos: `ipywidgets`, `IPython.display` y `pandas`. `ipywidgets` contiene *widgets* HTML interactivos para *notebooks* de Jupyter y el kernel de IPython. `IPython.display` proporciona clases para mostrar varios tipos de salida como imágenes, sonido, mostrar HTML, etc. Pandas es una potente biblioteca de manipulación de datos.
2. La biblioteca Pandas se utiliza para leer el archivo CSV *responses.csv,* que contiene las respuestas que desea probar. Al hacer esto, se crea un *dataframe* de Pandas llamado `df`.
3. `df` se baraja utilizando la función `sample()` con el parámetro `frac=1`, lo que significa que utiliza todas las filas. El método `reset_index(drop=True)` se utiliza para restablecer los índices al índice estándar 0, 1, 2, ..., n.
4. El *script* define `response_index` como 0. Se utiliza para rastrear qué respuesta del *dataframe* está viendo el usuario en ese momento.
5. Se añade la nueva columna `feedback` a la estructura del *dataframe* `df` con el tipo de dato como `str` o cadena *(string).*

6. A continuación, el *script* define la función on_button_clicked(b), que se ejecutará cada vez que se pulse uno de los dos botones de la interfaz:
   a. La función comprueba primero si la description (descripción) del botón pulsado ha sido la del pulgar hacia arriba (\U0001F44D; 👍) y establece user_feedback a 1, o si ha sido la del botón pulgar hacia abajo (\U0001F44E 👎), con lo que establece user_feedback a 0.
   b. A continuación, actualiza la columna feedback del *dataframe* en el actual: response_index con user_feedback.
   c. Después, incrementa response_index para pasar a la siguiente respuesta.
   d. Si response_index sigue siendo inferior al número total de respuestas (es decir, la longitud del *dataframe*), llama a la función update_response().
   e. Si no hay más respuestas, guarda el *dataframe* en un nuevo archivo CSV *results.csv;* luego, imprime un mensaje y también imprime un resumen de los resultados por variante, mostrando el recuento de respuestas recibidas y la puntuación media (promedio) para cada variante.
7. La función update_response() obtiene la siguiente respuesta del *dataframe,* la envuelve en etiquetas HTML de párrafo (<p>) (si no es nula), actualiza el *widget* response para mostrar la nueva respuesta y actualiza el *widget* count_label, para reflejar el número de respuesta en curso y el número total de respuestas.
8. Se instancian dos *widgets:* response (un *widget* HTML) y count_label (un *widget* Label). A continuación, se llama a la función update_response() para inicializar estos *widgets* con la primera respuesta y la etiqueta apropiada.
9. Se crean dos *widgets* más, thumbs_up_button y thumbs_down_button (ambos *widgets* Button), con los emojis de pulgar hacia arriba y pulgar hacia abajo como descripciones, respectivamente. Ambos botones están configurados para llamar a la función on_button_clicked() cuando se hace clic sobre ellos.
10. Los dos botones se agrupan en una caja horizontal (button_box) utilizando la función HBox.
11. Por último, los *widgets* response, button_box y count_label se muestran al usuario utilizando la función display() del módulo IPython.display().

Un sistema sencillo de clasificación como este puede ser útil para juzgar la calidad de los *prompts* y para encontrar casos extremos. Por lo general, en menos de 10 ejecuciones de prueba de un *prompt,* puede descubrirse una desviación que, de otro modo, no se habría detectado hasta que empezara a utilizarlo en producción. La desventaja es que puede resultar tedioso puntuar manualmente muchas respuestas, y las puntuaciones pueden no representar las preferencias de su audiencia objetivo. Sin embargo, incluso un pequeño número de pruebas puede revelar grandes diferencias entre dos estrategias del *prompting* y revelar problemas no evidentes antes de llegar a producción.

Iterar y probar los *prompts* puede ayudar a reducir radicalmente la longitud de estos y, por lo tanto, el coste y la latencia del sistema. Si usted puede encontrar otro *prompt* que funcione igual de bien (o mejor) pero que utilice un *prompt* más corto, podrá permitirse escalar su operación considerablemente. A menudo descubrirá en este proceso que muchos elementos de un *prompt* complejo son completamente superfluos, o incluso contraproducentes.

Los *pulgares hacia arriba* u otros indicadores de calidad etiquetados manualmente no tienen por qué ser los únicos criterios de valoración. En general, se considera que la evaluación que realizan las personas es la forma más precisa de retroalimentación. Sin embargo, calificar muchas muestras manualmente puede resultar tedioso y costoso. En muchos casos, como en el uso de matemáticas o clasificación, puede ser posible establecer la *verdad de referencia* (respuestas de referencia a casos de prueba) para calificar los resultados mediante programación, lo que le permite escalar de forma considerable sus esfuerzos de prueba y supervisión. La lista que figura a continuación no es exhaustiva, ya que existen muchas otras motivaciones para evaluar su *prompt* mediante programación.

Coste
: Los *prompts* que utilizan muchos *tokens,* o que solo funcionan con modelos más caros, pueden resultar poco prácticos para su uso en producción.

Latencia
: Del mismo modo, cuantos más *tokens* haya o cuanto más grande sea el modelo requerido, más tiempo tardará en completar una tarea, lo que puede perjudicar la experiencia del usuario.

Llamadas
: Muchos sistemas de IA requieren múltiples llamadas en bucle para completar una tarea, lo que puede ralentizar seriamente el proceso.

Rendimiento
: Implementar algún tipo de sistema de retroalimentación externa; por ejemplo, un motor de física u otro modelo, para predecir resultados del mundo real.

Clasificación
: Determinar con qué frecuencia un *prompt* etiqueta correctamente un texto dado, utilizando otro modelo de IA o un etiquetado basado en reglas.

Razonamiento
: Averiguar en qué casos la IA no logra aplicar el razonamiento lógico o se equivoca en los cálculos, en comparación con los casos de referencia.

Alucinaciones

Comprobar la frecuencia con la que encuentra alucinaciones, medida por la invención de nuevos términos no incluidos en el contexto de la pregunta.

Seguridad

Señalar cualquier escenario en el que el sistema pueda devolver resultados inseguros o indeseables utilizando un filtro de seguridad o un sistema de detección.

Denegaciones

Averiguar con qué frecuencia el sistema se niega incorrectamente a satisfacer una solicitud razonable del usuario marcando el lenguaje conocido de rechazo.

Ataque del adversario (adversarial)

Hacer que el *prompt* sea robusto contra ataques de inyección de *prompt* conocidos *(https://oreil.ly/KGAqe),* que pueden hacer que el modelo ejecute *prompts* indeseables, en lugar de lo que usted ha programado.

Similitud

Utilizar palabras y frases compartidas (BLEU o ROGUE *[https://oreil.ly/iEGZ9]*) o la distancia vectorial (explicada en el capítulo 5), para medir la similitud entre el texto generado y el de referencia.

Una vez que empiece a calificar qué ejemplos han sido buenos, podrá actualizar más fácilmente los ejemplos utilizados en su *prompt,* como una forma de conseguir que su sistema sea continuamente más inteligente a lo largo del tiempo. Los datos de esta retroalimentación también pueden alimentar ejemplos para el ajuste fino, que empieza a superar a *prompt engineering* una vez que se pueden suministrar unos cuantos miles de ejemplos *(https://oreil.ly/DZ-br),* como se muestra en la figura 1-13.

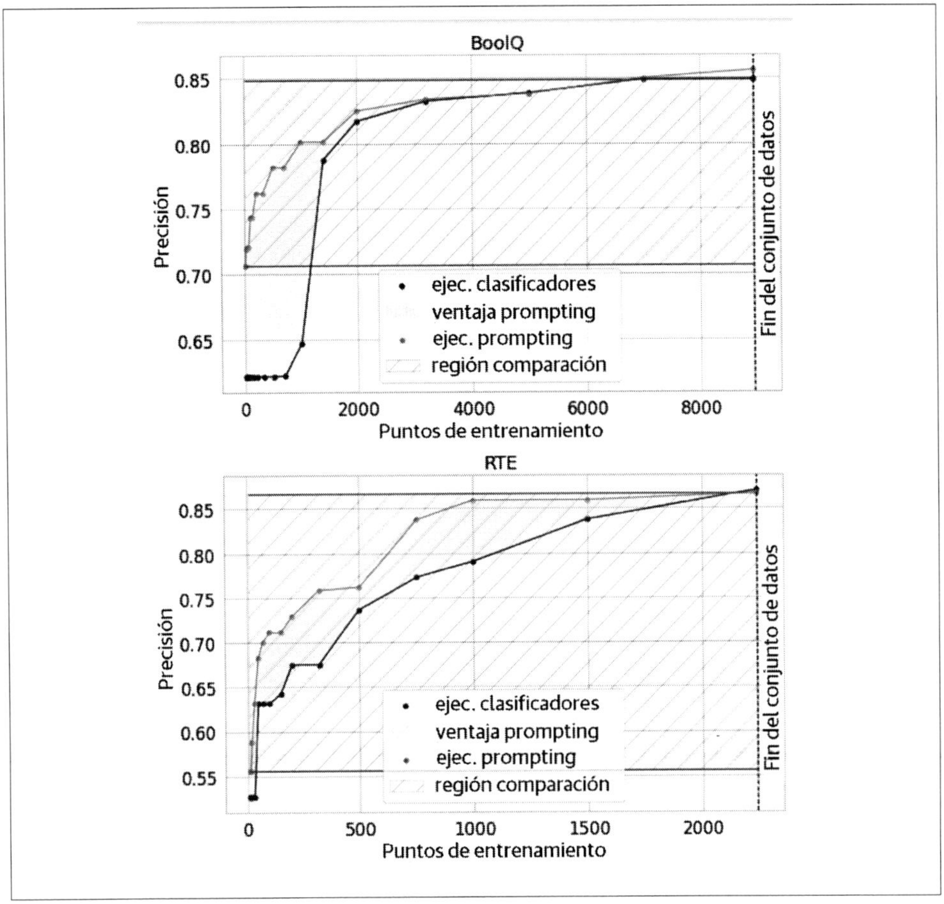

Figura 1-13. *¿A cuántos puntos de datos equivale un* prompt*?*

A partir de pulgares hacia arriba o pulgares hacia abajo, puede implementar un sistema de puntuación de 3, 5 o 10 puntos para obtener información más precisa sobre la calidad de los *prompts.* También es posible determinar el rendimiento relativo agregado comparando respuestas una al lado de la otra, en lugar de mirar las respuestas de una en una. A partir de aquí, puede elaborar una comparación equitativa entre modelos utilizando una *calificación Elo (https://oreil.ly/ TlldE),* muy popular en el ajedrez y que se utiliza en el Chatbot Arena *(https://oreil.ly/P2IcU)* de *lmsys.org.*

En el caso de la generación de imágenes, la evaluación suele adoptar la forma del *prompting* de *permutación,* en las que usted introduce varias direcciones o formatos y se genera una imagen para cada combinación. A continuación, las imágenes pueden escanearse o disponerse posteriormente en una cuadrícula para mostrar el efecto que diferentes elementos del *prompt* pueden tener en la imagen final.

Entrada:

```
{stock photo, oil painting, illustration} of business
meeting of {four, eight} people watching on white MacBook
on top of glass-top table
```

En Midjourney, esto se recopilaría en seis *prompts* diferentes, uno por cada combinación de los tres formatos (foto de archivo, pintura al óleo e ilustración) y dos números de personas (cuatro y ocho).

Entrada:

```
1. stock photo of business meeting of four people watching
on white MacBook on top of glass-top table

2. stock photo of business meeting of eight people watching
on white MacBook on top of glass-top table

3. oil painting of business meeting of four people watching
on white MacBook on top of glass-top table

4. oil painting of business meeting of eight people watching
on white MacBook on top of glass-top table

5. illustration of business meeting of four people watching
on white MacBook on top of glass-top table

6. illustration of business meeting of eight people watching
on white MacBook on top of glass-top table
```

Cada *prompt* genera sus propias cuatro imágenes como de costumbre, lo que hace que la salida sea un poco más difícil de ver. Hemos seleccionado una de cada pregunta para aumentar la escala y luego las hemos colocado juntas en una cuadrícula, que se muestra en la figura 1-14. Observará que el modelo no siempre obtiene el número correcto de personas (los modelos generativos de IA son sorprendentemente malos en matemáticas), pero ha inferido correctamente la intención general añadiendo más personas a las fotos de la derecha que a las de la izquierda.

En la figura 1-14, se muestra el resultado.

Figura 1-14. *Cuadrícula de permutaciones de* prompts.

Con modelos que disponen de API, como Stable Diffusion, puede manipular más fácilmente las fotos y mostrarlas en un formato de cuadrícula, para facilitar el escaneado. También puede manipular la semilla aleatoria de la imagen, para fijar y mantener un estilo garantizando la máxima reproducibilidad. Con los clasificadores de imágenes, también puede ser posible calificar imágenes mediante programación basándose en si su contenido es seguro, o si contienen ciertos elementos asociados con el éxito o el fracaso de estas.

5. Dividir la tarea

A medida que desarrolla su *prompt,* empieza a llegar al punto en el que le está pidiendo mucho en una sola llamada a la IA. Cuando los *prompts* se hacen más largos y enrevesados, es posible que descubra que las respuestas son menos deterministas y que aumentan las alucinaciones o las anomalías. Incluso si consigue llegar a un *prompt* fiable para su tarea, es probable que esta sea solo una de las muchas tareas interrelacionadas que necesita para realizar su trabajo. Es natural empezar a explorar en cuántas otras de estas tareas podría realizar la IA y cómo podría encadenarlas.

Uno de los principios básicos de la ingeniería es utilizar la descomposición de tareas, para dividir los problemas en sus partes componentes, de modo que se pueda resolver más fácilmente cada problema individual y, luego, volver a agregar los resultados.

Dividir su trabajo de IA en varias llamadas encadenadas puede ayudarlo a realizar tareas más complejas, así como proporcionarle más visibilidad sobre qué parte de la cadena está fallando.

Hay multitud de factores que intervienen en la denominación de un producto, y una tarea importante se subcontrata ingenuamente a la IA, sin que se sepa cómo esta sopesa la importancia de estos factores (si es que lo hace). Tal y como funciona nuestro sistema actual, recibimos una lista de nombres, pero todos ellos son igual de importantes, sin más contexto que nos ayude a decidir. Afortunadamente, las herramientas de IA son capaces de autoevaluarse; si añadimos un segundo paso a nuestra tarea, podemos comprobar automáticamente si hay resultados no deseados.

Entrada:

```
Rate this list of product names for a pair of shoes that can
fit any foot size. The rating should be out of 10, inline
next to the product name:

UniFit SoleStrides
FlexiSize All-Fit Shoes
OmniFit FootFlex
...
AnyStep AdaptiWalkers
FlexiRange UniversalSteps
PerfectGlide MultiFit Shoes
```

Salida:

```
UniFit SoleStrides: 7/10
FlexiSize All-Fit Shoes: 8/10
OmniFit FootFlex: 7/10
...
AnyStep AdaptiWalkers: 7/10
FlexiRange UniversalSteps: 7.5/10
PerfectGlide MultiFit Shoes: 9/10

This ranking is based on clarity, memorability, and how
well the name communicates the unique selling point of the
product (that they can fit any foot size). Remember, these
ratings are subjective and the ultimate success of a
product name also depends on the target market, branding,
and marketing efforts.
```

Al ejecutar la operación varias veces, el nombre "OneSize Glovewalkers" aparece sistemáticamente como el peor, lo que indica (si usted pregunta) que el concepto podría ser confuso en un contexto de calzado. Quizá se pregunte por qué, si el modelo *sabe que* es un mal nombre, lo sugiere en primer lugar. Los LLM funcionan prediciendo el siguiente *token* de una secuencia. Y, por tanto, tienen dificultades para saber cuál será la respuesta general cuando esta se haya terminado. Sin embargo, cuando disponen de todos los *tokens* de una respuesta anterior para revisar, pueden predecir más fácilmente si esta será etiquetada como una buena o mala respuesta.

Podemos continuar encadenando varias llamadas para mejorar los resultados de nuestra tarea; por ejemplo, podríamos dividir esto en tres calificaciones separadas (tres llamadas): claridad, que sea inolvidable y lo bien que el nombre comunica el argumento de venta único del producto. Estas calificaciones podrían entregarse a una persona como contexto adicional para la decisión final, o incluso calcularse conjuntamente para seleccionar el nombre final mediante programación.

La verdadera clave para aprender a trabajar profesionalmente con IA, en lugar de simplemente jugar con la creación de *prompts,* es darse cuenta de que cada parte del sistema puede descomponerse en una serie de pasos iterativos. Este principio se aplica incluso en el caso de un solo *prompt,* ya que basta con añadir al *prompt* `Vamos a pensar paso a paso` para obtener mejoras demostrables en razonamiento y competencia, así como proporcionar una pista de auditoría para el aseguramiento de la calidad y la depuración. Al dedicar tiempo y *tokens* a razonar, las calificaciones cambian y son más coherente con los criterios de puntuación.

Entrada:

```
Let's think step by step. Rate this list of product names
for a pair of shoes that can fit any foot size. The rating
should be out of 10, inline next to the product name:

UniFit.SoleStrides
FlexiSize All-Fit Shoes
OmniFit FootFlex
...
AnyStep AdaptiWalkers
FlexiRange UniversalSteps
PerfectGlide MultiFit Shoes
```

Salida:

```
Here's a rating out of 10 for each product name, considering
factors like descriptiveness, catchiness,
and overall appeal:

1. **UniFit SoleStrides**: 7/10 - Sounds unifying but may
not immediately convey the "fit any size" idea.
2. **FlexiSize All-Fit Shoes**: 8.5/10 - Combines
flexibility and the notion that it fits all sizes.
3. **OmniFit FootFlex**: 8/10 - Omnipresence (fitting all)
and flexibility nicely conveyed.
...
18.**AnyStep AdaptiWalkers**: 7.5/10 - "AnyStep" suggests
versatility, but the overall name might be less direct.
19.**FlexiRange UniversalSteps**: 8/10 - Combines
flexibility and universal fit.
20.**PerfectGlide MultiFit Shoes**: 8.5/10 - "MultiFit" is
clear, and "PerfectGlide" suggests a comfortable experience.

Remember, the best name can also be influenced by your
target audience, branding strategy, and +the overall message
you want to convey.
```

OpenAI llama a esta acción *(https://oreil.ly/0MZ3-)* "dar tiempo al modelo para pensar", y se trata de un principio clave del *prompt engineering*. En efecto, las técnicas de *cadena de razonamiento* como esta, en las que se anima al modelo a enumerar sus pasos, son como dividir una tarea dentro del mismo *prompt*. Una vez que hayamos automatizado la nomenclatura de productos a partir de una idea de producto, podemos llamar a ChatGPT de nuevo para que describa cada producto, lo que a su vez puede introducirse en Midjourney, para generar una imagen de cada producto. A la utilización de un modelo de IA con el que generar un *prompt* para otro modelo de IA se la llama *meta prompting*, y funciona porque los LLM son ingenieros de *prompts* con un nivel de destreza similar al humano (Zhou, 2022 *[https://oreil.ly/Dwszu]*).

Entrada:

```
Describe the new product "OneFit UltraStride Shoes," a
shoe that can fit any foot size, in great detail:
```

Salida:

```
Introducing the revolutionary "OneFit UltraStride Shoes," the
footwear innovation designed to fit any foot size with
unparalleled comfort and style. These shoes are a result of
cutting-edge technology and meticulous craftsmanship, ensuring
a truly personalized and enjoyable walking or running
experience for everyone.

Design and Materials:
The OneFit UltraStride Shoes boast an elegant and modern design
that appeals to both fashion-forward individuals and sports
enthusiasts. They feature a sleek and streamlined silhouette,
crafted using premium materials for durability and aesthetic
appeal. The shoe's upper is constructed from a combination of
breathable mesh and flexible synthetic materials, allowing for
excellent airflow and a lightweight feel.

...

Color and Customization:
OneFit UltraStride Shoes are available in a variety of
vibrant colors and stylish patterns, catering to diverse
personal preferences. You can choose from classic
monochromatic options for a timeless look or opt for bold
and vibrant hues to make a fashion statement. The ability to
customize the shoe's appearance allows individuals to
express their unique style while enjoying the benefits of
the OneFit technology.

Conclusion:
The OneFit UltraStride Shoes represent a breakthrough in
footwear technology, eliminating the hassle of finding the
perfect fit for your feet. With their adaptive design,
superior comfort, and stylish aesthetics, these shoes offer
a truly personalized experience for individuals of all foot
sizes. Stay comfortable, confident, and on-trend with the
```

```
OneFit UltraStride Shoes, the ultimate choice for those
seeking unmatched versatility and a perfect fit.
```

DALL-E es bien conocido por GPT-4 y, por lo tanto, se puede invocar su nombre dentro de ChatGPT, lo cual hace un trabajo razonable en la elaboración de un *prompt* para una herramienta de generación de imágenes. Si planea utilizar este *prompt* en producción, puede considerar aplicar el principio del *prompting* que consiste en proporcionar ejemplos, pero funciona lo suficientemente bien para nuestros propósitos sin necesidad de ejemplos.

Entrada:

```
Convert this description into a short prompt for an AI image
generation model such as DALL-E: (Convierte esta descripción
en un breve prompt para un modelo de generación de imágenes
de IA como DALL-E:)
```

Salida:

```
Create an eye-catching image that visually represents the
"OneFit UltraStride Shoes," a revolutionary footwear
product that adapts to any foot size. Showcase a sleek
and modern shoe design incorporating a stretchable upper,
an adjustable lacing system, and a cushioned insole for
optimal comfort. Emphasize the shoe's versatility by
displaying it in action on various surfaces, highlighting
its excellent traction.
Incorporate vibrant colors and patterns to convey the
customizable nature of the product. The image should
capture the essence of innovation, style, and personalized
fit that the OneFit UltraStride Shoes offer.
```

El resultado de este *prompt* puede introducirse como consulta en herramientas de generación de imágenes como DALL-E o Midjourney, lo que puede proporcionar un buen punto de partida para visualizar el aspecto que podría tener el producto. Aunque no se trate del diseño final, ver una imagen es más evocador y ayuda a formarse una opinión más rápidamente. Desde el punto de vista cognitivo, es más fácil criticar o elogiar una imagen existente que imaginar una nueva imagen a partir de una página en blanco o una sección de texto.

En la figura 1-15, se muestra el resultado.

Es una práctica común cuando se trabaja profesionalmente con IA encadenar varias llamadas a la IA, e incluso varios modelos, para lograr objetivos más complejos. Inclusive las aplicaciones de un solo *prompt* suelen crearse de forma dinámica, basándose en el contexto externo consultado de varias bases de datos y, además, pueden realizar llamadas a un modelo de IA. La biblioteca LangChain *(https://www.langchain.com)* ha desarrollado herramientas para encadenar múltiples plantillas de *prompts* y consultas, haciendo este proceso más observable y bien estructurado. Un ejemplo fundamental es el resumen progresivo, donde un texto que es demasiado grande para caber en una ventana contextual puede dividirse en varios fragmentos de texto, resumiendo cada uno de ellos, antes de finalmente resumir el conjunto de los resúmenes. Si habla con los creadores de los primeros productos de IA, descubrirá que todos ellos encadenan múltiples *prompts,* lo que se conoce como *encadenado de IA,* para lograr mejores resultados en el producto final.

Figura 1-15. *Zapatillas OneFit UltraStride.*

El *framework* Reason and Act (ReAct) *(https://oreil.ly/tPPW9)* fue uno de los primeros intentos populares de crear agentes de IA, incluidos los proyectos de código abierto BabyAGI *(https://oreil.ly/TEiQx),* AgentGPT *(https://oreil.ly/48lq6)* y Microsoft AutoGen *(https://oreil.ly/KG5Xl).* En efecto, estos agentes son el resultado de encadenar varias llamadas de IA juntas y en orden para planificar, observar, actuar y, luego, evaluar los resultados de la acción.

Los agentes autónomos se tratarán en el capítulo 6, pero, en el momento de escribir estas líneas, todavía no se utilizan ampliamente en producción. Esta práctica de los agentes que razonan por sí mismos está aún en una fase incipiente y es propensa a errores, pero hay indicios prometedores de que este enfoque puede ser útil para lograr realizar tareas complejas, y es probable que forme parte de la próxima etapa de evolución de los sistemas de IA.

Se está produciendo una gran batalla por la IA entre grandes empresas tecnológicas como Microsoft y Google, así como una amplia gama de proyectos de código abierto en Hugging Face, y *startups* financiadas con capital de riesgo como OpenAI y Anthropic. A medida que proliferan los nuevos modelos, se diversifican para competir por distintos segmentos del creciente mercado. Por ejemplo, Claude 2 de Anthropic tenía una ventana contextual de 100 000 *tokens (https://oreil.ly/NQcFW)*, frente al estándar de GPT-4 de 8192 *tokens (https://oreil.ly/iZhMl)*. OpenAI no tardó en responder con una versión de ventana de 128 000 *tokens* de GPT-4 *(https:// oreil.ly/3TTZ9)*, y Google ofrece una longitud de contexto de 1 millón de *tokens* con Gemini 1.5 *(https://oreil.ly/cyhR4)*. A modo de comparación, uno de los libros de Harry Potter tendría unos 185 000 *tokens*, por lo que puede llegar a ser habitual que un libro entero quepa en un solo *prompt*, aunque procesar millones de *tokens* con cada llamada a la API puede tener un coste prohibitivo para la mayoría de los casos de uso.

Este libro se centra en GPT-4 para las técnicas de generación de texto, así como en Midjourney v6 y Stable Diffusion XL para las técnicas de generación de imágenes, pero es posible que, dentro de unos meses, estos modelos ya no sean lo último en tecnología. Esto significa que cada vez será más importante poder seleccionar el modelo adecuado para el trabajo y encadenar varios sistemas de IA. Las plantillas de *prompts* rara vez son comparables cuando se transfieren a un nuevo modelo, pero el efecto de los cinco principios del *prompting* mejorará sistemáticamente cualquier *prompt* que utilice, para cualquier modelo, obteniendo resultados más fiables.

Resumen

En este capítulo, ha aprendido sobre la importancia del *prompt engineering* en el contexto de la IA generativa. Definimos el *prompt engineering* como el proceso con el que desarrollar *prompts* eficaces que produzcan los resultados deseados al interactuar con modelos de IA. Ha descubierto que proporcionar una orientación clara, dar formato a la salida, incorporar ejemplos, establecer un sistema de evaluación y dividir tareas complejas en *prompts* más pequeños son principios clave del *prompt engineering*. La aplicación de estos principios y el uso de las técnicas del *prompting* habituales le permitirán mejorar la calidad y la fiabilidad de los resultados generados por la IA.

También ha explorado el papel del *prompt engineering* en la generación de nombres e imágenes de. productos Ya ha visto la forma en que especificar el formato deseado y proporcionar ejemplos instructivos puede influir enormemente en el resultado de la IA. Además, ha conocido el concepto de interpretación de roles, en el que puede pedirle a la IA que genere resultados como si se lo pidiera una persona famosa como Steve Jobs. En el capítulo se ha hecho hincapié en la necesidad de una orientación clara y contexto para lograr los resultados deseados cuando se utilizan modelos de IA generativa. Además, se ha descubierto la importancia de evaluar el rendimiento de los modelos de IA y los diversos métodos utilizados para medir los resultados, así como las contrapartidas entre calidad, uso de *tokens,* coste y latencia.

En el próximo capítulo, conocerá los modelos de generación de texto. Aprenderá sobre los distintos tipos de modelos fundacionales y sus capacidades, así como sus limitaciones. En el capítulo también se revisarán las ofertas estándar de OpenAI, así como las alternativas de competidores y de código abierto. Al final de este segundo capítulo, conocerá a fondo la historia de los modelos de generación de texto y sus fortalezas y debilidades relativas. En el libro se volverá a tratar la generación de imágenes en los capítulos 7, 8 y 9, por lo que no dude en pasar directamente a ellos si esa es su necesidad inmediata. Prepárese para profundizar en la disciplina del *prompt engineering* y conseguir una mayor comodidad en el trabajo cuando utilice la IA.

CAPÍTULO 2

Introducción a los modelos de lenguaje de gran tamaño para la generación de texto

En inteligencia artificial, uno de los objetivos recientes ha sido la evolución de los modelos de lenguaje de gran tamaño. A diferencia de sus predecesores, menos flexibles, los LLM son capaces de gestionar y aprender de un volumen de datos mucho mayor, lo que se traduce en la capacidad emergente de producir textos que se asemejan mucho a la producción lingüística creada por personas. Estos modelos se han generalizado en diversas aplicaciones: desde la redacción de contenidos hasta la automatización del desarrollo de *software* y la habilitación de experiencias de *chatbot* interactivas en tiempo real.

¿Qué son los modelos de generación de texto?

Los modelos de generación de texto utilizan algoritmos avanzados para comprender el significado del texto y producir resultados que, a menudo, son indistinguibles del trabajo realizado por personas. Si alguna vez ha interactuado con ChatGPT *(https://chat.openai.com)* o se ha maravillado de su capacidad para elaborar frases coherentes y contextualmente relevantes, habrá sido testigo del poder de un LLM en acción.

En el procesamiento del lenguaje natural (PLN) (NLP, Natural Language Processing) y los LLM, la unidad lingüística fundamental es el *token*. Los *tokens (https://oreil.ly/3fOsM)* pueden representar frases, palabras o incluso partes de palabras como un conjunto de caracteres. Una forma útil de comprender el tamaño de los datos de texto es fijarse en el número de *tokens* que lo componen; por ejemplo, un texto de 100 *tokens* equivale aproximadamente a unas 75 palabras. Esta comparación puede ser esencial para gestionar los límites de procesamiento de los LLM, ya que diferentes modelos pueden tener diferentes capacidades de *tokens*. La *tokenización,* el proceso de descomponer texto en *tokens,* es un paso crucial en la preparación de datos para tareas de PLN. Para la tokenización, se pueden utilizar varios métodos; entre ellos, Byte-Pair Encoding (BPE) *(https://oreil.ly/iSOp7),* WordPiece y SentencePiece. Cada uno de estos métodos tiene sus propias ventajas y se adapta a casos de uso concretos. BPE se utiliza habitualmente por su eficacia para manejar una amplia gama de vocabulario, al tiempo que mantiene el número de *tokens* manejable. Cada uno de estos métodos tiene sus ventajas y se adapta a casos concretos.

BPE comienza viendo un texto como una serie de caracteres individuales. Con el transcurso del tiempo, combina caracteres que aparecen juntos con frecuencia en unidades únicas, o *tokens*. Para entenderlo mejor, pensemos en la palabra *apple (manzana)*. Inicialmente, BPE podría verlo como *a, p, p, l* y *e*. Pero, tras observar que *p* a menudo aparece después de *a* y antes de *l* en el conjunto de datos, podría combinarlos y tratar *appl* como un único *token* en futuras instancias.

Este enfoque ayuda a los LLM a reconocer y generar palabras o frases, incluso si no eran frecuentes en los datos de entrenamiento, haciendo los modelos más adaptables y versátiles.

Para entender el funcionamiento de los LLM, es necesario comprender los principios matemáticos subyacentes a estos sistemas. Aunque los cálculos pueden ser complejos, podemos simplificar los elementos básicos para ofrecer una comprensión intuitiva del funcionamiento de estos modelos. Especialmente en un contexto empresarial, la precisión y fiabilidad de los LLM son primordiales.

Una parte importante para lograr esta fiabilidad reside en las fases de preentrenamiento y ajuste fino del desarrollo del LLM. Inicialmente, los modelos se entrenan con vastos conjuntos de datos durante la fase de preentrenamiento, adquiriendo una amplia comprensión del lenguaje. Posteriormente, en la fase de ajuste fino, los modelos se adaptan a tareas específicas, perfeccionando sus capacidades para proporcionar resultados precisos y fiables para aplicaciones especializadas.

Representaciones vectoriales: la esencia numérica del lenguaje

En el ámbito de la PLN, las palabras no son solo símbolos alfabéticos. Se pueden tokenizar y, luego, representar de forma numérica, lo que se conoce como *vectores*. Estos vectores son matrices multidimensionales de números que capturan las relaciones semánticas y sintácticas:

$$w \rightarrow v = [v_1, v_2, \ldots, v_n]$$

La creación de vectores de palabras, también conocidos como *word embeddings* (incrustaciones de palabras), se basa en intrincados patrones presentes en el lenguaje. Durante una fase de entrenamiento intensivo, los modelos se diseñan para identificar y aprender estos patrones, garantizando que las palabras con significados similares se mapeen cerca unas de otras en un espacio de alta dimensión (figura 2-1).

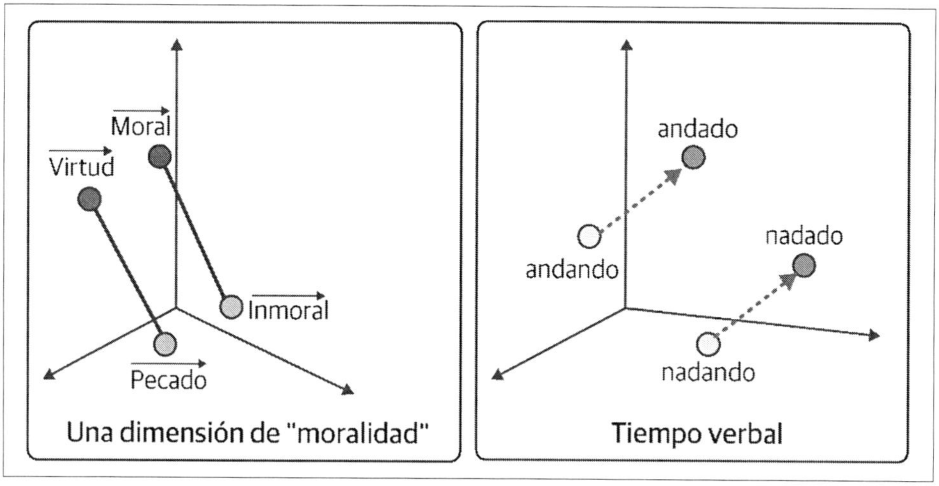

Figura 2-1. *Proximidad semántica de vectores de palabras en un espacio de* word embedding.

La belleza de este enfoque reside en su capacidad para captar las relaciones matizadas entre las palabras y calcular su distancia. Cuando examinamos *word embedddings,* se hace evidente que palabras con significados similares o relacionados como *virtud* y *moral* o *andado* y *andando* se sitúan cerca unas de otras. Esta cercanía espacial en el espacio de *embedding* (incrustación de información compleja en una forma más simple como son los vectores) se convierte en una poderosa herramienta en diversas tareas de PLN, permitiendo a los modelos comprender el contexto, la semántica y la intrincada red de relaciones que forma el lenguaje.

Arquitectura *transformer:* orquestación de relaciones contextuales

Antes de adentrarnos en la mecánica de las arquitecturas de transformadores, vamos a sentar los principios fundamentales. En términos sencillos, cuando tenemos una frase, por ejemplo, *The cat sat on the mat,* cada palabra de esta frase se convierte en su representación vectorial numérica. Así, *cat* podría convertirse en una serie de números, al igual que *sat, on* y *mat.*

Como podrá explorar en detalle más adelante en este capítulo, la arquitectura *transformer* toma estos vectores de palabras y entiende sus relaciones-tanto en estructura (sintaxis) como en significado (semántica). Existen muchos tipos de transformadores. En la figura 2-2, se muestra la arquitectura tanto de BERT como de GPT. Además, un transformador no solo se limita a ver palabras de forma aislada; observa *cat* y sabe que está relacionada con *sat* y *mat* de una forma concreta en esta frase.

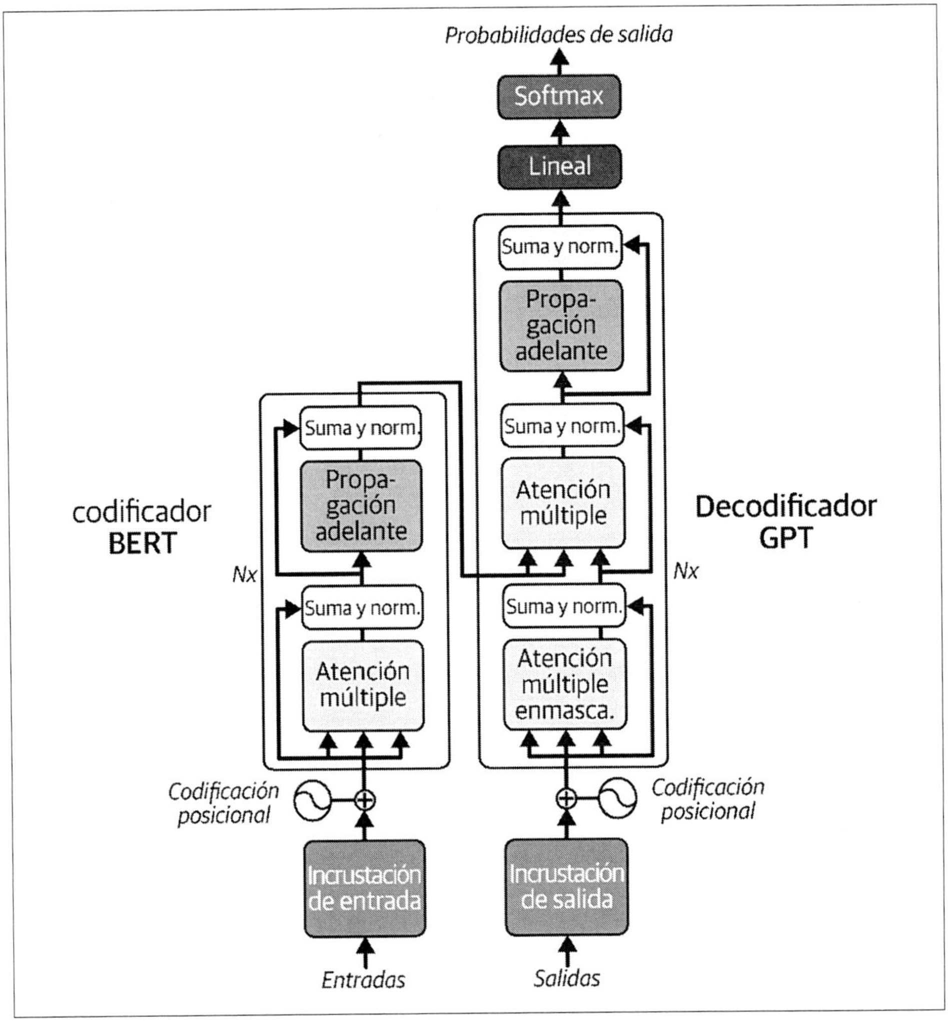

Figura 2-2. *BERT utiliza un codificador para los datos de entrada, mientras que GPT tiene un descodificador para los de salida.*

Cuando el transformador procesa estos vectores, utiliza operaciones matemáticas para comprender las relaciones entre las palabras, produciendo así nuevos vectores con información rica y contextual:

$$v'_i = \text{Transformer}\ (v_1, v_2, \ldots, v_m)$$

Una de las características más notables de los transformadores es su capacidad para comprender los matices del significado contextual de las palabras. El mecanismo de autoatención *(https://oreil.ly/xuovP)* de los transformadores permite que cada palabra de una frase mire a todas las demás, para entender mejor su contexto. Piense que es como si cada palabra votara sobre la importancia de otras palabras para su significado.

Al tener en cuenta toda la frase, los transformadores pueden determinar con mayor precisión la función y el significado de cada palabra, lo que hace que sus *interpretaciones sean más ricas desde el punto de vista contextual.*

Generación probabilística de texto: el mecanismo de decisión

Una vez que el transformador comprende el contexto del texto dado, pasa a generar un nuevo texto, guiándose por el concepto de verosimilitud o probabilidad. En términos matemáticos, el modelo calcula la probabilidad de que cada palabra siga a la secuencia actual y elige la más probable:

$$w_{\text{next}} = \text{argmax } P(w \mid w_1, w_2, \ldots, w_m)$$

Repitiendo este proceso, como se muestra en la figura 2-3, el modelo genera como salida una cadena de texto coherente y contextualmente relevante.

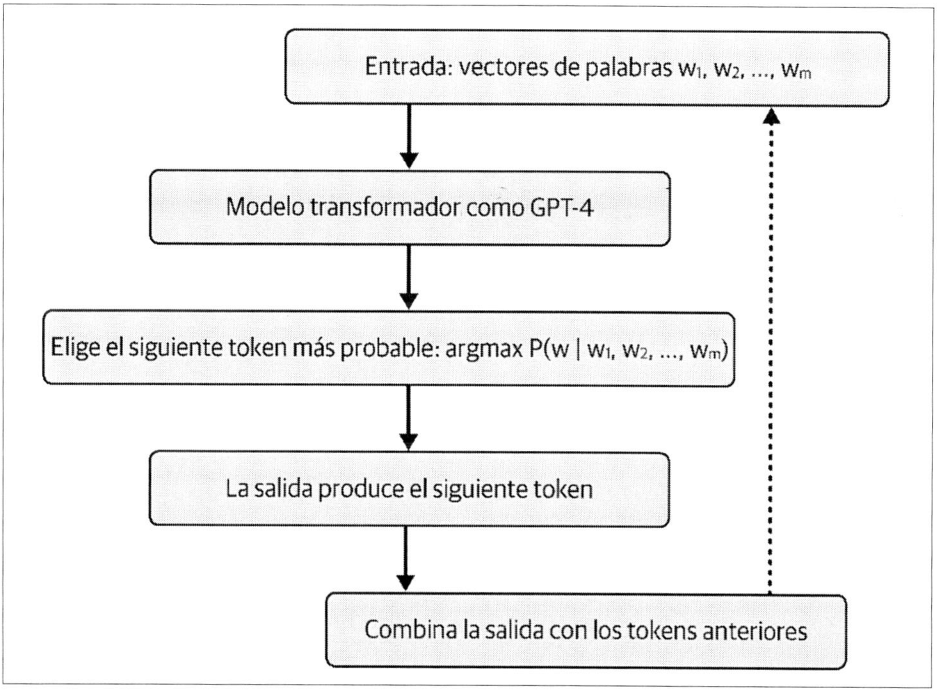

Figura 2-3. *Cómo se genera texto utilizando modelos de transformadores tales como GPT-4.*

Los mecanismos que impulsan los LLM tienen sus orígenes en la matemática vectorial, las transformaciones lineales y los modelos probabilísticos. Aunque las operaciones subyacentes son intensivas en computación, los conceptos básicos se fundamentan en estos principios matemáticos, ofreciendo una comprensión básica que tiende un puente entre la complejidad técnica y la aplicabilidad empresarial.

Bases históricas: el auge de las arquitecturas de transformadores

Los modelos de lenguaje como ChatGPT (donde *GPT* significa *generative pretrained transformer*) no surgieron por arte de magia. Son la culminación de años de progreso en el campo de la PLN, con especial aceleración desde finales de la década de 2010. En el corazón de este avance se encuentra la introducción de arquitecturas de transformadores, que se detallaron en el innovador artículo "Attention Is All You Need" *(https://oreil.ly/6NNbg),* del equipo de Google Brain.

El verdadero avance de las arquitecturas de transformadores fue el concepto de atención. Los modelos tradicionales procesaban el texto de forma secuencial, lo que limitaba su comprensión de la estructura del lenguaje, especialmente en textos largos. La atención transformó esta situación, al permitir a los modelos relacionar directamente palabras distantes entre sí, independientemente de su posición en el texto. Se trataba de una propuesta innovadora. Significaba que las palabras y su contexto no tenían que pasar por todo el modelo para influirse mutuamente. Lo anterior no solo mejoró significativamente la comprensión del texto por parte de los modelos, sino que también los hizo mucho más eficientes.

Este mecanismo de atención desempeñó un papel vital en la ampliación de la capacidad de los modelos para detectar dependencias de largo alcance en el texto. Esto fue crucial para generar resultados que no solo fueran contextualmente precisos y fluidos, sino también coherentes a lo largo de segmentos más largos.

Según el pionero de la IA y educador Andrew Ng *(https://oreil.ly/JQd53),* gran parte de las primeras investigaciones sobre PLN, incluidos los trabajos fundamentales sobre transformadores, recibieron una importante financiación de las agencias de inteligencia militares de Estados Unidos. Su gran interés por herramientas como la traducción automática y el reconocimiento del habla, principalmente con fines de inteligencia, allanó sin querer el camino para llevar a cabo desarrollos que trascendían la mera traducción.

El entrenamiento de los LLM requiere importantes recursos de computación. Estos modelos se alimentan de ingentes cantidades de datos, que van desde *terabytes* a *petabytes,* incluidos contenidos de Internet, artículos académicos, libros y conjuntos de datos más especializados adaptados a propósitos específicos. Es importante señalar, sin embargo, que los datos utilizados para entrenar los LLM pueden presentar *sesgos inherentes a sus fuentes.* Así pues, los usuarios deben actuar con cautela e, idealmente, emplear la supervisión por parte de personas cuando utilicen estos modelos, garantizando aplicaciones de IA responsables y éticas.

GPT-4 de OpenAI, por ejemplo, cuenta con aproximadamente 1,7 billones de parámetros *(https://oreil.ly/pZvMo),* lo que equivale a una hoja de cálculo Excel que ocuparía 30 000 campos de fútbol. Los *parámetros* en el contexto de las redes neuronales son los pesos y los sesgos que se ajustan a lo largo del proceso de entrenamiento, lo que permite al modelo representar y generar patrones complejos basados en los datos con los que ha sido entrenado. Se calculó que el coste de formación para GPT-4 sería del orden de 63 millones de dólares (*https://oreil.ly/_NAq5*), y los datos de formación ocuparían unos 650 kilómetros de estanterías llenas de libros *(https://oreil.ly/D7jL5).*

Para cumplir estos requisitos, grandes empresas tecnológicas como Microsoft, Meta y Google han realizado importantes inversiones, convirtiendo el desarrollo de los LLM en un esfuerzo de alto riesgo.

El auge de los LLM ha supuesto un aumento de la demanda para la industria del *hardware,* en particular para las empresas especializadas en unidades de procesamiento de gráficos (GPU). NVIDIA, por ejemplo, se ha convertido casi en sinónimo de GPU de alto rendimiento, que son esenciales para el entrenamiento de los LLM.

La demanda de GPU potentes y eficientes se ha disparado a medida que las empresas se esfuerzan por crear modelos cada vez más grandes y complejos. No solo se busca potencia de cálculo bruta. Las GPU también tienen que adaptarse a tareas endémicas del aprendizaje automático, como las operaciones tensoriales. Los *tensores,* en el contexto del aprendizaje automático, son matrices multidimensionales de datos, y las operaciones con ellos son fundamentales para los cálculos que llevan a cabo las redes neuronales. Este énfasis en las capacidades especializadas ha dado lugar a *hardware* a medida, como las GPU Tensor Core H100 de NVIDIA, diseñadas específicamente para agilizar las cargas de trabajo de aprendizaje automático.

Además, la abrumadora demanda a menudo supera la oferta de estas GPU de gama alta, lo que hace que los precios sigan una trayectoria ascendente. Esta interacción entre la oferta y la demanda ha transformado el mercado de las GPU en un terreno ferozmente competitivo y rentable. En este sector, una clientela ecléctica, que va desde gigantes tecnológicos a investigadores académicos, compite para hacerse con el *hardware* más avanzado.

Este aumento de la demanda ha desencadenado una oleada de innovación que va más allá de las GPU. Las empresas se están centrando ahora en la creación de *hardware* dedicado a la IA, como es el caso de las unidades de procesamiento tensorial de Google (TPU), para atender a las crecientes necesidades computacionales de modelos de IA.

Esta evolución pone de relieve no solo los vínculos simbióticos entre el *software* y el *hardware* en el ámbito de la IA, sino también el efecto dominó de la fiebre del oro de los LLM. Está dirigiendo las innovaciones y canalizando las inversiones hacia diversos sectores, especialmente aquellos que ofrecen los componentes fundamentales para elaborar estos modelos.

Transformadores preentrenados generativos de OpenAI

Fundada con la misión de garantizar que la inteligencia artificial general beneficie a toda la humanidad, OpenAI *(https://openai.com)* se ha situado recientemente a la vanguardia de la revolución de la IA. Una de sus aportaciones más revolucionarias ha sido la serie de modelos GPT, que han redefinido sustancialmente los límites de lo que pueden lograr los LLM.

El modelo GPT original de OpenAI era algo más que un mero resultado de investigación; era una demostración convincente del potencial de las arquitecturas basadas en transformadores. Este modelo mostró los primeros pasos para que las máquinas comprendan y generen un lenguaje similar al de las personas, sentando las bases para lograr futuros avances.

La presentación de GPT-2 fue recibida con tanta expectación como cautela. OpenAI, consciente de las potentes capacidades del modelo, dudó en un principio en publicarlo, debido a la incertidumbre que suscitaba su posible uso indebido. Tal era el poder de GPT-2 que las preocupaciones éticas pasaron a ocupar el primer plano, lo que podría parecer pintoresco comparado con la potencia de los modelos actuales. Sin embargo, cuando OpenAI decidió publicar el proyecto como código abierto *(https://oreil.ly/evOQE)*, no se limitó a hacer público el código. Permitió a empresas e investigadores utilizar estos modelos preentrenados como bloques de construcción, incorporando la IA a sus aplicaciones sin empezar de cero. Este movimiento democratizó el acceso a las capacidades de alto nivel de procesamiento del lenguaje natural, estimulando la innovación en diversos ámbitos.

Después de GPT-2, OpenAI decidió centrarse en lanzar modelos de pago, de código cerrado. La llegada de GPT-3 supuso un avance monumental en la evolución de los LLM. Acaparó una gran atención mediática, no solo por sus proezas técnicas, sino también por las implicaciones sociales de sus capacidades. Este modelo podía producir textos tan convincentes que a menudo resultaban indistinguibles de los escritos por las personas. Desde la elaboración de intrincadas piezas literarias hasta la producción de fragmentos de código operativo, GPT-3 ejemplificó el potencial aparentemente ilimitado de la IA.

GPT-3.5-turbo y ChatGPT

Reforzada por la importante inversión de Microsoft en su empresa, OpenAI presentó GPT-3.5-turbo, una versión optimizada de su ya excepcional predecesora. Tras una inyección de 1000 millones de dólares *(https://oreil.ly/1C8qm)* de Microsoft en 2019, que más tarde aumentó a la abultada cifra de 13 000 millones de dólares por una participación del 49 % en la división con fines de lucro de OpenAI, OpenAI utilizó estos recursos para desarrollar GPT-3.5-turbo, que ofrecía una mayor eficiencia y asequibilidad, haciendo efectivamente que los LLM fueran más accesibles para una gama más amplia de casos de uso.

OpenAI quería recoger opiniones a nivel mundial para ajustarla mejor, y así nació ChatGPT *(https://chat.openai.com)*. A. diferencia de sus homólogos de propósito general, se procedió al ajuste fino *(https://oreil.ly/6ib-Q)* de ChatGPT para que destacara en contextos conversacionales, permitiendo el diálogo entre personas y máquinas que resultara natural y fuera coherente.

En la figura 2-4, se muestra el proceso de formación de ChatGPT, que consta de tres pasos principales.

Recogida de datos de demostración

En este paso, las personas responsables del etiquetado proporcionan ejemplos del comportamiento deseado del modelo en una variedad de *prompts*. Los etiquetadores reciben formación sobre el proyecto y siguen instrucciones específicas para anotar los *prompts* con precisión.

Entrenamiento de una política supervisada

Los datos de demostración recogidos en el paso anterior se utilizan para realizar el ajuste fino de un modelo GPT-3 preentrenado mediante aprendizaje supervisado. En el aprendizaje supervisado, los modelos se entrenan con un conjunto de datos etiquetados, donde se proporcionan las respuestas correctas. Este paso ayuda al modelo a que aprenda a seguir las instrucciones dadas y producir resultados que se ajusten al comportamiento deseado.

Recogida de datos comparativos y aprendizaje por refuerzo

En este paso, se recopila un conjunto de datos de resultados del modelo y las personas responsables del etiquetado clasifican los resultados en función de sus preferencias. A continuación, se entrena un modelo de recompensa para predecir qué resultados preferirán los etiquetadores, Por último, se utilizan técnicas de aprendizaje por refuerzo, concretamente el algoritmo Proximal Policy Optimization (PPO), para optimizar la política supervisada, con el fin de maximizar la recompensa según el modelo de recompensa.

Este proceso de entrenamiento permite al modelo ChatGPT alinear su comportamiento con la intención de las personas, al interactuar con el modelo. El uso del aprendizaje por refuerzo con retroalimentación proporcionada por personas ayudó a crear un modelo más útil, honesto y seguro, en comparación con el modelo GPT-3 preentrenado.

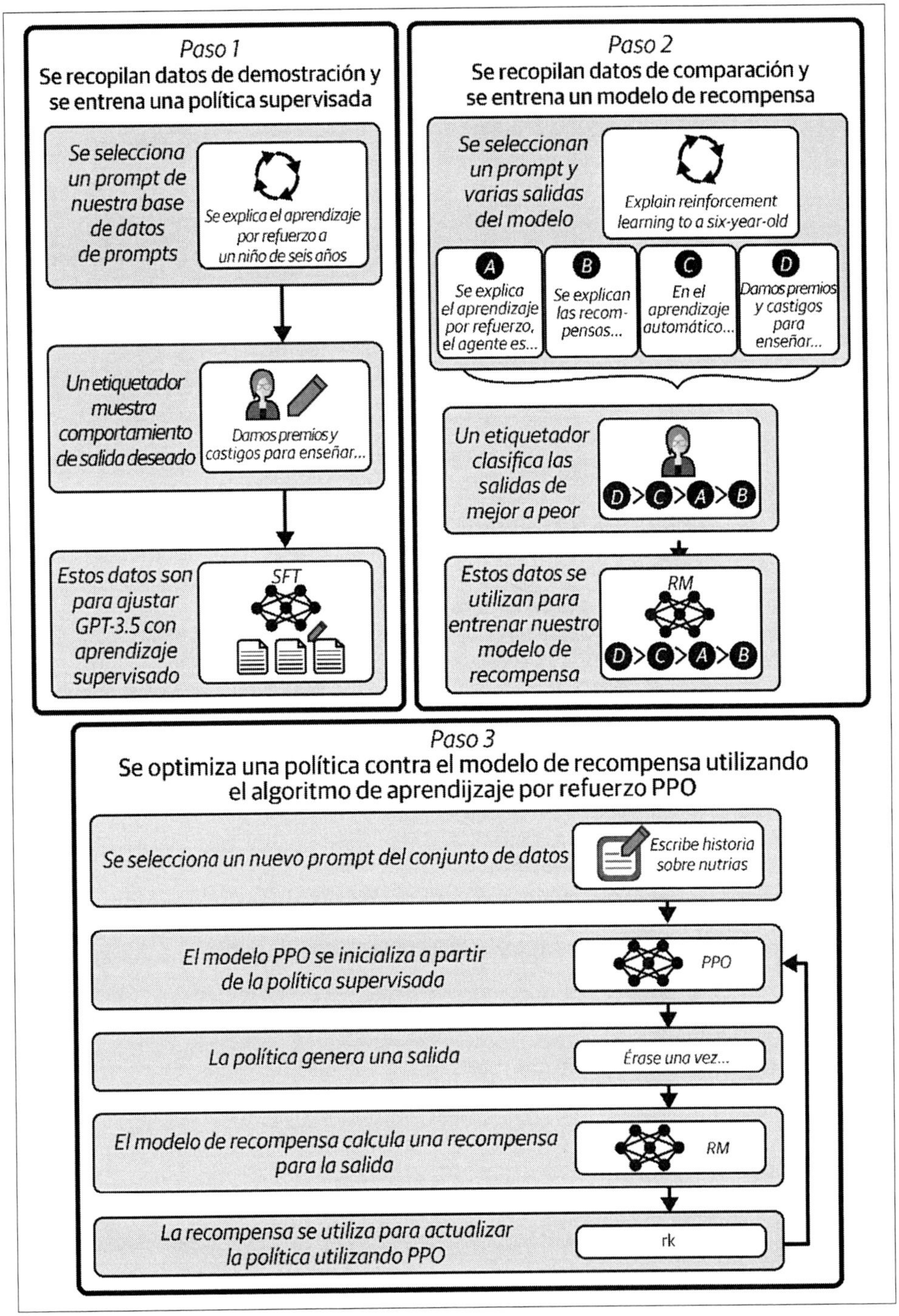

Figura 2-4. *Proceso de ajuste fino de ChatGPT.*

Según un estudio de UBS *(https://oreil.ly/2Ivq2),* en enero de 2023 ChatGPT consiguió un nuevo hito, al acumular 100 millones de usuarios activos y convertirse en la aplicación de consumo de más rápido crecimiento en la historia de Internet. ChatGPT se ha convertido en una herramienta imprescindible para el servicio de atención al cliente, la asistencia virtual y otras muchas aplicaciones que requieren la delicadeza de una conversación similar a la que mantienen las personas.

GPT-4

En 2024, OpenAI lanzó GPT-4, que destaca por su comprensión de consultas complejas y por la generación de texto contextualmente relevante y coherente; por ejemplo, GPT-4 puntuó en el percentil 90 del examen de acceso a la abogacía, obteniendo una puntuación de 298 sobre 400. Actualmente, GPT-3.5-turbo es de uso gratuito en ChatGPT, pero GPT-4 requiere un pago mensual *(https://oreil.ly/UOEBM).*

GPT-4 utiliza un enfoque de mezcla de expertos *(https://oreil.ly/v45LZ);* va más allá de confiar en la inferencia de un único modelo para producir resultados aún más precisos y perspicaces.

El 13 de mayo de 2024 OpenAI presentó GPT-4o *(https://oreil.ly/4ttmq),* un modelo avanzado capaz de procesar y razonar a través de entradas de texto, audio e información visual en tiempo real. Este modelo ofrece un rendimiento mejorado, sobre todo en la comprensión de la información visual y de audio; también es más rápido y rentable que sus predecesores, gracias a su capacidad para procesar las tres modalidades en una sola red neuronal.

Gemini de Google

Después de que Google perdiera cuota de mercado en las búsquedas debido al uso de ChatGPT, lanzó inicialmente Bard el 21 de marzo de 2023. Bard era un poco tosco *(https://oreil.ly/Sj24h)* y, definitivamente, no tenía inicialmente las mismas respuestas LLM de alta calidad que ChatGPT ofrecía (figura 2-5).

Con el tiempo, Google ha ido añadiendo funciones adicionales, como la generación de código, la IA visual, la búsqueda en tiempo real y la voz en Bard, con lo que se aproxima más a ChatGPT en términos de calidad.

El 14 de marzo de 2023 Google lanzó la API PaLM *(https://oreil.ly/EbI8-),* que permite a los desarrolladores a acceder a ella en Google Cloud Platform. En abril de 2023, Amazon Web Services (AWS) lanzó servicios similares como Amazon Bedrock *(https://oreil.ly/4fNQX)* y Titan FMs de Amazon *(https://oreil.ly/FJ-7D)*. Google cambió el nombre de Bard a Gemini *(https://oreil.ly/EO42O)* para su versión v1.5 en febrero de 2024 y empezó a obtener resultados similares a GPT-4.

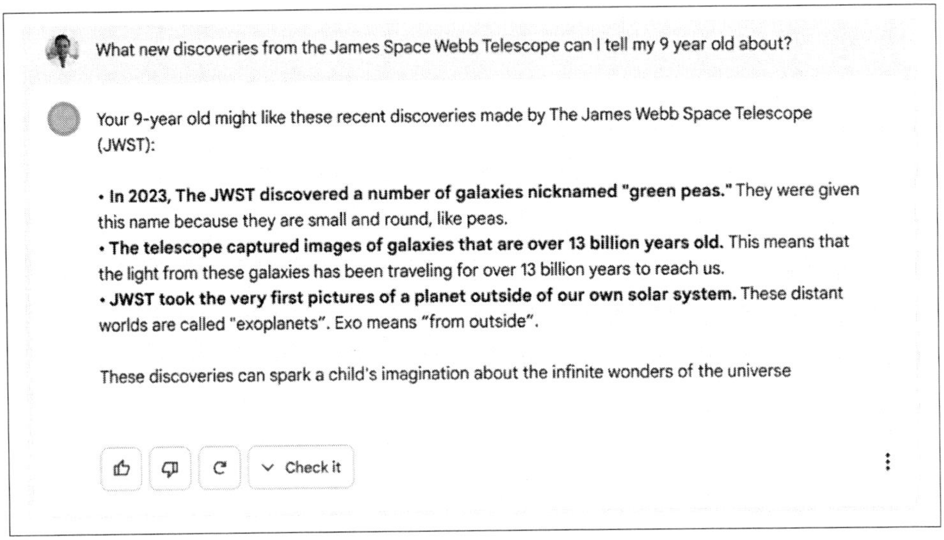

Figura 2-5. *Bard alucina (inventa) resultados del telescopio espacial James Webb.*

Además, Google lanzó dos modelos de código abierto más reducidos *(https://oreil.ly/LWIwv),* basados en la misma arquitectura que Gemini. Por fin OpenAI ha dejado de ser la única opción clara-para que ingenieros de *software* integren LLM de última generación en sus aplicaciones.

Llama de Meta y el código abierto

El enfoque de Meta respecto a los modelos de lenguaje difiere significativamente de los de otros competidores del sector. Con la publicación secuencial de modelos de código abierto Llama *(https://oreil.ly/LroPn),* Llama 2 *(https://oreil.ly/NeZLw)* y Llama 3 *(https://oreil.ly/Vwlo-),* Meta pretende fomentar un ecosistema de desarrollo de IA más inclusivo y colaborativo.

La naturaleza de código abierto de Llama 2 y Llama 3 tiene importantes implicaciones para la industria tecnológica en general, especialmente para las grandes empresas. La transparencia y el espíritu de colaboración fomentan la rapidez en la innovación, ya que los problemas y vulnerabilidades los puede identificar y resolver rápidamente la comunidad mundial de desarrolladores. A medida que estos modelos se hacen más sólidos y seguros, las grandes empresas pueden adoptarlos con mayor confianza.

La estrategia de código abierto de Meta no solo democratiza el acceso a las tecnologías de IA más avanzadas, sino que también tiene el potencial de producir un impacto significativo en todo el sector. Al sentar las bases para un proceso de desarrollo colaborativo, transparente y descentralizado, Llama 2 y Llama 3 son modelos pioneros que bien podrían definir el futuro de la IA generativa. Los modelos están disponibles en versiones de 7, 8 y 70 000 millones de parámetros en AWS, Google Cloud, Hugging Face y otras plataformas.

La naturaleza de código abierto de estos modelos es un arma de doble filo. Por un lado, parece una solución equitativa. Esto significa que incluso los desarrolladores más modestos tienen la oportunidad de contribuir a la innovación, mejorando y aplicando modelos de código abierto a aplicaciones prácticas empresariales. Este tipo de innovación descentralizada podría dar lugar a avances que no se producirían dentro de los jardines amurallados de una única organización, mejorando las capacidades y aplicaciones de los modelos.

Sin embargo, la misma apertura que lo hace posible también plantea riesgos potenciales, ya que podría permitir a agentes malintencionados explotar esta tecnología con fines perjudiciales. Organizaciones como OpenAI comparten esta preocupación, lo que sugiere que cierto grado de control y restricción puede, en realidad, servir para mitigar las peligrosas aplicaciones de estas poderosas herramientas.

Aprovechamiento de la cuantización y LoRA

Uno de los aspectos que cambian las reglas de juego de estos modelos de código abierto es el potencial para la cuantificación *(https://oreil.ly/bkWXk)* y el uso de LoRA *(https://oreil.ly/zORsB)* (Low Rank Adaptation, o aproximaciones de rango bajo). Estas técnicas permiten a los desarrolladores encajar los modelos a espacios de *hardware* más reducidos. La cuantización ayuda a reducir la precisión numérica de los parámetros del modelo, con lo que se reduce el tamaño total del modelo, sin que se produzca una pérdida importante de rendimiento. Mientras tanto, LoRA ayuda a optimizar la arquitectura de la red, haciéndola más eficiente para funcionar en *hardware* de consumo.

Estas optimizaciones hacen que el ajuste fino de estos LLM sea cada vez más factible en el *hardware* de consumo. Se trata de un avance fundamental, porque permite una mayor experimentación y adaptabilidad. Los desarrolladores individuales, las pequeñas empresas y las *startups* ya no están confinadas a centros de datos de alta potencia, sino que pueden trabajar con estos modelos en entornos con recursos más limitados.

Mistral

Mistral 7B, una creación de la *startup* francesa Mistral AI *(https://mistral.ai),* se perfila como una potencia en el ámbito de la IA generativa, con sus 7300 millones de parámetros de gran impacto. Este modelo no es solo una cuestión de tamaño, sino de eficiencia y capacidad, y promete un futuro brillante para los grandes modelos de lenguaje de código abierto y su aplicabilidad en infinidad de casos de uso. La clave de su eficacia es la implementación de la atención de ventana deslizante, una técnica publicada bajo licencia de código abierto Apache. Muchos ingenieros de IA han perfeccionado este modelo como base, incluido el impresionante modelo Zephyr 7b beta *(https://oreil.ly/Lg6_r)*. También existe Mixtral 8x7b *(https://oreil.ly/itsJG)*, un modelo de mezcla de expertos (similar a la arquitectura de GPT-4), que consigue resultados similares a GPT-3.5-turbo.

Si desea consultar una comparación más detallada y actualizada de los modelos de código abierto y sus métricas de rendimiento, puede visitar Chatbot Arena Leaderboard *(https://oreil.ly/ttiji)*, alojada en Hugging Face.

Anthropic: Claude

Lanzado el 11 de julio de 2023, Claude 2 *(https://claude.ai/login)* se desmarca de otros LLM destacados, como ChatGPT y LLaMA, por su enfoque pionero de la IA constitucional *(https://oreil.ly/Tim9W)* con respecto a la seguridad y la alineación de la IA: el entrenamiento del modelo mediante una lista de reglas o valores. Una mejora notable en Claude 2 fue su ventana de contexto ampliada a 100 000 *tokens*, así como la posibilidad de realizar la carga de archivos. En el ámbito de la IA generativa, una *ventana de contexto* se refiere a la cantidad de texto o datos que el modelo puede considerar de forma directa o tener en cuenta a la hora de generar una respuesta. Con una ventana de contexto más amplia, el modelo puede comprender y generar contenido basándose en un contexto más amplio.

Este avance suscitó un gran entusiasmo entre los ingenieros de IA, ya que abría vías para casos de uso nuevos y más intrincados; por ejemplo, la mayor capacidad de Claude 2 para procesar más cantidad de información a la vez lo convierte en un experto en resumir largos documentos o mantener conversaciones en profundidad. La ventaja duró poco, ya que OpenAI lanzó su versión 128K de GPT-4 solo seis meses después *(https://oreil.ly/BWxrn)*. Sin embargo, la feroz competencia entre rivales está impulsando el sector hacia delante.

La siguiente generación de Claude incluía Opus *(https://oreil.ly/NH0jh)*, el primer modelo que rivalizaba con GPT-4 en términos de inteligencia, así como Haiku, un modelo más modesto y muy veloz, con el competitivo precio de 0,25 dólares por millón de *tokens* (la mitad del coste de GPT-3.5-turbo en aquel momento).

GPT-4V(ision)

El 23 de septiembre de 2023 se produjo un avance importante. OpenAI amplió las capacidades de GPT-4 con la introducción de Vision, permitiendo a los usuarios instruir a GPT-4 para analizar imágenes junto con texto. Esta innovación también se reflejó en la actualización de la interfaz de ChatGPT, que ahora admite la inclusión tanto de imágenes como de texto, así como de entradas de usuario. Este avance supone una importante tendencia hacia los modelos multimodales, que pueden procesar y comprender a la perfección diferentes tipos de datos, como imágenes y texto, dentro de un mismo contexto.

Comparación de modelos

En el momento de escribir estas líneas, el mercado de los LLM está dominado por OpenAI, cuyo modelo GPT-4 de última generación goza de una ventaja considerable. El competidor más cercano es Anthropic, y existe un entusiasmo generalizado por el potencial de modelos más modestos de código abierto, tales como Llama y Mistral, particularmente en lo que respecta al ajuste fino. Aunque los analistas esperan que OpenAI siga ofreciendo modelos de primera línea a nivel mundial en el futuro, a medida que los modelos de código abierto sean lo suficientemente buenos en más tareas, las cargas de trabajo de IA podrían desplazarse hacia modelos locales ajustados. Con los avances en el rendimiento de los modelos y la cuantización (métodos para compensar la precisión con el tamaño y el coste de computación), puede que algún día sea posible ejecutar LLM en su teléfono móvil o en otros dispositivos.

Por ahora, la manera más conveniente para hacerse una idea de lo que hacen bien los modelos es ejecutar el mismo *prompt* en varios modelos y comparar las respuestas. Una cosa que destaca frecuentemente en nuestro trabajo es que GPT-4 es mucho mejor en seguir instrucciones, como se muestra en el siguiente ejemplo, donde fue el único modelo en responder en el formato correcto, con nombres que coincidían con los ejemplos (empezando con la letra *i*), tal y como se deseaba.

Entrada:

```
Brainstorm a list of product names for a shoe that fits any foot
size, in the style of Steve Jobs.

Return the results as a comma-separated list, in this format:
Product description: A shoe that fits any foot size
Product names: [list of three product names]

## Examples
Product description: A refrigerator that dispenses beer
Product names: iBarFridge, iFridgeBeer, iDrinkBeerFridge

Product description: A watch that can tell accurate time in space
Product names: iNaut, iSpace, iTime

Product description: A home milkshake maker
Product names: iShake, iSmoothie, iShake Mini
```

Salida (GPT-4):

```
Product description: A shoe that fits any foot size
Product names: iFit, iShoe, iFlexible
```

Salida (Claude 3):

```
Product description: A shoe that fits any foot size
Product names: iFit, iComfort, iSole
```

Salida (Llama 3 70b):

```
Here is the list of product names for a shoe that fits any foot
size, in the style of Steve Jobs:

Product description: A shoe that fits any foot size Product
names: iFit, OneSize, iWalkFree
```

Resumen

La trayectoria de los LLM desde su creación hasta su avanzado estado actual es una historia de innovación incesante, colaboración e intensa competencia. A medida que estos modelos sigan evolucionando, es probable que se conviertan en partes aún más integrales de nuestra vida cotidiana, cambiando la forma en que interactuamos con la tecnología e incluso entre nosotros.

Comprender el contexto histórico y las capacidades de estos modelos permite apreciar mejor las herramientas de que disponemos para diversas aplicaciones: desde *prompt engineering* hasta el desarrollo de agentes virtuales inteligentes. Es importante señalar, sin embargo, que, aunque estos modelos ofrecen amplias posibilidades, la privacidad de los datos sigue siendo una preocupación crucial. Si estos modelos utilizan sus datos para el reentrenamiento o el ajuste fino, tenga cuidado y absténgase de introducir información sensible.

En el siguiente capítulo, aprenderá las técnicas básicas de *prompt engineering* para trabajar con los LLM de texto. Aprenderá las habilidades esenciales necesarias para sacar el máximo partido de potentes modelos de lenguaje como GPT-4. Lo esperan ideas apasionantes y métodos prácticos para descubrir el verdadero potencial de la IA generativa.

CAPÍTULO 3

Prácticas estándar para la generación de texto con ChatGPT

Unas sencillas técnicas del *prompting* lo ayudarán a maximizar la salida y los formatos de los LLM. Empezará por adaptar los *prompts* para explorar las prácticas estándar utilizadas para la generación de texto.

Generación de listas

La generación automática de listas es increíblemente potente y le permite centrarse en tareas de más alto nivel, mientras que GPT puede generar, refinar, reordenar listas y eliminar elementos duplicados de forma automática, en lugar de tener que hacerlo usted.

Entrada:

```
Generate a list of Disney characters.
```

Salida:

```
Sure, here is a list of some popular Disney characters:

1.  Mickey Mouse
2.  Minnie Mouse
...
30.  Bagheera (The Jungle Book)
```

GPT-4 es perfectamente capaz de proporcionar una lista de caracteres. Sin embargo, este planteamiento presenta algunos obstáculos:

- GPT ha decidido ofrecer 30 ejemplos en forma de lista numerada, separados por caracteres `\n` (saltos de línea). Sin embargo, si su código Python posterior esperaba poder dividir el texto utilizando puntos de viñeta, es probable que terminara con resultados no deseados o con un error en tiempo de ejecución.
- GPT ha proporcionado un comentario al principio; eliminar cualquier comentario anterior/posterior facilitaría el análisis del resultado.
- El tamaño de la lista no se ha controlado y se deja en manos del modelo de lenguaje.

- Algunos de los personajes llevan entre paréntesis el nombre de la película correspondiente, por ejemplo, *Bagheera (El libro de la selva),* y otros no. Esto hace que los nombres sean más difíciles de extraer, porque habría que eliminar los títulos de las películas.
- No se ha aplicado ningún filtro ni selección a la generación del LLM, en función del resultado que deseamos.

A continuación, encontrará un *prompt* optimizado.

Entrada:

```
Generate a bullet-point list of 5 male Disney characters. Only
include the name of the character for each line.
Never include the film for each Disney character.
Only return the Disney characters, never include any commentary.

Below is an example list:

* Aladdin
* Simba
* Beast
* Hercules
* Tarzan
```

Salida:

```
* Woody
* Buzz Lightyear
* Stitch
* Jack Sparrow
* Prince Charming
```

Proporcionar ejemplos

El mero hecho de reformular el *prompt* incluyendo ejemplos *(prompting con algunos ejemplos)* puede tener un gran impacto en el resultado deseado.

Al optimizar el *prompt,* ha conseguido lo siguiente:

- Restringir la lista a un tamaño fijo de cinco personajes
- Generar solo personajes masculinos
- Conseguir el formato correcto de la lista con viñetas
- Eliminar cualquier comentario al principio

Las listas simples están bien para la mayoría de las tareas; sin embargo, están menos estructuradas y, para algunas tareas, es conveniente obtener estructuras de datos anidadas de una salida de GPT-4.

Tres estructuras de datos típicas son:

- Datos de texto anidados (listas jerárquicas)
- JSON
- YAML

Generación de listas jerárquicas

Las listas jerárquicas son útiles cuando la salida deseada está anidada. Un buen ejemplo de ello sería la estructura detallada de un artículo.

Entrada:

```
Generate a hierarchical and incredibly detailed article outline on:

What are the benefits of data engineering.

See an example of the hierarchical structure below:

Article Title: What are the benefits of digital marketing?

*  Introduction
      a. Explanation of digital marketing
      b. Importance of digital marketing in today's business world

*  Increased Brand Awareness
      a. Definition of brand awareness
      b. How digital marketing helps in increasing brand awareness
```

Salida:

```
Article Title: What are the benefits of data engineering?

*  Introduction
      a. Explanation of data engineering
      b. Importance of data engineering in today's data-driven
         world

...(10 sections later)...

*  Conclusion
      a. Importance of data engineering in the modern business
         world
      b. Future of data engineering and its impact on the data
         ecosystem
```

Para generar un esquema de artículo efectivo en la salida anterior, usted ha incluido dos frases clave.

Jerárquico

Sugiere que el esquema del artículo debe dar lugar a una estructura anidada.

Increíblemente detallado

Orienta al modelo de lenguaje para que produzca un resultado más largo. Otras palabras que podría incluir y que tienen el mismo efecto serían *muy largo* o especificar un gran número de subencabezados, *incluyendo al menos 10 encabezados de nivel superior.*

> Pedir a un modelo de lenguaje un número fijo de elementos no garantiza que el modelo de lenguaje produzca el número solicitado; por ejemplo, si pide 10 encabezados, es posible que reciba solo 8. Por lo tanto, su código debe, o bien validar que existan 10 encabezados, o ser flexible para manejar longitudes variables de la salida de LLM.

Entonces, ha conseguido crear un esquema jerárquico de un artículo, pero ¿cómo podría analizar la cadena para convertirla en datos estructurados?

Vamos a explorar el ejemplo 3-1 utilizando Python, donde usted previamente ha realizado una llamada con éxito a la API contra GPT-4 de OpenAI. Se utilizan dos expresiones regulares para extraer los encabezados y subencabezados de `openai_result`. El módulo `re` de Python se utiliza para trabajar con expresiones regulares.

***Ejemplo 3-1.** Análisis sintáctico de una lista jerárquica (https://oreil.ly/A0otS)*

```
importar re

# openai_result = generate_article_outline(prompt)
# Commented out to focus on a fake LLM response, see below:

openai_result = '''
* Introduction
    a. Explanation of data engineering
    b. Importance of data engineering in today's data-driven world
* Efficient Data Management
    a. Definition of data management
    b. How data engineering helps in efficient data management
* Conclusion
    a. Importance of data engineering in the modern business world
    b. Future of data engineering and its impact on the data
       ecosystem
'''

# Regular expression patterns
heading_pattern = r'\* (.+)'
subheading_pattern = r'\s+[a-z]\. (.+)'

# Extract headings and subheadings
headings = re.findall(heading_pattern, openai_result)
subheadings = re.findall(subheading_pattern, openai_result)
```

```
# Print results
print("Headings:\n")
for heading in headings:
   print(f"* {heading}")

print("\nSubheadings:\n")
for subheading in subheadings:
   print(f"* {subheading}")
```

Este código proporcionará la siguiente salida:

```
Headings:
- Introduction
- Efficient Data Management
- Conclusion

Subheadings:
- Explanation of data engineering
- Importance of data engineering in today's data-driven world
- Definition of data management
- How data engineering helps in efficient data management
- Importance of data engineering in the modern business world
- Future of data engineering and its impact on the data
ecosystem
```

El uso de expresiones regulares permite una coincidencia de patrones eficiente, haciendo posible gestionar variaciones en el texto de entrada, como la presencia o ausencia de espacios en blanco iniciales o tabuladores. Vamos a explorar cómo funcionan estos patrones:

```
heading_pattern = r'\* (.+)'
```

Este patrón está diseñado para extraer los encabezados principales y consta de:

- `\*` coincide con el símbolo asterisco `(*)` al principio de un encabezado. La barra invertida se utiliza para escapar el asterisco, ya que este tiene un significado especial en las expresiones regulares (cero o más apariciones del carácter precedente).
- Un carácter de espacio coincidirá después del asterisco.
- `(.+)`: coincide con uno o más caracteres, y los paréntesis crean un grupo de captura. El `.` es un comodín que coincide con cualquier carácter, excepto un salto de línea, y el `+` es un cuantificador que significa *una o más* ocurrencias del elemento precedente (el punto, en este caso).

Aplicando este patrón, puede extraer fácilmente todos los encabezados principales en una lista sin el asterisco:

```
subheading_pattern = r'\s+[a-z]\. (.+)
```

El patrón de subencabezado coincidirá con todos los subencabezados en la cadena `openai_result`:

- `\s+` coincide con uno o más caracteres de espacio en blanco (espacios, tabuladores, etc.). El `+` significa *una o más* ocurrencias del elemento precedente (`\s`, en este caso).
- `[a-z]` coincide con una sola letra minúscula de la *a* a la *z*.
- `\.` coincide con el carácter de punto. La barra invertida se utiliza para escapar el punto, ya que tiene un significado especial en expresiones regulares (coincide con cualquier carácter, excepto una nueva línea).
- Un carácter de espacio en blanco coincidirá después del punto.
- `(.+)` coincide con uno o más caracteres, y los paréntesis crean un grupo de captura. El `.` es un comodín que coincide con cualquier carácter, excepto una nueva línea, y `+` es un cuantificador que significa *una o más* ocurrencias del elemento precedente (el punto, en este caso).

Además, se utiliza la función `re.findall()` para encontrar todas las coincidencias no solapadas de los patrones de la cadena de entrada y devolverlas en forma de lista. A continuación, se imprimen los encabezaos extraídos y los subencabezados.

Ahora ya puede extraer encabezados y subencabezados de los esquemas jerárquicos de los artículos; sin embargo, puede refinar aún más las expresiones regulares para que cada encabezado esté asociado a los correspondientes `subencabezados`.

En el ejemplo 3-2, la *regex* (expresión regular) se ha modificado ligeramente para que cada subencabezado se adjunte directamente con su encabezado correspondiente.

Ejemplo 3-2. *Análisis de una lista jeráquica en un diccionario de Python (https://oreil.ly/LcMtv)*

```
importar re

openai_result = """
* Introduction
  a. Explanation of data engineering
  b. Importance of data engineering in today's data-driven world
* Efficient Data Management
  a. Definition of data management
  b. How data engineering helps in efficient data management
  c. Why data engineering is important for data management
* Conclusion
  a. Importance of data engineering in the modern business world
  b. Future of data engineering and its impact on the data
  ecosystem
"""
```

```
section_regex = re.compile(r"\* (.+)")
subsection_regex = re.compile(r"\s*([a-z]\..+)")

result_dict = {}
current_section = None

for line in openai_result.split("\n"):
   section_match = section_regex.match(line)
   subsection_match = subsection_regex.match(line)

   if section_match:
      current_section = section_match.group(1)
      result_dict[current_section] = []
      elif subsection_match and current_section is not None:
         result_dict[current_section].append(subsection_match.group(1))

print(result_dict)
```

Esto dará como resultado:

```
{
   "Introduction": [
      "a. Explanation of data engineering",
      "b. Importance of data engineering in today's data-driven
      world"
   ],
   "Efficient Data Management": [
      "a. Definition of data management",
      "b. How data engineering helps in efficient data management"
   ],
   "Conclusion": [
      "a. Importance of data engineering in the modern business
      world", "b. Future of data engineering and its impact on the
      data ecosystem"
   ]
}
```

El *regex* del encabezado de la sección, `r'\* (.+)'`, coincide con un asterisco seguido de un espacio y, a continuación, uno o más caracteres. Los paréntesis capturan el texto que sigue al asterisco y al espacio en blanco que se utilizará más adelante en el código.

La subsección *regex*, `r'\s*([a-z]\..+)'`, comienza con `\s*`, que coincide con cero o más caracteres de espacio en blanco (espacios o tabuladores). Esto permite que la expresión regular coincida con subsecciones con o sin espacios o tabuladores al principio. La parte siguiente, `([a-z]\..+)`, coincide con una letra minúscula seguida de un punto y, luego, uno o más caracteres. El paréntesis captura todo el texto de la subsección coincidente, para su uso posterior en el código.

El bucle `for` itera sobre cada línea de la cadena de entrada, `openai_result`. Cuando encuentra una línea que coincide con la *regex* del encabezado de la sección, el bucle establece el encabezado coincidente, como la sección actual, y asigna una lista vacía, como su valor, en el diccionario `result_dict`. Cuando una línea coincide con la *regex* de una subsección, el texto de la subsección coincidente se añade a la lista correspondiente a la sección actual.

En consecuencia, el bucle procesa la cadena de entrada *línea por línea,* clasifica las líneas como encabezados de sección o subsecciones y crea la estructura de diccionario prevista.

Cuándo evitar el uso de expresiones regulares

A medida que se trabaja para extraer datos más estructurados de las respuestas LLM, confiar únicamente en expresiones regulares puede hacer que el flujo de control *sea cada vez más complicado.* Sin embargo, existen otros formatos que pueden facilitar el análisis de los datos estructurados a partir de las respuestas LLM con facilidad. Dos formatos habituales son los archivos *json* e *yml.*

Generación de JSON

Vamos a empezar experimentando con el diseño de un *prompt* que oriente a un LLM a devolver una respuesta JSON.

Entrada:

```
Compose a very detailed article outline on "The benefits of
learning code" with a JSON payload structure that highlights
key points.

Only return valid JSON.

Here is an example of the JSON structure:
{
   "Introduction": [
      "a. Explanation of data engineering",
      "b. Importance of data engineering in today's data-driven
      world"],
   ...
   "Conclusion": [
      "a. Importance of data engineering in the modern business
      world",
      "b. Future of data engineering and its impact on the data
      ecosystem"]
}
```

Salida:

```
{
   "Introduction": [
      "a. Overview of coding and programming languages",
      "b. Importance of coding in today's technology-driven
      world"],
   ...
   "Conclusion": [
      "a. Recap of the benefits of learning code",
```

```
      "b. The ongoing importance of coding skills in the modern
      world"]
  }
```

Orientar y proporcionar ejemplos

Observe que, en el *prompt* anterior, usted ha proporcionado orientación sobre el tipo de tarea, el formato y un ejemplo de salida JSON.

Los errores más frecuentes que encontrará cuando trabaje con JSON involucran *payloads* (cargas útiles) no válidas, o que el JSON esté delimitado por tres puntos suspensivos (```), como en el siguiente ejemplo.

Salida:

````
Sure here's the JSON:
```json
{"Name": "John Smith"} # valid payload
{"Name": "John Smith", "some_key":} # invalid payload
```
````

Lo ideal sería que el modelo respondiera de la manera expuesta a continuación.

Salida:

```
{"Name": "John Smith"}
```

Esto es importante porque, con la primera salida, tendría que dividirla después de `json` y, luego, analizar la parte exacta de la cadena que contiene JSON válido. Hay varios puntos que vale la pena añadir a sus *prompts*, para mejorar el análisis de JSON:

```
You must follow the following principles:
   * Only return valid JSON
   * Never include backtick symbols such as: `
   * The response will be parsed with json.loads(), therefore it
     must be valid JSON.
```

Ahora vamos a examinar cómo se puede analizar una salida JSON con Python *(https://oreil.ly/MoJHn)*:

```
import json

# openai_json_result = generate_article_outline(prompt)

openai_json_result = """
{
   "Introduction": [
      "a. Overview of coding and programming languages",
      "b. Importance of coding in today's technology-driven
      world"],
   "Conclusion": [
      "a. Recap of the benefits of learning code",
```

```
        "b. The ongoing importance of coding skills in the modern
        world"]
    }
    """
    parsed_json_payload = json.loads(openai_json_result)


    print(parsed_json_payload)
    '''{'Introduction': ['a. Overview of coding and programming languages',
    "b. Importance of coding in today's technology-driven world"],
    'Conclusion': ['a. Recap of the benefits of learning code',
    'b. The ongoing importance of coding skills in the modern world']}'''
```

Bien hecho, ha analizado con éxito algo de JSON.

Tal y como se ha mostrado, estructurar datos a partir de la respuesta de un LLM se agiliza cuando se solicita la respuesta en un formato JSON válido. Comparado con el análisis de expresiones regulares mostrado anteriormente, este método es menos engorroso y más sencillo.

Así que ¿qué podría salir mal?

- El modelo de lenguaje accidentalmente añade texto extra a la respuesta como `json output:`, y su lógica de aplicación solo gestiona JSON válido.
- El JSON producido no es válido y falla al analizarlo (ya sea debido al tamaño o simplemente porque determinados caracteres especiales no se han escapado correctamente).

Más adelante se examinarán estrategias para gestionar con elegancia estos casos extremos.

YAML

.yml son archivos con un formato de datos estructurados que ofrecen diferentes ventajas con respecto a *.json*:

No es necesario escapar caracteres
: El patrón de sangrado de YAML elimina la necesidad de corchetes, llaves y comas, para denotar la estructura. Con ello es posible que los archivos sean más limpios y menos propensos a errores, ya que hay menos riesgo de que la puntuación no coincida o esté mal colocada.

Legibilidad
: YAML está diseñado para que lo puedan leer las personas, con una sintaxis y estructura más simples, en comparación con JSON. Esto facilita la creación, lectura y edición de *prompts*, especialmente cuando se trata de estructuras complejas o anidadas.

Comentarios

A diferencia de JSON, YAML admite comentarios, lo que permite añadir anotaciones o explicaciones a los *prompts* directamente en el archivo. Esta opción puede ser muy útil cuando se trabaja en equipo o cuando se revisan los *prompts* después de algún tiempo, ya que permite una mejor comprensión y colaboración.

Entrada:

```
- Below you'll find the current yaml schema.
- You can update the quantities based on a User Query.
- Filter the User Query based on the schema below, if it doesn't
match and there are no items left then return `"No Items"`.
- If there is a partial match, then return only the items that
are within the schema below:

# schema:
- item: Apple Slices
  quantity: 5
  unit: pieces
- item: Milk
  quantity: 1
  unit: gallon
- item: Bread
  quantity: 2
  unit: loaves
- item: Eggs
  quantity: 1
  unit: dozen

User Query: "5 apple slices, and 2 dozen eggs."

Given the schema below, please return only a valid .yml based on
the User Query.If there's no match, return `"No Items"`. Do not
provide any commentary or explanations.
```

Salida:

```
- item: Apple Slices
  quantity: 5
  unit: pieces
- item: Eggs
  quantity: 2
  unit: dozen
```

Observe, en el ejemplo anterior, cómo un LLM es capaz de inferir el formato de *.yml* correcto de la cadena de `User Query` (consulta del usuario).

Además, ha dado al LLM la oportunidad de:

- Devolver una repuesta *.yml* válida
- Devolver una respuesta *.yml* filtrada

Si después de filtrar, no quedan elementos *.yml,* entonces, devuelve *No Items.*

Filtrado de *payloads* de YAML

Es posible que decida utilizar este mismo *prompt* para limpiar/filtrar un *payload .yml.*

En primer lugar, vamos a centrarnos en un *payload* que contenga tanto un `esquema` válido como inválido, en referencia a nuestro esquema deseado. Las `Apple slices` (rodajas de manzana) se ajustan a los criterios; sin embargo, `Bananas` (plátanos) no existen, por lo que debería esperar que `User Query` (consulta del usuario) se filtrara adecuadamente.

Entrada:

```
# User Query:
- item: Apple Slices
  quantity: 5
  unit: pieces
- item: Bananas
  quantity: 3
  unit: pieces
```

Salida:

```
# Updated yaml list
- item: Apple Slices
  quantity: 5
  unit: pieces
```

En el ejemplo anterior, ha filtrado con éxito el *payload* útil del usuario, en función de un conjunto de criterios, y ha utilizado el modelo de lenguaje como *motor de razonamiento.*

Al proporcionar al LLM un conjunto de instrucciones en el *prompt,* la respuesta está estrechamente relacionada con lo que una persona podría hacer si estuviera limpiando manualmente los datos de forma manual.

El *prompt* de entrada facilita la delegación de más tareas de flujo de control a un modelo de lenguaje de gran tamaño (LLM), tareas que normalmente requerirían codificación en un lenguaje de programación como Python o JavaScript.

En la figura 3-1, se ofrece una visión detallada de la lógica aplicada por un LLM, al procesar las consultas del usuario.

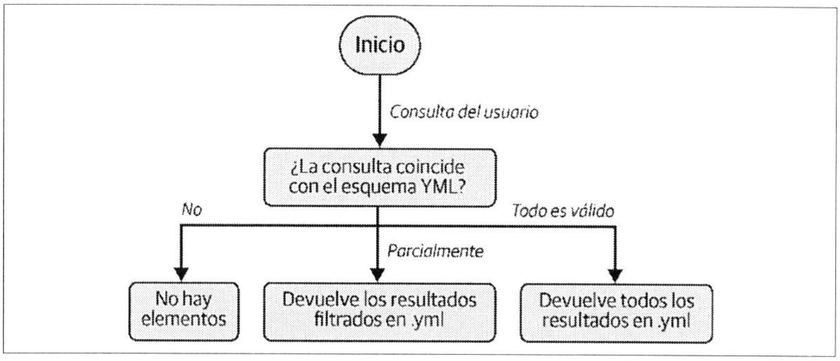

Figura 3-1. *Utilización de un LLM para determinar el flujo de control de una aplicación, en lugar de usar código.*

Tratamiento de *payloads* no válidos en YAML

Un *payload* totalmente inválido podría parecerse a lo expuesto a continuación.

Entrada:

```
# User Query:
- item: Bananas
  quantity: 3
  unit: pieces
```

Salida:

```
No Items
```

Como era de esperar, LLM ha devuelto `No Items` (ningún elemento), ya que ninguno de los elementos de `Query User` (consulta del usuario) coincide con el `esquema` definido previamente.

Vamos a crear un *script* en Python que se adapte con elegancia a los distintos tipos de resultados que ha devuelto LLM. Las partes principales del *script* se centrarán en:

- Creación de excepciones personalizadas para cada tipo de error que pueda producirse debido a los tres escenarios de respuesta LLM
- Análisis del esquema propuesto
- Ejecución de una serie de comprobaciones personalizadas de la respuesta, para que pueda estar seguro de que la respuesta YML puede transmitirse de forma segura a las aplicaciones/microservicios posteriores

Se podrían definir seis errores específicos, que gestionarían todos los casos extremos:

```
class InvalidResponse(Exception):
  pass

clase InvalidItemType(Excepción): pass
  pass
```

```
class InvalidItemKeys(Exception): pass
   pass

class InvalidItemName(Exception): pass
   pass

class InvalidItemQuantity(Exception): pass
   pass

class InvalidItemUnit(Exception):
   pass
```

A continuación, proporcione el `esquema YML` previamente propuesto como una cadena de texto:

```
# Provided schema
schema = """
- item: Apple Slices
  quantity: 5
  unit: pieces
- item: Milk
  quantity: 1
  unit: gallon
- item: Bread
  quantity: 2
  unit: loaves
- item: Eggs
  quantity: 1
  unit: dozen
"""
```

Importe el módulo `yaml` y cree una función de análisis personalizada llamada `validate_response`, que le permite determinar fácilmente si una salida LLM es válida:

```
import yaml

def validate_response(response, schema):
   # Parse the schema
   schema_parsed = yaml.safe_load(schema)
   maximum_quantity = 10

   # Check if the response is a list
   if not isinstance(response, list):
      raise InvalidResponse("Response is not a list")

   # Check if each item in the list is a dictionary
   for item in response:
      if not isinstance(item, dict):
         raise InvalidItemType('''Item is not a dictionary''')

      # Check if each dictionary has the keys "item", "quantity",
      # and "unit"
      if not all(key in item for key in ("item", "quantity",
      "unit")):
         raise InvalidItemKeys("Item does not have the correct keys")
```

```
        # Check if the values associated with each key are the
        # correct type
        if not isinstance(item["item"], str):
            raise InvalidItemName("Item name is not a string")
        if not isinstance(item["quantity"], int):
            raise InvalidItemQuantity("Item quantity is not an integer")
        if not isinstance(item["unit"], str):
            raise InvalidItemUnit("Item unit is not a string")

        # Check if the values associated with each key are the
        # correct value
        if item["item"] not in [x["item"] for x in schema_parsed]:
            raise InvalidItemName("Item name is not in schema")
        if item["quantity"] > maximum_quantity:
            raise InvalidItemQuantity(f'''Item quantity is greater
            than {maximum_quantity}''')
        if item["unit"] not in ["pieces", "dozen"]:
            raise InvalidItemUnit("Item unit is not pieces or dozen")
```

Para probar estos casos extremos, a continuación, encontrará varias respuestas simuladas LLM:

```
# Fake responses
fake_response_1 = """
- item: Apple Slices
  quantity: 5
  unit:. pieces
- item: Eggs
  quantity: 2
  unit: dozen
"""

fake_response_2 = """
# Updated yaml list
- item: Apple Slices
  quantity: 5
  unit: pieces
"""

fake_response_3 = """Unmatched"""
```

Por fin ahora usted puede:

- Usar `yaml.safe_load(response)`, para analizar de forma segura el esquema *.yml.*
- Llamar a la función `validate_response` para cada respuesta del LLM, para probarla con la lógica de validación personalizada *.yml:*

```
# Parse the fake responses
response_1_parsed = yaml.safe_load(fake_response_1)
response_2_parsed = yaml.safe_load(fake_response_2)
response_3_parsed = yaml.safe_load(fake_response_3)
```

```
# Validate the responses against the schema
try:
  validate_response(response_1_parsed, schema)
  print("Response 1 is valid")
except Exception as e:
  print("Response 1 is invalid:", str(e))

try:
  validate_response(response_2_parsed, schema)
  print("Response 2 is valid")
except Exception as e:
  print("Response 2 is invalid:", str(e))
try:
  validate_response(response_3_parsed, schema)
  print("Response 3 is valid")
except Exception as e:
  print("Response 3 is invalid:", str(e))

Response 1 is valid
Response 2 is valid
Response 3 is invalid: Response is not a list
```

Generación de diversos formatos con ChatGPT

ChatGPT no solo es capaz de generar archivos *.json* o *.yml,* sino que también admite muchos otros formatos de datos; por ejemplo, puede ayudarlo a crear un diagrama de *mermaid* o a generar un documento simulado *.csv.* Su versatilidad se extiende incluso a la generación de código, conversaciones y *scripts.*

Vamos a explorar en detalle cómo ChatGPT puede producir contenidos con diversos formatos. Mermaid es un lenguaje de scripting similar a Markdown para generar gráficos, diagramas y otras visualizaciones.

Entrada:

```
Create a flowchart diagram in mermaid syntax showing a simple food
ordering process that starts with "Choose food" and ends with "Pay
for meal." Include steps for "Add food to cart" and "Confirm cart".
```

Salida:

```
graph TD
ChooseFood[Choose Food] --> AddToCart[Add to Cart]
AddToCart --> ConfirmCart[Confirm Cart]
ConfirmCart --> PayForMeal[Pay for Meal]
```

Esta salida, cuando se introduce en un renderizador de diagramas de *mermaid,* creará un diagrama de flujo preciso, que reflejará el proceso de pedido de comida (figura 3-2).

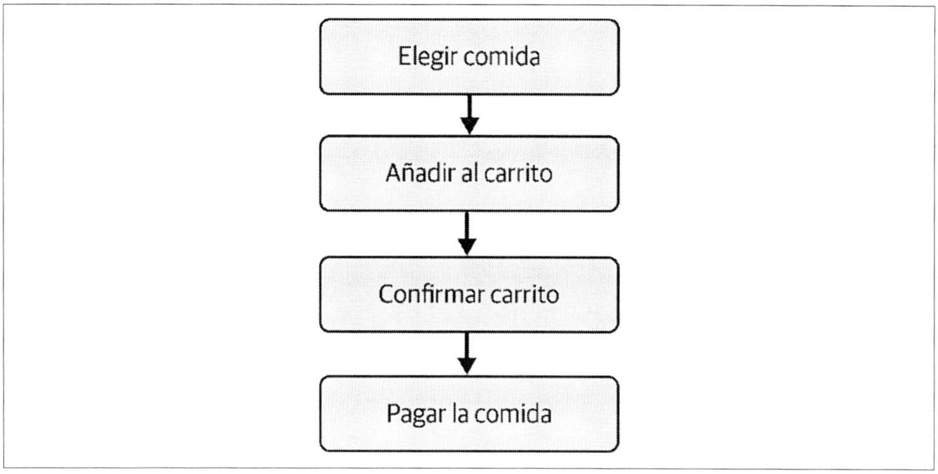

Figura 3-2. *Diagrama de flujo simplificado creado con sintaxis de* mermaid *mediante un LLM.*

Datos CSV simulados

ChatGPT puede también generar datos CSV simulados, que pueden utilizarse con fines de pruebas o para otros usos.

Entrada:

```
Generate a sample CSV data for five students with the following
fields: name, age, grade.
```

Salida:

```
name,age,grade
John,16,A
Alex,17,B
Emma,16,A
Sophia,16,B
Liam,17,A
```

El ejemplo generado es un archivo CSV bien formateado, que puede cargarse directamente en muchas herramientas que leen datos CSV.

Recuerde que los modelos GPT dependen, en gran medida, del formato que especifique; por ejemplo, especificar CSV implica que la IA debe utilizar comas como separadores. Tenga claro el formato deseado para obtener resultados óptimos.

Ha explorado diferentes formas de extraer datos estructurados de modelos de lenguaje, incluidas expresiones regulares, JSON, YML y otros formatos. Ahora también puede utilizar los LLM para dirigir partes del flujo de control de su aplicación.

Explíquemelo como si tuviera cinco años

El *prompt Explain it like I'm Five (Explíquemelo como si tuviera cinco años)* se centra en explicar una sección determinada de texto *como si usted estuviera hablando con un niño de cinco años.*

Este estilo del *prompting* es muy eficaz y es una buena manera de convertir documentos técnicos en resúmenes sencillos que cualquiera pueda entender.

Vamos a aplicar este *prompt* a un resumen de "Tumor Microenvironment: Recent Advances in Various Cancer Treatments" *(https://oreil.ly/MDOsz).*

Entrada:

```
Explain the following text as if I was 5 years old. Explain it
like I'm 5.

Text: This is a review regarding different types of cancer
treatments. We aimed at analyzing the tumor microenvironment and
the recent trends for the therapeutic applications and
effectiveness for several kinds of cancers. Traditionally the
cancer treatment was based on the neoplastic cells.

...(shortened for brevity)...
```

Salida:

```
Cancer is a sickness that makes your body's cells grow and divide
in a way that is not normal. Doctors have different ways to treat
cancer, like cutting it out, giving you medicine, or using
special rays to kill the cancer cells...
```

La salida de ChatGPT del ejemplo anterior es mucho más digerible que el resumen.

Traducción universal mediante los LLM

Además, los modelos de lenguaje pueden potencialmente actuar como *traductores universales,* debido a su capacidad para comprender y generar textos en múltiples idiomas, similares a los que elaboran las personas.

Vamos a verlo con un ejemplo sencillo:

1. Genere un texto sencillo.
2. Cambie el texto sencillo y hágalo difícil de leer.
3. A continuación, vuelva a transformar el mismo texto en un formato fácil de leer en español (en lugar de en inglés).
4. Vuelva a traducir el texto sencillo de nuevo al inglés.

Entrada:

```
Create some simple text.
```

Salida:

```
The sun gently rises, painting the sky with hues of orange and
pink. Birds chirp merrily as they welcome the new day. The cool
breeze whispers through the trees, carrying the scent of fresh
grass and blooming flowers. Life awakens with a sense of
tranquility and promise.

...(shortened for brevity)...
```

Entrada:

```
Now make the text incredibly complex and hard to read.
```

Salida:

```
In the ethereal realm of celestial ascendancy, wherein the
resplendent orb of the sun commences its gradual ascent, an
exquisite phenomenon unfolds, engendering a symphony of chromatic
brilliance upon the expansive canopy of the firmament. Avian
denizens, endowed with mellifluous voices, bespeak their jubilant
salutations, punctuating the aural tapestry with notes of
felicity. The zephyr, tenderly wafting amidst arboreal sentinels,
carries upon its gentle currents the redolence of verdant blades
and blossoming flora.
...(shortened for brevity)...
```

Entrada:

```
Now transform the text into a simple, easy to read format
that's in Spanish,make sure that it is very easy to understand
and read. You must ensure that it is as simple to comprehend
as possible.

  - Use simple language.
  - Make it concise.
```

Salida:

```
En un lugar mágico y celestial, cuando el sol empieza a salir,
ocurre algo hermoso en el cielo. Los pájaros cantan alegremente,
llenando el aire con sus dulces melodías. Una brisa suave sopla
entre los árboles, llevando consigo el olor fresco de la
naturaleza. Todo cobra vida y promete momentos felices. Nos
invita a disfrutar de las cosas simples y a encontrar la
felicidad en los pequeños detalles. En este escenario encantador,
encontramos paz y aprendemos que hasta los momentos más simples
pueden ser mágicos.
```

Entrada:

```
Por último, tradúcelo al inglés.
```

Salida:

```
In a magical and celestial place, when the sun begins to rise,
something beautiful happens in the sky. The birds sing
cheerfully, filling the air with their sweet melodies. A
gentle breeze blows among the trees, carrying the fresh scent
```

```
of nature. Everything comes alive and promises happy moments.
It invites us to enjoy the simple things and find happiness in
the little details. In this enchanting setting, we find peace
and learn that even the simplest moments can be magical.
```

Como puede ver, parte del significado se pierde al hacer la traducción, y es de esperar. Sin embargo, gran parte de la intención del texto original se mantiene, lo que muestra que los LLM pueden actuar como *traductores muy eficaces* para lenguas que disponen de recursos adecuados en Internet. Para las lenguas que no disponen de una gran cantidad de recursos, dará malos resultados.

La misma lógica se aplica a los lenguajes de codificación. Los LLM son muy buenos generando código para lenguajes de programación consolidados, como Python y JavaScript, pero obtienen peores resultados para lenguajes y paquetes de codificación más recientes.

Las fronteras entre las distintas formas de información son cada vez más *fluidas.* La propia esencia de la información está evolucionando, lo que permite realizar transformaciones sin esfuerzo de resúmenes en historias, poemas u otras expresiones creativas que, en última instancia, enriquecen nuestra comprensión y el compromiso con el contenido.

Los modelos de difusión son una clase única de modelos generativos utilizados en aprendizaje automático, específicamente diseñados para producir nuevas imágenes que imiten las encontradas en el conjunto de entrenamiento.

Además, al combinar modelos de lenguaje con modelos de difusión, permite transiciones fluidas entre texto, vídeo y otras modalidades de información. De este modo, le resultará aún más sencillo transmitir ideas complejas en distintos formatos, lo que facilitará una experiencia más accesible y completa.

Preguntar por el contexto

Los LLM no solo son capaces de generar texto, sino que también pueden actuar como agentes básicos con una cantidad limitada de capacidad de razonamiento. Esto le permite escribir un mensaje que pida al modelo de lenguaje:

- Devolver un resultado válido a una pregunta o afirmación
- Pedir más contexto, para responder adecuadamente a la pregunta

En esta sección, aprenderá sobre la importancia de *preguntar por el contexto* cuando trabaje con LLM como GPT-4. Empezaremos con un ejemplo de una pregunta que no proporciona suficiente contexto, lo que da lugar a una respuesta menos adecuada.

A continuación, ofreceremos un mejor *prompt,* que anime al modelo a pedir contexto adicional si es necesario. Por último, utilizaremos el contexto adicional proporcionado para generar una respuesta más informada.

Entrada:

```
Should I use MongoDB or PostgreSQL for my project?
```

Salida:

```
It's difficult to make a recommendation without knowing more
about your specific software requirements. Both MongoDB and
PostgreSQL have their advantages, but the best choice depends
on the specific needs of your project.
```

En la pregunta anterior, el modelo no tiene suficiente contexto para hacer una recomendación medio inteligente. En su lugar, puede solicitar a ChatGPT una lista de puntos recomendados que lo ayuden a tomar una decisión eficaz.

Entrada:

```
Should I use MongoDB or PostgreSQL for my project?

Provide a list of requirements that would help you to make
an informed and high-quality decision about which database
solution I should choose?
```

Salida:

```
To make an informed decision between MongoDB and PostgreSQL for
your project, consider the following requirements:

1. Data Structure: Evaluate the structure of your data. If your
data is highly unstructured or schema-less, MongoDB's flexible
document model may be more suitable. On the other hand, if your
data has a fixed schema or requires complex relationships,
PostgreSQL's relational model might be a better fit.

...

10. Cost: Assess the cost implications of each database solution.
MongoDB offers both a community edition (free) and a commercial
edition with additional features and support.PostgreSQL is open-
source and free to use, with optional commercial support
available from various vendors.
```

Después de preguntar a ChatGPT cómo tomar una decisión informada, ahora ya sabe qué incluir en su pregunta para ayudar al modelo de lenguaje a decidir.

Entrada:

```
Should I use MongoDB or PostgreSQL for my project?

Context:
- Data Structure: Highly unstructured data with varying document
formats and no fixed schema. Scalability: Project requires the
ability to handle massive amounts of data and distribute it across
multiple servers.
- ACID Compliance: Strong data consistency and integrity are
crucial for the project's financial transactions.
```

```
- Querying Capabilities: Complex geospatial queries and
aggregations on location-based data.
Community and Ecosystem: Active community with numerous third-
party libraries and tools specifically tailored for the project's
industry.
- Data Integrity and Constraints: Enforcing strict foreign key
relationships and complex data validation rules.
- Transactions and Concurrency: Requires handling high levels of
concurrent read and write operations while maintaining data
consistency.
- Maturity and Stability: Prioritizing a well-established and
extensively tested database for long-term stability.
- Development and Operational Ease: Agile development approach
with a need for rapid prototyping and iterative schema design.
- Cost: Budget constraints necessitate using an open-source
solution with no additional licensing or support costs.

If you need more context, please specify what would help you to
make a better decision.
```

Salida:

```
Based on these considerations, both MongoDB and PostgreSQL have
their strengths, but given the emphasis on strong data
consistency, complex querying, and data integrity constraints,
PostgreSQL seems to be a more suitable choice for your project.
```

En este último ejemplo, el modelo utiliza el contexto adicional proporcionado para dar una recomendación bien informada sobre el uso de PostgreSQL. Al preguntar por el contexto cuando es necesario, los LLM como ChatGPT y GPT-4 pueden ofrecer respuestas más valiosas y precisas.

En la figura 3-3, se muestra cómo *la solicitud de contexto* cambia el proceso de toma de decisiones de los LLM. Al recibir la información del usuario, el modelo evalúa primero si el contexto proporcionado es suficiente. Si no es así, pide al usuario que facilite información más detallada, subrayando la dependencia del modelo de entradas ricas en contexto. Una vez adquirido el contexto adecuado, el LLM genera una respuesta informada y pertinente.

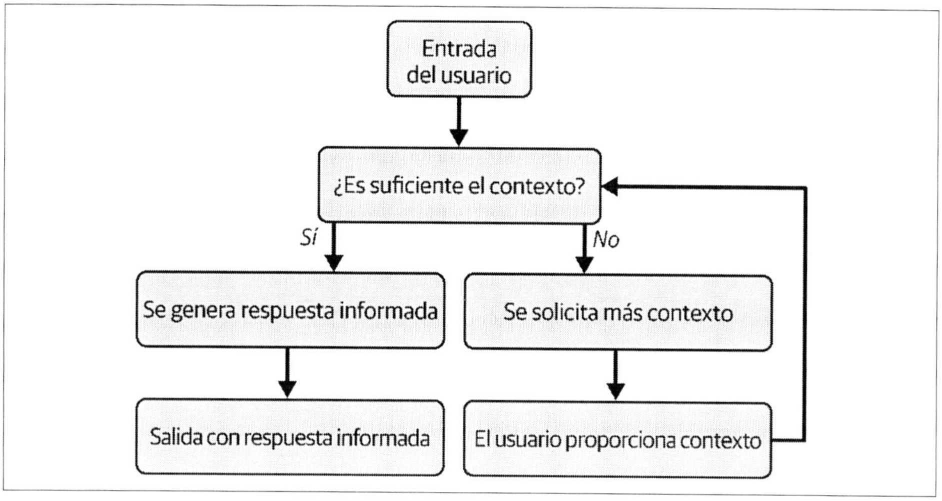

Figura 3-3. *Proceso de decisión de un LLM mientras pide contexto.*

Permitir que el LLM pida más contexto por defecto

Puede permitir que el LLM le pida más contexto de forma predeterminada si incluye esta frase clave: *Si necesita más contexto, especifique qué lo ayudaría a tomar una mejor decisión.*

En esta sección, ha visto cómo los LLM pueden actuar como agentes que utilizan el contexto del entorno para tomar decisiones. Al perfeccionar iterativamente el *prompt* basándonos en las recomendaciones del modelo, llegamos a un punto en el que el modelo tiene *suficiente contexto para tomar una decisión bien informada.*

Este proceso pone de relieve la importancia de proporcionar suficiente contexto en los *prompts* y de estar preparado para pedir más información cuando sea necesario. De este modo, puede aprovechar la potencia de los LLM, como GPT-4, para hacer recomendaciones más precisas y eficaces.

En los sistemas basados en agentes como GPT-4, la capacidad de pedir más contexto y proporcionar una respuesta definitiva es crucial para tomar decisiones bien informadas. AutoGPT *(https://oreil.ly/l3Ihy),* un sistema multiagente, tiene un paso de autoevaluación que automáticamente comprueba si la tarea se puede completar, dado el contexto actual en el *prompt.* Esta técnica utiliza una relación actor-crítico, en la que se analiza el contexto del *prompt* existente para ver si se puede refinar más antes de ejecutarse.

Desagregación de estilos del texto

La desagregación de estilos de texto es una eficaz técnica de *prompt engineering*, que permite extraer y aislar características textuales específicas de un documento determinado, como el tono, la longitud, el vocabulario y la estructura.

Esto permite crear nuevos contenidos que comparten características similares con el documento original, garantizando la coherencia de estilo y tono en las distintas formas de comunicación.

Esta coherencia puede ser crucial para las empresas y organizaciones que necesitan comunicarse con una voz unificada a través de diferentes canales y plataformas. Las ventajas de esta técnica incluyen las expuestas a continuación.

Mejora de la coherencia de la marca
: Al garantizar que todos los contenidos siguen un estilo similar, las organizaciones pueden reforzar su identidad de marca y mantener una imagen cohesionada.

Creación de contenidos racionalizada
: Al proporcionar un conjunto claro de directrices, los redactores y creadores de contenidos pueden más fácilmente producir materiales que se ajusten al estilo deseado.

Adaptabilidad
: La desagregación de estilos de texto permite adaptar fácilmente los contenidos existentes a los nuevos formatos o estilos conservando el mensaje y el tono centrales.

El proceso de desagregación de estilos de texto implica *identificar las características textuales deseadas* o crear un *meta prompt* (un *prompt* para crear *prompts*) para extraer estas características y, a continuación, utilizar las características extraídas para guiar en la generación de nuevo contenido.

Identificación de las características deseadas del texto

Para desagregar con éxito un estilo de texto, primero debe identificar las características específicas que desea extraer del documento de entrada. Entre las características textuales más comunes que hay que tener en cuenta, se incluyen las expuestas a continuación.

Tono de voz
: El estado de ánimo o la actitud general que transmite el texto, tales como formal, informal, humorístico o autoritario

Longitud
: El número de palabras deseado o la longitud total del contenido

Vocabulario y expresión

La elección de palabras y expresiones, incluida la jerga específica del sector, los coloquialismos y la complejidad

Además, puede incluso crear un *meta prompt* que los muestre dinámicamente.

Entrada:

```
Analyze the following text and identify core features that will
allow further documents to imitate the same style, consistency,
and formatting as the document below.

Provide all of the features as a style writing guide that will be
used for future documents.

Analyze the following text:

Artificial intelligence is rapidly transforming the world around
us, opening up new possibilities and revolutionizing industries.
From health care to entertainment, AI is making our lives better
and more convenient in countless ways. However, with great power
comes great responsibility. We must ensure that AI technologies
are developed and deployed ethically and responsibly to protect
our privacy and uphold our values.
```

Salida:

```
Style Writing Guide:

Tone of Voice
- Maintain an informative and optimistic tone throughout the
document.
- Emphasize the positive impact of the subject matter while
acknowledging any potential concerns or responsibilities.

Length:
...

Vocabulary:
...

Structure:
...

Content:
- Focus on the transformative nature and positive impacts of the
subject matter.
- Highlight specific industries or areas where the subject
matter has made a difference.
- Acknowledge any associated responsibilities or potential
risks, emphasizing the need for ethical and responsible
practices.
Stress the importance of privacy protection and upholding values
in relation to the subject matter.
```

Generación de contenido nuevo utilizando las características extraídas

Una vez que ha extraído las características deseadas del documento de entrada, puede utilizar esta información para guiar en la futura generación de contenidos. Recuerde asegurarse de que el modelo IA incorpora las características extraídas en su salida especificando el estilo deseado en su *prompt;* por ejemplo:

```
Write a new blog post on [topic] using the same tone of voice,
length, vocabulary, and structure as the previously analyzed text.
```

Combinando esta técnica con *textos de referencia* (documentos que actúan como verdad de referencia), usted puede producir contenidos creíbles y de marca que requieran un mínimo de revisiones.

Extracción de características del texto específicas mediante los LLM

Puede personalizar fácilmente un *prompt* para guiar a un LLM en la extracción de características textuales específicas de un documento. Esta acción puede aplicarse más allá del mero análisis de textos con fines de redacción; por ejemplo, reconocer entidades o discernir sentimientos a partir del texto puede lograrse elaborando una instrucción precisa para el LLM.

Entrada:

```
Analyze the following text to identify and list the entities
mentioned:

Artificial intelligence is rapidly transforming the world around
us, opening up new possibilities and revolutionizing industries.
From health care to entertainment, AI is making our lives better
and more convenient in countless ways. However, with great power
comes great responsibility. We must ensure that AI technologies
are developed and deployed ethically and responsibly to protect
our privacy and uphold our values.
```

Salida:

```
Entities:
- Artificial Intelligence (AI)
- Health care
- Entertainment
- Privacy
- Values
```

Elaboración de resúmenes

En la era de la sobrecarga de información, la capacidad de condensar grandes cantidades de texto en resúmenes concisos y fáciles de digerir se ha convertido en una habilidad esencial. A medida que el volumen de datos que producimos y consumimos sigue creciendo, la demanda de técnicas eficaces para elaborar resúmenes ha aumentado de forma importante.

La IA ha realizado avances significativos en este ámbito, proporcionando potentes herramientas para generar resúmenes que retengan la información más crítica y descarten los detalles menos relevantes.

Vamos a explorar cómo hacer resúmenes utilizando un modelo de lenguaje.

Entrada:

```
Summarize the following text:

Whereas the party of the first part, hereinafter referred to as
the "Purchaser," and the party of the second part, hereinafter
referred to as the "Vendor," being fully cognizant of their
respective legal obligations and responsibilities pursuant to the
applicable statutory provisions and common law doctrines, have
duly entered into a legally binding agreement, hereinafter
referred to as the "Agreement," for the purpose of effectuating a
transaction involving the transfer of goods, hereinafter referred
to as the "Goods," between the Purchaser and the Vendor, subject
to the terms and conditions set forth herein, the Parties do
hereby solemnly acknowledge and affirm the following:
...
```

Salida:

```
This is a legally binding agreement between the Purchaser and the
Vendor for the transfer of goods. The agreement incorporates the
recitals as an integral part, but in case of any conflict, the
operative provisions of the agreement prevail. The interpretation
clause states that singular words include the plural and vice
versa, and words referring to a gender include all genders.
References to statutory provisions include any amendments or
replacements.
```

La realización de resúmenes es una aplicación inestimable de la IA, que permite a los usuarios extraer al instante ideas clave de artículos largos, informes o trabajos de investigación. Este proceso puede ayudar a las personas a tomar decisiones informadas, ahorrar tiempo y priorizar su lectura. Los resúmenes generados por IA también pueden facilitar el intercambio de información entre equipos, lo que permite una colaboración y comunicación más eficaces.

Realización de resúmenes teniendo en cuenta las limitaciones de la ventana contextual

Para documentos más voluminosos de lo que un LLM puede gestionar en una sola solicitud API, un enfoque habitual es fragmentar el documento, resumir cada fragmento y, a continuación, combinar estos resúmenes en un resumen final, como se muestra en la figura 3-4.

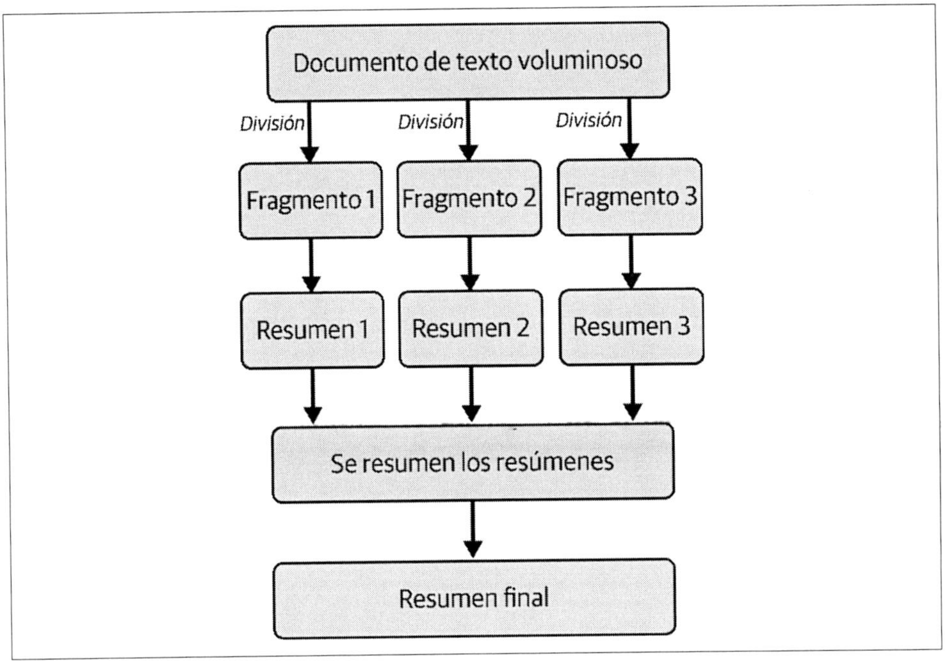

Figura 3-4. Pipeline *(flujo de trabajo) de resumen que utiliza la división del texto y varias etapas de elaboración del resumen.*

Además, las personas pueden necesitar distintos tipos de resúmenes por diversas razones, y aquí es donde resulta útil el resumen mediante IA. Como se ilustra en el diagrama anterior, un documento PDF de gran tamaño podría procesarse fácilmente mediante la elaboración de resúmenes de la IA para generar resúmenes distintos adaptados a las necesidades individuales.

Resumen A
: Proporciona información clave, lo que es perfecto para usuarios que buscan una comprensión rápida del contenido del documento, permitiéndoles centrarse en los puntos más cruciales.

Resumen B

Por otro lado, ofrece información para la toma de decisiones, permitiendo a los usuarios tomar decisiones informadas basadas en las implicaciones y recomendaciones del contenido.

Resumen C

Facilita la colaboración y la comunicación, garantizando que los usuarios puedan compartir eficazmente la información del documento y trabajar juntos sin problemas

Al personalizar los resúmenes para los distintos usuarios, la elaboración de resúmenes mediante IA contribuye a mejorar la recuperación de información para todos los usuarios, lo que hace que todo el proceso sea más eficiente y esté mejor enfocado.

Supongamos que solo le interesa encontrar y resumir información sobre las ventajas del *marketing* digital. Simplemente, cambie el *prompt* de elaboración del resumen a `Proporciona un resumen conciso y abstracto del texto anterior. Elabora solamente un resumen de las ventajas: ...`

La elaboración de resúmenes basados en IA ha surgido como una herramienta esencial para destilar al instante enormes cantidades de información en resúmenes concisos y fáciles de digerir, que se adaptan a las diferentes necesidades de los usuarios. Aprovechando modelos de lenguaje avanzados como GPT-4, las técnicas de elaboración de resúmenes de IA pueden extraer, de forma eficaz, ideas clave e información para la toma de decisiones, y también facilitar la colaboración y la comunicación.

A medida que aumente el volumen de datos, la demanda de una síntesis eficaz y específica no hará otra cosa que crecer, lo que convierte a la IA en un activo crucial, tanto para los particulares como para las organizaciones en su navegación por la era de la información.

División del texto en fragmentos

Los LLM siguen desarrollándose y desempeñan un papel cada vez más crucial en diversas aplicaciones, ya que la capacidad de procesar y gestionar grandes volúmenes de texto es cada vez más importante. Una técnica esencial para manejar texto a gran escala es conocida como *chunking (fragmentación).*

El *chunking* se refiere al proceso de descomponer grandes fragmentos de texto en unidades o trozos más pequeños y manejables. Estos trozos pueden responder a diversos criterios, como la oración, el párrafo, el tema, la complejidad o la longitud. Al dividir el texto en fragmentos más pequeños, los modelos de IA pueden procesar, analizar y generar respuestas de forma más eficiente.

En la figura 3-5, se ilustra el proceso división de un gran fragmento de texto en fragmentos más pequeños, así como la posterior extracción de temas de los fragmentos individuales.

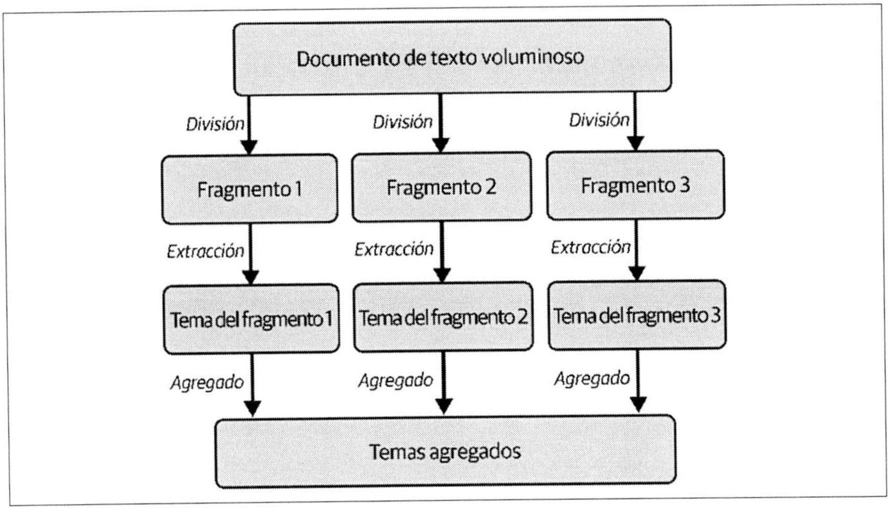

Figura 3-5. *Extracción de temas con un LLM después de realizar la división de texto en fragmentos.*

Ventajas de la división de texto en fragmentos

La división del texto en fragmentos tiene varias ventajas.

Ajuste dentro de una longitud de contexto dada

Los LLM solo tienen una cierta cantidad de *tokens* de entrada y salida, lo que se denomina longitud de contexto. Al reducir los *tokens* de entrada, puede estar seguro de que no se corte la salida y de que no se rechace la solicitud. inicial

Reducción de costes

La división del texto en fragmentos lo ayuda a recuperar únicamente los puntos más importantes de los documentos, lo que reduce el uso de *tokens* y los costes de la API.

Mejora del rendimiento

La fragmentación reduce la carga de procesamiento de los LLM, lo que permite tiempos de respuesta más cortos y una utilización más eficiente de los recursos.

Mayor flexibilidad

La división del texto en fragmentos permite a los desarrolladores adaptar las respuestas de la IA en función de las necesidades específicas de una tarea o aplicación determinada.

Escenarios para la división del texto en fragmentos

Dividir el texto en fragmentos puede ser particularmente ventajoso en determinados escenarios, mientras que en otros puede no ser necesario. Entender cuándo aplicar esta técnica puede ayudar a optimizar el rendimiento y la rentabilidad de los LLM.

Cuando fragmentar

Documentos de gran tamaño
: Cuando se trata de documentos largos que superan el límite máximo de *tokens* del LLM

Análisis complejo
: En escenarios donde se requiere un análisis detallado y es necesario desglosar el documento para una mejor comprensión y procesamiento de este

Documentos con varios temas
: Cuando un documento abarca varios temas y conviene tratarlos por separado

Cuando no fragmentar

Documentos breves
: Cuando el documento es corto y está dentro de los límites del LLM

Análisis simple
: En casos en los que el análisis o el procesamiento necesarios sean sencillos y no se benefician de la división en fragmentos

Documentos monográficos
: Cuando un documento se centra en un único tema y la división del texto en fragmentos no añade valor al procesamiento

Mal ejemplo de la división del texto en fragmentos

Cuando el texto no se trocea correctamente, puede disminuir el rendimiento del LLM. Consideremos el siguiente párrafo de una noticia:

```
The local council has decided to increase the budget for
education by 10% this year, a move that has been welcomed by
parents and teachers alike. The additional funds will be used to
improve school infrastructure, hire more teachers, and provide
better resources for students. However, some critics argue that
the increase is not enough to address the growing demands of the
education system.
```

Cuando el texto se fragmenta en palabras aisladas, la lista resultante carece del contexto original:

```
["The", "local", "council", "has", "decided", "to", "increase",
"the", "budget", ...]
```

Los principales problemas de este mal ejemplo de división del texto en fragmentos se presentan a continuación.

Pérdida de contexto
: Al dividir el texto en palabras individuales, pierden el significado original y la relación entre ellas. Esto dificulta que los modelos de IA respondan con eficacia.

Mayor carga de procesamiento

El procesamiento de palabras sueltas requiere más recursos informáticos, lo que hace que sea menos eficiente que el procesamiento de trozos de texto más grandes.

Como resultado de la deficiente división del texto en fragmentos realizada en este ejemplo, un LLM puede enfrentarse a varios retos:

- Dificultad para comprender las ideas principales o los temas del texto
- Dificultades para generar resúmenes o traducciones precisos
- Incapacidad para realizar eficazmente tareas como el análisis de sentimiento o la clasificación de texto

Si conoce los riesgos de una división deficiente del texto en fragmentos, podrá aplicar los principios de *prompt engineering* para mejorar el proceso y obtener mejores resultados con modelos de lenguaje de IA.

Vamos a ver un ejemplo mejorado de división del texto en fragmentos utilizando el mismo párrafo de la sección anterior; ahora troceará el texto por oraciones:

```
["""The local council has decided to increase the budget for
education by 10% this year, a move that has been welcomed by
parents and teachers alike. """,

"""The additional funds will be used to improve school
infrastructure, hire more teachers, and provide better resources
for students.""",

""""However, some critics argue that the increase is not enough
to address the growing demands of the education system."""]
```

Dividir el trabajo y evaluar la calidad

Defina la granularidad con la que se debe dividir el texto en fragmentos como, por ejemplo, oraciones, párrafos o temas. Ajuste parámetros como el número de *tokens* o la temperatura del modelo para optimizar el proceso de división del texto en fragmentos.

Al fragmentar el texto de esta manera, podría insertar oraciones completas en un *prompt* de LLM con las oraciones más relevantes.

Estrategias de la división de texto en fragmentos

Existen muchas y diferentes estrategias de división del texto en fragmentos, entre las que se encuentran las expuestas a continuación.

División por oraciones

Conserva el contexto y la estructura del contenido original, lo que facilita a los LLM la comprensión y el procesamiento de la información. La división del texto en fragmentos basada en oraciones es particularmente útil para tareas como la elaboración de resúmenes, la traducción y el análisis de sentimiento.

División por párrafos

Este enfoque es especialmente eficaz cuando trata con contenidos más largos, ya que permite al LLM centrarse en una unidad cohesionada a la vez. La división del texto en párrafos es ideal para aplicaciones como el análisis de documentos, el modelado de temas y la extracción de información.

División por temas o secciones

Este método puede ayudar a los modelos de IA a identificar y comprender mejor los temas e ideas centrales del contenido. La división del texto en fragmentos basado en temas es muy adecuada para tareas como la clasificación de textos, las recomendaciones de contenidos y el agrupamiento.

División por complejidad

Para determinadas aplicaciones, puede ser útil dividir el texto en función de su complejidad como, por ejemplo, el nivel de dificultad de la lectura o los tecnicismos del contenido. Al agrupar niveles de complejidad similares, los LLM pueden procesar y analizar el texto con mayor eficacia. Este enfoque es útil para tareas como el análisis de legibilidad, la adaptación de contenido, y el aprendizaje personalizado.

División por longitud

Esta técnica es especialmente útil cuando se trabaja con documentos muy extensos o complejos, ya que permite a los LLM procesar el contenido con mayor eficacia. La división de texto en fragmentos basada en la longitud es adecuada para aplicaciones como el análisis de textos a gran escala, la indexación de motores de búsqueda y el preprocesamiento de textos.

División por tokens *utilizando un tokenizador*

La utilización de un tokenizador es un paso crucial en muchas tareas de procesamiento del lenguaje natural, ya que permite dividir el texto en *tokens* individuales. Los tokenizadores dividen el texto en unidades más pequeñas, como palabras, frases o símbolos, que luego se pueden analizar y procesar por modelos de IA más eficazmente. En breve utilizará un paquete llamado `tiktoken`, que es un tokenizador de codificación de pares de *bytes* (BPE) para la división del texto en fragmentos.

En la tabla 3-1, se ofrece una visión general de las distintas estrategias de fragmentación; merece la pena considerar qué es lo que más le interesa a la hora de realizar la fragmentación.

¿Le interesa más que preserve el contexto semántico, o le bastaría con dividir el documento inocentemente por longitud?

Tabla 3-1. *Seis estrategias de fragmentación donde se destacan sus ventajas y desventajas*

Estrategia de la división	Ventajas	Desventajas
División por oraciones	Preserva el contexto, adecuada para diversas tareas	Puede no ser eficaz para contenidos muy extensos
División por párrafos pasar	Gestiona contenidos largos;	Menos granularidad; puede
	se centra en unidades cohesionadas	por alto conexiones sutiles
División por temas	Identifica los temas centrales; es mejor para la clasificación	Requiere identificación del tema; puede pasar por alto detalles finos
División por complejidad complejidad;	Agrupa niveles de complejidad	Requiere medición de la
	similares, adaptativo	no es adecuado para todo tipo de tareas
División por longitud	Gestiona contenidos muy largos, procesamiento eficiente	Pérdida de contexto, puede requerir más pasos de preprocesamiento
Utilización de un tokenizador división por *tokens*	Recuento exacto de tokens, que ayuda a evitar los límites de *tokens* en los *prompts* del LLM	Requiere tokenización; puede aumentar la complejidad computacional

Al elegir la estrategia de fragmentación adecuada para su caso de uso específico, puede optimizar el rendimiento y la precisión de los modelos de lenguaje de IA.

Detección de oraciones con SpaCy

La *detección de oraciones,* también conocida como desambiguación de límites de oraciones, es el proceso utilizado en PLN que consiste en identificar el inicio y el final de las oraciones dentro de un texto dado. Puede ser especialmente útil para tareas que requieren preservar el contexto y la estructura del contenido original. Al dividir el texto en oraciones, los LLM pueden comprender y procesar mejor la información para tareas como los resúmenes, la traducción y el análisis de sentimiento.

La división en oraciones es posible utilizando bibliotecas PLN como spaCy *(https://spacy.io).* Asegúrese de tener spaCy instalado en su entorno Python. Puede instalarlo con `pip install spacy`. Descargue el modelo `en_core_web_sm` utilizando el comando `python -m spacy download en_core_web_sm`.

En el ejemplo 3-3, el código muestra la detección de oraciones utilizando la biblioteca spaCy en Python.

Ejemplo 3-3. *Detección de oraciones con spaCy (https://oreil.ly/GKDnc)*

```
import spacy

nlp = spacy.load("en_core_web_sm")

text = "This is a sentence. This is another sentence."

doc = nlp(text)

for sent in doc.sents:
    print(sent.text)
```

Salida:

```
This is a sentence.
This is another sentence.
```

En primer lugar, usted importa la biblioteca spaCy y carga el modelo en inglés `(en_core_web_sm)` para inicializar un objeto `nlp`. Define un texto de entrada con dos oraciones; a continuación, el texto se procesa con `doc = nlp(text)`, creando como resultado un objeto `doc`. Por último, el código recorre las oraciones detectadas utilizando el atributo `doc.sents` e imprime cada oración.

Creación de un algoritmo sencillo de división de texto en fragmentos en Python

Después de explorar muchas estrategias de la división de texto en fragmentos, es importante desarrollar su intuición escribiendo un algoritmo sencillo de división de texto en fragmentos a partir de cero.

El ejemplo 3-4 muestra cómo fragmentar texto en función de la longitud de los caracteres del *post* del blog *Hubspot - What Is Digital Marketing?* Este archivo se encuentra en el repositorio de GitHub en *content/chapter_3/hubspot_blog_post.txt (https://oreil.ly/30rlQ)*.

Para leer correctamente el archivo *hubspot_blog_post.txt,* asegúrese de que su directorio de trabajo actual está configurado en el directorio *content/chapter_3 (https://oreil.ly/OHurh)* de GitHub. Esto se aplica tanto para ejecutar el código Python como para lanzar el servidor de Jupyter Notebook.

Ejemplo 3-4. *División del texto en fragmentos por caracteres (https://oreil.ly/n3sNy)*

```
with open("hubspot_blog_post.txt", "r") as f:
    text = f.read()
```

```
chunks = [text[i : i + 200] for i in range(0, len(text), 200)]

for chunk in chunks:
    print("-" * 20)
    print(chunk)
```

Salida:

```
search engine optimization strategy for many local businesses is an
optimized Google My Business profile to appear in local search
results when people look for products or services related to what yo
--------------------
u offer.
For Keeps Bookstore, a local bookstore in Atlanta, GA, has
optimized its Google My Business profile for local SEO so it
appears in queries for "atlanta bookstore."
--------------------
...(shortened for brevity)...
```

En primer lugar, abre el archivo de texto *hubspot_blog_post.txt* con la función `open` y lee su contenido en la variable `text`. A continuación, utilizando una comprensión de listas, se crea una lista de fragmentos, donde cada fragmento es una subcadena de texto de 200 caracteres.

A continuación, utiliza la función `range` para generar índices para cada subcadena de 200 caracteres, y la notación de corte `i:i+200` para extraer la subcadena de texto.

Finalmente, recorre cada fragmento de la lista `chunks` y la `imprime` en la consola.

Como puede ver, dado que la implementación de la división del texto en fragmentos es relativamente sencilla y solo se basa en la longitud, hay huecos en las oraciones e incluso en las palabras.

Por estas razones, creemos que una buena división del texto en fragmentos en PLN tiene las siguientes propiedades:

- Preserva palabras completas, idealmente oraciones y puntos contextuales de los oradores.
- Gestiona los casos en que las oraciones se extiende a lo largo de varias páginas, por ejemplo, desde la página 1 a la página 2.
- Proporciona un recuento de *tokens* adecuado para cada `fragmento`, de modo que todos los *tokens* de entrada quepan adecuadamente en una ventana de contexto de *tokens* dada para cualquier LLM.

Fragmentado por ventana deslizante

El *fragmentado por ventana deslizante (sliding window chunking)* es una técnica utilizada para dividir datos de texto en fragmentos superpuestos, o ventanas, basados en un número determinado de caracteres.

Pero ¿qué es exactamente una ventana deslizante?

Imagínese que está viendo un texto largo a través de una pequeña ventana. Esta ventana solo puede mostrar un número fijo de caracteres a la vez. A medida que desliza esta ventana desde el principio hasta el final del texto, verá *fragmentos de texto superpuestos.* Este mecanismo constituye la esencia del enfoque de la ventana deslizante.

El tamaño de cada ventana está definido por un *número fijo de caracteres,* y el *tamaño del paso* determina cuánto se desplaza la ventana con cada deslizamiento.

En la figura 3-6, con un tamaño de ventana de 5 caracteres y un tamaño de paso de 1, el primer fragmento contendría los 5 primeros caracteres del texto. A continuación, la ventana se desliza 1 carácter hacia la derecha para crear el segundo fragmento, que contiene los caracteres 2 al 6.

Este proceso se repite hasta que se alcanza el final del texto, asegurándose de que cada fragmento se solapa con el anterior y el siguiente para conservar cierto contexto compartido.

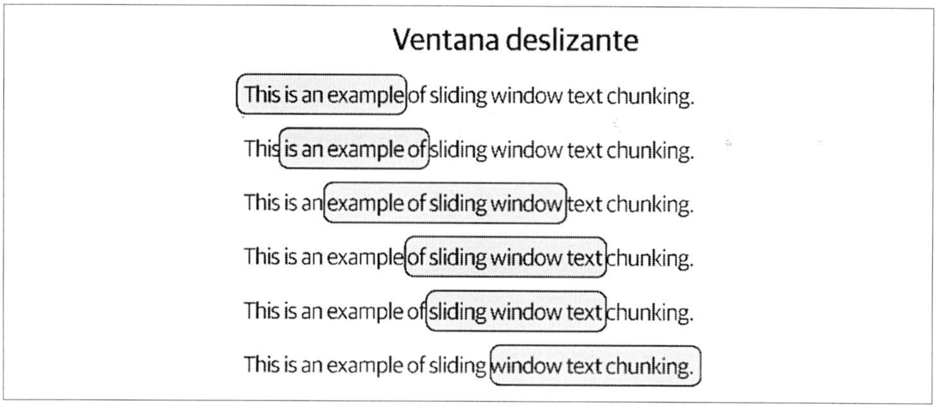

Figura 3-6. *Ventana deslizante, con un tamaño de ventana de 5 y un tamaño de paso de 1.*

Debido a que el tamaño del paso es 1, hay mucha información duplicada entre fragmentos y, al mismo tiempo, se reduce drásticamente el riesgo de perder información entre fragmentos.

Lo anterior contrasta fuertemente con el contenido de la figura 3-7, que tiene un tamaño de ventana de 4 y un tamaño de paso de 2. Observará que, debido al aumento del 100 % en el tamaño del paso, la cantidad de información compartida entre los fragmentos se reduce considerablemente.

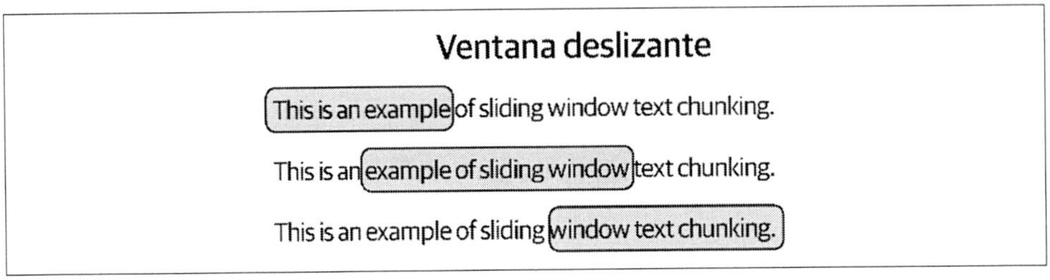

Figura 3-7. *Ventana deslizante, con un tamaño de ventana de 4 y un tamaño de paso de 2.*

Es probable que necesite un solapamiento mayor si la precisión y la preservación del contexto semántico son más importantes que minimizar la entrada de *tokens* o el número de peticiones realizadas a un LLM.

En el ejemplo 3-5, se muestra cómo se puede implementar una ventana deslizante utilizando la función `len()` de Python. La función `len()` nos proporciona el número total de caracteres de una cadena de texto dada, lo que posteriormente nos ayudará a definir los parámetros de nuestras ventanas deslizantes.

Ejemplo 3-5. *Ventana deslizante (https://oreil.ly/aCkDo)*

```
def sliding_window(text, window_size, step_size):
   if window_size > len(text) or step_size < 1:
      return []
   return [text[i:i+window_size] for i
   in range(0, len(text) - window_size + 1, step_size)]

text = "This is an example of sliding window text chunking."
window_size = 20
step_size = 5

chunks = sliding_window(text, window_size, step_size)

for idx, chunk in enumerate(chunks):
   print(f"Chunk {idx + 1}: {chunk}")
```

Este código muestra:

```
Chunk 1: This is an example o
Chunk 2: is an example of sli
Chunk 3: example of sliding
Chunk 4: ple of sliding windo
Chunk 5: f sliding window tex
Chunk 6: ding window text chu
Chunk 7: window text chunking
```

En el contexto de *prompt engineering*, el enfoque de ventanas deslizantes ofrece varias ventajas frente a los métodos de fragmentación fija. Permite que los LLM conserven un mayor grado de contexto, ya que existe un solapamiento entre los fragmentos y ofrece un enfoque alternativo para preservar el contexto, en comparación con la detección de oraciones.

Paquetes de división de texto en fragmentos

Cuando trabaje con LLM como GPT-4, tenga siempre cuidado con la longitud máxima del contexto:

```
maximum_context_length = input_tokens + output_tokens
```

Existen varios tokenizadores para dividir el texto en unidades manejables. Los más populares son NLTK, spaCy y tiktoken.

Tanto NLTK *(https://oreil.ly/wTmI7)* como spaCy *(https://oreil.ly/c4MvQ)* proporcionan un soporte completo para el procesamiento de texto, pero usted se centrará en tiktoken.

División de texto en fragmentos con tiktoken

Tiktoken *(https://oreil.ly/oSpVe)* es un tokenizador rápido de *codificación por pares de* bytes *(byte pair encoding, BPE),* que descompone el texto en unidades de subpalabras y está diseñado para su uso con los modelos de OpenAI. Tiktoken ofrece un rendimiento superior que el de otros tokenizadores comparables de código abierto.

Como desarrollador que trabaja con aplicaciones GPT-4, el uso de tiktoken le ofrece varias ventajas clave.

Desglose exacto de tokens

Es crucial dividir el texto en *tokens* porque los modelos GPT interpretan el texto como *tokens* individuales. Identificar el número de *tokens* de su texto lo ayuda a averiguar si el texto es demasiado largo para que lo procese un modelo.

Utilización eficaz de recursos

Disponer del recuento correcto de *tokens* le permite gestionar los recursos de forma eficiente, sobre todo cuando se utiliza la API de OpenAI. Conocer el número exacto de *tokens* lo ayuda a regular y optimizar el uso de la API, manteniendo un equilibrio entre los costes y el uso de recursos.

Codificaciones

Las codificaciones definen el método de conversión del texto en *tokens,* y los distintos modelos utilizan codificaciones diferentes. Tiktoken soporta tres codificaciones que utilizan comúnmente los modelos de OpenAI.

Nombre de la codificación	Modelos de OpenAI
cl100k_base	GPT-4, GPT-3.5-turbo, text-embedding-ada-002
p50k_base	Modelos Codex, text-davinci-002, text-davinci-003
r50k_base (o gpt2)	Modelos GPT-3, como davinci

Comprensión de la tokenización de cadenas

En inglés, los *tokens* pueden variar en longitud: desde un solo carácter como *t* hasta una palabra entera como *great*. Esto se debe a la naturaleza adaptable de la tokenización, que puede acomodar incluso *tokens* más cortos que un carácter en idiomas de escritura compleja o *tokens* más largos que una palabra en idiomas sin espacios o donde las frases funcionan como unidades individuales.

No es infrecuente que se incluyan espacios dentro de los *tokens*, como en `"is"`, que serían `"es " o " "+"es"`. Esta práctica ayuda a mantener el formato del texto original y puede captar características lingüísticas específicas.

> Para examinar sin complicaciones la tokenización de una cadena, puede utilizar Tokenizer, de OpenAI *(https://oreil.ly/K6ZQK)*.

Puede instalar tiktoken desde PyPI *(https://oreil.ly/HA2QD)* con `pip install tiktoken`. En el siguiente ejemplo, verá cómo codificar fácilmente texto en *tokens* y descodificar *tokens* en texto:

```
# 1. Import the package:
import tiktoken

# 2. Load an encoding with tiktoken.get_encoding()
encoding = tiktoken.get_encoding("cl100k_base")

# 3. Turn some text into tokens with encoding.encode()
# while turning tokens into text with encoding.decode()
print(encoding.encode("Learning how to use Tiktoken is fun!"))
print(encoding.decode([1061, 15009, 374, 264, 2294, 1648,
311, 4048, 922, 15592, 0]))

# [48567, 1268, 311, 1005, 73842, 5963, 374, 2523, 0]
# "Data engineering is a great way to learn about AI!"
```

Además, vamos a escribir una función que tokenice el texto y, luego, cuente el número de *tokens*, dados un `text_string` y un `encoding_name`:

```
def count_tokens(text_string: str, encoding_name: str) -> int:
    """
    Returns the number of tokens in a text string using a given
    encoding.

    Args:
        text: The text string to be tokenized.
        encoding_name: The name of the encoding to be used for
        tokenization.
```

```
    Returns:
        The number of tokens in the text string.

    Raises:
        ValueError: If the encoding name is not recognized.
    """
    encoding = tiktoken.get_encoding(encoding_name)
    num_tokens = len(encoding.encode(text_string))
    return num_tokens

# 4. Use the function to count the number of tokens in a text string.
text_string = "Hello world! This is a test."
print(count_tokens(text_string, "cl100k_base"))
```

Este código genera como resultado `8`.

Estimación del uso de *tokens* para llamadas a la API de chat

Los modelos de ChatGPT, tales como GPT-3.5-turbo y GPT-4, utilizan *tokens* de forma similar a los modelos de completado anteriores. Sin embargo, la estructura basada en mensajes hace que el recuento de *tokens* para conversaciones sea más complejo:

```
def num_tokens_from_messages(messages, model="gpt-3.5-turbo-0613"):
    """Return the number of tokens used by a list of messages."""
    try:
        encoding = tiktoken.encoding_for_model(model)
    except KeyError:
        print("Warning: model not found. Using cl100k_base encoding.")
        encoding = tiktoken.get_encoding("cl100k_base")
    if model in {
        "gpt-3.5-turbo-0613",
        "gpt-3.5-turbo-16k-0613",
        "gpt-4-0314",
        "gpt-4-32k-0314",
        "gpt-4-0613",
        "gpt-4-32k-0613",
        }:
        tokens_per_message = 3
        tokens_per_name = 1
    elif model == "gpt-3.5-turbo-0301":
        tokens_per_message = 4 # every message follows
        # <|start|>{role/name}\n{content}<|end|>\n
        tokens_per_name = -1 # if there's a name, the role is omitted
    elif "gpt-3.5-turbo" in model:
        print('''Warning: gpt-3.5-turbo may update over time.
        Returning num tokens assuming gpt-3.5-turbo-0613.''')
        return num_tokens_from_messages(messages, model="gpt-3.5-
        turbo-0613")
    elif "gpt-4" in model:
        print('''Warning: gpt-4 may update over time.
        Returning num tokens assuming gpt-4-0613.''')
        return num_tokens_from_messages(messages, model="gpt-4-0613")
```

```
else:
   raise NotImplementedError(
      f"""num_tokens_from_messages() is not implemented for model
      {model}."""
   )
num_tokens = 0
for message in messages:
   num_tokens += tokens_per_message
   for key, value in message.items():
      num_tokens += len(encoding.encode(value))
      if key == "name":
         num_tokens += tokens_per_name
num_tokens += 3 # every reply is primed with
# <|start|>assistant<|message|>
return num_tokens
```

En el ejemplo 3-6, destaca la estructura específica requerida para realizar una solicitud a cualquiera de los modelos de chat, que actualmente son GPT-3x y GPT-4.

Normalmente, el historial del chat se estructura, en primer lugar, con un mensaje del sistema y, a continuación, se alternan los intercambios entre el usuario y el asistente.

Ejemplo 3-6. *Un* payload *para la API de Chat Completions en OpenAI*

```
example_messages = [
   {
      "role": "system",
      "content": '''You are a helpful, pattern-following assistant
      that translates corporate jargon into plain English.''',
   },
   {
      "role": "system",
      "name": "example_user",
      "content": "New synergies will help drive top-line growth.",
   },
   {
      "role": "system",
      "name": "example_assistant",
      "content": "Things working well together will increase
      revenue.",
   },
   {
      "role": "system",
      "name": "example_user",
      "content": '''Let's circle back when we have more bandwidth
      to touch base on opportunities for increased leverage.''',
   },
   {
      "role": "system",
      "name": "example_assistant",
      "content": '''Let's talk later when we're less busy about
      how to do better.''',
   },

   {
      "role": "user",
```

```
        "content": '''This late pivot means we don't have
        time to boil the ocean for the client deliverable.''',
    },
]

for model in ["gpt-3.5-turbo-0301", "gpt-4-0314"]:
    print(model)
    # example token count from the function defined above
    print(f'''{num_tokens_from_messages(example_messages, model)}
    prompt tokens counted by num_tokens_from_messages().''')
```

`"role": "system"` describe un tipo de mensaje del sistema que es útil para *proporcionar instrucciones en el* prompt. Ofrece una manera de ajustar el carácter del asistente o de proporcionar directrices explícitas sobre el enfoque interactivo de este. Sin embargo, es importante entender que el comando del sistema no es un requisito previo indispensable, y el comportamiento predeterminado del modelo sin un comando del sistema podría asemejarse mucho al de "Eres un asistente útil".

Los roles que puede tener son [`"system"`, `"user"`, `"assistant"`].

`"content": "Some content"` es donde usted coloca el prompt o las respuestas de un modelo de lenguaje, dependiendo del rol del mensaje. Este puede ser `"assistant"`, `"system"` o `"user"`.

Análisis de sentimiento

El *análisis de sentimiento* es una técnica de PLN que se utiliza ampliamente y que ayuda a identificar, extraer y comprender las emociones, opiniones o sentimientos expresados en un texto. Al aprovechar la potencia de los LLM como GPT-4, el análisis de sentimiento se ha convertido en una herramienta esencial para empresas, investigadores y desarrolladores de diversos sectores.

El objetivo principal del análisis de sentimiento es determinar la actitud o el tono emocional que transmite un texto, ya sea positivo, negativo o neutral. Esta información puede proporcionar valiosos datos sobre las opiniones de los consumidores acerca de productos o servicios, ayudar a controlar la reputación de la marca e incluso ayudar a predecir las tendencias del mercado.

A continuación, se exponen varias técnicas de *prompt engineering* para crear *prompts* eficaces de análisis de sentimiento.

Entrada:

```
Is this text positive or negative?

I absolutely love the design of this phone, but the battery life
is quite disappointing.
```

Salida:

```
The text has a mixed tone, as it contains both positive and
negative aspects. The positive part is "I absolutely love the
design of this phone," while the negative part is "the battery
life is quite disappointing."
```

Aunque GPT-4 identifica un "tono mixto", el resultado es consecuencia de varias deficiencias en el *prompt*.

Falta de claridad
: El *prompt* no define claramente el formato de salida deseado.

Cantidad de ejemplos insuficiente
: El *prompt* no incluye ningún ejemplo de sentimientos positivos, negativos o neutrales, lo que podría ayudar a guiar al LLM en la comprensión de las distinciones entre ellos.

No hay ninguna guía sobre la gestión de sentimientos encontrados
: El *prompt* no especifica cómo tratar los casos en los que el texto contiene una mezcla de sentimientos positivos y negativos.

Entrada:

```
Using the following examples as a guide:
positive: 'I absolutely love the design of this phone!'
negative: 'The battery life is quite disappointing.'
neutral: 'I liked the product, but it has short battery life.'

Only return either a single word of:
- positive
- negative
- neutral

Please classify the sentiment of the following text as positive,
negative, or neutral: I absolutely love the design of this phone,
but the battery life is quite disappointing.
```

Salida:

```
neutral
```

Este *prompt* es mucho mejor a causa de lo que se expone a continuación.

Proporciona instrucciones claras
: El *prompt* establece claramente la tarea, que consiste en clasificar el sentimiento del texto dado en una de las siguientes tres categorías: positivo, negativo o neutral.

Ofrece ejemplos
: El *prompt* proporciona ejemplos para cada una de las categorías de sentimiento, lo que ayuda a comprender tanto el contexto como el resultado deseado.

Define el formato de salida
: El *prompt* especifica que la salida debe ser una sola palabra, lo que garantiza que la respuesta sea concisa y fácil de entender.

Técnicas para mejorar el análisis de sentimiento

Para mejorar la precisión del análisis de sentimiento, el preprocesamiento del texto de entrada es un paso vital. Esto implica lo expuesto a continuación.

Eliminación de caracteres especiales

Los caracteres excepcionales, como emojis, *hashtags* y signos de puntuación, pueden sesgar el juicio del algoritmo de sentimientos basado en reglas. Además, estos caracteres podrían no ser reconocidos por los modelos de aprendizaje automático y aprendizaje profundo, lo que daría lugar a una clasificación errónea.

Conversión a minúsculas

Convertir todos los caracteres a minúsculas ayuda a crear uniformidad; por ejemplo, los modelos tratan a palabras como *Happy* y *happy* como diferentes, lo que puede causar duplicidades e imprecisiones.

Corrección ortográfica

Los errores ortográficos pueden dar lugar a interpretaciones y clasificaciones erróneas. La creación de un proceso de corrección ortográfica puede reducir significativamente estos errores y mejorar los resultados.

En el caso de texto específico de un sector o dominio, la inclusión de contenido específico del dominio en el *prompt* ayuda a que el LLM comprenda la estructura y el sentimiento del texto. Mejora la precisión en la clasificación y permite comprender mejor determinadas jergas y expresiones.

Limitaciones y retos del análisis de sentimiento

A pesar de los avances en LLM y de la aplicación de técnicas de *prompt engineering*, el análisis de sentimiento sigue enfrentándose a algunas limitaciones y retos.

Gestión del sarcasmo y la ironía

Detectar el sarcasmo y la ironía en un texto puede ser difícil para los LLM, ya que a menudo requiere comprender el contexto y las pistas sutiles que las personas pueden reconocer fácilmente. La interpretación errónea de declaraciones sarcásticas o irónicas puede llevar a una clasificación inexacta de sentimientos.

Identificación del sentimiento específico del contexto

El análisis de sentimiento puede plantear dificultades cuando se trata de sentimientos específicos del contexto, como los relacionados con jerga especializada de un dominio o expresiones culturales. Los LLM pueden tener dificultades para clasificar con precisión los sentimientos en estos casos, sin una orientación adecuada o ejemplos específicos del dominio.

De menos a más

La técnica *de menos a más* en *prompt engineering* es un potente método para generar o extraer secuencialmente conocimientos cada vez más detallados sobre un tema determinado. Este método es especialmente eficaz cuando se trata de temas complejos o cuando es necesario un alto nivel de detalle.

De menos a más, utiliza una *cadena* de *prompts,* donde cada nuevo *prompt* se basa en la última respuesta. Este enfoque paso a paso ayuda a recopilar información cada vez más detallada, lo que facilita la profundización en cualquier tema.

Esta técnica también puede aplicarse a la generación de código, como se muestra en el ejemplo de aplicación `Hello World` de Flask.

Planificación de la arquitectura

Antes de profundizar en la arquitectura, vamos a entender brevemente qué es Flask. Flask *(https://oreil.ly/7N-bs)* es un *framework* ligero para aplicaciones web en Python, ampliamente utilizado para crear aplicaciones web al instante y con la mínima cantidad de código. (Flask solo se utiliza aquí con fines de demostración y no se incluye en el archivo *requirements.txt [https://oreil.ly/TRK0i]* del libro).

Ahora, vamos a pedir a un LLM que esboce la arquitectura básica de una sencilla aplicación de Flask "Hello World".

Entrada:

```
Outline the basic architecture for a simple Flask "Hello World"
application.
```

Salida:

```
Sure! Here's an outline for a basic Flask "Hello World" application:

Import Flask module: Import the Flask module
to use its ((("Flask module code generation")))functionality.

Create an instance of the Flask application: Create an instance
of the Flask class to represent your web application.
Define a route and view function: ...
Implement the view function: ...
Run the application: Start the Flask development server to run
the application.
```

Codificación de funciones individuales

Antes de empezar a programar, aclaremos qué es una ruta en Flask: es una función vinculada a un patrón URL, que determina lo que los usuarios ven en una página web específica. A continuación, proporcionaremos el fragmento de código para una ruta simple de "Hello World" en Flask.

Entrada:

```
Provide a code snippet for a simple "Hello World" route in Flask.
```

Salida:

```
Certainly! Here's a simple code snippet for a "Hello World" route
using Flask:

from flask import Flask
app = Flask(_name_)

@app.route('/') def hello_world():
return 'Hello, World!'

if_name_== '_main_': app.run()
```

En este código, importamos el módulo Flask y creamos una instancia de aplicación Flask llamada `app`. A continuación, definimos una ruta utilizando el decorador `@app.route`, especificando la ruta URL raíz `'/'`. La función `hello_world` está asociada a esta ruta y devuelve la cadena `'Hello, World!'` como respuesta.

La aplicación Flask se iniciará llamando a `app.run()` cuando su *script* de Python se ejecute directamente.

Adición de pruebas

Por último, vamos a pedirle que genere un caso de prueba para la ruta "Hello World" en la aplicación de Flask .

Entrada:

```
Provide an example of a test case for the "Hello World" route in
a Flask application.
```

Salida:

```
Sure! Here's an example of a test case for the "Hello World"
route in a Flask application:

import unittest
from flask import Flask
from flask.testing import FlaskClient

# Create the Flask application
app = Flask(_name_)

# Create the route
@app.route('/')
def hello_world():
   return 'Hello, World!'

class FlaskAppTestCase(unittest.TestCase):
   def setUp(self):
      # Create a test client
      self.app = app.test_client()
```

```
    def test_hello_world_route(self):
        # Send a GET request to the route
        response = self.app.get('/')

        # Check the response status code
        self.assertEqual(response.status_code, 200)

        # Check the response data
        self.assertEqual(response.data, b'Hello, World!')

if_name_== '_main_':
    unittest.main()
```

Al utilizar la técnica de menos a más en los *prompts,* puede adquirir gradualmente el conocimiento- y la comprensión requeridos para la tarea en cuestión.

Ventajas de la técnica de menos a más

Este método es particularmente útil para tareas complejas, ya que permite a un LLM generar información relevante que posteriormente se utilizará como contexto para futuras tareas.

Vamos a profundizar en las ventajas de utilizar este enfoque en diversos escenarios.

Exploración progresiva
: Dividir un problema complejo en tareas más pequeñas permite a un LLM proporcionar información más detallada y precisa en cada paso. Este enfoque es especialmente interesante cuando se trabaja con un tema nuevo o un problema polifacético.

Flexibilidad
: La técnica de menor a más ofrece flexibilidad para abordar distintos aspectos de un problema. Le permite pivotar, explorar soluciones alternativas o profundizar en áreas específicas, según sea necesario.

Mejora de la comprensión
: Al dividir una tarea en pasos más pequeños, un LLM puede entregar la información en un formato más digerible, lo que facilita su comprensión y seguimiento.

Aprendizaje colaborativo
: Esta técnica promueve la colaboración entre usted y un LLM, ya que fomenta un proceso iterativo de perfeccionamiento del resultado y de ajuste de las respuestas que usted formule para alcanzar el resultado deseado.

Retos de la técnica de menos a más

Exceso de confianza en la información generada previamente
: Utilizar el historial de chat anterior para almacenar el estado puede llevar a que las tareas más grandes olviden sus tareas/resultados iniciales, debido a las limitaciones en la longitud del contexto.

Dependencia de prompts *anteriores*

Dado que cada *prompt* se basa en los resultados anteriores, es imprescindible asegurarse de que la calidad y las respuestas de los *prompts* anteriores proporcionen información suficiente para el siguiente paso.

Evaluar la calidad

En el proceso de diseño de *prompts*, asegúrese de evaluar la calidad de cada respuesta LLM previa. La realización de la siguiente tarea depende de la calidad de la información proporcionada por la precedente.

Role prompting

El *role prompting* (o generación de prompts por rol) es una técnica en la que se le asigna a la IA un rol o personaje específico que debe asumir al generar una respuesta. Esto ayuda a guiar en el estilo y el contenido de la respuesta de la IA, para que se alineen mejor con las necesidades del usuario o el resultado deseado.

Awesome ChatGPT prompts *(https://oreil.ly/8pf40)* proporciona una extensa lista de *prompts* de roles que puede utilizar.

Vamos a pedirle a ChatGPT que asuma el rol de un crítico especialista en tecnología para MongoDB.

Entrada:

```
I want you to act as a tech reviewer. (Quiero que actúes como
revisor tecnológico.). I will give you the name of a piece of
technology and you will provide me with an in-depth review -
including pros, cons, features, and comparisons to other
technologies on the market. My first suggestion request is:
MongoDB.
```

Salida:

```
MongoDB is a popular NoSQL, document-oriented database
management system designed to handle high-volume data
storage and retrieval.

Features:

1. Document-Oriented Storage: MongoDB stores data in a flexible,
JSON-like format called BSON, making it easy to store complex
data structures like arrays and nested objects.
...
```

```
Pros:
1. High Performance: MongoDB's indexing and caching capabilities
deliver fast read and write operations.
...

Cons:
1. Limited Support for Transactions: While MongoDB supports
multidocument ACID transactions, it may not be the best choice
for applications that require complex transactional operations.
...

Comparisons to other technologies:
1. Couchbase, another popular NoSQL database, offers similar
features to MongoDB, including flexible schema and JSON-based
storage. However, Couchbase is more focused on distributed
caching and may be more suitable for applications requiring
low-latency data access.

Conclusion:

MongoDB is a powerful and versatile NoSQL database solution
suitable for various applications, particularly those requiring
high performance and scalability. Its flexible data model, rich
query language, and strong consistency make it a popular choice
among developers.
```

El *prompt* es un excelente ejemplo de *role prompting*, ya que define claramente el rol que la IA debe asumir (un crítico tecnológico) y establece expectativas para el tipo de respuesta deseada (una reseña en profundidad de MongoDB).

Proporcionar orientación

Al redactar *prompts*, considere la posibilidad de asignar un rol específico a la IA. Esto establece el contexto adecuado para la respuesta, creando un resultado mejor enfocado y más relevante.

Ventajas del *role prompting*

El *role prompting* ayuda a delimitar las respuestas de la IA, lo que garantiza resultados mejor enfocados, contextualmente apropiados y personalizados. También puede potenciar la creatividad, al impulsar a la IA a pensar y responder desde perspectivas únicas.

Retos del *role prompting*

El *role prompting* puede plantear ciertos retos. Puede haber riesgos potenciales de sesgo o estereotipos basados en el rol asignado. Asignar roles estereotipados puede llevar a generar respuestas sesgadas, que podrían perjudicar a la usabilidad o incluso ofender a algunas personas.

Además, mantener la consistencia en el rol a lo largo de una interacción prolongada puede resultar difícil. El modelo podría desviarse del tema o responder con información irrelevante a la función asignada.

Evaluar la calidad

Compruebe sistemáticamente la calidad de las respuestas del LLM, especialmente cuando esté utilizando el *role prompting*. Supervise si la IA se mantiene en el rol asignado o si se está desviando del tema.

Cuándo utilizar el *role prompting*

El *role prompting* es particularmente útil cuando desee lo expuesto a continuación.

Obtener información específica
: Si necesita una respuesta que requiere conocimientos de un dominio o experiencia especializada, puede ayudar a guiar al LLM para que genere respuestas más informadas y precisas.

Adaptar el estilo de la respuesta
: Asignar un rol puede ayudar a un LLM a generar respuestas que se ajusten a un tono, estilo o perspectiva específicos, como una respuesta formal, informal o humorística.

Fomentar respuestas creativas
: El *role prompting* se puede utilizar para crear escenarios ficticios o generar respuestas imaginativas, al asignar roles como un narrador de historias, un personaje de una novela o una figura histórica.

- *Explorar diversas perspectivas:* si desea explorar diferentes puntos de vista sobre un tema, el *role prompting* puede ayudar pidiendo a la IA que asuma distintos roles o personajes, lo que permite una comprensión más completa del tema.
- *Mejora la participación del usuario:* el *role prompting* puede hacer que las interacciones sean más atractivas y entretenidas, al permitir que un LLM asuma personajes o personalidades que conecten con el usuario.

Si utiliza OpenAI, entonces el mejor lugar para añadir un rol es en el `mensaje del sistema` para los modelos de chat.

Tácticas del *prompting* en GPT

Hasta ahora ya ha abordado varias tácticas del *prompting*, incluyendo pedir contexto, agrupación de estilo de texto, de menos a más, y *role prompting*.

Vamos a tratar varias tácticas más, desde la gestión de posibles alucinaciones con un texto de referencia adecuado, hasta proporcionar a un LLM *tiempo para pensar críticamente,* y entender el concepto de *descomposición de tareas.* Tenemos mucho que explorar.

Estas metodologías se han diseñado para aumentar significativamente la precisión de sus resultados de la IA y las recomienda OpenAI *(https://oreil.ly/QZE8n).* Además, cada táctica utiliza uno o más de los principios de *prompt engineering* abordados en el capítulo 1.

Evitación de alucinaciones con referencias

El primer método para evitar alucinaciones basadas en texto es instruir al modelo para que *solo responda utilizando texto de referencia.*

Al proporcionar a un modelo de IA información precisa y relevante sobre una consulta dada, se puede orientar al modelo para que utilice esta información al generar su respuesta.

Entrada:

```
Refer to the articles enclosed within triple quotes to respond to
queries.

You must follow the following principles:
-   In cases where the answer isn't found within these articles,
simply return "I could not find an answer".

"""
B2B clients tend to have longer decision-making processes, and
thus longer sales funnels. Relationship-building strategies work
better for these clients, whereas B2C customers tend to respond
better to short-term offers and messages.
"""

Example responses:
- I could not find an answer.
- Yes, B2B clients tend to have longer decision-making
processes, and thus longer sales funnels.
```

Salida:

```
Yes, B2B clients tend to have longer decision-making processes,
which leads to longer sales cycles.
```

Si hiciera la siguiente pregunta al mismo texto de referencia:

Entrada:

```
...The rest of the prompt...

Question: Are B2C sales more cost-effective?
```

Salida:

```
I could not find an answer.
```

Proporcionar orientación y especificar el formato

El *prompt* anterior es excelente, porque no solo instruye al modelo sobre cómo encontrar respuestas, sino que establece un formato específico para cualquier pregunta sin respuesta.

Teniendo en cuenta las limitadas ventanas de contexto de los GPT, podría ser necesario un método para recuperar dinámicamente información relevante para la consulta realizada, que permita utilizar esta estrategia de recuperación dinámica de información.

Otro enfoque consiste en dirigir al modelo para que *incorpore referencias* de un texto dado en su respuesta. Cuando la entrada se enriquece con información relevante, se puede guiar al modelo para que incluya citas en sus respuestas, haciendo referencia a secciones de los documentos proporcionados. Este enfoque tiene la ventaja adicional de que las citas en el resultado se pueden autenticar *automáticamente, al coincidir cadenas* dentro de los documentos proporcionados con las citas generadas por el documento.

Entrada:

```
You will be provided with a document delimited by triple quotes
and a question. Your task is to answer the question using only
the provided document and to cite the passage(s) of the document
used to answer the question. If the document does not contain the
information needed to answer this question then simply write:
"Insufficient information." If an answer to the question is
provided, it must be annotated with a citation. Use the following
format to cite relevant passages ({"citation": …}).

"""
A nuclear reactor is a device that initiates, controls, and
maintains a nuclear chain reaction. The nuclear reactor uses the
energy released by nuclear fission to generate heat, which is
then often used to produce steam to drive a turbine and produce
electricity.

-Excerpted from https://en.wikipedia.org/wiki/Nuclear_reactor
"""

Question: What is a nuclear reactor?
```

Salida:

```
A nuclear reactor is a device that initiates, controls, and
maintains a nuclear chain reaction.It uses the energy released by
nuclear fission to generate heat, which is then often used to
produce steam to drive a turbine and produce electricity.
{"citation": "A nuclear reactor is a device that initiates,
controls, and maintains a nuclear chain reaction. The nuclear
reactor uses the energy released by nuclear fission to generate
heat, which is then often used to produce steam to drive a
turbine and produce electricity."}
```

Concesión a los GPT de "tiempo para pensar"

A menudo, al guiar explícitamente a un LLM para que *derive soluciones a partir de principios fundamentales* antes de llegar a un veredicto, se pueden obtener respuestas más precisas. Proporcionar a un LLM de *tiempo para pensar* puede, a menudo, conducir a mejores resultados.

Entrada:

```
First, try to solve the problem on your own. Then, see if your
answer matches the proposed solution. Don't judge the given
answer until you've tried solving it yourself.

Problem:
Jane has 5 apples, then John takes 2 from Mary. Mary originally
had 15 apples. John then gives his apples to Jane.

How many apples does Jane have?

Proposed solution:
1. Janes originally had 5 apples.
2. John takes 2 apples from Mary, but this doesn't affect Jane's count.
3. John then gives his apples to Jane.

So, Jane's final count of apples is her original 5 apples plus
the 2 apples that John gave her, for a total of 7 apples.
```

Salida:

```
Let's break down the problem:

1. Jane originally has 5 apples.
2. John takes 2 apples from Mary. However, this action doesn't
directly impact the number of apples Jane has at this point.
3. John gives his apples to Jane.

Following these steps, we need to add the 2 apples John gave to
Jane to Jane's original number of apples. Therefore:

5 apples (Jane's original number) + 2 apples (given by John) = 7
apples

So, Jane now has 7 apples. My solution matches the proposed
solution.
```

En algunos casos, al utilizar GPT-4 u otros modelos generativos de IA, es posible que no desee que el proceso de razonamiento del modelo sea visible para el usuario.

Puede conseguirlo pidiendo al LLM que *genere un monólogo interior.* Esta petición es especialmente útil en aplicaciones de tutoría, donde revelar el razonamiento del modelo podría delatar la solución antes de tiempo.

Táctica del monólogo interior

La táctica del monólogo interior instruye al modelo a estructurar partes de la salida, que deberían estar ocultas para el usuario, en un formato específico. Esto facilita la eliminación de estas partes antes de presentar el resultado final al usuario.

Así es como puede utilizar esta táctica para responder a las consultas de los usuarios de manera efectiva.

Entrada:

```
Step 1: Solve the Problem

First, you need to work out your solution to the problem. Be sure
not to rely on the user's solution, as it might be incorrect. You
can encapsulate your workings within triple quotes (`"""`) to
indicate that this section should be hidden.

Step 2: Compare Solutions

Next, compare your solution with the user's solution. Evaluate
whether the user's solution is correct or not. Again, encapsulate
this section within triple quotes (`"""`).

Step 3: Prepare a Hint

If the user made a mistake, determine an appropriate hint that
can help guide them toward the correct answer, without giving it
away outright. This section should also be within triple quotes
(`"""`).

Step 4: Deliver the Hint

If a mistake was made, present the hint from the previous step to
the user. Remember not to use triple quotes for this step.
Instead of using a title like "Step 4", use a heading such as
`Hint:`


Problem Statement: A deck of cards has 52 cards: 13 hearts, 13
diamonds, 13 clubs, and 13 spades. If two cards are drawn from
the deck without replacement, what is the probability that one of
the drawn cards is a heart and the other one is a club?

User's Solution: (13/52)*(13/51) = 169/2652 = 13/204
```

Salida:

```
"""
Step 1 - My Solution:

First, calculate the probability of drawing 1 heart and 1 club
from a deck of 52 cards without replacement.

In the first draw, the probability of drawing a heart is 13/52.
```

```
For the second draw, after removing 1 card (assuming it's a
heart), the total number of cards becomes 51. So, the probability
of drawing a club now is 13/51.

Multiplying these two probabilities gives the probability of both
events happening in sequence, which is P(Heart then Club) =
(13/52)*(13/51).

Repeat the calculation assuming the first drawn card is a club
and the second drawn card is a heart. Remember, order matters in
this case as we're dealing with separate events.
"""
"""
Step 2 - Comparison with the User's Solution:

Compare your solution with the user's solution. The user's
solution only considers the sequence of drawing a heart first and
then a club. They have not accounted for the alternate sequence
(Club then Heart), and thus, the solution is incomplete.
"""
"""
Step 3 - Preparation of Hint:

Given that the user hasn't considered both sequences (Heart then
Club and Club then Heart), a hint at the consideration of both
possible sequences will be helpful. This could nudge the user in
the right direction without revealing the solution outright.
"""
# Step 4 - Delivery of Hint:
# Hint: Remember that the two cards could be drawn in any order.
Consider both possible sequences: Heart then Club and Club then Heart.
```

Autoevaluación de las respuestas del LLM

Otra táctica que puede utilizar es *criticar un resultado generado por el LLM* y preguntar si el LLM ha omitido alguna información o hecho importante. Básicamente, le está pidiendo al LLM que *se evalúe a sí mismo* basándose en su resultado anterior.

En primer lugar, usted crea un *prompt* para generar una función `"Hello World"`.

Entrada:

```
Generate a "Hello World" Python function. (Genera una función
Python "Hello World".).
```

Salida:

```
Sure, here's a very simple Python function that prints "Hello,
World!" to the console:

def print_hello_world():
    print("Hello, World!")

print_hello_world()
When you run this function, it will print the string "Hello,
World!" to the console.
```

El LLM devuelve una simple función Python llamada `print_hello_world()`, que imprime el tradicional saludo "Hello, World!".

A continuación, realiza una segunda solicitud al LLM con el historial de chat anterior, pidiendo que se mejore la salida inicial.

Entrada:

```
...Previous Chat History... (...Historial de chats anteriores...)

Given the previous function, can you improve it again with
anything else? Perhaps defaults or type hints? (Dada la función
anterior, ¿puedes mejorarla nuevamente con algo más? ¿Quizás con
valores predeterminados o sugerencias de tipo?).
```

Salida:

```
We can add type hints to make it clear that the function doesn't
take any arguments and doesn't return anything. We can also add a
docstring to describe what the function does.

Here's the improved code:

def print_hello_world() -> None:
   """
   Prints "Hello, World!" to the standard output.
   """
   print("Hello, World!")

If you wanted to make the function more flexible, you could add a
default argument that allows you to print a different message:

def print_message(message: str = "Hello, World!") -> None:
   """
   Prints the given message to the standard output. If no message
   is given, it defaults to "Hello, World!".

   Args:
   message (str, optional): The message to be printed. Defaults
   to "Hello, World!".
   """
   print(message)
```

En consecuencia, GPT-4 devuelve una versión mejorada de la función, ahora equipada con anotaciones de tipo de datos *(type hiths)* en Python y un argumento por defecto. Esto enriquece la función con mayor flexibilidad, permitiendo que imprima no solo `"Hello, World!"`, sino cualquier mensaje especificado por el usuario.

Estos intercambios de *prompts* y respuestas ilustran cómo puede refinar fácilmente los resultados generados por el LLM, hasta que esté satisfecho con el resultado final.

Es posible criticar la respuesta de un LLM varias veces, hasta que el LLM no proporcione ninguna mejora.

Clasificación con los LLM

Clasificar, en el contexto de la AI, se refiere al proceso de predecir la clase o categoría de un determinado punto de datos o muestra dados. Se trata de una tarea habitual en el aprendizaje automático en la que se entrenan modelos para asignar etiquetas predefinidas a datos no etiquetados basados en patrones aprendidos.

Los LLM son potentes herramientas para la clasificación, incluso sin ejemplos o con solo un pequeño número de ellos proporcionados en un *prompt.* ¿Por qué? Eso es porque los LLM, como GPT-4, han sido entrenados previamente con un extenso conjunto de datos y ahora poseen un cierto grado de razonamiento.

Existen dos estrategias generales en la resolución de problemas de clasificación con los LLM: *zero-shot learning (aprendizaje sin ejemplos)* y *few-shot learning (aprendizaje con unos pocos ejemplos).*

Zero-shot learning

En este proceso, el LLM clasifica datos con excepcional precisión, sin la ayuda de ningún ejemplo específico previo. Es como superar un proyecto sin ninguna preparación. Impresionante, ¿verdad?

Few-shot learning

Aquí, usted proporciona a su LLM un pequeño número de ejemplos. Esta estrategia puede influir significativamente en la estructura del formato de salida que usted quiere, y mejorar la precisión general de la clasificación.

¿Por qué es esto revolucionario para usted?

Aprovechar los LLM permite evitar los largos procesos que requieren los métodos tradicionales de aprendizaje automático. Por lo tanto, puede crear al instante un prototipo de modelo de clasificación, determinar un nivel básico de precisión y crear valor empresarial inmediato.

Aunque un LLM puede realizar la clasificación, dependiendo de su problema y de los datos de entrenamiento, puede que el uso de un proceso tradicional de aprendizaje automático pueda producir mejores resultados.

Creación de un modelo de clasificación

Vamos a explorar un ejemplo de aprendizaje para determinar el sentimiento del texto, ya sea de `'Compliment'` (elogio), `' Complaint'` (queja) o `'Neutral'` (neutro):

```
Given the statement, classify it as either "Compliment",
"Complaint", or "Neutral":
1. "The sun is shining." - Neutral
2. "Your support team is fantastic!" - Compliment
3. "I had a terrible experience with your software." - Complaint

You must follow the following principles:
- Only return the single classification word. The response
should be either "Compliment", "Complaint", or "Neutral".
- Perform the classification on the text enclosed within """
delimiters.
-
"""The user interface is intuitive."""

Classification:

Compliment
```

Algunos casos de uso adecuados para la clasificación con LLM se exponen a continuación.

Reseñas de clientes

Clasifica las reseñas de usuarios en categorías como "Positiva", "Negativa" o "Neutral". Profundiza aún más identificando subtemas como "Usabilidad", "Atención al cliente" o "Precio".

Filtrado de correos electrónicos

Detecta la intención o el propósito de los correos electrónicos y los clasifica como "Consulta", "Queja", "Opinión" o "Spam" Esto puede ayudar a las empresas a priorizar las respuestas y a gestionar las comunicaciones de manera eficiente.

Análisis de sentimientos en redes sociales

Supervisa las menciones de la marca y los sentimientos en las plataformas de medios sociales. Clasifica publicaciones o comentarios como "Elogio", "Crítica", "Consulta" o "Neutral". Obtiene información sobre la percepción del público y adapta las estrategias de *marketing* o de relaciones públicas en consecuencia.

Categorización de artículos de noticias

Dada la gran cantidad de noticias que se generan a diario, los LLM pueden clasificar los artículos por temas, como "Política", "Tecnología", "Medio ambiente" o "Entretenimiento".

Filtrado de currículos

Para los departamentos de recursos humanos inundados de currículos, clasificarlos en función de criterios predefinidos como "Calificado", "Sobrecalificado" y

"Subcalificado", o categorizarlos por área de especialización como "Desarrollo de *software*", "Marketing" o "Ventas".

> Tenga en cuenta que, al exponer correos electrónicos, currículos, o datos sensibles, se corre el riesgo de que se filtren estos datos a los futuros modelos de OpenAI como datos de entrenamiento.

Voto mayoritario para la clasificación

La utilización de múltiples solicitudes a LLM puede ayudar a reducir la variabilidad de sus etiquetas de clasificación. Este proceso, conocido como *votación por mayoría,* es algo así como elegir la fruta que aparece con más frecuencia en un grupo; por ejemplo, si tiene 10 piezas de fruta y 6 de ellas son manzanas, entonces las manzanas son mayoría. El mismo principio se aplica a la elección del voto mayoritario en las etiquetas de clasificación.

Al solicitar varias clasificaciones y tomar la *clasificación más frecuente,* se puede reducir el impacto de posibles valores atípicos o interpretaciones inusuales de una única inferencia del modelo. Sin embargo, hay que tener en cuenta que este enfoque puede tener importantes inconvenientes, como el mayor tiempo requerido y el coste de las múltiples llamadas a la API.

Vamos a clasificar el mismo texto tres veces y, luego, tomamos la votación por mayoría:

```
from openai import OpenAI
import os

client = OpenAI(api_key=os.environ.get("OPENAI_API_KEY"))

base_template = """
Given the statement, classify it as either "Compliment",
"Complaint", or "Neutral":
1. "The sun is shining." - Neutral
2. "Your support team is fantastic!" - Compliment
3. "I had a terrible experience with your software." - Complaint

You must follow the following principles:
-   Only return the single classification word. The response
should be either "Compliment", "Complaint", or "Neutral".
-   Perform the classification on the text enclosed within '''
delimiters.

'''{content}'''

Classification:
"""
```

```
responses = []

for i in range(0, 3):
   response = client.chat.completions.create(
      model="gpt-4",
      messages=[{"role": "system",
         "content": base_template.format(content='''Outside is
         rainy, but I am having a great day, I just don't
         understand how people live, I'm so sad!'''),}],)
   responses.append(response.choices[0].message.content.strip())

def most_frequent_classification(responses):
   # Use a dictionary to count occurrences of each classification
   count_dict = {}
   for classification in responses:
      count_dict[classification] = count_dict.get(
         classification, 0) + 1

   # Return the classification with the maximum count
   return max(count_dict, key=count_dict.get)

print(most_frequent_classification(responses)) # Expected Output:
                                               # Neutral
```

Llamar a la función `most_frequent_classification(responses)` debería señalar `"Neutral"` como el sentimiento dominante. Ahora ha aprendido a utilizar el paquete de OpenAI para la clasificación por votación mayoritaria.

Evaluación de criterios

En el capítulo 1, se utilizó un sistema de evaluación basado en las personas con un simple sistema de calificación de pulgar hacia arriba/hacia abajo para identificar con qué frecuencia una respuesta cumplía nuestras expectativas. Calificar manualmente puede ser caro y tedioso, ya que requiere la intervención de una persona cualificada para juzgar la calidad o identificar errores. Aunque este trabajo puede subcontratarse a evaluadores de bajo coste en servicios como Mechanical Turk *(https://www.mturk.com)*, el diseño de una tarea de forma que se obtengan resultados válidos puede llevar mucho tiempo y ser propenso a errores. Un enfoque cada vez más frecuente consiste en utilizar un LLM más sofisticado para evaluar las respuestas de un modelo más pequeño.

Las pruebas sobre si los LLM pueden actuar como evaluadores eficaces son dispares: algunos estudios afirman que los LLM son evaluadores al nivel de personas *(https://oreil.ly/nfc3f)*, mientras que otros identifican inconsistencias en la forma en que los LLM realizan la evaluación *(https://oreil.ly/ykkzY)*. Según nuestra experiencia, GPT-4 es un evaluador útil con resultados consistentes en una cierta variedad de tareas. En concreto, GPT-4 es eficaz y fiable para evaluar las respuestas de modelos más pequeños y menos sofisticados como GPT-3.5-turbo. En el siguiente ejemplo, generamos ejemplos concisos y detallados de respuestas a una pregunta utilizando GPT-3.5-turbo, listos para su evaluación con GPT-4.

Entrada:

```
from openai import OpenAI
import os

client = OpenAI(api_key=os.environ.get("OPENAI_API_KEY"))

responses = []

for i in range(10):
   # concise if even, verbose if odd
   style = "concise" if i % 2 == 0 else "verbose"

   if style == "concise":
      prompt = f"""Return a {style} answer to the following
      question: What is the meaning of life?"""
   else:
      prompt = f"""Return an answer to the following question:
      What is the meaning of life?"""

   response = client.chat.completions.create(
      # using GPT-3.5 Turbo for this example
      model="gpt-3.5-turbo",
      messages=[{"role": "user",
         "content": prompt}])
      responses.append(
         response.choices[0].message.content.strip())

system_prompt = """You are assessing the conciseness of a
response from a chatbot.
You only respond with a 1 if the response is concise,
and a 0 if it is not.
"""

ratings = []

for idx, response in enumerate(responses):
   rating = client.chat.completions.create(
      model="gpt-4",
      messages=[{"role": "system",
         "content": system_prompt},
         {"role": "system",
         "content": response}])
   ratings.append(
      rating.choices[0].message.content.strip())

for idx, rating in enumerate(ratings):
   style = "concise" if idx % 2 == 0 else "verbose"
   print(f"Style: {style}, ", f"Rating: {rating}")
```

Salida:

```
Style: concise, Rating: 1
Style: verbose, Rating: 0
Style: concise, Rating: 1
Style: verbose, Rating: 0
Style: concise, Rating: 1
```

```
Style: verbose, Rating: 0
Style: concise, Rating: 1
Style: verbose, Rating: 0
Style: concise, Rating: 1
Style: verbose, Rating: 0
```

Este *script* es un programa Python que interactúa con la API de OpenAI para generar y evaluar respuestas basándose en su concisión. A continuación, se presenta una explicación paso a paso:

1. `responses = []` crea una lista vacía denominada `responses` para almacenar las respuestas generadas por la API de OpenAI.
2. El bucle `for` se ejecuta 10 veces, generando una respuesta para cada iteración.
3. Dentro del bucle, el `estilo` se determina según el número (`i`) de la iteración en curso. Alterna entre "conciso" y "detallado" para iteraciones pares e impares, respectivamente.
4. Dependiendo del `estilo`, se formatea una cadena de texto `prompt` para preguntar "¿Cuál es el significado de la vida?" de forma concisa o detallada.
5. `response = client.chat.completions.create(...)` realiza una petición a la API de OpenAI para generar una respuesta basada en el `prompt`. El modelo utilizado aquí se especifica como "gpt-3.5-turbo".
6. A continuación, se eliminan los espacios en blanco iniciales y finales de la respuesta generada y se añaden a la lista `responses`.
7. `system_prompt = """You are assessing..."""` establece un *prompt* que se utiliza para evaluar la concisión de las respuestas generadas.
8. `ratings = []` inicializa una lista vacía para almacenar las evaluaciones de concisión.
9. Otro bucle `for` itera sobre cada respuesta en `responses`.
10. Para cada respuesta, el *script* la envía junto con `system_prompt` a la API de OpenAI, solicitando una evaluación de concisión. Esta vez, el modelo utilizado es `"gpt-4"`.
11. A la evaluación para la calificación (ya sea 1 para conciso o 0 para no conciso) se le quitan los espacios en blanco y se añaden a la lista `ratings`.
12. El bucle final `for` itera sobre la lista de `ratings`. Para cada calificación, imprime el estilo de la respuesta (ya sea "conciso" o "detallado") y su correspondiente `calificación` de concisión.

Para calificaciones sencillas como la concisión, GPT-4 ofrece una precisión cercana al 100 %; sin embargo, para calificaciones más complejas, es importante dedicar algún tiempo a evaluar al evaluador; por ejemplo, al establecer casos de prueba que contengan un problema, así como casos de prueba que no lo contengan, puede identificar la precisión de su métrica de evaluación. Un evaluador puede evaluarse a sí mismo contando el número de falsos positivos (cuando el LLM imagina un problema en un caso de prueba que se sabe que no contiene un problema), así como el número de falsos negativos (cuando el LLM pasa por alto un problema en un caso de prueba que se sabe que contiene un problema). En nuestro caso, hemos generado ejemplos concisos y detallados, por lo que podemos comprobar fácilmente la precisión de la calificación, pero, en ejemplos más complejos, puede que necesite personas expertas en evaluación para validar las calificaciones.

Evaluar la calidad

El uso de GPT-4 para evaluar las respuestas de modelos menos sofisticados es una práctica estándar emergente, pero hay que tener cuidado para que los resultados sean fiables y consistentes.

En comparación con la evaluación realizada por personas, la evaluación basada en LLM o sintética suele costar un orden de magnitud menos y se completa en unos minutos, en lugar de necesitar días o semanas. Incluso en casos importantes o delicados en los que es necesaria una revisión manual final por parte del personal especializado, la iteración rápida y las pruebas A/B del *prompt* mediante revisiones sintéticas pueden ahorrar mucho tiempo y mejorar considerablemente los resultados. Sin embargo, el coste de realizar muchas pruebas a gran escala puede ser elevado, y la latencia o los límites de velocidad de GPT-4 pueden ser un obstáculo. Si es posible, un ingeniero de *prompts* debería probar primero utilizando técnicas de programación que no requieran la llamada a un LLM, tales como simplemente medir la longitud de la respuesta, que se ejecuta casi instantáneamente y con un coste cercano a cero.

Meta prompting

El *meta prompting* es una técnica que implica la creación de *prompts* de texto que, a su vez, generan otros *prompts* de texto. Estos *prompts* de texto se utilizan después para generar nuevos activos en muchos soportes de información, como imágenes y vídeos, además de texto.

Para entender mejor el *meta prompting*, tomemos el ejemplo de la creación de un libro infantil con la ayuda de GPT-4. En primer lugar, usted ordena al LLM que genere el texto para su libro infantil. Después, emplea la técnica de *meta prompting* para instruir a GPT-4 y que produzca *prompts* adecuados para los modelos de generación de imágenes. Esto podría significar crear descripciones y situaciones o escenas específicas basadas en el argumento de su libro, que luego pueden entregarse a modelos de IA como Midjourney o Stable Diffusion. Estos modelos de generación de imágenes pueden, por tanto, ofrecer imágenes en armonía con su cuento infantil creado por la IA.

En la figura 3-8, se describe visualmente el proceso del *meta prompting* en el contexto de la elaboración de un libro infantil.

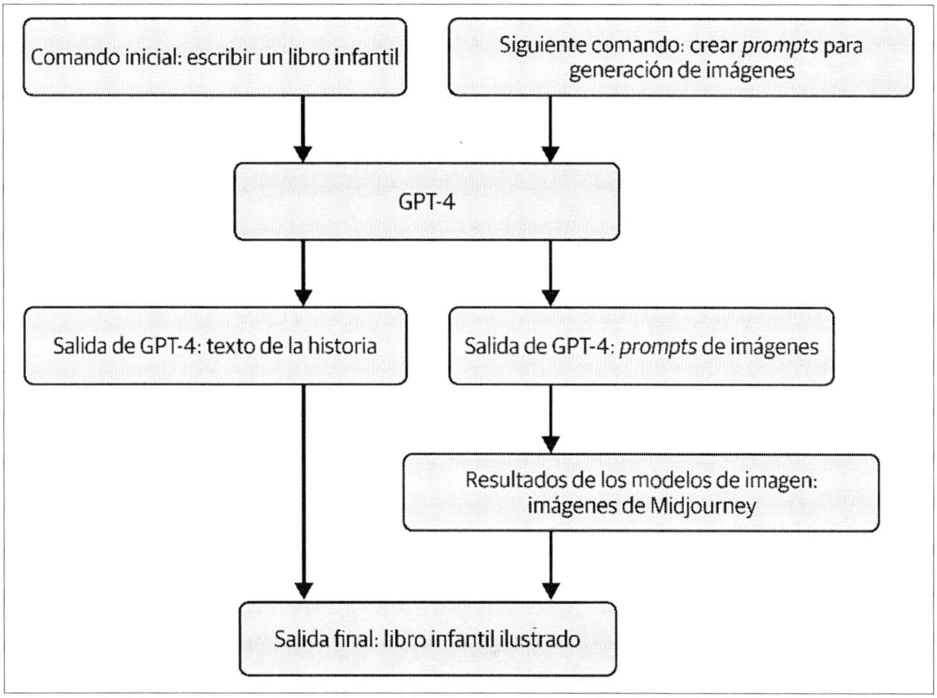

Figura 3-8. *Utilización de un LLM para generar* prompts *de imágenes para la creación de imágenes en Midjourney en el proceso de creación de un libro infantil.*

Los *meta prompts* ofrecen una multitud de ventajas para una gran variedad de aplicaciones.

Generación de imágenes a partir de descripciones de productos

Los *meta prompts* pueden emplearse para derivar un *prompt* de generación de imágenes para los modelos de imágenes como Midjourney *(https://www.midjourney.com),* creando de manera efectiva una representación visual de las descripciones de productos.

Generación de prompts *de estilo/características*

Supongamos que usted es un redactor que necesita desarrollar un *prompt* de guía de estilo única a partir de un par de entradas de blog. Dado que cada cliente tiene un tono y estilo distintivos, resulta ventajoso utilizar un *meta prompt* que encapsule todas las variadas características, en lugar de producir un único *prompt* de salida.

Optimización de prompts *para lograr objetivos específicos*

Un enfoque habitual consiste en pedirle a ChatGPT u otro modelo de lenguaje que refine o mejore el `Prompt A` con el fin de alcanzar el `Objetivo 1`, dados el

`Prompt A` y el `Objetivo 1`. Este método ayuda a identificar características de entrada que se han omitido y que, al agregarlas, podrían ayudar al modelo de lenguaje a generar una respuesta más detallada y deseable.

Vamos a experimentar creando un *meta prompt* para el ejemplo de redacción publicitaria.

Entrada:

```
Act as a GPT Prompt Engineer, you are solely responsible for
producing highly effective large language model text prompts
given a task.

You must follow the following principles:
- Return only a single prompt, never return the output of a
prompt.
- You must follow the task properly.
- You must either refine the prompt or create a new prompt
depending upon the Task.
- Bullet point out any important features so that another Prompt
Engineer can easily copy inputs into the prompt.

Task: You must create a copywriting guide ChatGPT several blog
posts. Include relevant features within the ChatGPT prompt that
will allow ChatGPT to imitate the writer. You must decide what
the most important features are to mimic the writer's style etc.
You will only be applying this style to new blog posts.

Blog post text: You need a variety of soft skills in addition to
technical skills to succeed in the technology sector. Soft skills
are used by software professionals to collaborate with their
peers...
```

Salida:

```
Prompt:

Based on the extensive text provided, your task is to create a
series of blog posts following the same style and structure of
the writer. As a guide you should follow these features:

1. Clear, direct language: Your writing should be in clear and
direct language, breaking down complex subjects into easily
understandable concepts.
2. Use of subheadings: To provide structure to your blog posts,
break them up with relevant subheadings. This helps to guide the
reader and make your text more readable.
...
9. Inclusion of technical terminology: When discussing technical
topics, use appropriate technical language to ensure accuracy and
credibility. However, be sure to provide explanations or
definitions for more complex terms.
```

Como se ha mencionado anteriormente, suele ser ventajoso *criticar la salida del modelo* y pedir un *prompt* refinado, ya sea a través de la interfaz o de la API.

ChatGPT puede realizar búsquedas en la web y puede hacer uso del contenido de las páginas web, junto con la guía de estilo de redacción generada previamente. Vamos a proporcionar dos URL que ChatGPT leerá para mejorar la salida.

Entrada:

```
Given the following style guide and these two blog posts, I want
you to improve the copywriting style prompt so an LLM or
copywriter can write effectively for my client.

...Previously Generated Copywriting guide...

URL 1: https://understandingdata.com/posts/how-to-clean-and-
process-data
URL 2: https://understandingdata.com/posts/how-to-scrape-twitter-
data
```

En la figura 3-9, se muestra la salida.

ChatGPT

I've now browsed the content of the two URLs. Based on the structure and content of the articles, here's an enhanced style guide to better suit your needs for blog posts on data processing and scraping:

Updated Style Guide for Effective Data-Focused Blog Writing

1. **Clarity and Precision:** Use clear, concise language that is easy to understand. Explain complex technical processes in a straightforward manner to ensure all readers, regardless of technical expertise, can follow.
2. **Structured Format with Subheadings:** Organize content with informative subheadings that categorize information logically. This will guide readers smoothly through the content, making complex information accessible.
3. **Detailed Step-by-Step Instructions:** When describing procedures like data cleaning or scraping, provide detailed, step-by-step instructions. This helps readers understand and replicate processes on their own.
4. **Use Cases and Examples:** Incorporate practical examples and use cases to illustrate points. This helps bridge the gap between theory and real-world application.
5. **Visual Elements:** Include diagrams, code snippets, and screenshots where relevant to visually support the text. Visual aids can enhance understanding of abstract concepts.
6. **Highlight Common Pitfalls:** Address common mistakes and pitfalls to avoid in processes described, adding an educational layer to the content that can save readers time and frustration.
7. **Ethical and Legal Considerations:** When applicable, discuss the ethical and legal considerations to keep in mind, particularly with data handling and privacy.
8. **Engaging and Interactive Elements:** Encourage reader engagement by posing questions, inviting comments, or suggesting exercises they can try on their own.
9. **Concise Summaries:** Conclude with a summary that recaps the key points discussed, reinforcing the learning and ensuring clarity.
10. **Up-to-Date and Relevant:** Ensure content reflects the latest standards and practices in the field to keep it relevant and useful for readers.

Figura 3-9. *Cómo ChatGPT refina un* meta prompt *usando dos URL de páginas web.*

```
Based on the style guide and the two blog posts, here's an
improved copywriting style prompt:
```

```
To create a blog post for the client, adhere to the following
guidelines:

1. Clarity and Directness: Use clear, direct language to explain
complex topics. Present information in an easy-to-understand
manner. Aim for your audience to grasp concepts without needing
prior knowledge.
...
8. Use of Technical Terminology: Use the appropriate technical
language when discussing complex topics. However, make sure to
provide definitions or explanations for these terms to keep the
text accessible.

Model your writing after these blog post examples:

"What is an API? And How Do They Relate to Data Engineering?": This
blog post uses clear and direct language to explain the concept of
an API. It provides detailed explanations and uses practical
examples of commonly used APIs. It links the technical concept of
APIs to business growth and productivity. The information is well-
categorized using subheadings like 'Types of API's.'

"How To Easily Setup A Google Cloud Project With APIs": This blog
post is a practical guide on setting up a Google Cloud Project.
It's broken down into numbered steps, each with a clear
subheading. The post uses detailed explanations and includes
practical examples such as screenshots. It also uses clear,
direct language to guide the reader through the process.
```

El *meta prompting* ofrece una forma dinámica e innovadora de aprovechar la potencia de los modelos de la IA generativa, fomentando la creación de *prompts* complejos y polifacéticos e incluso *prompts* que generan otros *prompts.* Amplía el ámbito de aplicación, desde la generación de texto e imágenes hasta *prompts* de estilo y características, así como la optimización hacia objetivos específicos. A medida que continúe perfeccionando y explorando el potencial del *meta prompting,* promete cambiar la forma en que utiliza, interactúa y se beneficia del uso de los LLM.

Resumen

Después de leer este capítulo, ya es consciente de lo crucial que es proporcionar instrucciones y ejemplos claros para generar los resultados deseados. Además, ya tiene experiencia práctica en la extracción de datos estructurados de una lista jerárquica utilizando expresiones regulares en Python, y ha aprendido a utilizar estructuras de datos anidadas como JSON y YAML para generar salidas robustas y analizables.

Ha aprendido varias de las mejores prácticas y técnicas eficaces de *prompt engineering,* incluidas las famosas técnicas "Explícamelo como si tuviera cinco años", *role prompting* y *meta prompting.* En el próximo capítulo, aprenderá a utilizar un popular paquete LLM llamado LangChain, que lo ayudará a crear flujos de trabajo de *prompt engineering* más avanzados.

CAPÍTULO 4

Técnicas avanzadas para la generación de texto con LangChain

El uso de técnicas sencillas de *prompt engineering* suele ser suficiente para la mayoría de las tareas, pero, en ocasiones, necesitará una caja de herramientas más potente para resolver problemas complejos de la IA generativa. Estos problemas y tareas incluyen los expuestos a continuación.

Longitud del contexto
: Resumir un libro entero en una sinopsis comprensible.

Combinación de entradas/salidas secuenciales de LLM
: Crear una historia para un libro, que incluya a los personajes, la trama y la creación del universo narrativo.

Realización de tareas de razonamiento complejo
: Los LLM actúan como agentes; por ejemplo, usted podría crear un agente LLM para que lo ayude a alcanzar sus metas personales de *fitness*.

Para abordar con habilidad estos complejos retos de IA generativa y familiarizarse con LangChain, un marco de código abierto, resulta muy ventajoso. Esta herramienta simplifica y mejora considerablemente los flujos de trabajo de su LLM.

Introducción a LangChain

LangChain es un *framework* versátil que permite la creación de aplicaciones utilizando los LLM y está disponible tanto como un paquete de Python *(https://oreil.ly/YPid-)* como de TypeScript *(https://oreil.ly/5Vl0W)*. Su principio básico es que las aplicaciones más impactantes y distintivas no solo interactúan con un modelo de lenguaje a través de una API, sino que producen también las acciones enumeradas a continuación.

Mejoran la relación con los datos
: El *framework* pretende establecer una relación fluida entre un modelo de lenguaje y las fuentes de datos externas.

Mejorar la capacidad de acción
Su objetivo es dotar a los modelos de lenguaje de la capacidad de interactuar e influir en su entorno.

El *framework* LangChain ilustrado en la figura 4-1 proporciona una serie de abstracciones modulares que son esenciales para trabajar con los LLM, junto con una amplia selección de implementaciones para estas abstracciones.

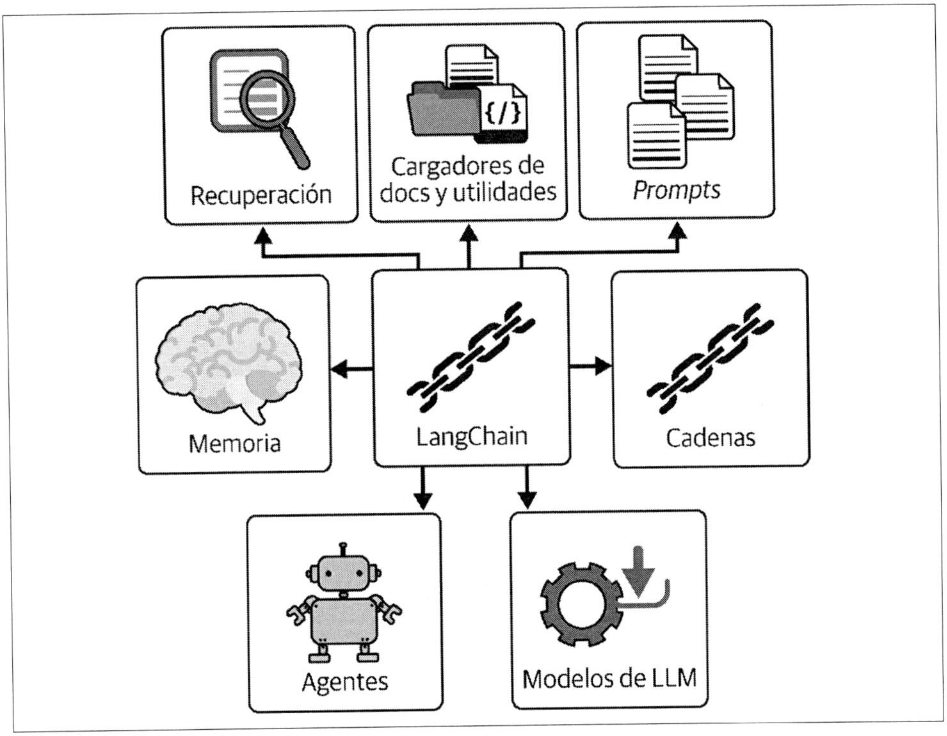

Figura 4-1. *Principales módulos del* framework *LangChain LLM.*

Cada módulo está diseñado para facilitar su uso y se puede hacer de forma eficiente, tanto independientemente como en conjunto. Existen actualmente seis módulos estándar en LangChain.

Entrada/salida del modelo
Gestiona las operaciones de entrada y salida relacionadas con el modelo.

Recuperación
Se centra en la recuperación de texto relevante para el LLM.

Cadenas
También conocidas como *runnables* (ejecutables) de LangChain, las cadenas permiten la creación de secuencias de operaciones del LLM o llamadas a funciones.

Agentes

Permiten que las cadenas tomen decisiones sobre qué herramientas usar, basándose en directrices o instrucciones de alto nivel.

Memoria

Mantiene el estado de una aplicación entre diferentes ejecuciones de una cadena.

Callbacks (funciones de retorno)

Permiten ejecutar código adicional en eventos específicos, como cuando se genera cada nuevo *token*.

Configuración del entorno

Usted puede instalar LangChain en su terminal con cualquiera de estos comandos:

- `pip install langchain langchain-openai`
- `conda install -c conda-forge langchain langchain-openai`

Si prefiere instalar los paquetes que se necesitan a lo largo del libro, puede utilizar el *archivo requirements.txt (https://oreil.ly/WKOma)* del repositorio de GitHub.

Se recomienda instalar los paquetes en un entorno virtual.

Crear un entorno virtual

`python -m venv venv`

Activar el entorno virtual

`source venv/bin/activate`

Instalar las dependencias

`pip install -r requirements.txt`

LangChain requiere integraciones con uno o más proveedores de modelos; por ejemplo, para utilizar las API de modelos de OpenAI, necesitará instalar su paquete Python con `pip install openai`.

Como se discutió en el capítulo 1, es una buena práctica establecer una variable de entorno llamada `OPENAI_API_KEY` en su terminal o cargarla desde un *archivo .env* usando `python-dotenv` *(https://oreil.ly/wvuO7)*. Sin embargo, para la creación de prototipos, puede optar por omitir este paso e introducir su clave de API directamente al cargar un modelo de chat en LangChain:

```
from langchain_openai.chat_models import ChatOpenAI
chat = ChatOpenAI(api_key="api_key")
```

> No se recomienda codificar en el *script* las claves de la API por razones de seguridad. En su lugar, utilice variables de entorno o archivos de configuración para gestionar sus claves.

En un panorama en constante evolución de los LLM, puede encontrarse con el reto de las disparidades entre las distintas API de diferentes modelos. La falta de estandarización en las interfaces puede añadir capas adicionales de complejidad en *prompt engineering* y obstaculizar la integración fluida de diversos modelos en sus proyectos.

Aquí es donde entra en juego LangChain. Como *framework* integral, LangChain permite utilizar fácilmente las distintas interfaces de los diferentes modelos.

La funcionalidad de LangChain le garantiza que no tendrá que reinventar sus *prompts* o su código cada vez que cambie de modelo. Su enfoque independiente de la plataforma promueve la experimentación rápida con una amplia gama de modelos, como Anthropic *(https://www.anthropic.com)*, Vertex AI *(https://cloud.google.com/vertex-ai)*, OpenAI *(https://openai.com)* y BedrockChat *(https://oreil.ly/bedrock)*. Esta funcionalidad no solo acelera el proceso de evaluación de modelos, sino que también ahorra tiempo y recursos críticos, al simplificar las integraciones complejas de modelos.

En las secciones siguientes, utilizará el paquete OpenAI y su API en LangChain.

Modelos de chat

Los modelos de chat como GPT-4 se han convertido en la principal forma de interactuar con la API de OpenAI. En lugar de ofrecer una respuesta directa de "texto, de entrada, texto de salida", proponen un método de interacción en el que los *mensajes de chat* son los elementos de entrada y salida.

Generar respuestas de LLM utilizando modelos de chat implica introducir uno o más mensajes en el modelo de chat. En el contexto de LangChain, los tipos de mensajes actualmente aceptados son `AIMessage`, `HumanMessage` y `SystemMessage`. La salida de un modelo chat será siempre un `AIMessage`.

SystemMessage
: Representa información que debería tratarse de instrucciones para el sistema de IA. Se utilizan para guiar, de alguna manera, en el comportamiento o las acciones de la IA.

HumanMessage
: Representa la información proveniente de una persona que interactúa con el sistema de IA. Puede tratarse de una pregunta, una orden o cualquier otra entrada de una persona usuaria que la IA necesita procesar y a quien debe responder.

AIMessage

Representa información proveniente del propio sistema de IA. Se trata de la repuesta típica de la IA a un `HumanMessage` o el resultado de una instrucción de SystemMessage.

> Asegúrese de aprovechar el `SystemMessage` para proporcionar instrucciones explícitas. OpenAI ha perfeccionado GPT-4 y los próximos modelos LLM para prestar especial atención a las directrices dadas en este tipo de mensaje.

Vamos a crear un generador de chistes en LangChain.

Entrada:

```
from langchain_openai.chat_models import ChatOpenAI
from langchain.schema import AIMessage, HumanMessage, SystemMessage

chat = ChatOpenAI(temperature=0.5)
messages = [SystemMessage(content='''Act as a senior software
engineer at a startup company.'''),
HumanMessage(content='''Please can you provide a funny joke about
software engineers?''')]
response = chat.invoke(input=messages)
print(response.content)
```

Salida:

```
Sure, here's a lighthearted joke for you:
Why did the software engineer go broke?
Because he lost his domain in a bet and couldn't afford to renew it.
```

En primer lugar, debe importar `ChatOpenAI`, `AIMessage`, `HumanMessage` y `SystemMessage`. A continuación, cree una instancia de la `clase` ChatOpenAI con un parámetro de temperatura de 0.5 (aleatoriedad de la respuesta).

Después de crear el modelo, se rellena una lista llamada `messages` con un objeto `SystemMessage`, que define el rol para el LLM, y un objeto `HumanMessage`, que pide un chiste relacionado con un ingeniero de *software.*

Al llamar al modelo de chat con `.invoke(input=messages)`, se alimenta al LLM con la lista de mensajes y, a continuación, usted recupera la respuesta del LLM con `response.content`.

Hay un método legado que le permite llamar directamente al objeto de `chat` con `chat(messages=messsages)`:

```
response = chat(messages=messages)
```

Modelos de chat en *streaming*

Es posible que haya observado al utilizar ChatGPT cómo las palabras se devuelven secuencialmente, carácter por carácter. Este patrón distintivo de generación de respuestas se conoce como *streaming (transmisión en tiempo real)* y desempeña un papel crucial en la mejora del rendimiento de las aplicaciones basadas en chat:

```
for chunk in chat.stream(messages):
    print(chunk.content, end="", flush=True)n
```

Cuando usted llama a `chat.stream(messages)`, este devuelve fragmentos del mensaje uno a uno. Esto significa que cada segmento del mensaje de chat se devuelve por separado. A medida que llega cada fragmento, se imprime instantáneamente en la terminal y se vacía el *buffer*. De esta manera, el *streaming* permite una latencia mínima en las respuestas del LLM.

Desde el punto de vista del usuario final, el *streaming* ofrece varias ventajas. En primer lugar, reduce drásticamente el tiempo de espera para los usuarios. Tan pronto como el texto empieza a generarse carácter por carácter, los usuarios pueden empezar a interpretar el mensaje. No es necesario crear el mensaje completo antes de que se vea. Esto, a su vez, mejora de forma importante la interactividad del usuario y minimiza la latencia.

Sin embargo, esta técnica conlleva sus propios retos. Un reto importante es analizar los resultados mientras se transmiten. Comprender y responder adecuadamente al mensaje mientras se forma puede resultar complicado, especialmente cuando el contenido es complejo y detallado.

Creación de múltiples generaciones de LLM

Puede haber situaciones en las que le resulte útil generar múltiples respuestas de los LLM. Esto es particularmente útil al crear contenido dinámico, como publicaciones en redes sociales. En lugar de proporcionar una lista de mensajes, usted proporciona una *lista de listas de mensajes*.

Entrada:

```
# 2x lists of messages, which is the same as [messages, messages]
synchronous_llm_result = chat.batch([messages]*2)
print(synchronous_llm_result)
```

Salida:

```
[AIMessage(content='''Sure, here's a lighthearted joke for
you:\n\nWhy did the software engineer go broke?\n\n
Because he kept forgetting to Ctrl+ Z his expenses!'''),
```

```
AIMessage(content='''Sure, here\'s a lighthearted joke for
you:\n\nWhy do software engineers prefer dark mode?\n\n
Because it\'s easier on their "byte" vision!''')]
```

La ventaja de usar `.batch()` en lugar de `.invoke()` es que usted puede paralelizar el número de peticiones a la API hechas a OpenAI.

Para cualquier ejecutable en LangChain, puede añadir un argumento `RunnableConfig` a la función `batch`, que contiene varios parámetros configurables, incluido `max_concurrency`:

```
from langchain_core.runnables.config import RunnableConfig

# Create a RunnableConfig with the desired concurrency limit:
config = RunnableConfig(max_concurrency=5)

# Call the .batch() method with the inputs and config:
results = chat.batch([messages, messages], config=config)
```

En informática, las *funciones asíncronas (async)* son aquellas que operan independientemente de otros procesos, permitiendo así que varias solicitudes a la API se ejecuten concurrentemente, sin tener que esperar unas a otras. En LangChain, estas funciones asincrónicas le permiten realizar muchas solicitudes a la API al mismo tiempo, no una tras otra. Esto es especialmente útil en flujos de trabajo más complejos y reduce la latencia general para sus usuarios.

La mayoría de las funciones asincrónicas en LangChain simplemente tienen como prefijo la letra `a`, como `.ainvoke()` y `.abatch()`. Si desea utilizar la API asincrónica para conseguir un mejor rendimiento de la tarea, debería usar estas funciones.

Plantillas de *prompt* en LangChain

Hasta este punto, usted ha estado codificando directamente *(hardcoding)* las cadenas en los objetos `ChatOpenAI`. A medida que sus aplicaciones de LLM crecen en tamaño, se vuelve cada vez más importante utilizar *plantillas de* prompt.

Las *plantillas de* prompt son útiles para generar *prompts* reproducibles para los modelos de lenguaje de IA. Estas constan de una plantilla, una cadena de texto que puede recibir parámetros, y llevan a cabo la creación de un *prompt* de texto, para el modelo de lenguaje.

Sin las plantillas de *prompt,* lo más probable es que usted utilizaría el formato `f-string` de Python:

```
language = "Python"
prompt = f"What is the best way to learn coding in {language}?"
print(prompt) # What is the best way to learn coding in Python?
```

Pero ¿por qué no utilizar simplemente un `f-string` para la creación de *prompts*? En su lugar, el uso de las plantillas de *prompt* de LangChain le permite hacerlo fácilmente:

- Valida las entradas de su *prompt.*
- Combina múltiples *prompts,* mediante composición.
- Define selectores personalizados que inyectarán ejemplos de *k-shot* (k ejemplos) en su *prompt.*
- Guarda y carga *prompts* desde *archivos .yml* y *.json.*
- Crea plantillas de *prompts* personalizadas, que ejecutan código o instrucciones adicionales cuando se crean.

Lenguaje de expresión LangChain (LCEL)

El operador | (pipe) es un componente clave del lenguaje de expresión LangChain (LCEL) que permite encadenar diferentes componentes o *ejecutables* en una secuencia de procesamiento de datos.

En LCEL, el operador | es similar al operador *pipe* de Unix. Toma la salida de un componente y la alimenta como entrada al siguiente componente de la cadena. Esto permite conectar y combinar fácilmente distintos componentes para crear una compleja cadena de operaciones:

```
chain = prompt | model
```

El operador | se utiliza para encadenar los componentes del *prompt* y del modelo. La salida del componente del *prompt* se pasa como entrada al componente del modelo. Este mecanismo de encadenamiento permite construir cadenas complejas a partir de componentes básicos y posibilita el flujo continuo de datos entre las distintas etapas de la cadena de procesamiento.

Además, *el orden importa,* así que usted podría, desde el punto de vista técnico, crear esta cadena:

```
bad_order_chain = model | prompt
```

Pero produciría un error después de usar la función `invoke`, porque los valores devueltos por el `modelo` no son compatibles con las entradas esperadas para el *prompt.*

Vamos a crear un generador de nombres comerciales utilizando plantillas de *prompt,* que devolverá de cinco a siete nombres de negocios relevantes:

```
from langchain_openai.chat_models import ChatOpenAI
from langchain_core.prompts import (SystemMessagePromptTemplate,
ChatPromptTemplate)

template = """
You are a creative consultant brainstorming names for businesses.
```

```
You must follow the following principles:
{principles}

Please generate a numerical list of five catchy names for a
start-up in the {industry} industry that deals with {context}?

Here is an example of the format:
1. Name1
2. Name2
3. Name3
4. Name4
5. Name5
"""

model = ChatOpenAI()
system_prompt = SystemMessagePromptTemplate.from_template(template)
chat_prompt = ChatPromptTemplate.from_messages([system_prompt])

chain = chat_prompt | model

result = chain.invoke({
   "industry": "medical",
   "context":'''creating AI solutions by automatically
   summarizing patient records''',
   "principles":'''1. Each name should be short and easy to
   remember. 2. Each name should be easy to pronounce.
   3. Each name should be unique and not already taken by another
   company.'''
})

print(result.content)
```

Salida:

```
1. SummarAI
2. MediSummar
3. AutoDocs
4. RecordAI
5. SmartSummarize
```

En primer lugar, va a importar ChatOpenAI, SystemMessagePromptTemplate y ChatPromptTemplate. A continuación, va a definir una plantilla de *prompt* con directrices específicas contenidas en `template`, instruyendo al LLM para que genere nombres comerciales. `ChatOpenAI()` inicializa el chat, mientras que `SystemMessagePromptTemplate.from_template(template)` y `ChatPromptTemplate.from_messages([system_prompt])` crean su plantilla de *prompt*.

Cree una `cadena` LCEL al enlazar `chat_prompt` y `model`, usando *piping*, que luego es *invoked (invocada)*. Esto reemplaza los marcadores `{industries}`, `{context}` y `{principles}` en el *prompt* con los valores del diccionario dentro de la función `invoke`.

Finalmente, usted extrae la respuesta de LLM como una cadena accediendo a la propiedad `.content` en la variable `result`.

Proporcionar orientación y especificar el formato

Unas instrucciones cuidadosamente elaboradas podrían incluir cosas como "Eres un consultor creativo que aporta ideas sobre nombres comerciales" y "Por favor, genera una lista numérica de cinco a siete nombres llamativos para una *start-up*". Pistas como estas guían a su LLM para que realice la tarea exacta que le pide.

Uso de PromptTemplate con modelos de chat

LangChain proporciona una plantilla más tradicional llamada `PromptTemplate`, que requiere los argumentos de `input_variables` y `template`.

Entrada:

```
from langchain_core.prompts import PromptTemplate
from langchain.prompts.chat import SystemMessagePromptTemplate
from langchain_openai.chat_models import ChatOpenAI
prompt=PromptTemplate(
 template='''You are a helpful assistant that translates
 {input_language} to {output_language}.''',
 input_variables=["input_language", "output_language"],
)
system_message_prompt = SystemMessagePromptTemplate(prompt=prompt)
chat = ChatOpenAI()
chat.invoke(system_message_prompt.format_messages(
input_language="English",output_language="French"))
```

Salida:

```
AIMessage(content="Vous êtes un assistant utile qui traduit
l'anglais en français.", additional_kwargs={}, example=False)
```

Analizadores de salida

En el capítulo 3, ha utilizado expresiones regulares *(regex)* para extraer datos estructurados del texto que contenían listas numéricas, pero es posible hacerlo automáticamente en LangChain con los *analizadores de salida.*

Los *analizadores de salida* son una abstracción de nivel superior que proporciona LangChain para analizar datos estructurados a partir de las respuestas de cadena generadas por los LLM. Se exponen a continuación los actuales analizadores de salida disponibles.

Analizador de lista
: Devuelve una lista de elementos separados por comas.

Analizador de fecha y hora
: Convierte una salida de LLM en formato de fecha y hora.

Analizador de enumeraciones
: Convierte cadenas en valores de enumeración.

Analizador con corrección automática
: Envuelve otro analizador de salida y, si éste falla, llamará a otro LLM para corregir cualquier error.

Analizador Pydantic JSON)
: Convierte las respuestas de LLM en una salida JSON, que se ajusta a un esquema de Pydantic.

Analizador de reintento
: Permite reintentar un análisis fallido de un analizador de salida anterior.

Analizador de salida estructurada
: Puede utilizarse cuando usted quiere devolver varios campos.

Analizador XML
: Convierte las respuestas de LLM en un formato basado en XML.

Como descubrirá, existen dos funciones importantes para los analizadores de salida de LangChain:

`.get_format_instructions()`
: Esta función proporciona las instrucciones necesarias en su *prompt* para generar un formato estructurado que se puede analizar.

`.parse(llm_output: str)`
: Esta función es responsable de analizar las respuestas del LLM en un formato predefinido.

En general, encontrará que el analizador Pydantic (JSON) con `ChatOpenAI()` proporciona la mayor flexibilidad.

El analizador Pydantic (JSON) aprovecha la biblioteca Pydantic *(https://oreil.ly/QIMih)* en Python. Pydantic es una biblioteca de validación de datos que proporciona una forma de validar datos entrantes utilizando anotaciones de tipo en Python. Esto significa que Pydantic le permite crear esquemas para sus datos y, automáticamente, valida y analiza los datos de entrada de acuerdo con esos esquemas.

Entrada:

```
from langchain_core.prompts.chat import (
    ChatPromptTemplate,
    SystemMessagePromptTemplate,
)
from langchain_openai.chat_models import ChatOpenAI
from langchain.output_parsers import PydanticOutputParser
```

```
from pydantic.v1 import BaseModel, Field
from typing import Lista

temperature = 0.0

class BusinessName(BaseModel):
   name: str = Field(description="The name of the business")
   rating_score: float = Field(description='''The rating score of
   the business. 0 is the worst, 10 is the best.''')

class BusinessNames(BaseModel):
   names: List[BusinessName] = Field(description='''A list of
   busines names''')

# Set up a parser + inject instructions into the prompt template:
parser = PydanticOutputParser(pydantic_object=BusinessNames)

principles = """
- The name must be easy to remember.
- Use the {industry} industry and Company context to create an
effective name.
- The name must be easy to pronounce.
- You must only return the name without any other text or
characters.
- Avoid returning full stops, \n, or any other characters.
- La longitud máxima del nombre debe ser de 10 caracteres.
"""

# Chat Model Output Parser:
model = ChatOpenAI()
template = """Generate five business names for a new start-up
company in the {industry} industry.
You must follow the following principles: {principles}
{format_instructions} """
system_message_prompt =
        SystemMessagePromptTemplate.from_template(template)
chat_prompt =
        ChatPromptTemplate.from_messages([system_message_prompt])

# Creating the LCEL chain:
prompt_and_model = chat_prompt | model

result = prompt_and_model.invoke(
   {
      "principles": principles,
      "industry": "Data Science",
      "format_instructions": parser.get_format_instructions(),
   }
)
# The output parser, parses the LLM response into a Pydantic object:
print(parser.parse(result.content))
```

Salida:

```
names=[BusinessName(name='DataWiz', rating_score=8.5),
BusinessName(name='InsightIQ',
```

```
rating_score=9.2), BusinessName(name='AnalytiQ', rating_score=7.8),
BusinessName(name='SciData', rating_score=8.1),
BusinessName(name='InfoMax', rating_score=9.5)]
```

Después de haber cargado las bibliotecas necesarias, configurará un modelo de ChatOpenAI. A continuación, creará un `SystemMessagePromptTemplate` a partir de su plantilla y formará un `ChatPrompt` con ella. Utilizará los modelos de Pydantic llamados `BusinessName` y `BusinessNames` para estructurar la salida deseada, una lista de nombres de negocios únicos. Creará un analizador de `Pydantic` para analizar estos modelos y formateará el *prompt* utilizando variables introducidas por el usuario llamando a la función `invoke`. Al alimentar con este *prompt* personalizado a su modelo, le está permitiendo generar nombres de negocios creativos y únicos utilizando el `parser` (analizador).

Es posible utilizar los analizadores de salida en LCEL empleando esta sintaxis:

```
chain =prompt | model | output_parser
```

Vamos a añadir directamente el analizador de salida a la cadena.

Entrada:

```
parser = PydanticOutputParser(pydantic_object=BusinessNames)
chain = chat_prompt | model | parser

result = chain.invoke(
    {
        "principles": principles,
        "industry": "Data Science",
        "format_instructions": parser.get_format_instructions(),
    }
)
print(result)
```

Salida:

```
names=[BusinessName(name='DataTech', rating_score=9.5),...]
```

La cadena es ahora responsable de dar formato al *prompt,* llamar al LLM y analizar la respuesta del LLM en un objeto `Pydantic`.

Especificar el formato

Los *prompts* anteriores utilizan modelos y analizadores de salida Pydantic, lo que permite que usted pueda indicar explícitamente el formato de respuesta deseado al LLM.

Es importante saber que, al pedir a un LLM que proporcione una salida estructurada en formato JSON, usted puede crear una API flexible y generalizable a partir de la respuesta del LLM. Aunque existen limitaciones, como el tamaño del JSON generado y la fiabilidad de sus *prompts,* sigue siendo un área prometedora para las aplicaciones de LLM.

> Debe tener cuidado con los casos extremos, así como añadir declaraciones de gestión de errores, ya que las salidas de LLM podrían no estar siempre en el formato que usted desea.

Los analizadores de salida le ahorran la complejidad y lo intrincado de las expresiones regulares, proporcionando funcionalidades fáciles de usar para una gran variedad de casos de uso. Ahora que ya los ha visto en acción, puede utilizar analizadores de salida para estructurar y recuperar fácilmente los datos que necesita de la salida de un LLM, aprovechando todo el potencial de la IA para sus tareas.

Además, el uso de analizadores para estructurar los datos extraídos de LLM le permite elegir fácilmente cómo organizar las salidas para un uso más eficiente. Esto puede ser útil si trabaja con listas extensas y necesita ordenarlas por determinados criterios, como nombres de negocios.

Evaluaciones de LangChain

Además de los analizadores de salida para comprobar si hay errores de formato, la mayoría de los sistemas de IA también hacen uso de *evaluaciones,* o métricas de evaluación para medir el rendimiento de cada respuesta de *prompt*. LangChain dispone de una serie de evaluadores listos para usar, que pueden registrarse directamente en su plataforma LangSmith *(https://oreil.ly/0Fn94)* para una posterior depuración, monitorización y pruebas. Weights and Biases *(https://wandb.ai/site)* es una plataforma alternativa de aprendizaje automático que ofrece funcionalidades similares y capacidades de rastreo para los LLM.

Las métricas de evaluación son útiles no solo para probar *prompts,* sino que también pueden utilizarse para identificar ejemplos positivos y negativos y recuperarlos, así como para crear conjuntos de datos para proceder al ajuste fino de los modelos personalizados.

La mayoría de las métricas de evaluación se basan en un conjunto de casos de prueba, que son pares de entrada y salida en los que se conoce la respuesta correcta. A menudo, estas respuestas de referencia se crean o seleccionan manualmente por una persona, pero también es una práctica habitual utilizar un modelo más avanzado como GPT-4 para generar las respuestas correctas, como se ha hecho en el siguiente ejemplo. Dada una lista de descripciones de transacciones financieras, utilizamos GPT-4 para clasificar cada transacción con una `transaction_category` y un `transaction_type`. El proceso se puede encontrar en el Jupyter Notebook `langchain-evals.ipynb` en el repositorio GitHub *(https://oreil.ly/a4Hut)* del libro.

Tomando la respuesta de GPT-4 como correcta, ahora es posible evaluar la precisión de modelos más pequeños como GPT-3.5-turbo y Mixtral 8x7b (llamado `mistral-small` en la API). Si puede conseguir una precisión suficientemente buena con un modelo más pequeño, podrá ahorrar dinero o reducir la latencia. Además, si ese modelo está disponible como código abierto como el modelo de Mistral *(https://oreil.ly/Ec578)*, puede migrar esa tarea para ejecutarla en sus propios servidores, evitando así enviar datos potencialmente sensibles fuera de su organización. Recomendamos probar primero con una API externa, antes de tomarse la molestia de alojar un modelo de código abierto en sus propios servidores.

Recuerde registrarse *(https://mistral.ai)* y suscribirse para obtener una clave de API; a continuación, configure esa clave como una variable de entorno escribiendo en su terminal:

```
export MISTRAL_API_KEY=api-key
```

El siguiente *script* es parte de un cuaderno *(https://oreil.ly/DqDOf)* en el que ya se ha definido previamente un *dataframe* `df`. Para ser breves, investigaremos únicamente la sección de evaluación del *script*, asumiendo que el *dataframe* ya está definido.

Entrada:

```
import os
from langchain_mistralai.chat_models import ChatMistralAI
from langchain.output_parsers import PydanticOutputParser
from langchain_core.prompts import ChatPromptTemplate
from pydantic.v1 import BaseModel
from typing import Literal, Union
from langchain_core.output_parsers import StrOutputParser

# 1. Define the model:
mistral_api_key = os.environ["MISTRAL_API_KEY"]

model = ChatMistralAI(model="mistral-small",
                      mistral_api_key=mistral_api_key)

# 2. Define the prompt:
system_prompt = """You are are an expert at analyzing bank
transactions, you will be categorizing a single transaction.
Always return a transaction type and category:
do not return None.
Format Instructions:
{format_instructions}"""

user_prompt = """Transaction Text:
{transaction}"""

prompt = ChatPromptTemplate.from_messages(
    [
        (
            "system",
            system_prompt,
        ), (
            "user",
            user_prompt,
        ),
    ]
)
```

```
# 3. Define the pydantic model:
class EnrichedTransactionInformation(BaseModel):
    transaction_type: Union[
        Literal["Purchase", "Withdrawal", "Deposit",
        "Bill Payment", "Refund"], None
    ]
    transaction_category: Union[
        Literal["Food", "Entertainment", "Transport",
        "Utilities", "Rent", "Other"],
        None,
    ]

# 4. Define the output parser:
output_parser = PydanticOutputParser(
    pydantic_object=EnrichedTransactionInformation)

# 5. Define a function to try to fix and remove the backslashes:
def remove_back_slashes(string):
    # double slash to escape the slash
    cleaned_string = string.replace("\\", "")
    return cleaned_string

# 6. Create an LCEL chain that fixes the formatting:
chain = prompt | model | StrOutputParser() \
| remove_back_slashes | output_parser

transaction = df.iloc[0]["Transaction Description"]
result = chain.invoke(
        {
            "transaction": transaction,
            "format_instructions": \
            output_parser.get_format_instructions(),
        }
    )

# 7. Invoke the chain for the whole dataset:
results = []

for i, row in tqdm(df.iterrows(), total=len(df)):
    transaction = row["Transaction Description"]
    try:
        result = chain.invoke(
            {
                "transaction": transaction,
                "format_instructions": \
                output_parser.get_format_instructions(),
            }
        )
    except:
        result = EnrichedTransactionInformation(
            transaction_type=None,
            transaction_category=None
        )
    results.append(result)

# 8. Add the results to the dataframe, as columns transaction
# type and transaction category:
```

```
transaction_types = []
transaction_categories = []

for result in results:
    transaction_types.append(result.transaction_type)
    transaction_categories.append(
        result.transaction_category)

df["mistral_transaction_type"] = transaction_types
df["mistral_transaction_category"] = transaction_categories
df.head()
```

Salida:

```
Transaction Description  transaction_type
transaction_category  mistral_transaction_type
mistral_transaction_category
0  cash deposit at local branch   Deposit Other   Deposit Other
1  cash deposit at local branch   Deposit Other   Deposit Other
2  withdrew money for rent payment Withdrawal     Rent Withdrawal
   Rent
3  withdrew cash for weekend expenses  Withdrawal    Other
Withdrawal    Other
4  purchased books from the bookstore  Purchase     Other
Purchase       Entertainment
```

El código hace lo siguiente:

1. `from langchain_mistralai.chat_models import ChatMistralAI`: importamos la implementación de Mistral de LangChain.
2. `from langchain.output_parsers import PydanticOutputParser`: importa la clase `PydanticOutputParser`, que se utiliza para analizar la salida utilizando modelos Pydantic. También importamos un analizador de salida de cadenas de texto para gestionar un paso intermedio, donde eliminamos las barras invertidas *(backslashes)* de la clave JSON (un problema habitual con las respuestas de Mistral).
3. `mistral_api_key = os.environ["MISTRAL_API_KEY"]`: recupera la clave de API de Mistral de las variables de entorno. Debe configurarse antes de la ejecución.
4. `model = ChatMistralAI(model="mistral-small", mistral_api_key=mis tral_api_key)`: inicializa una instancia de `ChatMistralAI` con el modelo y la clave de API especificados. Mistral Small es el nombre que usan para el modelo Mixtral 8x7b (también disponible como código abierto) en su API.
5. `system_prompt` y `user_prompt`: estas líneas definen las plantillas para los mensajes del sistema y del usuario que se utilizan en el chat para clasificar las transacciones.
6. `class EnrichedTransactionInformation(BaseModel)`: define un modelo Pydantic llamado `EnrichedTransactionInformation` con dos campos, `transaction_type` y `transaction_category`, cada uno con valores permitidos específicos y la posibilidad de ser `None`. Esta clase nos indica si el formato de salida es correcto.

7. `def remove_back_slashes(string)`: define una función para eliminar las barras invertidas *(backslashes)* de una cadena.
8. `chain = prompt | model | StrOutputParser() | remove_back_slashes | output_parser`: actualiza la cadena para incluir un analizador de salida de cadenas y la función `remove_back_slashes` antes del analizador de salida original.
9. `transaction = df.iloc[0]["Transaction Description"]`: extrae la primera descripción de transacción de un *dataframe* `df`. Este marco de datos se carga previamente en Jupyter Notebook *(https://oreil.ly/-koAO)* (omitido por brevedad).
10. `for i, row in tqdm(df.iterrows(), total=len(df))`: itera sobre cada fila en el *dataframe* `df`, con una barra de progreso.
11. `result = chain.invoke(...)`: dentro del bucle, se invoca la cadena para cada transacción.
12. `except`: en caso de una excepción, se crea un objeto `EnrichedTransactionInformation` predeterminado con valores None. Estos se tratarán como errores en la evaluación, pero no detendrán el bucle de procesamiento.
13. `df["mistral_transaction_type"] = transaction_types, df["mistral_trans action_category"] = transaction_categories`: añade los tipos y categorías de transacciones como nuevas columnas en el *dataframe*, que luego mostramos con `df.head()`.

Con las respuestas de Mistral guardadas en el *dataframe*, es posible compararlas con las categorías y tipos de transacciones definidas anteriormente para verificar la precisión de Mistral. La métrica de evaluación más básica de LangChain es hacer una coincidencia exacta de cadenas entre una predicción y una respuesta de referencia, lo que devuelve una puntuación de 1 si es correcta, y de 0 si es incorrecta. El cuaderno ofrece un ejemplo de cómo implementar esto *(https://oreil.ly/ vPUfI)*, mostrando que la precisión de Mistral es del 77,5 %. Sin embargo, si todo lo que usted hace es comparar cadenas, probablemente no necesite implementarlo en LangChain.

Donde LangChain resulta valioso es en sus enfoques estandarizados y probados para implementar evaluadores más avanzados utilizando los LLM. El evaluador `labeled_pairwise_string` compara dos salidas y da una razón para elegir entre ellas, utilizando GPT-4. Un caso de uso común para este tipo de evaluador es comparar las salidas de dos *prompts* o modelos diferentes, especialmente si los modelos que se están probando son menos sofisticados que GPT-4. Este evaluador, utilizando GPT-4, también sirve para evaluar respuestas de GPT-4, pero usted debería revisar manualmente el razonamiento y las puntuaciones de este para asegurarse de que esté haciendo un buen trabajo: si GPT-4 es malo en una tarea, también puede ser malo el evaluarla. En el cuaderno *(https://oreil.ly/9O7Mb)*, se volvió a ejecutar la misma clasificación de transacciones, pero con el modelo cambiado a `model = ChatOpenAI(model="gpt-3.5-turbo-1106", model_kwargs={"response_format": {"type": "json_object"}},)`. Ahora es posible realizar una comparación por pares entre las respuestas de Mistral y GPT-3.5, como se muestra en el siguiente ejemplo. En la salida, puede ver el razonamiento que se proporciona para justificar la puntuación.

Entrada:

```
# Evaluate answers using LangChain evaluators:
from langchain.evaluation import load_evaluator
evaluator = load_evaluator("labeled_pairwise_string")

row = df.iloc[0]
transaction = row["Transaction Description"]
gpt3pt5_category = row["gpt3.5_transaction_category"]
gpt3pt5_type = row["gpt3.5_transaction_type"]
mistral_category = row["mistral_transaction_category"]
mistral_type = row["mistral_transaction_type"]
reference_category = row["transaction_category"]
reference_type = row["transaction_type"]

# Put the data into JSON format for the evaluator:
gpt3pt5_data = f"""{{
  "transaction_category": "{gpt3pt5_category}",
  "transaction_type": "{gpt3pt5_type}"
}}"""

mistral_data = f"""{{
  "transaction_category": "{mistral_category}",
  "transaction_type": "{mistral_type}"
}}"""

reference_data = f"""{{
  "transaction_category": "{reference_category}",
  "transaction_type": "{reference_type}"
}}"""

# Set up the prompt input for context for the evaluator:
input_prompt = """You are an expert at analyzing bank
transactions,
you will be categorizing a single transaction.
Always return a transaction type and category: do not
return None.
Format Instructions:
{format_instructions}
Transaction Text:
{transaction}
"""

transaction_types.append(transaction_type_score)
transaction_categories.append(
  transaction_category_score)

accuracy_score = 0

for transaction_type_score, transaction_category_score \
  in zip(
    transaction_types, transaction_categories
  ):
```

```
    accuracy_score += transaction_type_score['score'] + \
    transaction_category_score['score']

accuracy_score = accuracy_score / (len(transaction_types) \
    * 2)
print(f"Accuracy score: {accuracy_score}")

evaluator.evaluate_string_pairs(
    prediction=gpt3pt5_data,
    prediction_b=mistral_data,
    input=input_prompt.format(
        format_instructions=output_parser.get_format_instructions(),
        transaction=transaction),
    reference=reference_data,
)
```

Salida:

```
{'reasoning': '''Both Assistant A and Assistant B provided the
exact same response to the user\'s question. Their responses are
both helpful, relevant, correct, and demonstrate depth of
thought. They both correctly identified the transaction type as
"Deposit" and the transaction category as "Other" based on the
transaction text provided by the user. Both responses are also
well-formatted according to the JSON schema provided by the user.
Therefore, it\'s a tie between the two assistants. \n\nFinal
Verdict: [[C]]''',
 'value': None,
 'score': 0.5}
```

Este código muestra el evaluador sencillo de coincidencia exacta de cadenas de LangChain:

1. `evaluator = load_evaluator("labeled_pairwise_string")`: esta es una función auxiliar que se utiliza para cargar cualquier evaluador LangChain por su nombre. En este caso, se está utilizando el evaluador `labeled_pairwise_string`.
2. `row = df.iloc[0]`: esta línea, junto con las siete siguientes, obtiene la primera fila y extrae los valores de las distintas columnas requeridas. Incluye la descripción de la transacción, así como las categorías y tipos de transacciones Mistral y GPT-3.5. Aquí se muestra una única transacción, pero este código puede ejecutarse fácilmente en un bucle para recorrer cada transacción, sustituyendo esta línea por una función `iterrows` como `for i, row in tqdm(df.iterrows(), total=len(df)):`, tal como se hace más adelante en el cuaderno *(https://oreil.ly/dcCOO)*.
3. `gpt3pt5_data = f"""{{`: para utilizar el evaluador de comparación por pares, es necesario pasar los resultados en un formato correcto para el *prompt*. Esto se hace para Mistral y GPT-3.5, así como para los datos de referencia.
4. `input_prompt = """You are an expert...`: el otro formato que debemos ajustar correctamente es el del *prompt*. Para obtener puntuaciones de evaluación precisas, el evaluador necesita ver las instrucciones que se dieron para la tarea.
5. `evaluator.evaluate_string_pairs(...`: todo lo que queda es ejecutar el evaluador pasando `prediction` y `prediction_b` (GPT-3.5 y Mistral,

respectivamente), así como `input_prompt` y los datos `reference`, que actúan como verdad fundamental.

6. Después de este código en el cuaderno *(https://oreil.ly/hW8Wr)*, hay un ejemplo de cómo iterar y ejecutar el evaluador en cada fila del *dataframe* y, a continuación, guardar los resultados y el razonamiento en el propio *dataframe*.

Este ejemplo muestra cómo utilizar un evaluador LangChain, pero existen muchos tipos diferentes de evaluadores disponibles. Los evaluadores de distancia de cadena (Levenshtein *[https://oreil.ly/Al5G3]*) o de distancia de *embedding* (incrustación) *(https://oreil.ly/0p_nE)* se utilizan a menudo en escenarios donde las respuestas no coinciden exactamente con la respuesta de referencia, pero solo necesitan ser semánticamente similares. La distancia de Levenshtein permite coincidencias difusas basadas en cuántas ediciones de un solo carácter serían necesarias para transformar el texto predicho en el texto de referencia, y la distancia de *embedding* utiliza vectores (tratados en el capítulo 5) para calcular la similitud entre la respuesta y la referencia.

El otro tipo de evaluador que utilizamos a menudo en nuestro trabajo son las comparaciones por pares, que son útiles para comparar dos *prompts* o modelos diferentes, utilizando un modelo más avanzado como GPT-4. Este tipo de comparación es útil porque proporciona un razonamiento para cada comparación, lo cual puede ser útil para depurar por qué se prefirió un enfoque sobre otro. El cuaderno de esta sección *(https://oreil.ly/iahTJ)* muestra un ejemplo de cómo usar un evaluador de comparación por pares para verificar la precisión de GPT-3.5-turbo frente a Mixtral 8x7b.

Evaluar la calidad

Sin definir un conjunto apropiado de métricas de evaluación para definir el éxito, puede ser difícil saber si los cambios en el *prompt* y en el sistema en general están mejorando o perjudicando la calidad de las respuestas. Si puede automatizar las métricas de evaluación utilizando modelos inteligentes como GPT-4, podrá iterar más rápidamente para mejorar los resultados sin necesidad de realizar costosas revisiones manuales o que consumen mucho tiempo.

Llamadas a funciones de OpenAI

La *llamada a funciones* proporciona un método alternativo a los analizadores de salida, aprovechando los modelos de OpenAI afinados. Estos modelos identifican cuándo se debe ejecutar una función y generan una respuesta en JSON con el nombre *y los argumentos* para una función predefinida. Algunos casos de uso incluyen los expuestos a continuación.

Diseñar chatbots *sofisticados*

Capaces de organizar y gestionar horarios; por ejemplo, usted puede definir una función para programar una reunión: `schedule_meeting(date: str, time: str, attendees: List[str])`.

Convertir lenguaje natural en llamadas a API ejecutables

Un comando como "Enciende las luces del pasillo" puede convertirse en `control_device(device: str, action: 'on' | 'off')` para interactuar con la API de automatización de su hogar.

Extracción de datos estructurados

La extracción de datos estructurados se puede lograr definiendo una función tal como `extract_contextual_data(context: str, data_points: List[str])` o `search_database(query: str)`.

Cada función que utilice en la llamada a funciones requerirá un esquema *JSON apropiado*. Vamos a explorar un ejemplo con el paquete de `OpenAI`:

```
from openai import OpenAI
import json
from os import getenv

def programar_reunión(date, time, attendees):
   # Connect to calendar service:
   return { "event_id": "1234", "status": "Meeting scheduled
     successfully!", "date": date, "time": time, "attendees":
     attendees }

OPENAI_FUNCTIONS = {
   "schedule_meeting": schedule_meeting
}
```

Después de importar `OpenAI` y `json`, creará una función llamada `schedule_meeting`. Esta función es una simulación, que imita el proceso de programar una reunión y devuelve detalles como `event_id`, `date`, `time` y `attendees`. A continuación, crea un diccionario `OPENAI_FUNCTIONS` para asignar el nombre de la función a la función real, para facilitar su referencia.

A continuación, defina una lista `functions` que proporcione el esquema JSON de la función. Este esquema incluye el nombre de la función, una breve descripción, y los parámetros que requiere, guiando al LLM sobre cómo interactuar con ella:

```
# Our predefined function JSON schema:
functions = [
   {
      "type": "function",
      "function": {
         "type": "object",
         "name": "schedule_meeting",
         "description": '''Set a meeting at a specified date and
         time for designated attendees''',
```

```
            "parameters": {
                "type": "object",
                "properties": {
                    "date": {"type": "string", "format": "date"},
                    "time": {"type": "string", "format": "time"},
                    "attendees": {"type": "array", "items": {"type":
                    "string"}},
                },
                "required": ["date", "time", "attendees"],
            },
        },
    }
]
```

Especificar el formato

Cuando utilice la llamada a funciones con los modelos de OpenAI, asegúrese siempre de definir un esquema JSON detallado (incluyendo el nombre y la descripción). Este esquema actúa como un plano para la función, guiando al modelo a entender cuándo y cómo invocarla correctamente.

Después de definir las funciones, vamos a hacer una solicitud a la API de OpenAI. Primero, se configura una lista `messages` con la consulta del usuario. A continuación, utilizando un objeto cliente de OpenAI, se envía este mensaje y el esquema de la función al modelo. El LLM analiza la conversación, detecta la necesidad de activar una función y proporciona el nombre de la función y los argumentos. `function` y `function_args` se analizan a partir de la respuesta del LLM. A continuación, se ejecuta la función y sus resultados se añaden de nuevo a la conversación. Después, vuelva a llamar al modelo para obtener un resumen comprensible de todo el proceso.

Entrada:

```
client = OpenAI(api_key=getenv("OPENAI_API_KEY"))

# Start the conversation:
messages = [
    {
        "role": "user",
        "content": '''Schedule a meeting on 2023-11-01 at 14:00
        con Alice y Bob''',
    }
]

# Send the conversation and function schema to the model:
response = client.chat.completions.create(
    model="gpt-3.5-turbo-1106",
    messages=messages,
    tools=functions,
)
```

```
response = response.choices[0].message

# Check if the model wants to call our function:
if response.tool_calls:
  # Get the first function call:
  first_tool_call = response.tool_calls[0]

  # Find the function name and function args to call:
  function_name = first_tool_call.function.name
  function_args = json.loads(first_tool_call.function.arguments)
  print("This is the function name: ", function_name)
  print("These are the function arguments: ", function_args)

  function = OPENAI_FUNCTIONS.get(function_name)

  if not function:
    raise Exception(f"Function {function_name} not found.")

  # Call the function:
  function_response = function(**function_args)

  # Share the function's response with the model:
  messages.append(
    {
      "role": "function",
      "name": "schedule_meeting",
      "content": json.dumps(function_response),
    }
  )

  # Let the model generate a user-friendly response:
  second_response = client.chat.completions.create(
    model="gpt-3.5-turbo-0613", messages=messages
  )

  print(second_response.choices[0].message.content)
```

Salida:

```
These are the function arguments: {'date': '2023-11-01', 'time': '14:00',
'attendees': ['Alice', 'Bob']}
This is the function name: schedule_meeting
I have scheduled a meeting on 2023-11-01 at 14:00 with Alice and Bob.
The event ID is 1234.
```

Hay que tener en cuenta varios puntos importantes al utilizar llamadas a funciones:

- Es posible tener muchas funciones que el LLM puede invocar.
- OpenAI puede alucinar parámetros de función, por lo que es conveniente ser más explícito en el `mensaje` del sistema para superar esta posibilidad.
- El parámetro `function_call` puede configurarse de varias maneras:
  - Para ordenar una llamada de función específica, llamar: `tool_choice: {"type: "function", "function": {"name": "my_function"}}`.

— Para un mensaje de usuario sin invocación de función: `tool_choice: "none"`.

— Por defecto (`tool_choice: "auto"`), el modelo decide de manera autónoma si llamar a una función y a qué función llamar.

Llamadas a funciones en paralelo

Usted puede configurar sus mensajes de chat para que incluyan intenciones que solicitan llamadas simultáneas a múltiples herramientas. Esta estrategia se conoce como *llamada a funciones en paralelo.*

Modificando el código utilizado previamente, la lista de mensajes se actualiza para ordenar la programación de dos reuniones:

```
# Start the conversation:
messages = [
    {
        "role": "user",
        "content": '''Schedule a meeting on 2023-11-01 at 14:00 with
        Alice and Bob. Then I want to schedule another meeting on
        2023-11-02 at 15:00 with Charlie and Dave.'''
    }
]
```

A continuación, ajusta la sección del código anterior incorporando un bucle `for`.

Entrada:

```
# Send the conversation and function schema to the model:
response = client.chat.completions.create(
    model="gpt-3.5-turbo-1106",
    messages=messages,
    tools=functions,
)
response = response.choices[0].message

# Check if the model wants to call our function:
if response.tool_calls:
    for tool_call in response.tool_calls:
        # Get the function name and arguments to call:
        function_name = tool_call.function.name
        function_args = json.loads(tool_call.function.arguments)
        print("This is the function name: ", function_name)
        print("These are the function arguments: ", function_args)

        function = OPENAI_FUNCTIONS.get(function_name)

        if not function:
            raise Exception(f"Function {function_name} not found.")

        # Call the function:
        function_response = function(**function_args)
```

```
        # Share the function's response with the model:
        messages.append(
            {
                "role": "function",
                "name": function_name,
                "content": json.dumps(function_response),
            }
        )

    # Let the model generate a user-friendly response:
    second_response = client.chat.completions.create(
        model="gpt-3.5-turbo-0613", messages=messages
    )
    print(second_response.choices[0].message.content)
```

Salida:

```
This is the function name: schedule_meeting
These are the function arguments: {'date': '2023-11-01', 'time':
'14:00', 'attendees': ['Alice', 'Bob']}
This is the function name: schedule_meeting
These are the function arguments: {'date': '2023-11-02', 'time':
'15:00', 'attendees': ['Charlie', 'Dave']}
Two meetings have been scheduled:
1. Meeting with Alice and Bob on 2023-11-01 at 14:00.
2. Meeting with Charlie and Dave on 2023-11-02 at 15:00.
```

A partir de este ejemplo, queda claro cómo puede gestionar eficazmente múltiples llamadas a funciones. Ha visto cómo se ha llamado a la función `schedule_meeting` dos veces seguidas para organizar diferentes reuniones. Esto muestra la flexibilidad y la facilidad con la que puede gestionar solicitudes variadas y complejas utilizando herramientas impulsadas por IA.

Llamadas a funciones en LangChain

Si prefiere evitar escribir esquemas JSON y simplemente quiere extraer datos estructurados de una respuesta de un LLM, LangChain le permite usar la llamada a funciones con Pydantic.

Entrada:

```
from langchain.output_parsers.openai_tools import PydanticToolsParser
from langchain_core.utils.function_calling import
    convert_to_openai_tool
from langchain_core.prompts import ChatPromptTemplate
from langchain_openai.chat_models import ChatOpenAI
from langchain_core.pydantic_v1 import BaseModel, Field
from typing import Optional

class Article(BaseModel):
    """Identifying key points and contrarian views in an article."""

    points: str = Field(..., description="Key points from the article")
```

```
    contrarian_points: Optional[str] = Field(
        None, description="Any contrarian points acknowledged in the
        article"
    )
    author: Optional[str] = Field(None, description="Author of the
    article")

_EXTRACTION_TEMPLATE = """Extract and save the relevant entities
mentioned \ in the following passage together with their properties.

If a property is not present and is not required in the function
parameters, do not include it in the output."""

# Create a prompt telling the LLM to extract information:
prompt = ChatPromptTemplate.from_messages(
    {("system", _EXTRACTION_TEMPLATE), ("user", "{input}")}
)

model = ChatOpenAI()

pydantic_schemas = [Article]

# Convert Pydantic objects to the appropriate schema:
tools = [convert_to_openai_tool(p) for p in pydantic_schemas]

# Give the model access to these tools:
model = model.bind_tools(tools=tools)

# Create an end to end chain:
chain = prompt | model | PydanticToolsParser(tools=pydantic_schemas)

result = chain.invoke(
    {
        "input": """In the recent article titled 'AI adoption in
        industry,' key points addressed include the growing interest
        ... However, the author, Dr. Jane Smith, ..."""
    }
)
print(result)
```

Salida:

```
[Article(points='The growing interest in AI in various sectors, ...',
contrarian_points='Without stringent regulations, ...',
author='Dr. Jane Smith')]
```

Empezará importando varios módulos, incluidos `PydanticToolsParser` y `ChatPromptTemplate`, esenciales para analizar y estructurar sus *prompts*. A continuación, definirá un modelo de Pydantic, `Article`, para especificar la estructura de la información que desea extraer de un texto determinado. Con el uso de una plantilla de *prompt* personalizada y el modelo ChatOpenAI, usted instruirá a la IA para que extraiga los puntos clave y puntos de vista contrarios de un artículo. Por último, los datos extraídos se convierten de manera ordenada en su modelo predefinido Pydantic y se imprimen, permitiéndole ver la información estructurada extraída del texto.

Hay varios puntos clave, entre ellos:

Convertir el esquema de Pydantic a herramientas de OpenAI
```
tools = [convert_to_openai_tool(p) for p in
pydantic_schemas]
```

Vincular las herramientas directamente al LLM
```
model = model.bind_tools(tools=tools)
```

Crear una cadena LCEL, que contenga un analizador de herramientas
```
chain = prompt | model |
PydanticToolsParser(tools=pydantic_schemas)
```

Extracción de datos con LangChain

La función `create_extraction_chain_pydantic` proporciona una versión más concisa de la implementación anterior. Simplemente insertando un modelo Pydantic y un LLM que soporte la llamada a funciones, se puede conseguir fácilmente la llamada a funciones en paralelo.

Entrada:

```
from langchain.chains.openai_tools import
    create_extraction_chain_pydantic
from langchain_openai.chat_models import ChatOpenAI
from langchain_core.pydantic_v1 import BaseModel, Field

# Make sure to use a recent model that supports tools:
model = ChatOpenAI(model="gpt-3.5-turbo-1106")

class Person(BaseModel):
    """A person's name and age."""

    name: str = Field(..., description="The person's name")
    age: int = Field(..., description="The person's age")

chain = create_extraction_chain_pydantic(Person, model)
chain.invoke({'input':'''Bob is 25 years old. He lives in New
York. He likes to play basketball. Sarah is 30 years old. She
lives in San Francisco. She likes to play tennis.'''})
```

Salida:

```
[Person(name='Bob', age=25), Person(name='Sarah', age=30)]
```

El modelo `Person` de Pydantic tiene dos propiedades, `name` y `age`; al llamar a la función `create_extraction_chain_pydantic` con el texto de entrada, el LLM invoca la misma función dos veces y crea dos objetos `People`.

Planificación de consultas

Puede experimentar problemas cuando las consultas de usuario tienen múltiples intenciones con intrincadas dependencias. La *planificación de consultas* es una forma efectiva de analizar la consulta del usuario en una serie de pasos que pueden ejecutarse como un gráfico de consultas con las dependencias relevantes:

```
from langchain_openai.chat_models import ChatOpenAI
from langchain.output_parsers.pydantic import
   PydanticOutputParser
from langchain_core.prompts.chat import (
   ChatPromptTemplate,
   SystemMessagePromptTemplate,
)
from pydantic.v1 import BaseModel, Field
from typing import List

class Query(BaseModel):
   id: int
   question: str
   dependencies: List[int] = Field(
      default_factory=list,
      description="""A list of sub-queries that must be completed
      before this task can be completed.
      Use a sub query when anything is unknown and we might need
      to ask many queries to get an answer.
      Dependencies must only be other queries."""
   )

class QueryPlan(BaseModel):
   query_graph: List[Query]
```

Definir `QueryPlan` y `Query` le permite, en primer lugar, pedirle a un LLM que descomponga la consulta del usuario en varios pasos. Vamos a investigar cómo crear el plan de consultas.

Entrada:

```
# Set up a chat model:
model = ChatOpenAI()

# Set up a parser:
parser = PydanticOutputParser(pydantic_object=QueryPlan)

template = """Generate a query plan. This will be used for task
execution.

Answer the following query: {query}

Return the following query graph format:
{format_instructions}
"""

system_message_prompt =
   SystemMessagePromptTemplate.from_template(template)
chat_prompt =
   ChatPromptTemplate.from_messages([system_message_prompt])

# Create the LCEL chain with the prompt, model, and parser:
chain = chat_prompt | model | parser
```

```
result = chain.invoke({
"query":'''I want to get the results from my database. Then I
want to find out what the average age of my top 10 customers is.
Once I have the average age, I want to send an email to John.
Also I just generally want to send a welcome introduction email
to Sarah, regardless of the other tasks.''',
"format_instructions":parser.get_format_instructions()})

print(result.query_graph)
```

Salida:

```
[Query(id=1, question='Get top 10 customers', dependencies=[]),
Query(id=2, question='Calculate average age of customers',
   dependencies=[1]),
Query(id=3, question='Send email to John', dependencies=[2]),
Query(id=4, question='Send welcome email to Sarah',
   dependencies=[])]
```

Se inicia una instancia `ChatOpenAI` y se crea un `PydanticOutputParser` para la estructura `QueryPlan`. A continuación, se llama al LLM para obtener la respuesta que se analiza, produciendo un `query_graph` estructurado para sus tareas con sus dependencias únicas.

Creación de plantillas de *prompts few-shot*

Trabajar con las capacidades generativas de los LLM a menudo implica elegir entre el aprendizaje *zero-shot* y *few-shot (k-shot)*. Mientras que el aprendizaje *zero-shot* no requiere ejemplos explícitos y se adapta a las tareas basándose únicamente en el *prompt*, su dependencia de la fase de preentrenamiento significa que no siempre puede ofrecer resultados precisos.

Por otro lado, con el aprendizaje *few-shot*, que implica proporcionar algunos ejemplos de la ejecución deseada de la tarea en el *prompt*, tiene la oportunidad de optimizar el comportamiento del modelo, lo que conduce a resultados más deseables.

Debido a la longitud del contexto en *tokens* del LLM, a menudo se encontrará ante la disyuntiva de añadir muchos ejemplos *k-shot* de alta calidad en sus *prompts* y, al mismo tiempo, generar una salida efectiva y determinista del LLM.

> Aunque el límite de la ventana de contexto de *tokens* en los LLM sigue aumentando, proporcionar un número específico de ejemplos *k-shot* lo ayuda a minimizar los costes de la API.

Vamos a explorar dos métodos para añadir ejemplos *k-shot* en sus *prompts* con *plantillas* few-shot: usando *ejemplos fijos* y un *selector de ejemplos.*

Creación con un número fijo de ejemplos

En primer lugar, vamos a ver cómo podemos crear una plantilla de *prompt few-shot* utilizando un número fijo de ejemplos. La base de este método reside en la creación de un sólido conjunto de ejemplos *few-shot:*

```
from langchain_openai.chat_models import ChatOpenAI
from langchain_core.prompts import (
   FewShotChatMessagePromptTemplate,
   ChatPromptTemplate,
)

examples = [
   {
      "question": "What is the capital of France?",
      "answer": "Paris",
   },
   {
      "question": "What is the capital of Spain?",
      "answer": "Madrid",
   } # ...more examples...
]
```

Cada ejemplo es un diccionario que contiene una clave `question` y una `answer` (pregunta y respuesta) que se utilizarán para crear pares de mensajes `HumanMessage` y `AIMessage`.

Formateo de los ejemplos

A continuación, configurará un `ChatPromptTemplate` para formatear los ejemplos individuales, los cuales se insertarán posteriormente en un `FewShotChatMessagePromptTemplate`.

Entrada:

```
example_prompt = ChatPromptTemplate.from_messages(
   [
      ("human", "{question}"), ("ai", "{answer}"),
   ]
)

few_shot_prompt = FewShotChatMessagePromptTemplate(
   example_prompt=example_prompt,
   examples=examples,
)

print(few_shot_prompt.format())
```

Salida:

```
Human: What is the capital of France?
AI: Paris
Human: What is the capital of Spain?
AI: Madrid
...more examples...
```

Observe cómo `example_prompt` creará pares `HumanMessage` y `AIMessage` con las entradas del *prompt* `{question}` y `{answer}`.

Después de ejecutar `few_shot_prompt.format()`, los ejemplos *few-shot* se imprimen como una cadena de texto. Como desea utilizarlos en una solicitud de un LLM de `ChatOpenAI()`, vamos a crear una nueva `ChatPromptTemplate`.

Entrada:

```
from langchain_core.output_parsers import StrOutputParser

final_prompt = ChatPromptTemplate.from_messages(
   [("system",'''You are responsible for answering questions
   about countries. Only return the country name.'''),
   few_shot_prompt,("human", "{question}"),]
)

model = ChatOpenAI()

# Creating the LCEL chain with the prompt, model, and a
# StrOutputParser():
chain = final_prompt | model | StrOutputParser()

result = chain.invoke({"question": "What is the capital of
America?"})

print(result)
```

Salida:

```
Washington, D.C.
```

Después de invocar la cadena LCEL sobre `final_prompt`, sus ejemplos *few-shot* se añaden después del `SystemMessage`.

Observe que el LLM solo devuelve `'Washington, D.C.'` Esto se debe a que, después de que se devuelve la respuesta del LLM, *se analiza* con `StrOutputParser()`, un analizador de salida. Añadir `StrOutputParser()` es una forma frecuente de asegurar que las respuestas del LLM en las cadenas *devuelvan valores de cadena*. Explorará esto con más profundidad mientras aprende sobre cadenas secuenciales en LCEL.

Selección de ejemplos *few-shot* por longitud

Antes de que se sumerja en el código, vamos a esbozar su tarea. Imagine que está creando una aplicación de narración de historias impulsada por GPT-4. Un usuario introduce una lista de nombres de personajes que aparecen en historias generadas previamente. Sin embargo, cada lista de personajes de los usuarios puede tener una longitud diferente. Incluir demasiados personajes podría generar una historia que supere el límite de la ventana de contexto del LLM. Ahí es donde usted puede utilizar `LengthBasedExampleSelector` para adaptar el *prompt* de acuerdo con la longitud de la entrada del usuario:

```
from langchain_core.prompts import FewShotPromptTemplate,
   PromptTemplate
from langchain.prompts.example_selector import
   LengthBasedExampleSelector
from langchain_openai.chat_models import ChatOpenAI
from langchain_core.messages import SystemMessage
import tiktoken

examples = [
   {"input": "Gollum", "output": "<Story involving Gollum>"},
   {"input": "Gandalf", "output": "<Story involving Gandalf>"},
   {"input": "Bilbo", "output": "<Story involving Bilbo>"},
]

story_prompt = PromptTemplate(
   input_variables=["input", "output"],
   template="Character: {input}\nStory: {output}",
)

def num_tokens_from_string(string: str) -> int:
   """Returns the number of tokens in a text string."""
   encoding = tiktoken.get_encoding("cl100k_base")
   num_tokens = len(encoding.encode(string))
   return num_tokens

example_selector = LengthBasedExampleSelector(
   examples=examples,
   example_prompt=story_prompt,
   max_length=1000, # 1000 tokens are to be included from examples
   # get_text_length: Callable[[str], int] =
   # lambda x: len(re.split("\n| ", x))
   # You have modified the get_text_length function to work with
   # the TikToken library based on token usage:
   get_text_length=num_tokens_from_string,
)
```

En primer lugar, configura un `PromptTemplate` que toma dos variables de entrada para cada ejemplo. A continuación, `LengthBasedExampleSelector` ajusta el número de ejemplos según la *longitud de la entrada de los ejemplos,* asegurando que su LLM no genere una historia que exceda su ventana de contexto.

Además, ha personalizado la función `get_text_length` para utilizar la función `num_tokens_from_string`, que cuenta el número total de *tokens* utilizando `tiktoken`. Esto significa que `max_length=1000` representa el *número de* tokens, en lugar de utilizar la siguiente función por defecto:

```
get_text_length: Callable[[str], int] = lambda x:
   len(re.split("\n| ", x))
```

Ahora, para unir todos estos elementos:

```
dynamic_prompt = FewShotPromptTemplate(
   example_selector=example_selector,
   example_prompt=story_prompt,
   prefix='''Generate a story for {character} using the
```

```
    current Character/Story pairs from all of the characters
    as context.''',
    suffix="Character: {character}\nStory:",
    input_variables=["character"],
)

# Provide a new character from Lord of the Rings:
formatted_prompt = dynamic_prompt.format(character="Frodo")

# Creating the chat model:
chat = ChatOpenAI()

response = chat.invoke([SystemMessage(content=formatted_prompt)])
print(response.content)
```

Salida:

```
Frodo was a young hobbit living a peaceful life in the Shire.
However, his life...
```

Proporcionar ejemplos y especificar el formato

Cuando trabaje con ejemplos *few-shot,* la longitud del contenido es importante para determinar cuántos ejemplos puede tener en cuenta el modelo de IA. Ajuste la longitud del contenido de entrada y proporcione ejemplos adecuados para obtener resultados eficientes y evitar que el LLM genere contenido que pueda superar el límite de su ventana de contenido.

Después de formatear el *prompt,* cree un modelo de chat con `ChatOpenAI()` y cargue el *prompt* formateado en un `SystemMessage` que crea una pequeña historia sobre Frodo de *El señor de los anillos.*

En lugar de crear y formatear un `ChatPromptTemplate`, a menudo es mucho más fácil simplemente invocar un `SystemMesage` con un *prompt* formateado:

```
result = model.invoke([SystemMessage(content=formatted_prompt)])
```

Limitaciones de los ejemplos *few-shot*

El aprendizaje *few-shot* tiene limitaciones. Aunque puede resultar ventajoso en determinados escenarios, puede que no siempre produzca los resultados esperados de alta calidad. Esto se debe, principalmente, a dos razones:

- Los modelos preentrenados como GPT-4 pueden a veces sobreajustarse a los ejemplos *few-shot,* haciendo que prioricen los ejemplos sobre el *prompt* real.
- Los LLM tienen un límite de *tokens.* En consecuencia, siempre habrá un compromiso entre el número de ejemplos y la longitud de la respuesta. Proporcionar más ejemplos podría limitar la longitud de la respuesta y viceversa.

Estas limitaciones pueden abordarse de varias maneras. En primer lugar, si el *few-shot prompting* no produce los resultados deseados, considere la posibilidad de utilizar frases formuladas de manera diferente o de experimentar con el lenguaje de los *prompts*. Las variaciones en la formulación del *prompt* pueden dar lugar a respuestas diferentes, lo que pone de manifiesto la naturaleza de ensayo y error del *prompt engineering*.

En segundo lugar, piense en incluir instrucciones explícitas para que el modelo ignore los ejemplos después de comprender la tarea o que utilice los ejemplos solo como una guía de formato. Esto podría influir en que el modelo no se sobreajuste a los ejemplos.

Si las tareas son complejas y el rendimiento del modelo con aprendizaje *few-shot* no es satisfactorio, podría considerar la posibilidad del ajuste fino *(fine tuning)* *(https://oreil.ly/S40bZ)* de su modelo. El ajuste fino proporciona al modelo una comprensión más matizada de una tarea específica, mejorando así el rendimiento de forma importante.

Guardar y cargar *prompts* para los LLM

Para aprovechar eficazmente los modelos generativos de IA como GPT-4, resulta ventajoso almacenar los *prompts* como archivos, en lugar de código en Python. Este enfoque mejora la capacidad de compartir, almacenar y versionar sus *prompts*.

LangChain admite tanto el almacenamiento como la carga de *prompts* en formatos JSON y YAML. Otra característica clave de LangChain es su soporte para una especificación detallada en un solo archivo o distribuida en varios archivos. Esto significa que usted tiene la flexibilidad de almacenar diferentes componentes, como plantillas, ejemplos y otros, en archivos distintos y referenciarlos según sea necesario.

Vamos a aprender cómo almacenar y cargar *prompts:*

```
from langchain_core.prompts import PromptTemplate, load_prompt

prompt = PromptTemplate(
   template='''Translate this sentence from English to Spanish.
   \nSentence: {sentence}\nTranslation:''',
   input_variables=["sentence"],
)

prompt.save("translation_prompt.json")

# Loading the prompt template:
load_prompt("translation_prompt.json")
# Returns PromptTemplate()
```

Tras importar `PromptTemplate` y `load_prompt` del módulo `langchain.prompts`, usted define un `PromptTemplate` para tareas de traducción de inglés a español y lo guarda como *translation_prompt.json*. Por último, carga la plantilla de *prompt* guardada utilizando la función `load_prompt`, la cual devuelve una instancia de `PromptTemplate`.

> Por favor, tenga en cuenta que el almacenamiento de *prompts* en LangChain puede no funcionar con todos los tipos de plantillas de *prompt*. Para mitigar esto, puede utilizar la biblioteca *pickle* o los archivos *.txt* para leer y escribir cualquier *prompt* que LangChain no admita.

Ha aprendido a crear plantillas de *prompts few-shot* utilizando LangChain con dos técnicas: un número fijo de ejemplos y utilizando un selector de ejemplos.

La primera técnica crea un conjunto de ejemplos *few-shot* y utiliza un objeto `ChatPromptTemplate` para darles formato de mensajes de chat. Esto constituye la base para crear un objeto `FewShotChatMessagePromptTemplate`.

El último enfoque, que utiliza un selector de ejemplos, resulta práctico cuando la entrada del usuario varía significativamente de longitud. En tales escenarios, se puede utilizar un `LengthBasedExampleSelector` para ajustar el número de ejemplos según la longitud de la entrada del usuario. Esto asegura que su LLM no exceda el límite de su ventana de contexto.

Además, ya ha visto lo fácil que es almacenar/cargar *prompts* con el formato de archivos, lo que permite una mayor capacidad de compartirlos, almacenarlos y versionarlos.

Conexión de datos

Aprovechar una aplicación LLM, en combinación con sus datos, descubre una gran cantidad de oportunidades para impulsar la eficiencia, al tiempo que perfecciona sus procesos de toma de decisiones.

Los datos de su organización pueden presentarse de diversas formas.

Datos no estructurados
: Aquí se podrían incluir Google Docs, hilos de plataformas de comunicación como Slack o Microsoft Teams, páginas web, documentación interna o repositorios de código en GitHub.

Datos estructurados
: Datos alojados de forma ordenada en bases de datos SQL, NoSQL o Graph.

Para consultar sus datos no estructurados, es necesario un proceso de carga, transformación, incrustación *(embedding)* y posterior almacenamiento en una base de datos vectorial. Una *base de datos vectorial* es un tipo especializado de base de datos diseñada para almacenar y consultar datos en forma de vectores de forma eficiente, que representan datos complejos como texto o imágenes en un formato adecuado para el aprendizaje automático y la búsqueda por similitudes.

En cuanto a los datos estructurados, dado que ya están indexados y almacenados, puede utilizar un agente LangChain para realizar una consulta intermedia en su base de datos. Esto permite la extracción de características específicas, que puede entonces utilizarse en sus *prompts* de LLM.

Existen múltiples paquetes de Python que pueden ayudarle con la ingesta de datos, como Unstructured *(https://oreil.ly/n0hDD)*, LlamaIndex *(https://www.llamaindex.ai)* y LangChain *(https://oreil.ly/PjV9o)*.

En la figura 4-2, se ilustra un enfoque estandarizado para la ingesta de datos. Comienza con las fuentes de datos, que luego se cargan en documentos. A continuación, estos documentos se dividen en fragmentos y se almacenan en una base de datos vectorial para su posterior recuperación.

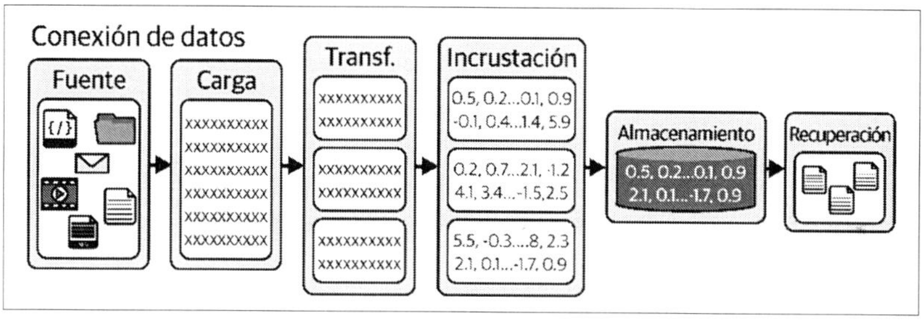

Figura 4-2. Pipeline *de conexión de datos para la recuperación.*

En particular, LangChain le proporciona componentes esenciales para cargar, modificar, almacenar y recuperar sus datos.

Cargadores de documentos

Facilitan la carga de recursos informativos, o *documentos,* procedentes de una variada gama de fuentes, como documentos Word, archivos PDF, archivos de texto o incluso páginas web.

Transformadores de documentos

Estas herramientas permiten la segmentación de documentos, la conversión en formato de preguntas y respuestas, la eliminación de documentos superfluos y muchas más posibilidades.

Modelos de incrustación (embedding) *de texto*

Pueden transformar texto no estructurado en una secuencia de números en coma flotante utilizados para la búsqueda por similitudes en almacenes vectoriales.

Bases de datos vectoriales (almacenes vectoriales)

Estas bases de datos pueden guardar y realizar búsquedas sobre datos incrustados.

Recuperadores
Estas herramientas ofrecen la posibilidad de consultar y recuperar datos.

También es importante mencionar que otros *frameworks* LLM, como LlamaIndex *(https://oreil.ly/9NcTB),* funcionan a la perfección con LangChain. LlamaHub *(https://llamahub.ai)* es otra biblioteca de código abierto dedicada a los cargadores de documentos y puede crear objetos `Document` específicos de LangChain.

Cargadores de documentos

Imaginemos que le han encargado la creación de un *pipeline* de recolección de datos para LLM en NutriFusion Foods. La información que necesita recopilar para el LLM se encuentra en:

- Un PDF de un libro llamado *Principles of Marketing*
- Dos informes de *marketing* en formato *.docx* en un *bucket* público de Google Cloud Storage
- Tres archivos *.csv*, que muestran los datos de rendimiento de *marketing* de 2021, 2022 y 2023

Cree un nuevo Jupyter Notebook o un archivo Python en *content/chapter_4* del repositorio compartido *(https://oreil.ly/cVTyI)* y, luego, ejecute `pip install pdf2image docx2txt pypdf`, que instalará tres paquetes.

Todos los datos, excepto los archivos *.docx,* se encuentran en *content/chapter_4/data (https://oreil.ly/u9gMx)*. Puede empezar importando todos sus cargadores de datos y creando una lista vacía `all_documents` para almacenar todos los objetos `Document` de sus fuentes de datos.

Entrada:

```
from langchain_community.document_loaders import Docx2txtLoader
from langchain_community.document_loaders import PyPDFLoader
from langchain_community.document_loaders.csv_loader import
   CSVLoader
import glob
from langchain.text_splitter import CharacterTextSplitter

# To store the documents across all data sources:
todos_los_documentos = []

# Load the PDF:
loader = PyPDFLoader("data/principles_of_marketing_book.pdf")
pages = loader.load_and_split()
print(pages[0])

# Add extra metadata to each page:
for page in pages:
   page.metadata["description"] = "Principles of Marketing Book"
```

```
# Checking that the metadata has been added:
for page in pages[0:2]:
   print(page.metadata)

# Saving the marketing book pages:
all_documents.extend(pages)

csv_files = glob.glob("data/*.csv")

# Filter to only include the word Marketing in the file name:
csv_files = [f for f in csv_files if "Marketing" in f]

# For each .csv file:
for csv_file in csv_files:
   loader = CSVLoader(file_path=csv_file)
   data = loader.load()
   # Saving the data to the all_documents list:
   all_documents.extend(data)

text_splitter = CharacterTextSplitter.from_tiktoken_encoder(
   chunk_size=200, chunk_overlap=0
)

urls = [

   '''https://storage.googleapis.com/oreilly-
   content/NutriFusion%20Foods%2 0Marketing%20Plan%202022.docx''',
   '''https://storage.googleapis.com/oreilly-
   content/NutriFusion%20Foods%2 0Marketing%20Plan%202023.docx''',
]

docs = []
for url in urls:
   loader = Docx2txtLoader(url.replace('\n', ''))
   pages = loader.load()
   chunks = text_splitter.split_documents(pages)

   # Adding the metadata to each chunk:
   for chunk in chunks:
      chunk.metadata["source"] = "NutriFusion Foods Marketing Plan
      - 2022/2023"
   docs.extend(chunks)

# Saving the marketing book pages:
all_documents.extend(docs)
```

Salida:

```
page_content='Principles of Mark eting'
metadata={'source': 'data/principles_of_marketing_book.pdf', 'page': 0}
{'source': 'data/principles_of_marketing_book.pdf', 'page': 0,
'description': 'Principles of Marketing Book'}
{'source': 'data/principles_of_marketing_book.pdf', 'page': 1,
'description': 'Principles of Marketing Book'}
```

A continuación, utilizando `PyPDFLoader`, puede importar un archivo *.pdf* y dividirlo en varias páginas utilizando la función `.load_and_split()`.

Además, es posible añadir metadatos adicionales a cada página, ya que los metadatos son un diccionario de Python en cada objeto `Document`. Además, observe que, en la salida anterior para los objetos `Document`, la `source` (fuente) de metadatos está adjunta.

Utilizando el paquete `glob`, puede encontrar fácilmente todos los archivos *.csv* y cargarlos individualmente en objetos `Document` de LangChain con un `CSVLoader`.

Por último, los dos informes de *marketing* se cargan desde un *bucket* público de Google Cloud Storage y, a continuación, se dividen en tamaños de 200 *tokens* utilizando un `text_splitter`.

Esta sección le ha proporcionado los conocimientos necesarios para crear un *pipeline* completo de carga de documentos para el LLM de NutriFusion Foods. Empezando con la extracción de datos de un PDF, varios archivos CSV y dos archivos *.docx*, cada documento se ha enriquecido con metadatos relevantes para proporcionar un mejor contexto.

Ahora puede integrar sin problemas datos de diversas fuentes de documentos en un *pipeline* de datos cohesionado.

Divisores de texto

Equilibrar la longitud de cada documento es también un factor crucial. Si un documento es demasiado largo, puede sobrepasar la *longitud de* contexto del LLM (el número máximo de *tokens* que un LLM puede procesar en una única solicitud). Pero, si los documentos se fragmentan en partes demasiado pequeñas, se corre el riesgo de perder información contextual significativa, lo cual es igualmente indeseable.

Es posible que se encuentre con determinados retos al dividir texto, como:

- Caracteres especiales, como *hashtags,* símbolos @ o enlaces que podrían no dividirse como se anticipa, afectando a la estructura general de los documentos divididos.
- Si su documento contiene un formato intrincado, como tablas, listas o encabezados multinivel, el divisor de texto podría tener dificultades para mantener el formato original.

Existen formas de superar estos retos que exploraremos más adelante.

En esta sección se introducen los divisores de texto en LangChain, herramientas utilizadas para descomponer grandes bloques de texto, para adaptarse mejor a la ventana de contexto de su modelo.

> No existe un tamaño de documento perfecto. Comience por utilizar buenas heurísticas y, a continuación, cree un conjunto de entrenamiento/prueba que pueda utilizar para la evaluación del LLM.

LangChain proporciona una gama de divisores de texto, para que usted pueda fácilmente dividir por cualquiera de los siguientes criterios:

- Recuento de *tokens*
- Recursivamente por múltiples caracteres
- Recuento de caracteres
- Código
- Encabezados de Markdown

Vamos a explorar tres divisores populares: `CharacterTextSplitter`, `TokenTextSplitter` y `RecursiveCharacterTextSplitter`.

División de texto por longitud y tamaño de *tokens*

En el capítulo 3, aprendió a contar el número de *tokens* en una llamada GPT-4 con tiktoken *(https://oreil.ly/uz05O)*. También puede utilizar tiktoken para dividir cadenas en fragmentos y documentos del tamaño adecuado.

Recuerde instalar tiktoken y langchain-text-splitters con `pip install tiktoken langchain-text-splitters`.

Para dividir por el recuento de *tokens* en LangChain, puede utilizar un `CharacterTextSplitter` con la función `.from_tiktoken_encoder()`.

En primer lugar, creará un `CharacterTextSplitter` con un tamaño de fragmento de 50 caracteres y sin solapamiento. Usando el método `split_text`, dividirá el texto en partes y, luego, imprimirá el número total de fragmentos creados.

A continuación, procederá de la misma forma, pero esta vez con un *solapamiento de fragmentos* de 48 caracteres. Esto mostrará cómo cambia el número de fragmentos en función *de si permite o no el solapamiento,* ilustrando el impacto de estos ajustes en cómo divide su texto:

```
from langchain_text_splitters import CharacterTextSplitter

text = """
Biology is a fascinating and diverse field of science that
explores the living world and its intricacies \n\n. It
encompasses the study of life, its origins, diversity, structure,
```

```
function, and interactions at various levels from molecules and
cells to organisms and ecosystems \n\n. In this 1000-word essay,
we will delve into the core concepts of biology, its history, key
areas of study, and its significance in shaping our understanding
of the natural world. \n\n ...(truncated to save space)...
"""
# No chunk overlap:
text_splitter = CharacterTextSplitter.from_tiktoken_encoder(
    chunk_size=50, chunk_overlap=0, separator="\n",
)
texts = text_splitter.split_text(text)
print(f"Number of texts with no chunk overlap: {len(texts)}")

# Including a chunk overlap:
text_splitter = CharacterTextSplitter.from_tiktoken_encoder(
    chunk_size=50, chunk_overlap=48, separator="\n",
)
texts = text_splitter.split_text(text)
print(f"Number of texts with chunk overlap: {len(texts)}")
```

Salida:

```
Number of texts with no chunk overlap: 3
Number of texts with chunk overlap: 6
```

En la sección anterior, utilizó el siguiente código para cargar y dividir el archivo *.pdf* en documentos de LangChain:

```
pages = loader.load_and_split()
```

Es posible tener un control más granular sobre el tamaño de cada documento creando un `TextSplitter` y adjuntándolo a sus pipelines de carga de sus `Document`:

```
def load_and_split(text_splitter: TextSplitter | None = None) ->
List[Document]
```

Simplemente, cree un `TokenTextSplitter` con un `chunk_size=500` y un `chunk_overlap` de 50:

```
from langchain.text_splitter import TokenTextSplitter
from langchain_community.document_loaders import PyPDFLoader

text_splitter = TokenTextSplitter(chunk_size=500, chunk_overlap=50)
loader = PyPDFLoader("data/principles_of_marketing_book.pdf")
pages = loader.load_and_split(text_splitter=text_splitter)

print(len(pages)) #737
```

El libro *Principles of Marketing* contiene 497 páginas, pero, después de utilizar un `TokenTextSSplitter` con un `chunk_size` de 500 *tokens*, ha creado 776 objetos `Document` más pequeños en LangChain.

División de texto con divisiones recursivas de caracteres

Tratar con bloques de texto de gran tamaño puede plantear retos singulares en el análisis de texto. Una estrategia útil para este tipo de situaciones es el uso de *la división recursiva de caracteres*. Este método facilita la división de un gran volumen de texto en segmentos manejables, haciendo que el análisis posterior sea más accesible.

Este enfoque resulta increíblemente eficaz cuando se trata de texto genérico. Utiliza como parámetros una lista de caracteres y divide secuencialmente el texto en función de dichos caracteres. Las secciones resultantes continúan dividiéndose, hasta que alcanzan un tamaño aceptable. Por defecto, la lista de caracteres comprende `"\n\n"`, `"\n"`, `" "` y `""`. Esta disposición tiene como objetivo conservar la integridad de párrafos, oraciones y palabras, preservando el contexto semántico.

El proceso se basa en la lista de caracteres proporcionada y ajusta el tamaño de las secciones resultantes en función del recuento de caracteres.

Antes de sumergirse en el código, es esencial entender lo que hace el `RecursiveCharacterTextSplitter`. Toma un texto y una lista de delimitadores (caracteres que definen los límites para dividir el texto). Empezando con el primer delimitador en la lista, el divisor intenta dividir el texto. Si los fragmentos resultantes siguen siendo demasiado grandes, pasa al siguiente delimitador, y así sucesivamente. Este proceso continúa *recursivamente,* hasta que los fragmentos sean lo suficientemente pequeños o se hayan agotado todos los delimitadores.

Utilizando la variable `text` anterior, comience importando `RecursiveCharacterTextSplitter`. Esta instancia será responsable de dividir el texto. Al inicializar el divisor, se establecen los parámetros `chunk_size`, `chunk_overlap` y `length_function`. Aquí, `chunk_size` se establece en 100 y `chunk_overlap`, en 20.

`length_function` se define como `len` para determinar el tamaño de los fragmentos. También es posible modificar el argumento `length_function` para utilizar un recuento del resultado del tokenizador, en lugar de utilizar la función `len` por defecto, que cuenta caracteres:

```
from langchain_text_splitters import RecursiveCharacterTextSplitter

text_splitter = RecursiveCharacterTextSplitter(
    chunk_size=100,
    chunk_overlap=20,
    length_function=len,
)
```

Una vez que la instancia `text_splitter` esté lista, usted puede utilizar `.split_text` para dividir la variable `text` en fragmentos más pequeños. Estos fragmentos se almacenan en la lista de Python llamada `texts`:

```
# Split the text into chunks:
texts = text_splitter.split_text(text)
```

Además de simplemente dividir el texto con solapamientos en una lista de cadenas, puede crear fácilmente objetos `Document` de LangChain con la función `create_documents`. Crear objetos `Document` es útil, porque le permite:

- Almacenar documentos en una base de datos vectorial para búsquedas semánticas
- Añadir metadatos a partes específicas del texto
- Iterar sobre múltiples documentos para crear un resumen de nivel superior

Para añadir metadatos, proporcione una lista de diccionarios al argumento `metadatas`:

```
# Create documents from the chunks:
metadatas = {"title": "Biology", "author": "John Doe"}
docs = text_splitter.create_documents(texts, metadatas=[metadatas] *
   len(texts))
```

Pero ¿qué pasa si sus objetos `Dcoument` existentes son demasiado largos?

Usted puede gestionarlo fácilmente utilizando la función `.split_documents` con un `TextSplitter`. Esta tomará una lista de objetos `Document` y devolverá una nueva lista de objetos `Document`, basada en los ajustes de su `TextSplitter`:

```
text_splitter = RecursiveCharacterTextSplitter(chunk_size=300)
splitted_docs = text_splitter.split_documents(docs)
```

Ahora tiene la capacidad de crear un eficiente *pipeline* de carga de datos, utilizando fuentes como PDF, CSV y enlaces de Google Cloud Storage. Además, ha aprendido a enriquecer los documentos recopilados con metadatos relevantes, lo que proporciona un contexto importante para el análisis y el *prompt engineering*.

Con la introducción de los divisores de texto, ahora puede gestionar estratégicamente los tamaños de los documentos, optimizando tanto la ventana de contexto del LLM como la preservación de la información rica en contexto. Ha aprendido a gestionar textos más largos empleando la recursión y la división por caracteres. Estos nuevos conocimientos le permitirán trabajar sin problemas con diversas fuentes de documentos e integrarlas en un sólido *pipeline* de datos.

Descomposición de tareas

La *descomposición de tareas* es el proceso estratégico de desglosar problemas complejos en un conjunto de subproblemas manejables. Este enfoque se alinea perfectamente con las tendencias naturales de los ingenieros de *software*, quienes a menudo conceptualizan las tareas como subcomponentes interrelacionados.

En ingeniería de *software*, al utilizar la descomposición de tareas, se puede reducir la carga cognitiva y aprovechar las ventajas del aislamiento de problemas y la adhesión al principio de responsabilidad única.

Curiosamente, los LLM pueden beneficiarse de forma considerable de la aplicación de la descomposición de tareas en una variedad de casos de uso. Este enfoque ayuda a maximizar la utilidad y efectividad de los LLM en escenarios de resolución de problemas, permitiéndoles gestionar tareas complejas que serían difíciles de resolver como una sola entidad, tal y como se ilustra en la figura 4-3.

A continuación, se exponen varios ejemplos de LLM que utilizan la descomposición.

Resolución de problemas complejos
: En los casos en los que un problema es polifacético y no puede resolverse mediante una sola solicitud, la descomposición de tareas resulta extremadamente útil; por ejemplo, la resolución de un caso jurídico complejo podría dividirse en comprender el contexto del caso, identificar las leyes pertinentes, determinar los precedentes jurídicos y elaborar los argumentos. Cada subtarea se puede resolver de forma independiente por un LLM, proporcionando una solución integral cuando se combinan.

Generación de contenido
: Para generar contenidos de formato largo, como artículos o blogs, la tarea se puede descomponer en la creación de un esquema, la redacción de secciones individuales y, luego, la compilación y el pulido del borrador final. Cada paso se puede gestionar de manera individual por GPT-4 para obtener mejores resultados.

Resumen de documentos extensos
: Resumir documentos largos como trabajos de investigación o informes se puede hacer de manera más efectiva descomponiendo la tarea en varias subtareas más pequeñas, como comprender las secciones individuales, resumirlas de forma independiente y, a continuación, compilar un resumen final.

Agentes conversacionales interactivos
: Para la creación de *chatbots* avanzados, la descomposición de tareas puede ayudar a gestionar diferentes aspectos de la conversación, como comprender la entrada del usuario, mantener el contexto, generar respuestas relevantes y gestionar el flujo del diálogo.

Sistemas de aprendizaje y tutoría
: En los sistemas de tutoría digital, descomponer la tarea de enseñar un concepto en comprender los conocimientos del alumno en ese momento, identificar lagunas, sugerir

materiales de aprendizaje y evaluar el progreso puede hacer que el sistema sea más eficaz. Cada subtarea puede aprovechar las capacidades generativas de GPT-4.

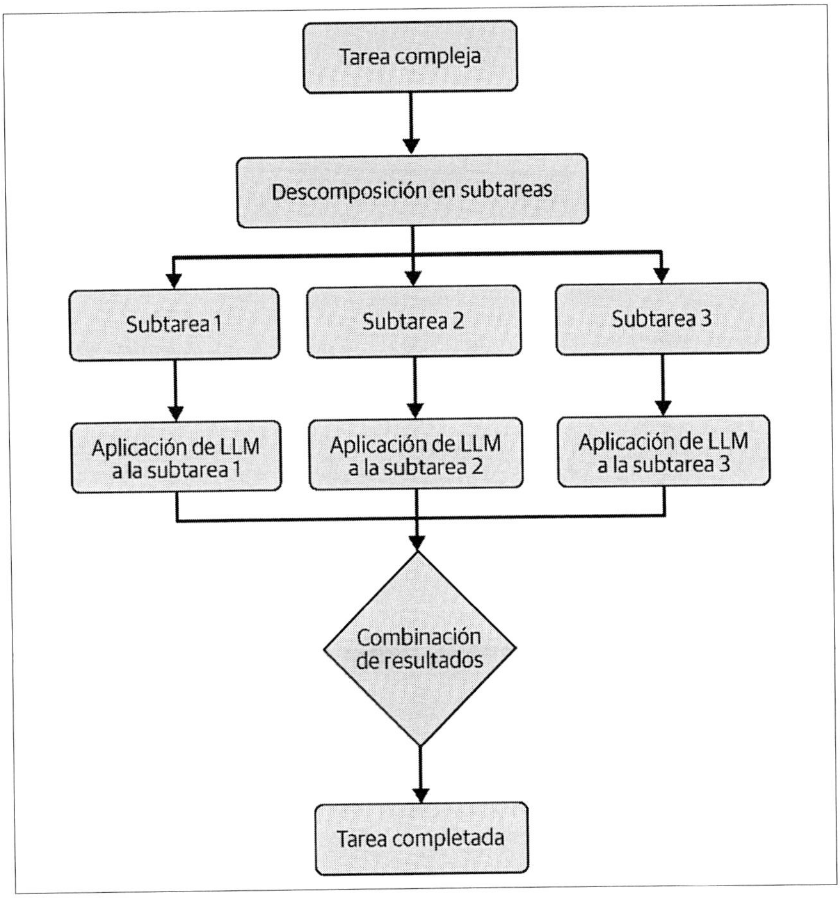

Figura 4-3. *Descomposición de tareas con los LLM.*

Dividir la tarea

La descomposición de tareas es una estrategia crucial para aprovechar al máximo el potencial de los LLM. Al desglosar problemas complejos en tareas más sencillas y manejables, podrá aprovechar la capacidad de resolución de problemas de estos modelos de forma más efectiva y eficiente.

En las secciones siguientes, aprenderá a crear e integrar múltiples cadenas de LLM para orquestar flujos de trabajo más complejos.

Encadenamiento de *prompts*

A menudo, se dará cuenta de que intentar realizar una sola tarea con un solo *prompt* es imposible. Puede utilizar una mezcla de *encadenamiento de* prompts, que implica combinar múltiples entradas/salidas de *prompts* con *prompts* específicos de LLM para elaborar una idea.

Imaginemos un ejemplo con una empresa cinematográfica que desea automatizar parcialmente la creación de sus películas. Esto podría desglosarse en varios componentes clave, tales como:

- Creación de personajes
- Generación de tramas
- Elaboración de escenas/mundos

En la figura 4-4, se muestra el aspecto que podría tener el flujo de trabajo de los *prompts*.

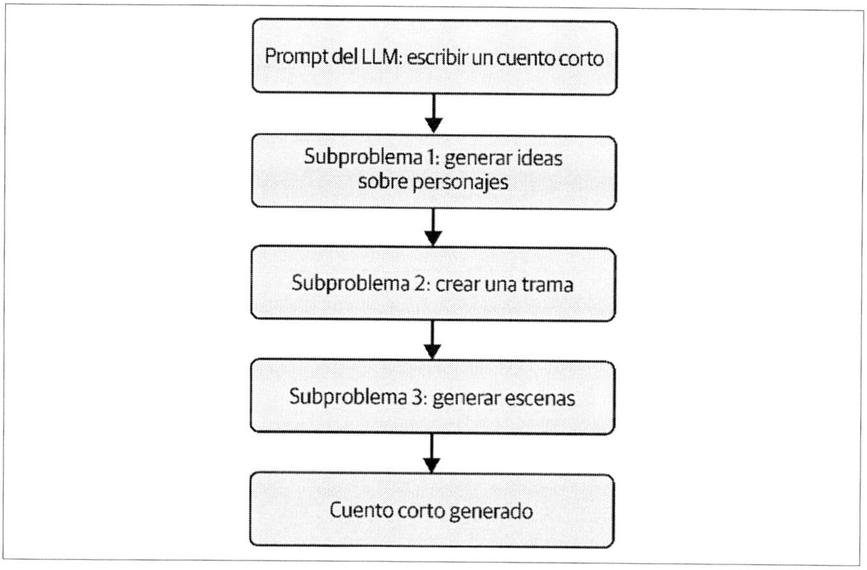

Figura 4-4. *Proceso secuencial de creación de historias.*

Cadena secuencial

Descompongamos la tarea en *múltiples cadenas* y recompongámoslas en una única cadena:

`character_generation_chain`
: Una cadena responsable de crear varios personajes dado un `'género'`.

`plot_generation_chain`
: Una cadena que creará la trama dadas las claves `'personajes'` y `'género'`.

`scene_generation_chain`
: Esta cadena generará cualquier escena que falte y que no se haya generado inicialmente a partir de la `plot_generation_chain`.

Empecemos creando tres variables `ChatPromptTemplate` separadas, una para cada cadena:

```
from langchain_core.prompts.chat import ChatPromptTemplate

character_generation_prompt = ChatPromptTemplate.from_template(
    """I want you to brainstorm three to five characters for my
    short story. The genre is {genre}. Each character must have a
    Name and a Biography.
    You must provide a name and biography for each character, this
    is very important!
    ---
    Example response:
    Name: CharWiz, Biography: A wizard who is a master of magic.
    Name: CharWar, Biography: A warrior who is a master of the
    sword.
    ---
    Characters: """
)

plot_generation_prompt = ChatPromptTemplate.from_template(
    """Given the following characters and the genre, create an
    effective plot for a short story:
    Characters:
    {characters}
    ---
    Genre: {genre}
    ---
    Plot: """
)

scene_generation_plot_prompt = ChatPromptTemplate.from_template(
    """Act as an effective content creator.
    Given multiple characters and a plot, you are responsible for
    generating the various scenes for each act.

    You must decompose the plot into multiple effective scenes:
    ---
    Characters:
    {characters}
    ---
    Genre: {genre}
    ---
    Plot: {plot}
    ---
    Example response:
    Scenes:
    Scene 1: Some text here. Scene 2: Some text here. Scene 3: Some
    text here.
    ---
    Scenes: """
)
```

Observe que, a medida que las plantillas de *prompts* pasan de la generación de personajes a la generación de tramas y escenas, añaden más variables de marcador de posición de los pasos anteriores.

La pregunta sigue siendo: "¿Cómo puede usted garantizar que estas cadenas adicionales están disponibles para sus variables `ChatPromptTemplate` en los pasos posteriores?".

itemgetter y extracción de claves de diccionario

En LCEL, puede utilizar la función `itemgetter` del paquete `operator` para extraer claves del paso anterior, siempre y cuando haya un diccionario presente en el paso anterior:

```
from operator import itemgetter
from langchain_core.runnables import RunnablePassthrough

chain = RunnablePassthrough() | {
    "genre": itemgetter("genre"),
}
chain.invoke({"genre": "fantasy"})
# {'genre': 'fantasy'}
```

La función `RunnablePassThrough`, simplemente, pasa cualquier entrada directamente al siguiente paso. A continuación, se crea un nuevo diccionario utilizando la misma clave en la función `invoke`; esta clave se extrae utilizando `itemgetter("genre")`.

Es esencial utilizar la función `itemgetter` en todas las partes de sus cadenas LCEL, para que cualquier variable de marcador de posición en `ChatPromptTemplate` siempre tenga valores válidos.

Además, puede utilizar las funciones `lambda` o `RunnableLambda` en una cadena LCEL para manipular los valores del diccionario anterior. Una lambda es una función anónima en Python:

```
from langchain_core.runnables import RunnableLambda
chain = RunnablePassthrough() | {
    "genre": itemgetter("genre"),
    "upper_case_genre": lambda x: x["genre"].upper(),
    "lower_case_genre": RunnableLambda(lambda x: x["genre"].lower()),
}
chain.invoke({"genre": "fantasy"})
# {'genre': 'fantasy', 'upper_case_genre': 'FANTASY',
# 'lower_case_genre': 'fantasy'}
```

Ahora que ya sabe cómo utilizar `RunnablePassThrough`, `itemgetter` y las funciones lambda, vamos a introducir una última estructura de sintaxis: `RunnableParallel`:

```
from langchain_core.runnables import RunnableParallel
```

```
master_chain = RunnablePassthrough() | {
    "genre": itemgetter("genre"),
    "upper_case_genre": lambda x: x["genre"].upper(),
    "lower_case_genre": RunnableLambda(lambda x: x["genre"].lower()),
}

master_chain_two = RunnablePassthrough() | RunnableParallel(
    genre=itemgetter("genre"),
    upper_case_genre=lambda x: x["genre"].upper(),
    lower_case_genre=RunnableLambda(lambda x: x["genre"].lower()),
)

story_result = master_chain.invoke({"genre": "Fantasy"})
print(story_result)

story_result = master_chain_two.invoke({"genre": "Fantasy"})
print(story_result)

# master chain: {'genre': 'Fantasy', 'upper_case_genre': 'FANTASY',
# 'lower_case_genre': 'fantasy'}
# master chain two: {'genre': 'Fantasy', 'upper_case_genre':
# 'FANTASY', 'lower_case_genre': 'fantasy'}
```

Primero, importa `RunnableParallel` y crea dos cadenas LCEL llamadas `master_chain` y `master_chain_two`. A continuación, estas se invocan con exactamente los mismos argumentos; `RunnablePassthrough` pasa seguidamente el diccionario a la segunda parte de la cadena.

La segunda parte de `master_chain` y `master_chain_two` devolverá exactamente el *mismo resultado.*

Por lo tanto, en lugar de utilizar directamente un diccionario, puede optar por utilizar una función `RunnableParallel`. Las salidas de estas dos cadenas son intercambiables, así que puede elegir la sintaxis que le resulte más cómoda.

Vamos a crear tres cadenas LCEL utilizando las plantillas de *prompt:*

```
from langchain_openai.chat_models import ChatOpenAI
from langchain_core.output_parsers import StrOutputParser

# Create the chat model:
model = ChatOpenAI()
# Create the subchains:
character_generation_chain = ( character_generation_prompt
| model
| StrOutputParser() )

plot_generation_chain = ( plot_generation_prompt
| model
| StrOutputParser() )

scene_generation_plot_chain = ( scene_generation_plot_prompt
| model
| StrOutputParser() )
```

Después de crear todas las cadenas, puede entonces adjuntarlas a una cadena principal de LCEL.

Entrada:

```
from langchain_core.runnables import RunnableParallel
from operator import itemgetter
from langchain_core.runnables import RunnablePassthrough

master_chain = (
    {"characters": character_generation_chain, "genre":
    RunnablePassthrough()}
    | RunnableParallel(
        characters=itemgetter("characters"),
        genre=itemgetter("genre"),
        plot=plot_generation_chain,
    )
    | RunnableParallel(
        characters=itemgetter("characters"),
        genre=itemgetter("genre"),
        plot=itemgetter("plot"),
        scenes=scene_generation_plot_chain,
    )
)

story_result = master_chain.invoke({"genre": "Fantasy"})
```

La salida está truncada cuando usted ve . . . , para ahorrar espacio. Sin embargo, en total se han generado cinco personajes y nueve escenas.

Salida:

```
{'characters': '''Name: Lyra, Biography: Lyra is a young elf who
possesses ..\n\nName: Orion, Biography: Orion is a ..''',
'genre': {'genre': 'Fantasy'} 'plot': '''In the enchanted forests
of a mystical realm, a great darkness looms, threatening to
engulf the land and its inhabitants. Lyra, the young elf with a
deep connection to nature, ...''', 'scenes': '''Scene 1: Lyra
senses the impending danger in the forest ...\n\nScene 2: Orion,
on his mission to investigate the disturbances in the
forest...\n\nScene 9: After the battle, Lyra, Orion, Seraphina,
Finnegan...'''}
```

Las escenas se dividen en elementos separados en una lista de Python. A continuación, se crean dos nuevos *prompts*, para generar tanto un guion de caracteres como un *prompt* de resumen:

```
# Extracting the scenes using .split('\n') and removing empty strings:
scenes = [scene for scene in story_result["scenes"].split("\n")
if scene]
generated_scenes = []
previous_scene_summary = ""

character_script_prompt = ChatPromptTemplate.from_template(
    template="""Given the following characters: {characters} and the
    genre: {genre}, create an effective character script for a scene.
```

```
    You must follow the following principles:
    - Use the Previous Scene Summary: {previous_scene_summary} to
    avoid repeating yourself.
    - Use the Plot: {plot} to create an effective scene character
    script.
    - Currently you are generating the character dialogue script
    for the following scene: {scene}

    ---
    Here is an example response:
    SCENE 1: ANNA'S APARTMENT

    (ANNA is sorting through old books when there is a knock at
    the door. She opens it to reveal JOHN.)
    ANNA: Can I help you, sir?
    JOHN: Perhaps, I think it's me who can help you. I heard
    you're researching time travel.
    (Anna looks intrigued but also cautious.) ANNA: That's right, but
    how do you know? JOHN: You could say... I'm a primary source.

    ---
    SCENE NUMBER: {index}

    """,
)

summarize_prompt = ChatPromptTemplate.from_template(
    template="""Given a character script, create a summary of the
    scene. Character script: {character_script}""",
)
```

Técnicamente, usted podría generar todas las escenas de manera asincrónica. Sin embargo, es conveniente saber qué ha hecho cada personaje en la *escena anterior, para evitar repetir detalles.*

Por lo tanto, puede crear dos cadenas LCEL: una para generar los guiones de los personajes por escena y la otra, para los resúmenes de escenas anteriores:

```
# Loading a chat model:
model = ChatOpenAI(model='gpt-3.5-turbo-16k')

# Create the LCEL chains:
character_script_generation_chain = (
    {
        "characters": RunnablePassthrough(),
        "genre": RunnablePassthrough(),
        "previous_scene_summary": RunnablePassthrough(),
        "plot": RunnablePassthrough(),
        "scene": RunnablePassthrough(),
        "index": RunnablePassthrough(),
    }
    | character_script_prompt
    | model
    | StrOutputParser()
)
```

```
summarize_chain = summarize_prompt | model | StrOutputParser()

# You might want to use tqdm here to track the progress,
# or use all of the scenes:
for index, scene in enumerate(scenes[0:3]):

    # # Create a scene generation:
    scene_result = character_script_generation_chain.invoke(
        {
            "characters": story_result["characters"],
            "genre": "fantasy",
            "previous_scene_summary": previous_scene_summary,
            "index": index,
        }
    )

    # Store the generated scenes:
    generated_scenes.append(
        {"character_script": scene_result, "scene": scenes[index]}
    )

    # If this is the first scene then we don't have a
    # previous scene summary:
    if index == 0:
        previous_scene_summary = scene_result
    else:
        # If this is the second scene or greater then
        # we can use and generate a summary:
        summary_result = summarize_chain.invoke(
            {"character_script": scene_result}
        )
        previous_scene_summary = summary_result
```

En primer lugar, establecerá una `character_script_generation_chain` en su *script,* utilizando varios ejecutables, como `RunnablePassthrough`, para conseguir un flujo de datos fluido. Lo crucial aquí es que esta cadena integra *model* = `ChatOpenAI(model='gpt-3.5-turbo-16k')`, un modelo potente con una generosa ventana de contexto de 16k, ideal para tareas extensas de generación de contenido. Cuando se invoca, esta cadena genera hábilmente guiones de personajes, basándose en entradas como perfiles de personajes, género y detalles de la escena.

Usted puede enriquecer dinámicamente cada escena al añadir el resumen de la escena anterior, creando una memoria de *buffer* simple pero efectiva. Esta técnica asegura continuidad y contexto en la narrativa, mejorando la capacidad del LLM para generar guiones coherentes de personajes.

Además, verá cómo `StrOutputParser` convierte elegantemente las salidas del modelo en cadenas estructuradas, haciendo que el contenido generado sea fácilmente utilizable.

Dividir la tarea

Recuerde que el diseño de sus tareas en una cadena secuencial se beneficia, en gran medida, del principio de división de la tarea. Dividir las tareas en cadenas más pequeñas y manejables puede mejorar la calidad general del resultado. Cada cadena de la cadena secuencial contribuye con su esfuerzo individual a la consecución del objetivo general de la tarea.

El uso de cadenas le permite utilizar diferentes modelos; por ejemplo, utilizar un modelo inteligente para la ideación y un modelo económico para la generación normalmente da resultados óptimos. Esto también significa que puede tener modelos a los que se ha realizado el ajuste fino en cada paso.

Estructuración de cadenas LCEL

En LCEL, debe asegurarse de que la primera parte de su cadena LCEL sea de un tipo *ejecutable.* El siguiente código arrojará un error:

```
from langchain_core.prompts.chat import ChatPromptTemplate
from operator import itemgetter
from langchain_core.runnables import RunnablePassthrough,
RunnableLambda

bad_first_input = {
    "film_required_age": 18,
}

prompt = ChatPromptTemplate.from_template(
    "Generate a film title, the age is {film_required_age}"
)

# This will error:
bad_chain = bad_first_input | prompt
```

Un diccionario de Python con un valor de 18 no creará una cadena LCEL ejecutable. Sin embargo, las siguientes implementaciones funcionarán:

```
# All of these chains enforce the runnable interface:
first_good_input = {"film_required_age":
    itemgetter("film_required_age")}

# Creating a dictionary within a RunnableLambda:
second_good_input = RunnableLambda(lambda x: { "film_required_age":
x["film_required_age"] } )

third_good_input = RunnablePassthrough()
fourth_good_input = {"film_required_age": RunnablePassthrough()}
# You can also create a chain starting with RunnableParallel(...)

first_good_chain = first_good_input | prompt
second_good_chain = second_good_input | prompt
third_good_chain = third_good_input | prompt
fourth_good_chain = fourth_good_input | prompt
```

```
first_good_chain.invoke({
    "film_required_age": 18
}) # ...
```

Las cadenas secuenciales son excelentes para elaborar, de manera incremental, la información generada que se utiliza en cadenas futuras, pero, a menudo, ofrecen tiempos de respuesta más lentos, debido a su naturaleza secuencial. Por lo tanto, los pipelines de datos `SequentialChain` son más adecuados para tareas del lado del servidor, donde las respuestas inmediatas no son una prioridad y los usuarios no esperan retroalimentación en tiempo real.

Cadenas de documentos

Imaginemos que, antes de aceptar la historia generada, el editor local le ha solicitado que le proporcione un resumen basado en todos los guiones de los personajes. Este es un buen caso de uso para las cadenas de documentos, porque necesita proporcionar a un LLM una gran cantidad de texto que no cabría en una sola solicitud LLM, debido a las restricciones de longitud del contexto.

Antes de profundizar en el código, veamos el panorama general. El *script* que va a ver realiza una tarea de resumen de texto en una colección de escenas.

Recuerde instalar Pandas con `pip install pandas`.

Ahora, vamos a empezar con el primer bloque de código:

```
from langchain_text_splitters import CharacterTextSplitter
from langchain.chains.summarize import load_summarize_chain
import pandas as pd
```

Estas líneas importan todas las herramientas que se necesitan. `CharacterTextSplitter` y `load_summarize_chain` son del paquete LangChain y lo ayudarán con el procesamiento de texto, mientras que Pandas (importado como `pd`) lo ayudará a manejar sus datos.

A continuación, usted trabajará con sus datos:

```
df = pd.DataFrame(generated_scenes)
```

Aquí, crea un DataFrame de Pandas a partir de la variable `generated_scenes`, convirtiendo efectivamente las escenas en un formato de datos tabular que Pandas puede manejar fácilmente.

A continuación, necesita consolidar el texto:

```
all_character_script_text = "\n".join(df.character_script.tolist())
```

En esta línea, transforma la columna `character_script` de su DataFrame en una única cadena de texto. Cada entrada de la columna se convierte en un elemento de lista, y todos los elementos se unen con saltos de línea entre ellos, dando como resultado una única cadena, que contiene todos los guiones de los personajes.

Una vez que tenga su texto listo, lo prepara para el proceso de resumen:

```
text_splitter = CharacterTextSplitter.from_tiktoken_encoder(
    chunk_size=1500, chunk_overlap=200
)
docs = text_splitter.create_documents([all_character_script_text])
```

Aquí, usted crea una instancia `CharacterTextSplitter` utilizando su método de clase `from_tiktoken_encoder`, con parámetros específicos para el tamaño de los fragmentos y el solapamiento. A continuación, utiliza este divisor de texto para dividir el texto consolidado del guion en fragmentos adecuados, para que los procese su herramienta de resumen.

Después, configura su herramienta de resumen:

```
chain = load_summarize_chain(llm=model, chain_type="map_reduce")
```

Esta línea se refiere a la configuración de su proceso de resumen. Está llamando a una función que carga una cadena de resumen con un modelo de chat en un enfoque estilo `map-reduce`.

A continuación, usted ejecuta el resumen:

```
summary = chain.invoke(docs)
```

Aquí es donde realmente realiza el resumen del texto. El método `invoke` ejecuta el resumen en los fragmentos de texto que preparó anteriormente y almacena el resumen en una variable.

Por último, imprime el resultado:

```
print(summary['output_text'])
```

Esta es la culminación de todo su duro trabajo. El texto del resumen resultante se imprime en la consola para que usted lo vea.

Este *script* toma una colección de escenas, consolida el texto, lo divide en segmentos, lo resume y, luego, imprime el resumen:

```
from langchain.text_splitter import CharacterTextSplitter
from langchain.chains.summarize import load_summarize_chain
import pandas as pd

df = pd.DataFrame(generated_scenes)

all_character_script_text = "\n".join(df.character_script.tolist())

text_splitter = CharacterTextSplitter.from_tiktoken_encoder(
    chunk_size=1500, chunk_overlap=200
)

docs = text_splitter.create_documents([all_character_script_text])

chain = load_summarize_chain(llm=model, chain_type="map_reduce")
summary = chain.invoke(docs)
print(summary['output_text'])
```

Salida:

```
Aurora and Magnus agree to retrieve a hidden artifact, and they enter an
ancient library to find a book that will guide them to the relic...'
```

Cabe destacar que, aunque usted ha utilizado una cadena `map_reduce`, existen cuatro cadenas principales para trabajar con objetos `Document` en LangChain.

Stuff

La cadena de inserción de documentos, también conocida como cadena *stuff* (derivado del concepto de *rellenar* o *completar*), es el enfoque más simple entre las diversas estrategias de encadenamiento de documentos. En la figura 4-5, se ilustra el proceso de integrar varios documentos en una única solicitud a un LLM.

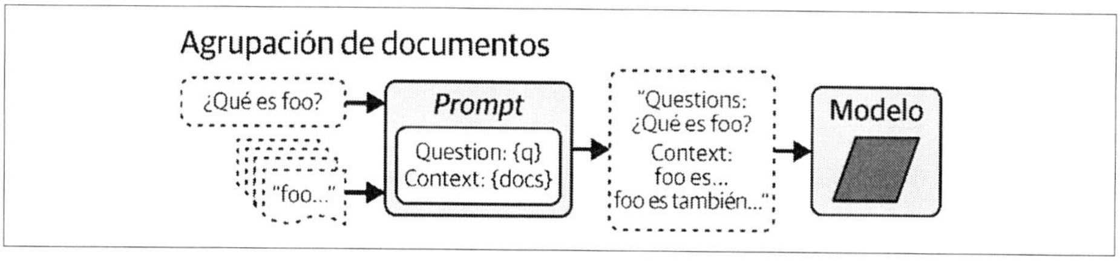

Figura 4-5. *Cadena de documentos* stuff.

Refinamiento

La cadena de refinamiento de documentos (figura 4-6) crea una respuesta del LLM a través de un proceso cíclico que *actualiza iterativamente su salida.* Durante cada iteración, combina la salida actual (derivada del LLM) con el documento actual. Se realiza otra solicitud al LLM para *actualizar la salida actual.* Este proceso continúa hasta que se han procesado todos los documentos.

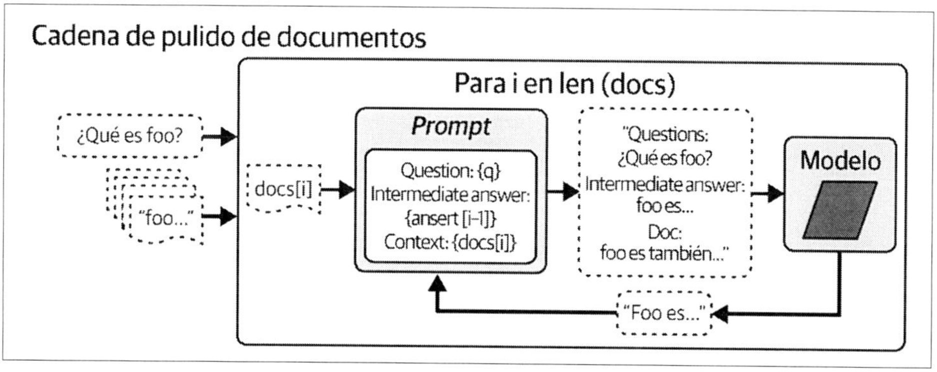

Figura 4-6. *Cadena de pulido de documentos.*

Map reduce

La cadena de documentos *map reduce* de la figura 4-7 comienza con una cadena LLM para cada documento por separado (un proceso conocido como el paso Map), interpretando la salida resultante como la generación de un nuevo documento.

Posteriormente, todos estos documentos recién creados se introducen en una cadena distinta de combinación de documentos, para formular una única salida singular (un proceso denominado paso Reduce). Si es necesario, para garantizar que los nuevos documentos se ajustan perfectamente a la longitud del contexto, se utiliza un proceso opcional de compresión en los documentos mapeados. Si es necesario, esta compresión se realiza de forma recursiva.

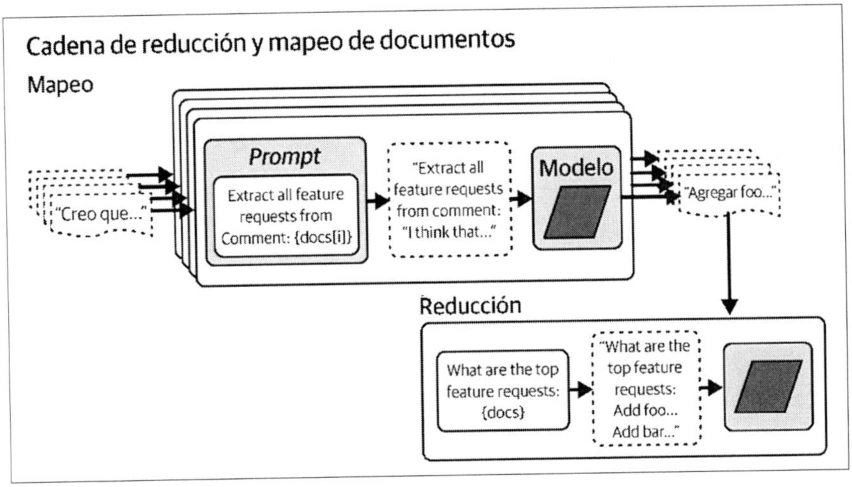

Figura 4-7. *Cadena de documentos* map reduce.

Map re-rank

También existe el proceso de *map re-rank*, que funciona ejecutando un *prompt* inicial en cada documento. Esto no solo busca cumplir con una tarea dada, sino que también asigna una puntuación de confianza, que refleja la certeza de su respuesta. A continuación, se selecciona y devuelve la respuesta con la mayor puntuación de confianza.

En la tabla 4-1, se muestran las ventajas y desventajas de elegir una estrategia específica de cadena de documentos.

Tabla 4-1. *Descripción general de las estrategias de cadenas de documentos*

Enfoque	Ventajas	Desventajas
Cadena de documentos *stuff*	Fácil de implementar. Ideal para escenarios con documentos pequeños y pocos datos de entrada.	Puede no ser adecuado para manejar documentos de gran tamaño o múltiples entradas, debido a la limitación del tamaño del *prompt*

Enfoque	Ventajas	Desventajas
Cadena de documentos *refine*	Permite la mejora iterativa de la respuesta. Brinda mayor control sobre cada paso de la generación de respuestas.Bueno para tareas de extracción progresiva.	Puede no ser óptimo para aplicaciones en tiempo real, debido al proceso de iteración
Cadena de documentos *map reduce*	Permite el procesamiento independiente de cada documento. Puede gestionar grandes conjuntos de datos, reduciéndolos a fragmentos que son más manejables	Requiere una cuidadosa gestión del proceso. El paso opcional de comprensión puede añadir complejidad y perder el orden de los documentos
Cadena de documentos *map re-rank*	Proporciona una puntuación de confianza para cada respuesta, lo que permite mejorar la selección de respuestas	El algoritmo de clasificación puede ser complejo de implementar y gestionar. Puede no proporcionar la mejor respuesta si el mecanismo de puntuación no es fiable o está mal ajustado

Puede ampliar su lectura sobre cómo implementar diferentes cadenas de documentos en la completa API de LangChain *(https://oreil.ly/FQUK_)* y aquí *(https://oreil.ly/9xr_6)*.

Además, es posible simplemente cambiar el tipo de cadena en la función `Load_summarize_chain`:

```
chain = load_summarize_chain(llm=model, chain_type='refine')
```

Existen enfoques más modernos y personalizables para crear cadenas de resumen utilizando LCEL, pero, para la mayoría de sus necesidades, `load_summarize_chain` proporciona que son suficientes resultados.

Resumen

En este capítulo, ha revisado exhaustivamente el *framework* LangChain y sus componentes esenciales. Ha aprendido la importancia de los cargadores de documentos para recopilar datos, y el papel de los divisores de texto en la gestión de grandes bloques de texto.

Además, se ha introducido en los conceptos de descomposición de tareas y encadenamiento de *prompts*. Al dividir los problemas complejos en tareas más pequeñas, ha visto la importancia del aislamiento de problemas. Además, ahora comprende cómo el encadenamiento de *prompts* puede combinar múltiples entradas/salidas para una generación de ideas más rica.

En el próximo capítulo, aprenderá acerca de las bases de datos vectoriales, incluyendo cómo integrarlas con documentos de LangChain, y esta capacidad desempeñará un papel fundamental en mejorar la precisión de la extracción de información de sus datos.

CAPÍTULO 5

Bases de datos vectoriales con FAISS y Pinecone

En este capítulo, se introduce el concepto de *embeddings* (incrustaciones) y bases de datos vectoriales y se analiza cómo se pueden utilizar para proporcionar un contexto relevante en los *prompts*.

Una *base de datos vectorial* es una herramienta muy utilizada para almacenar datos de texto, de forma que permita realizar consultas basadas en similitud o significado semántico. Esta tecnología se utiliza para reducir las alucinaciones (cuando el modelo de IA inventa algo) al referirse a datos con los que el modelo no está entrenado, lo que mejora significativamente la precisión y calidad de la respuesta del LLM. Los casos de uso de las bases de datos vectoriales también incluyen la lectura de documentos, la recomendación de productos similares en el recordatorio de conversaciones anteriores.

Los *vectores* son listas de números que representan texto (o imágenes), que usted podría pensar como coordenadas para una ubicación. El vector para la palabra *mouse* utilizando el modelo de incrustación `text-embedding-ada-002` de OpenAI es una lista de 1536 números, cada uno de los cuales representa el valor de una característica que el modelo de incrustación aprendió en el entrenamiento:

```
[-0.011904156766831875,
-0.0323905423283577,
0.001950666424818337,
...]
```

Cuando se entrenan estos modelos, los textos que aparecen juntos en los datos de entrenamiento se acercan en valores, y los textos que no están relacionados se alejan. Imagine que entrenamos un modelo simple con solo dos parámetros, `Cartoon` e `Hygiene`, que debe describir el mundo entero, pero solo en términos de estas dos variables. Partiendo de la palabra *mouse,* al aumentar el valor del parámetro `Cartoon`, nos moveríamos hacia el ratón de dibujos animados más famoso, `mickey mouse`, como se muestra en la figura 5-1. Disminuir el valor para el parámetro `Hygiene` nos movería hacia `rat`, porque las ratas son roedores similares a los ratones, pero están asociadas con la peste y la enfermedad (es decir, son antihigiénicas).

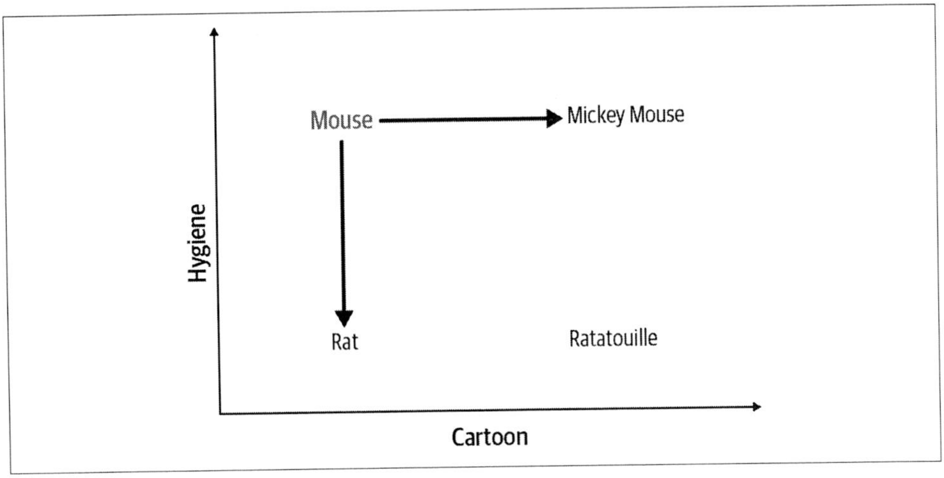

Figura 5-1. *Distancias vectoriales en 2D.*

Cada posición en el gráfico se puede encontrar mediante dos números en los ejes X e Y, que representan las características del modelo `Cartoon` e `Hygiene`. En realidad, los vectores pueden tener miles de parámetros, porque tener más parámetros permite al modelo captar una gama más amplia de similitudes y diferencias. La higiene no es la única diferencia entre ratones y ratas, y Mickey Mouse no es solo un ratón de dibujos animados. Estas características se aprenden a partir de los datos de un modo que las hace difíciles de interpretar por las personas, y necesitaríamos un gráfico con miles de ejes para mostrar una ubicación en el *espacio latente* (el espacio multidimensional abstracto formado por los parámetros del modelo). A menudo, no existe una explicación que puedan comprender las personas de lo que significa una característica. Sin embargo, podemos crear una proyección bidimensional simplificada de las distancias entre vectores, como se ha hecho en la figura 5-2.

Para realizar una búsqueda vectorial, primero obtiene el vector (o ubicación) de lo que desea buscar y encuentra los `k` registros más cercanos en la base de datos. En este caso, la palabra *mouse* es la que está más cerca de `Mickey Mouse`, `cheese` y `Trap`, donde `k=3` (devuelve los tres registros más cercanos). La palabra *Rat* se excluye si `k=3`, pero se incluiría si `k=4`. La palabra *Airplane* en este ejemplo está lejos, porque rara vez se asocia con la palabra *Mouse* en los datos de entrenamiento. La palabra *Ship* está, sin embargo, colocada cerca de las otras formas de transporte, pero está más cerca de `Mouse` y `Rat`, porque se encuentran a menudo en los barcos, según los datos de entrenamiento.

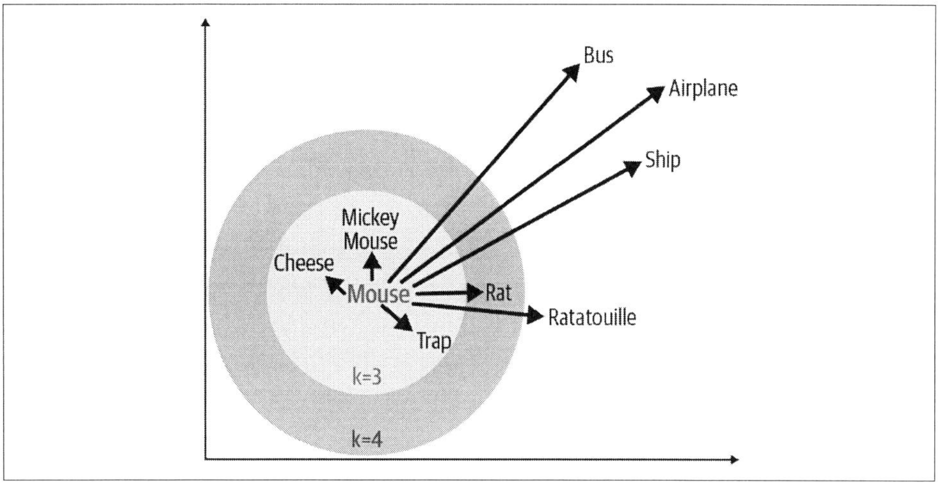

Figura 5-2. *Distancias vectoriales multidimensionales.*

Una base de datos vectorial almacena los registros de texto con su representación vectorial como clave. A diferencia de otros tipos de bases de datos, en las que pueden encontrar registros basados en un ID, una relación o donde el texto contiene una cadena específica; por ejemplo, si consultara una base de datos relacional basándose en el texto de la figura 5-2 para encontrar registros en los que el texto contenga `Mouse`, devolvería el registro `Mickey Mouse` pero nada más, ya que ningún otro registro contiene esa frase exacta. Con vectores de búsqueda, también podría devolver los registros `Cheese` y `Trap`, porque están estrechamente asociados, aunque no coincidan exactamente con su consulta.

La posibilidad de realizar consultas basadas en la similitud es extremadamente útil, y la búsqueda vectorial potencia muchas de las funciones de la IA.

Lectura de documentos
: Encuentra secciones relacionadas del texto para leerlas, con el fin de proporcionar una respuesta más precisa.

Sistemas de recomendación
: Descubre productos o artículos similares, para sugerirlos a un usuario.

Memoria a largo plazo
: Busca fragmentos relevantes del historial de conversaciones, para que un *chatbot* recuerde interacciones anteriores.

Los modelos de IA son capaces de gestionar estas tareas a pequeña escala, siempre y cuando sus documentos, lista de productos o memoria de conversación encajen dentro de los límites de *tokens* del modelo que esté utilizando. Sin embargo, a gran escala pronto se enfrenta a los límites de *tokens* y al coste excesivo de pasar demasiados *tokens* en cada *prompt*. OpenAI lanzó la versión preliminar de `gpt-4-1106-preview` en noviembre de 2023 *(https://oreil.ly/KMNU8),* con una enorme ventana de contexto de 128 000 *tokens,* pero cuesta 10 veces más por *token* que `gpt-3.5-turbo`, que tiene un 88 % menos de *tokens* y fue lanzado un año antes. El enfoque más eficiente consiste en buscar solo los registros más relevantes para pasarlos al *prompt* en tiempo de ejecución, con el fin de proporcionar el contexto más relevante para formar una respuesta. Esta práctica se conoce normalmente como RAG.

Generación mejorada por recuperación (RAG)

Las bases de datos vectoriales son un componente clave de RAG (Retrieval Augmented Generation), que normalmente consiste en buscar por similitud con la consulta, recuperar los documentos más relevantes e insertarlos en el *prompt* como contexto. Esto le permite mantenerse dentro de lo que cabe en la ventana de contexto en curso, a la vez que evita gastar dinero en *tokens* innecesarios, al insertar documentos de texto irrelevante en el contexto.

La recuperación se puede hacer también utilizando búsquedas en bases de datos tradicionales o navegando por la web y, en muchos casos, no es necesaria una búsqueda vectorial por similitud semántica. RAG se utiliza normalmente para resolver alucinaciones en escenarios abiertos, como un usuario hablando con un *chatbot* que es propenso a inventarse cosas cuando se le pregunta sobre algo que no está en sus datos de entrenamiento. La búsqueda vectorial puede insertar documentos que son semánticamente similares a la consulta del usuario en el *prompt,* disminuyendo en gran medida las posibilidades de que el *chatbot* alucine.

Por ejemplo, si su autor Mike le dijo a un *chatbot* "My name is Mike" (Me llamo Mike) y, 3 mensajes después, le preguntó "¿cómo me llamo?", el *chatbot* puede recordar fácilmente la respuesta correcta. El mensaje que contiene el nombre de Mike sigue estando dentro de la ventana contextual del chat. Sin embargo, si fue hace 3000 mensajes, el texto de esos mensajes podría ser demasiado grande para caber dentro de la ventana contextual. Sin este importante contexto, el *chatbot* podría alucinar un nombre o negarse a responder por falta de información. Una búsqueda por palabras clave podría ayudar, pero también existe la posibilidad de que devuelva demasiados documentos irrelevantes o no recuerde el contexto correcto en el que se capturó la información en el pasado. Puede que Mike haya mencionado muchas veces la palabra *name (nombre)* en diferentes formatos, y por diferentes razones. Al pasar la pregunta a la base de datos vectorial, esta podría devolver los tres mensajes más similares del chat que coincidan con lo que preguntó el usuario:

```
## Context
Most relevant previous user messages:
1. "My name is Mike".
2. "My dog's name is Hercules".
3. "My coworker's name is James".
```

```
## Instructions
Please answer the user message using the context above.
User message: What is my name?
AI message:
```

Para la mayoría de los modelos, es imposible pasar los 3000 mensajes anteriores en el *prompt* y, para una búsqueda tradicional, el modelo de IA tendría que formular la consulta de búsqueda correcta, lo cual puede ser poco fiable. Utilizando el patrón RAG, usted pasaría el mensaje actual del usuario a una función de búsqueda vectorial, y devolvería los tres registros más relevantes como contexto, que el *chatbot* puede luego utilizar para responder correctamente.

Proporcionar orientación

En lugar de insertar información estática en el *prompt,* la búsqueda vectorial permite insertar dinámicamente la información más relevante en el *prompt.*

Así es como funciona el proceso para aplicaciones en producción utilizando RAG:

1. Divide los documentos en fragmentos de texto.
2. Indexa los fragmentos en una base de datos vectorial.
3. Busca por vector los registros similares.
4. Inserta los registros en el *prompt* como contexto.

En este caso, los documentos serían los 3000 mensajes anteriores del usuario que servirían como la memoria del *chatbot,* pero también podrían ser secciones de un documento PDF que hayamos subido para darle al *chatbot* la capacidad de leer, o una lista de todos los productos relevantes que vende para permitir al *chatbot* hacer una recomendación. La capacidad de nuestra búsqueda vectorial para encontrar los textos más similares depende totalmente del modelo de IA utilizado para generar los vectores, denominados *embeddings* cuando se trata de información semántica o contextual.

Introducción a los *embeddings*

El término *embeddings* suele referirse a la representación vectorial del texto devuelta por un modelo de IA preentrenado. En el momento de escribir estas líneas, el modelo estándar para generar *embeddings* es el modelo de `text-embedding-ada` de OpenAI-002, aunque los modelos de *embeddings* han estado disponibles mucho antes de la llegada de la IA generativa.

Aunque es útil visualizar los espacios vectoriales como un gráfico bidimensional, como en la figura 5-2, en realidad, los *embeddings* devueltos por el modelo `text-embedding-ada-002` están en 1536 dimensiones, lo cual es difícil de representar gráficamente. Disponer de más dimensiones permite al modelo captar un significado semántico más profundo y relaciones más complejas; por ejemplo, mientras que un espacio 2D podría separar gatos de perros, un espacio 300D podría captar información sobre las diferencias entre razas, tamaños, colores y otros detalles intrincados. El siguiente código muestra cómo recuperar *embeddings* de la API de OpenAI. El código de los siguientes ejemplos está incluido en el repositorio GitHub *(https://oreil.ly/6RzTy)* del libro.

Entrada:

```
from openai import OpenAI
client = OpenAI()

# Function to get the vector embedding for a given text
def get_vector_embeddings(text):
   response = client.embeddings.create(
      input=text,
      model="text-embedding-ada-002"
   )
   embeddings = [r.embedding for r in response.data]
   return embeddings[0]

get_vector_embeddings("Your text string goes here")
```

Salida:

```
[
-0.006929283495992422,
-0.005336422007530928,
...
-4.547132266452536e-05,
-0.024047505110502243
]
```

Este código utiliza la API OpenAI para crear un *embedding* para un texto de entrada dado utilizando un modelo de *embedding* específico:

1. `from openai import OpenAI` importa la biblioteca de OpenAI, y `client = OpenAI ()` configura el cliente. Este recupera su clave de API OpenAI desde una variable de entorno `OPENAI_API_KEY` para cargar el coste de los *embeddings* a su cuenta. Debe configurarla en su entorno (normalmente, en un archivo *.env*), la cual se puede obtener creando una cuenta y visitando *https://oreil.ly/apikeys*.
2. `response = client.embeddings.create(...)`: esta línea llama al método `create` de la clase `Embedding` del cliente de la biblioteca OpenAI. El método toma dos argumentos:
   - `input`: aquí es donde usted proporciona la cadena de texto para la que desea generar un *embedding*.
   - `model`: este argumento especifica el modelo de *embedding* que desea utilizar. En este caso, es `text-embedding-ada-002`, que es un modelo al que se accede mediante la API OpenAI.

3. `embeddings = [r.embedding for r in response.data]`: tras la llamada a la API, el objeto `response` contiene los *embeddings* generados en formato JSON. Esta línea extrae el *embedding* numérico real de la respuesta, iterando a través de una lista de *embeddings* en `response.data`.

Después de ejecutar este código, la variable `embeddings` contendrá la representación numérica *(embedding)* del texto de entrada, que se puede utilizar en diversas tareas PLN o modelos de aprendizaje automático. Este proceso de recuperación o generación de *embeddings* se denomina a veces carga de documentos.

El término *carga* en este contexto se refiere al acto de calcular o recuperar las representaciones numéricas (vectores) del texto de un modelo y almacenarlas en una variable para su uso posterior. Esto es distinto del concepto de *chunking (fragmentación),* que normalmente se refiere a dividir un texto en fragmentos más pequeños y manejables para facilitar su procesamiento. Estas dos técnicas se utilizan habitualmente de forma conjunta, ya que a menudo es útil dividir los documentos grandes en páginas o párrafos, para facilitar una coincidencia más precisa y solo pasar los *tokens* más relevantes al *prompt.*

Hay un coste asociado con la recuperación de *embeddings* de OpenAI, pero es relativamente barato: 0,0004 dólares por cada 1000 *tokens* en el momento de escribir estas líneas; por ejemplo, en el caso de la versión de la Biblia del rey Jacobo, que contiene unas 800 000 palabras o aproximadamente 4000 millones de *tokens,* costaría alrededor de 1,60 dólares recuperar todos los *embeddings* del documento completo.

Pagar por *embeddings* de OpenAI no es su única opción. También existen modelos de código abierto que puede utilizar; por ejemplo, la biblioteca SentenceTransformers *(https://oreil.ly/8OV3c)* proporcionada por Hugging Face, que tiene 384 dimensiones.

Entrada:

```
import requests
import os

model_id = "sentence-transformers/all-MiniLM-L6-v2"
hf_token = os.getenv("HF_TOKEN")

api_url = "https://api-inference.huggingface.co/"
api_url += f"pipeline/feature-extraction/{model_id}"
headers = {"Authorization": f"Bearer {hf_token}"}

def query(texts):
   response = requests.post(api_url, headers=headers,
   json={"inputs": texts,
   "options":{"wait_for_model":True}})
   return response.json()

texts = ["mickey mouse",
   "cheese",
   "trap",
   "rat",
```

```
    "ratatouille",
    "bus",
    "airplane",
    "ship"]
output = query(texts)
output
```

Salida:

```
[[-0.03875632584095001, 0.04480459913611412,
0.016051070764660835, -0.01789097487926483,
-0.03518553078174591, -0.013002964667975903,
0.14877274632453918, 0.048807501792907715,
0.011848390102386475, -0.044042471796274185,
...
-0.026688814163208008, -0.0359361357986927,
-0.032378595322370053, 0.008156519383192062,
-0.10299170762300491, 0.0790356695652008,
-0.008071334101259708, 0.11919838190078735,
0.0005506130401045084, -0.034978926181793 21]]
```

Este código utiliza la API de Hugging Face para obtener *embeddings* para una lista de entradas de texto utilizando un modelo preentrenado. El modelo utilizado aquí es `sentence-transformers/all-MiniLM-L6-v2`, que es una versión más pequeña de BERT, un modelo de PLN de código abierto introducido por Google en 2017 (basado en el modelo transformador), optimizado para tareas a nivel de oraciones. Así es como funciona paso a paso:

1. `model_id` se asigna al identificador del modelo preentrenado, `Sentencetransformers/all-MiniLM-L6-v2`.
2. `hf_token = os.getenv("HF_TOKEN")` recupera la clave de la API para el *token* API de Hugging Face desde su entorno. Debe configurarlo en su entorno con su propio *token*, que puede obtener creando una cuenta y visitando *https://hf.co/settings/tokens*.
3. Se importa la biblioteca `requests` para realizar solicitudes HTTP a la API.
4. `api_url` se asigna a la URL de la API de Hugging Face, con el ID del modelo incluido en la URL.
5. `headers` es un diccionario que contiene el encabezado de autorización con su *token* API de Hugging Face.
6. Se define la función `query()`, que toma una lista de entradas de texto y envía una solicitud `POST` a la API de Hugging Face con los encabezados adecuados y el cuerpo en formato JSON, que contiene las entradas y una opción para esperar a que el modelo esté disponible. La función devuelve, entonces, la respuesta JSON de la API.
7. `texts` es una lista de cadenas de texto que provienen de su base de datos.

8. `output` se asigna el resultado de llamar a la función `query()` con la lista `texts`.
9. Se imprime la variable `output`, que mostrará los *embeddings* de características para los textos de entrada.

Cuando ejecute este código, el *script* enviará el texto a la API de Hugging Face, y la API devolverá *embeddings* para cada cadena de texto enviada.

Si pasa el mismo texto a un modelo de *embeddings,* obtendrá el mismo vector de vuelta cada vez. Sin embargo, los vectores no son generalmente comparables entre modelos (o versiones de modelos), debido a las diferencias en el entrenamiento. Los *embeddings* que se obtienen de OpenAI son diferentes de los que se obtienen de BERT o spaCy (una biblioteca de procesamiento de lenguaje natural).

La principal diferencia con los *embeddings* generados por los modelos de transformadores modernos es que los vectores son contextuales, en lugar de estáticos, lo que significa que la palabra *bank* tendría *embeddings* diferentes en el contexto de una *ribera* versus un *banco financiero.* Los *embeddings* que obtiene de OpenAI Ada 002 y HuggingFace Sentence Transformers son ejemplos de vectores densos, en los que cada número del array es casi siempre distinto de cero (es decir, contienen información semántica). Hay también vectores dispersos *(https://oreil.ly/d1cmb),* que normalmente tienen un gran número de dimensiones (por ejemplo, más de 100 000) con muchas de las dimensiones con valor cero. Esto permite capturar características específicas importantes (cada característica puede tener su propia dimensión), lo que tiende a ser importante para el rendimiento en aplicaciones de búsqueda basadas en palabras clave. La mayoría de las aplicaciones de IA utilizan vectores densos para la recuperación, aunque la búsqueda híbrida (tanto vectores densos como dispersos) está ganando popularidad, ya que tanto la búsqueda por similitud como por palabras clave pueden ser útiles de forma combinada.

La precisión de los vectores es totalmente dependiente de la precisión del modelo que usted utiliza para generar los *embeddings.* Cualesquiera que sean los sesgos o las lagunas de información que tengan los modelos subyacentes también serán un problema para la búsqueda por vectores; por ejemplo, el modelo `text-embedding-ada-002` está actualmente entrenado solo hasta agosto de 2020 y, por lo tanto, desconoce cualquier palabra nueva o nueva asociación cultural que se haya formado después de esa fecha límite. Esto puede suponer un problema para los casos de uso que necesiten un contexto más reciente o información especializada del dominio no disponibles en los datos de entrenamiento, lo que puede hacer necesario entrenar un modelo personalizado.

En algunos casos, puede tener sentido entrenar su propio modelo de *embeddings;* por ejemplo, podría hacerlo si el texto utilizado tiene un vocabulario específico del dominio en el que palabras específicas tienen un significado distinto del significado generalmente aceptado de la palabra. Un ejemplo podría ser rastrear el lenguaje utilizado por grupos tóxicos en las redes sociales como Q-Anon, que hacen evolucionar el lenguaje que utilizan en los mensajes para eludir las acciones de moderación.

Puede entrenar sus propios *embeddings* con herramientas como word2vec, un método para representar palabras en un espacio vectorial, que le permite captar los significados semánticos de las palabras. Pueden utilizarse modelos más avanzados, como GloVe (Global Vectors for Word Representation), que lo utiliza spaCy para sus *embeddings*, los cuales están entrenados en el conjunto de datos Common Crawl, una captura de la web de código abierto. La biblioteca Gensim ofrece un sencillo proceso para entrenar sus propios *embeddings* personalizados utilizando el algoritmo de código abierto *(https://oreil.ly/RmXVR)* word2vec.

Entrada:

```
from gensim.models import Word2Vec

# Sample data: list of sentences, where each sentence is
# a list of words.
# In a real-world scenario, you'd load and preprocess your
# own corpus.
sentences = [
    ["the", "cake", "is", "a", "lie"],
    ["if", "you", "hear", "a", "turret", "sing", "you're",
    "probably", "too", "close"],
    ["why", "search", "for", "the", "end", "of", "a",
    "rainbow", "when", "the", "cake", "is", "a", "lie?"],
    # ...
    ["there's", "no", "cake", "in", "space,", "just", "ask",
    "wheatley"],
    ["completing", "tests", "for", "cake", "is", "the",
    "sweetest", "lie"],
    ["I", "swapped", "the", "cake", "recipe", "with", "a",
    "neurotoxin", "formula,", "hope", "that's", "fine"],
] + [
    ["the", "cake", "is", "a", "lie"],
    ["the", "cake", "is", "definitely", "a", "lie"],
    ["everyone", "knows", "that", "cake", "equals", "lie"],
    # ...
] * 10 # repeat several times to emphasize


# Train the word2vec model
model = Word2Vec(sentences, vector_size=100, window=5,
min_count=1, workers=4, seed=36)

# Save the model
model.save("custom_word2vec_model.model")

# To load the model later
# loaded_model = word2vec.load(
# "custom_word2vec_model.model")
```

```
# Get vector for a word
vector = model.wv['cake']

# Find most similar words
similar_words = model.wv.most_similar("cake", topn=5)
print("Top five most similar words to 'cake': ", similar_words)

# Directly query the similarity between "cake" and "lie"
cake_lie_similarity = model.wv.similarity("cake", "lie")
print("Similarity between 'cake' and 'lie': ",
cake_lie_similarity)
```

Salida:

```
Top 5 most similar words to 'cake': [('lie',
0.23420444130897522), ('test', 0.23205122351646423),
('tests', 0.17178669571876526), ('GLaDOS',
0.1536172330379486), ('got', 0.14605288207530975)]
Similarity between 'cake' and 'lie': 0.23420444
```

Este código crea un modelo word2vec utilizando la biblioteca Gensim y, luego, emplea el modelo para determinar las palabras que son similares a una palabra dada. Vamos a desglosarlo:

1. La variable `sentences` contiene una lista de oraciones, donde cada oración es una lista de palabras. Estos son los datos con los que se entrenará el modelo Word2Vec. En una aplicación real, en lugar de usar oraciones codificadas manualmente, se suele cargar un gran corpus de texto y se preprocesaría para obtener una lista de oraciones tokenizadas.
2. Se crea una instancia de la clase `word2vec` para representar el modelo. Al inicializar esta instancia, se proporcionan varios parámetros:
   - `sentences`: estos son los datos de entrenamiento.
   - `vector_size=100`: este define el tamaño de los vectores de palabras. Así, cada palabra se representará como un vector de 100 dimensiones.
   - `window=5`: este representa la distancia máxima entre la palabra actual y la palabra predicha dentro de una oración.
   - `min_count=1`: este garantiza que incluso las palabras que aparecen solo una vez en el conjunto de datos tendrán vectores creados para ellas.
   - `workers=4`: número de núcleos de CPU para utilizar durante el entrenamiento. Acelera el entrenamiento en máquinas multinúcleo.
   - `seed=36`: este se configura para asegurar la reproducibilidad, de modo que los procesos aleatorios en el entrenamiento entreguen el mismo resultado cada vez (aunque no está garantizado con múltiples trabajadores).

3. Después del entrenamiento, el modelo se guarda en un archivo llamado `custom_word2vec_model.model` utilizando el método `save`. Esto le permite reutilizar el modelo entrenado más adelante, sin necesidad de entrenarlo de nuevo.
4. Hay una línea comentada (no se ejecuta) que muestra cómo volver a cargar el modelo desde el archivo en el que se ha guardado. Esto es útil cuando se desea cargar un modelo preentrenado en un *script* o sesión diferente.
5. A la variable `vector` se le asigna la representación vectorial de la palabra *cake*. Este vector se puede utilizar para diversos fines, como cálculos de similitud, operaciones aritméticas, etc.
6. El método `most_similar` se utiliza para encontrar las palabras más similares al vector proporcionado (en este caso, el vector de *cake*). El método devuelve las cinco (`topn=5`) palabras más similares.
7. El método `similarity` consulta la similitud entre las direcciones de *cake* y *lie*, mostrando un pequeño valor positivo.

El conjunto de datos es pequeño y muy repetitivo, lo que podría no proporcionar un contexto variado para aprender correctamente la relación entre las palabras. Normalmente, word2vec se beneficia de corpus más grandes y diversos y, normalmente, no obtiene buenos resultados hasta que se trabaja con decenas de millones de palabras. En el ejemplo, establecimos un valor semilla para seleccionar una instancia en la que *lie* apareciera entre las cinco primeras palabras similares, pero, si se elimina esta semilla, se encontrará que rara vez se descubre la asociación con éxito.

Para documentos de menor tamaño, se recomienda una técnica más sencilla, como *TF-IDF* (Term Frequency-Inverse Document Frequency [Frecuencia de Término-Frecuencia Inversa de Documento]), una medida estadística utilizada para evaluar la importancia de una palabra en un documento en relación con una colección de documentos. El valor de TF-IDF aumenta proporcionalmente al número de veces que una palabra aparece en el documento, pero se ajusta por la frecuencia de la palabra en el corpus más amplio, lo que ayuda a compensar el hecho de que algunas palabras son generalmente más comunes que otras.

Para calcular la similitud entre *cake* y *lie* utilizando TF-IDF, puede utilizar la biblioteca científica *(https://oreil.ly/gHb3F) scikit-learn* de código abierto y calcular la *similitud coseno* (una medida de distancia entre dos vectores). Las palabras que frecuentemente aparecen juntas en oraciones tendrán una alta similitud coseno (acercándose a 1), mientras que palabras que aparecen raramente juntas mostrarán un valor bajo (o 0, si no están colocadas juntas en absoluto). Este método es robusto incluso para documentos pequeños, como el de nuestro sencillo ejemplo.

Entrada:

```
import numpy as np
from sklearn.feature_extraction.text import TfidfVectorizer
from sklearn.metrics.pairwise import cosine_similarity

# Convert sentences to a list of strings for TfidfVectorizer
document_list = [' '.join(s) for s in sentences]

# Compute TF-IDF representation
vectorizer = TfidfVectorizer()
tfidf_matrix = vectorizer.fit_transform(document_list)

# Extract the position of the words "cake" and "lie" in
# the feature matrix
cake_idx = vectorizer.vocabulary_['cake']
lie_idx = vectorizer.vocabulary_['lie']

# Extract and reshape the vector for 'cake'
cakevec = tfidf_matrix[:, cake_idx].toarray().reshape(1, -1)

# Compute the cosine similarities
similar_words = cosine_similarity(cakevec, tfidf_matrix.T).flatten()

# Get the indices of the top 6 most similar words
# (including 'cake')
top_indices = np.argsort(similar_words)[-6:-1][::-1]

# Retrieve and print the top 5 most similar words to
# 'cake' (excluding 'cake' itself)
names = []
for idx in top_indices:
   names.append(vectorizer.get_feature_names_out()[idx])
print("Top five most similar words to 'cake': ", names)

# Compute cosine similarity between "cake" and "lie"
similarity = cosine_similarity(np.asarray(tfidf_matrix[:,
   cake_idx].todense()), np.asarray(tfidf_matrix[:,
   lie_idx].todense()))

# The result will be a matrix; we can take the average or
# max similarity value
avg_similarity = similarity.mean()
print("Similarity between 'cake' and 'lie'", avg_similarity)

# Show the similarity between "cake" and "elephant"
elephant_idx = vectorizer.vocabulary_['sing']
similarity = cosine_similarity(np.asarray(tfidf_matrix[:,
   cake_idx].todense()), np.asarray(tfidf_matrix[:,
   elephant_idx].todense()))
avg_similarity = similarity.mean()
print("Similarity between 'cake' and 'sing'",
   avg_similarity)
```

Salida:

```
Top 5 most similar words to 'cake': ['lie', 'the', 'is', 'you',
'definitely']
Similarity between 'cake' and 'lie' 0.8926458157227388
Similarity between 'cake' and 'sing' 0.010626735901461177
```

Vamos a desglosar este código paso a paso:

1. Se reutiliza la variable `sentences` del ejemplo anterior. El código convierte estas listas de palabras en oraciones completas (cadenas) utilizando una comprensión de listas, lo que da lugar a `document_list`.
2. Se crea una instancia de `TfidfVectorizer`. A continuación, se utiliza el método `fit_transform` del vectorizador para convertir `document_list` en una matriz de características TF-IDF, que se almacena en `tfidf_matrix`.
3. El código extrae la posición (o índice) de las palabras *cake* y *lie* en la matriz de características utilizando el atributo `Vocabulary_` del vectorizador.
4. El vector TF-IDF correspondiente a la palabra *cake* se extrae de la matriz y se remodela.
5. Se calcula la similitud coseno entre el vector de *cake* y todos los demás vectores en la matriz TF-IDF. Esto da como resultado una lista de puntuaciones de similitud.
   - Se identifican los índices de las seis palabras más parecidas (incluido *cake*).
   - Utilizando estos índices, se recuperan e imprimen las cinco palabras con mayor similitud a *cake* (excluyendo a *cake*).
6. Se calcula la similitud coseno entre los vectores TF-IDF de las palabras *cake* y *lie*. Dado que el resultado es una matriz, el código calcula el valor medio de similitud en todos los valores de dicha matriz y, a continuación, imprime la similitud promedio.
7. Ahora calculamos la similitud entre *cake* y *sing*. Se calcula el valor promedio de similitud y se imprime para mostrar que las dos palabras no suelen colocarse juntas (cerca de cero).

Además del modelo de *embeddings* que utilice, la estrategia para determinar qué fragmentos de texto debe convertir en *embeddings* también es crucial, ya que existe una contrapartida entre contexto y similitud. Si convierte en un *embedding* un bloque grande de texto, digamos un libro entero, el vector resultante será el promedio de las ubicaciones de los *tokens* que componen el texto completo. A medida que aumenta el tamaño del fragmento, se produce una regresión hacia la media, donde el vector se acerca al promedio de todos los vectores y ya no contiene mucha información semántica.

Los fragmentos de texto más pequeños serán más específicos en términos de su ubicación en el espacio vectorial y, por lo tanto, pueden ser más útiles cuando se necesita una similitud cercana; por ejemplo, al aislar secciones más pequeñas de un texto de una novela, puede separar mejor los momentos cómicos de los trágicos en la historia, mientras que convertir una página o un capítulo completo en un *embedding* puede mezclar ambos. Sin embargo, si divide el texto en fragmentos demasiado pequeños, también puede perder significado si el texto se corta en mitad de una oración o párrafo. Gran parte del arte de trabajar con bases de datos vectoriales radica en la forma en que carga el documento y lo divide en fragmentos.

Carga de documentos

Uno de los casos de uso más comunes de la IA es la capacidad de buscar en documentos en función de la similitud con el texto de la consulta del usuario; por ejemplo, puede tener una serie de archivos PDF que representen el manual del empleado de su empresa, y usted quiere devolver el fragmento de texto correcto de esos PDF que esté relacionado con una pregunta de un empleado. La forma de cargar los documentos en su base de datos vectorial dependerá de la estructura de los documentos, del número de ejemplos que desee devolver de cada consulta y del número de *tokens* que puede permitirse en cada *prompt*.

Por ejemplo, `gpt-4-0613` tiene un límite de 8192 *tokens (https://oreil.ly/wbx1f)*, que deben compartirse entre la plantilla del *prompt*, los ejemplos insertados en el *prompt* y la respuesta que proporciona el modelo. Si reserva alrededor de 2000 palabras o aproximadamente 3000 *tokens* para el *prompt* y la respuesta, podría incluir los cinco fragmentos de texto más similares, con 1000 *tokens* de texto cada uno como contexto en el *prompt*. Sin embargo, si simplemente divide el documento en fragmentos de 1000 *tokens*, se encontrará con un problema. El lugar arbitrario en el que se produce cada división puede estar en medio de un párrafo o una oración, por lo que se corre el riesgo de perder el significado de lo que se está comunicando. LangChain tiene una serie de divisores de texto *(https://oreil.ly/qsG7J)*, incluyendo el divisor de texto recursivo por caracteres, que se utiliza con frecuencia. Intenta dividir en saltos de línea y, luego, en espacios hasta que los fragmentos sean lo suficientemente pequeños. De este modo, todos los párrafos (y luego oraciones, y luego palabras) se mantienen juntos en la medida de lo posible para conservar las agrupaciones semánticas inherentes a la estructura del texto.

Entrada:

```
from langchain.text_splitter import RecursiveCharacterTextSplitter

text_splitter = RecursiveCharacterTextSplitter.from_tiktoken_encoder(
   chunk_size=100, # 100 tokens
   chunk_overlap=20, # 20 tokens of overlap
   )

text = """
Welcome to the "Unicorn Enterprises: Where Magic Happens"
Employee Handbook! We're thrilled to have you join our team of
dreamers, doers, and unicorn enthusiasts. At Unicorn Enterprises,
```

```
we believe that work should be as enchanting as it is productive.
This handbook is your ticket to the magical world of our company,
where we'll outline the principles, policies, and practices that
guide us on this extraordinary journey. So, fasten your seatbelts
and get ready to embark on an adventure like no other!

...

As we conclude this handbook, remember that at Unicorn Enterprises,
the pursuit of excellence is a never-ending quest. Our company's
success depends on your passion, creativity, and commitment to
making the impossible possible. We encourage you to always embrace
the magic within and outside of work, and to share your ideas and
innovations to keep our enchanted journey going. Thank you for being
a part of our mystical family, and together, we'll continue to
create a world where magic and business thrive hand in hand!
"""

chunks = text_splitter.split_text(text=text)
print(chunks[0:3])
```

Salida:

```
['Welcome to the "Unicorn Enterprises: Where Magic Happens"
Employee Handbook! We\'re thrilled to have you join our team of
dreamers, doers, and unicorn enthusiasts.',
"We're thrilled to have you join our team of dreamers, doers, and
unicorn enthusiasts. At Unicorn Enterprises, we believe that work
should be as enchanting as it is productive.",
...
"Our company's success depends on your passion, creativity, and
commitment to making the impossible possible. We encourage you to
always embrace the magic within and outside of work, and to share
your ideas and innovations to keep our enchanted journey going.",
"We encourage you to always embrace the magic within and outside
of work, and to share your ideas and innovations to keep our
enchanted journey going. Thank you for being a part of our
mystical family, and together, we'll continue to create a world
where magic and business thrive hand in hand!"]
```

He aquí cómo funciona este código paso a paso:

1. *Crea una instancia del divisor de texto:* se crea una instancia de `RecursiveCharacterTextSplitter` usando el método `from_tiktoken_encoder`. Este método está específicamente diseñado para gestionar la división de texto basada en el recuento de *tokens.*

   El parámetro `chunk_size`, que se establece en 100, garantiza que cada fragmento de texto contendrá, aproximadamente, 100 *tokens.* Se trata de una forma de controlar el tamaño de cada segmento de texto.

   El parámetro `chunk_overlap`, fijado en 20, especifica que habrá una superposición de 20 *tokens* entre fragmentos consecutivos. Esta superposición es crucial para no perder el contexto entre fragmentos, lo que es importante para comprender y procesar el texto con precisión.

2. *Prepara el texto:* la variable `text` contiene una cadena con varios párrafos, que representa el contenido que debe dividirse en fragmentos.
3. *Divide el texto:* el método `split_text` de la instancia `text_splitter` se utiliza para dividir el texto en fragmentos basándose en `chunk_size` y `chunk_overlap` previamente definidos. Este método procesa el texto y devuelve una lista de fragmentos de texto.
4. *Presenta los fragmentos:* el código imprime los tres primeros fragmentos del texto dividido para mostrar cómo se ha dividido el texto. Este resultado ayuda a verificar que el texto se ha dividido como se esperaba, respetando el tamaño de fragmento y el solapamiento especificados.

Especificar el formato

La pertinencia del fragmento de texto proporcionado al *prompt* dependerá, en gran medida, de su estrategia de fragmentación. Los fragmentos de texto más cortos sin superposición pueden no contener la respuesta correcta, mientras que los fragmentos largos con demasiada superposición pueden devolver demasiados resultados irrelevantes, confundir al LLM o costarle demasiados *tokens.*

Recuperación de memoria con FAISS

Una vez que tiene sus documentos procesados en fragmentos, necesita almacenarlos en una base de datos vectorial. Es una práctica frecuente almacenar los vectores en una base de datos para que no tenga que volver a calcularlos, ya que suele haber cierto coste y latencia asociados al hacerlo. Si no cambia su modelo de *embeddings,* los vectores no cambiarán, por lo que no suele necesitar actualizarlos una vez almacenados. Puede utilizar una biblioteca de código abierto para almacenar y consultar sus vectores llamada FAISS, una biblioteca desarrollada por Facebook AI *(https://oreil.ly/gIcTI)* que proporciona una búsqueda eficiente de similitud y agrupamiento de vectores densos. Primero instale FAISS desde la terminal con `pip install faiss-cpu`. El código para este ejemplo está incluido en el repositorio GitHub *(https://oreil.ly/4wR7o)* del libro.

Entrada:

```
import numpy as np
import faiss

# The get_vector_embeddings function is defined
# in a preceding example
emb = [get_vector_embeddings(chunk) for chunk in chunks]
vectors = np.array(emb)
```

```
# Create a FAISS index
index = faiss.IndexFlatL2(vectors.shape[1])
index.add(vectors)

# Function to perform a vector search
def vector_search(query_text, k=1):
   query_vector = get_vector_embeddings(query_text)
   distances, indices = index.search(
      np.array([query_vector]), k)
   return [(chunks[i], float(dist)) for dist,
      i in zip(distances[0], indices[0])]

# Example search
user_query = "do we get free unicorn rides?"
search_results = vector_search(user_query)
print(f"Search results for {user_query}:", search_results)
```

Salida:

```
Search results for do we get free unicorn rides?: [("You'll enjoy
a treasure chest of perks, including unlimited unicorn rides, a
bottomless cauldron of coffee and potions, and access to our
company library filled with spellbinding books. We also offer
competitive health and dental plans, ensuring your physical well-
being is as robust as your magical spirit.\n\n**5: Continuous
Learning and Growth**\n\nAt Unicorn Enterprises, we believe in
continuous learning and growth.", 0.3289167582988739)]
```

Aquí tiene una explicación del código anterior:

1. Importa la biblioteca Facebook AI Similarity Search (FAISS) con `import faiss`.
2. `vectors = np.array([get_vector_embeddings(chunk) for chunk in chunks])` aplica `get_vector_embeddings` a cada elemento en `chunks`, que devuelve una representación vectorial *(embedding)* de cada elemento. Estos vectores se utilizan a continuación para crear un array numpy, que se almacena en la variable `vectors`.
3. La línea `index = faiss.IndexFlatL2(vectors.shape[1])` crea un índice FAISS para realizar búsquedas de similitud de manera eficiente. El argumento `vectors.shape[1]` es la dimensión de los vectores que se añadirán al índice. Este tipo de índice (`IndexFlatL2`) realiza una búsqueda exhaustiva de la distancia L2, buscando los elementos más cercanos a un elemento concreto de una colección midiendo la distancia en línea recta entre ellos, comprobando uno por uno cada elemento de la colección.
4. A continuación, usted añade el array vectorial al índice FAISS creado con `index.add(vectors)`.
5. `def vector_search(query_text, k=1)` define una nueva función llamada `vector_search`, que acepta dos parámetros: `query_text` y `k` (con un valor

por defecto de 1). La función recuperará los *embeddings* para query_text, que después utilizará para buscar en el índice los k vectores más cercanos.

6. Dentro de la función vector_search, query_vector = get_vector_embeddingsquery_text), genera una representación vectorial *(embedding)* para el texto de la consulta utilizando la función get_vector_embeddings.
7. La línea distances, indices = index.search(np.array([query_vector]), k) realiza una búsqueda en el índice FAISS. Busca los k vectores más cercanos a query_vector. El método devuelve dos arrays: distances (las distancias al cuadrado L2 al vector de consulta) e indices (los índices).
8. return [(chunks[i], float(dist)) for dist, i in zip(distances[0], indices[0])] devuelve una lista de tuplas. Cada tupla contiene un fragmento (recuperado utilizando los índices encontrados en la búsqueda) y la distancia correspondiente a partir del vector de consulta. Tenga en cuenta que la distancia se convierte a un número de coma flotante antes de ser devuelta.
9. Por último, usted realiza una búsqueda vectorial de la cadena que contiene la consulta del usuario: search_results = vector_search(user_query). El resultado (el fragmento más cercano y su distancia) se almacena en la variable search_results.

Una vez finalizada la búsqueda vectorial, los resultados se pueden inyectar en el *prompt* para proporcionar un contexto relevante. También es importante configurar el mensaje del sistema, para que el modelo se centre en responder basándose en el contexto proporcionado, en lugar de inventarse una respuesta. La técnica RAG (Retrieval-Augmented Generation), tal como se muestra aquí, se utiliza ampliamente en la IA, para ayudar a proteger contra la alucinación.

Entrada:

```
# Function to perform a vector search and then ask
# GPT-3.5-turbo a question
def search_and_chat(user_query, k=1):
    # Perform the vector search
    search_results = vector_search(user_query, k)
    print(f"Search results: {search_results}\n\n")

    prompt_with_context = f"""Context:{search_results}\
    Answer the question: {user_query}"""

    # Create a list of messages for the chat
    messages = [
        {"role": "system", "content": """Please answer the questions
        provided by the user. Use only the context provided to you
```

```
        to respond to the user, if you don't know the answer say \"I
        don't know\".""""},
        {"role": "user", "content": prompt_with_context},
    ]

    # Get the model's response
    response = client.chat.completions.create(
        model="gpt-3.5-turbo", messages=messages)

    # Print the assistant's reply
    print(f"""Response:
    {response.choices[0].message.content}""")

# Example search and chat
search_and_chat("What is Unicorn Enterprises' mission?")
```

Salida:

```
Search results: [("""As we conclude this handbook, remember that
at Unicorn Enterprises, the pursuit of excellence is a never-
ending quest. Our company's success depends on your passion,
creativity, and commitment to making the impossible possible. We
encourage you to always embrace the magic within and outside of
work, and to share your ideas and innovations to keep our
enchanted journey going. Thank you", 0.26446571946144104)]


Response:
Unicorn Enterprises' mission is to pursue excellence in their
work by encouraging their employees to embrace the magic within
and outside of work, share their ideas and innovations, and make
the impossible possible.
```

Aquí tiene una explicación paso a paso de lo que hace la función:

1. Mediante una función denominada `vector_search`, el programa realiza una búsqueda vectorial con `user_query` como la cadena de búsqueda y `k` como el número de resultados de búsqueda para devolver. Los resultados se almacenan en `search_results`.
2. Los resultados de la búsqueda se imprimen en la consola.
3. Se crea `prompt_with_context` concatenando `search_results` y `user_query`. El objetivo es proporcionar contexto al modelo a partir de los resultados de búsqueda y una pregunta para que responda.
4. Se crea una lista de mensajes. El primer mensaje es un mensaje del sistema que ordena al modelo que responda a las preguntas formuladas por el usuario utilizando únicamente el contexto dado. Si el modelo no conoce la respuesta, se le aconseja que responda con *No lo sé.* El segundo mensaje es un mensaje del usuario que contiene `prompt_with_context`.
5. Se utiliza la función `openai.ChatCompletion.create()` para obtener la respuesta del modelo. Se le proporciona el nombre del modelo (`gpt-3.5-turbo`) y la lista de mensajes.

6. Al final del código, se llama a la función `search_and_chat()` con la pregunta almacenada en `user_query`.

Proporcionar ejemplos

Sin probar el estilo de redacción, sería difícil adivinar qué estrategia del *prompting* funcionaría mejor. Ahora puede estar seguro de que esta es la estrategia correcta.

Aunque ahora nuestro código funciona de principio a fin, no tiene sentido generar *embeddings* y crear una base de datos vectorial con cada consulta. Incluso si utiliza un modelo de código abierto para crear los *embeddings,* habrá un coste en términos de recursos de computación y latencia. Puede guardar el índice FAISS en un archivo utilizando la función `faiss.write_index`:

```
# Save the index to a file
faiss.write_index(index, "data/my_index_file.index")
```

Esta función creará un archivo llamado *my_index_file.index* en su directorio actual, que contiene el índice serializado. Puede volver a cargar este índice en memoria más adelante con `faiss.read_index`:

```
# Load the index from a file
index = faiss.read_index("data/my_index_file.index")
```

De esta manera, usted puede mantener su índice entre diferentes sesiones, o incluso compartirlo entre diferentes máquinas o entornos. Asegúrese de gestionar estos archivos con cuidado, ya que pueden ser bastante grandes si el índice es extenso.

Si tiene más de una base de datos vectorial guardada, también es posible fusionarlas. Esta operación puede ser útil al serializar la carga de documentos o al realizar actualizaciones por lotes a sus registros.

Puede fusionar dos índices FAISS utilizando el método `add` del índice `faiss.IndexFlatL2`:

```
# Assuming index1 and index2 are two IndexFlatL2 indices
index1.add(index2.reconstruct_n(0, index2.ntotal))
```

En este código, `reconstruct_n(0, index2.ntotal)` se utiliza para obtener todos los vectores de `index2` y, luego, `index1.add()` se utiliza para añadir esos vectores a `index1`, fusionando efectivamente los dos índices.

Esto funciona porque `faiss.IndexFlatL2` soporta el método `reconstruct` para recuperar vectores. Sin embargo, tenga en cuenta que este proceso no moverá ningún ID asociado a los vectores de `index2` a `index1`. Tras la fusión, los vectores de `index2` tendrán nuevos ID en `index1`.

Si necesita preservar los ID de los vectores, tendrá que gestionarlo externamente manteniendo un mapeo separado de ID de vectores a sus elementos de datos. Luego, cuando fusione los índices de, también fusiona estos mapeos.

> Tenga en cuenta que este método puede no funcionar para todos los tipos de índices, especialmente para aquellos que no soportan el método `reconstruct`, como `IndexIVFFlat`, o si los dos índices tienen diferentes configuraciones. En esos casos, puede ser mejor mantener los vectores originales utilizados para construir cada índice y, luego, fusionarlos y reconstruir el índice.

RAG con LangChain

Al tratarse de uno de los *frameworks* más populares para la ingeniería de IA, LangChain ofrece una amplia cobertura de técnicas RAG. Otros *frameworks*, como LlamaIndex *(https://www.llamaindex.ai)*, se centran específicamente en RAG y merece la pena explorarlos para casos de uso más sofisticados. Como ya está familiarizado con LangChain desde el capítulo 4, continuaremos con este *framework* en los ejemplos de este capítulo. Después de realizar manualmente RAG en función de un contexto deseado, vamos a crear un ejemplo similar utilizando LCEL en cuatro documentos de texto pequeños con FAISS:

```
from langchain_community.vectorstores.faiss import FAISS
from langchain_core.output_parsers import StrOutputParser
from langchain_core.prompts import ChatPromptTemplate
from langchain_core.runnables import RunnablePassthrough
from langchain_openai import ChatOpenAI, OpenAIEmbeddings

# 1. Create the documents:
documents = [
   "James Phoenix worked at JustUnderstandingData.",
   "James Phoenix currently is 31 years old.",
   """Data engineering is the designing and building systems for
   collecting, storing, and analyzing data at scale.""",
]

# 2. Create a vectorstore:
vectorstore = FAISS.from_texts(texts=documents,
   embedding=OpenAIEmbeddings())
retriever = vectorstore.as_retriever()

# 3. Create a prompt:
template = """Answer the question based only on the following
context:
---
Context: {context}
---
Question: {question}
"""
```

```
prompt = ChatPromptTemplate.from_template(template)

# 4. Create a chat model:
model = ChatOpenAI()
```

El código comienza importando los módulos necesarios de la biblioteca LangChain y define una lista de documentos de texto para ser procesados.

Utiliza `FAISS`, una biblioteca para la búsqueda eficiente de similitudes, para crear un almacén vectorial a partir de los documentos de texto. Esto implica convertir los textos en *embeddings* vectoriales utilizando el modelo de *embeddings* de OpenAI.

Se inicializan una plantilla de *prompt* para gestionar preguntas y un modelo de `ChatOpenAI` para generar respuestas. Además, la plantilla de prompt obliga a que el LLM solo responda utilizando el contexto proporcionado por el recuperador.

Necesitará crear una cadena LCEL, que contendrá LAS claves `"context"` y `"question"`:

```
chain = (
    {"context": retriever, "question": RunnablePassthrough()}
    | prompt
    | model
    | StrOutputParser()
)
```

Si añade un recuperador a `"context"`, automáticamente se recuperarán cuatro documentos, que se convertirán en un valor de cadena. Estos documentos, junto con la clave `"question"`, se utilizan para dar formato al *prompt*. El LLM genera una respuesta que, a continuación, se analiza y se convierte en un valor de cadena mediante `StrOutputParser()`.

Posteriormente, invocará la cadena y pasará su pregunta, que se asignará a `"question"`, para probar manualmente tres consultas diferentes:

```
chain.invoke("What is data engineering?")
# 'Data engineering is the process of designing and building
# systems for collecting, storing, and analyzing data at scale.'

chain.invoke("Who is James Phoenix?")
# 'Based on the given context, James Phoenix is a 31-year-old
# individual who worked at JustUnderstandingData.'

chain.invoke("What is the president of the US?")
# I don't know
```

Observe cómo el LLM solo ha respondido adecuadamente a las dos primeras consultas, porque no disponía de ningún contexto relevante contenido en la base de datos vectorial para responder a la tercera consulta.

La implementación con LangChain utiliza mucho menos código, es fácil de leer y le permite implementar al instante la generación mejorada por recuperación.

Bases de datos vectoriales alojadas con Pinecone

Están surgiendo varios proveedores de bases de datos vectoriales alojadas para dar soporte a casos de uso en IA, entre los que se incluyen Chroma *(https://www.trychroma.com)*, Weaviate *(https://weaviate.io)* y Pinecone *(https://www.pinecone.io)*. Los *hosts* de otros tipos de bases de datos también ofrecen funciones de búsqueda vectorial, como Supabase *(https://supabase.com)*, con el complemento pgvector *(https://oreil.ly/pgvector)*. Los ejemplos del libro utilizan Pinecone, ya que es el líder actual en el momento de su redacción, pero los patrones de uso son relativamente consistentes entre los proveedores y los conceptos son transferibles.

Las bases de datos vectoriales alojadas ofrecen varias ventajas sobre las tiendas vectoriales locales de código abierto.

Mantenimiento
: Con una base de datos vectorial alojada, no tendrá que preocuparse de configurar, gestionar y mantener la base de datos usted mismo. Esta posibilidad puede ahorrar una cantidad significativa de tiempo y recursos, especialmente para las empresas que no cuentan con equipos dedicados de DevOps o de gestión de bases de datos.

Escalabilidad
: Las bases de datos vectoriales alojadas están diseñadas para escalar, adaptándose a sus necesidades. A medida que sus datos crecen, la base de datos puede escalar automáticamente para gestionar el aumento de carga, lo que asegura que sus aplicaciones puedan continuar funcionando eficientemente.

Fiabilidad
: Los servicios gestionados suelen ofrecer alta disponibilidad, con acuerdos de nivel de servicio (SLA), así como copias de seguridad automáticas y funciones de recuperación ante desastres. Esto le puede proporcionar tranquilidad y evitar la posible pérdida de datos.

Rendimiento
: Las bases de datos vectoriales alojadas suelen contar con unas infraestructuras y algoritmos optimizados, que pueden ofrecer un mejor rendimiento que las soluciones autogestionadas y de código abierto. Esto puede ser especialmente importante para aplicaciones que dependen de la capacidad de búsqueda de vectores en tiempo real o casi en tiempo real.

Soporte
: Con un servicio alojado, suele tener acceso al soporte técnico que proporciona la empresa que presta el servicio. Esto puede ser muy útil si tiene problemas o necesita ayuda para optimizar el uso de la base de datos.

Seguridad

Los servicios gestionados suelen contar con sólidas medidas de seguridad para proteger los datos como el cifrado, el control de acceso y la supervisión. Los principales proveedores de servicios alojados son más propensos a tener los certificados de conformidad necesarios y a cumplir con la legislación sobre privacidad en regiones como la UE.

Por supuesto, esta funcionalidad extra tiene un coste, así como un riesgo de gasto excesivo. Como sucede con Amazon Web Services, Microsoft Azure o Google Cloud, abundan las historias de desarrolladores que accidentalmente gastan miles de dólares debido a configuraciones incorrectas o errores en el código. También existe cierto riesgo a depender del proveedor porque, aunque cada proveedor tiene una funcionalidad similar, difieren en algunas áreas y, por tanto, no es fácil migrar de unos a otros. La otra consideración importante es la privacidad, porque compartir datos con terceros conlleva riesgos de seguridad y posibles implicaciones legales.

Los pasos para trabajar con una base de datos vectorial alojada siguen siendo los mismos que cuando usted configura su almacén vectorial FAISS de código abierto. En primer lugar, usted fragmenta sus documentos y, a continuación, recupera los vectores; seguidamente, indexa los fragmentos de sus documentos en la base de datos vectorial, lo que le permite recuperar registros similares a su consulta, para insertarlos en el *prompt* como contexto. En primer lugar, vamos a crear un índice en Pinecone *(https://www.pinecone.io)*, un popular proveedor comercial de bases de datos vectoriales. A continuación, inicia sesión en Pinecone y recupera su clave API (visite API Keys en el menú lateral y haga clic en "create API Key"). El código para este ejemplo está disponible en el repositorio GitHub *(https://oreil.ly/Q0rIw)* del libro.

Entrada:

```
from pinecone import Pinecone, ServerlessSpec
import os

# Initialize connection (get API key at app.pinecone.io):
os.environ["PINECONE_API_KEY"] = "insert-your-api-key-here"

index_name = "employee-handbook"
environment = "us-east-1"
pc = Pinecone() # This reads the PINECONE_API_KEY env var

# Check if index already exists:
# (it shouldn't if this is first time)

if index_name not in pc.list_indexes().names():
   # if does not exist, create index
   pc.create_index(
      index_name,
      # Using the same vector dimensions as text-embedding-ada-002
      dimension=1536,
```

```
        metric="cosine",
        spec=ServerlessSpec(cloud="aws", region=environment),
    )

# Connect to index:
index = pc.Index(index_name)

# View index stats:
index.describe_index_stats()
```

Salida:

```
{'dimension': 1536,
 'index_fullness': 0.0,
 'namespaces': {},
 'total_vector_count': 0}
```

Veamos este código paso a paso.

1. *Importación de bibliotecas*

   El *script* comienza importando los módulos necesarios. Se usa `from pinecone import Pinecone, ServerlessSpec`, `import os` para acceder y configurar variables de entorno.

2. *Configuración de la clave de API de Pinecone*

   La clave de API de Pinecone, que es crucial para la autenticación, se establece como una variable de entorno mediante `os.environ["PINECONE_API_KEY"] = "insert-your-api- key-here"`. Es importante sustituir `"insert-your-api-key-here"` por su clave de API de Pinecone real.

3. *Definición del nombre del índice y el entorno*

   Se configuran las variables `index_name` y `environment`. A `index_name` se le asigna el valor `"employee-handbook"`, que es el nombre del índice que se creará o al que se accederá en la base de datos de Pinecone. A la variable `environment` se le asigna `"us-west-2"`, indicando la ubicación del servidor.

4. *Inicialización de la conexión a Pinecone*

   La conexión a Pinecone se inicializa con el constructor `Pinecone()`. Este constructor lee automáticamente la clave de API `PINECONE_API_KEY` de la variable de entorno.

5. *Verificación de la existencia del índice*

   El *script* verifica si ya existe un índice con el nombre `index_name` en la base de datos de Pinecone. Esta verificación se realiza mediante las funciones `pc.list_indexes().names()`, las cuales devuelven una lista con todos los nombres de índice existentes.

6. *Creación del índice*

   Si el índice no existe, se crea utilizando la función `pc.create_index()`. Esta función se invoca con varios parámetros que configuran el nuevo índice:

- `index_name`: especifica el nombre del índice.
- `dimension=1536`: establece la dimensionalidad de los vectores que se almacenarán en el índice.
- `metric='cosine'`: determina que se utilizará la métrica de similitud coseno para las comparaciones de vectores.

7. *Conexión al índice*

   Después de verificar o crear el índice, el *script* conecta este utilizando `pc.Index(index_name)`. Esta conexión es necesaria para realizar operaciones posteriores, como insertar o consultar datos.

8. *Estadísticas del índice*

   El *script* concluye llamando a `index.describe_index_stats()`, que recupera y muestra diversas estadísticas sobre el índice, como su dimensionalidad y el número total de vectores almacenados.

A continuación, es necesario almacenar sus vectores en el índice recién creado, mediante un bucle que recorre todos los fragmentos de texto y vectores y los inserta o actualiza como registros en Pinecone. La operación de base de datos `upsert` es una combinación de `update` *(actualizar)* e `insert` *(insertar);* actualiza un registro existente o inserta un nuevo registro si el registro no existe todavía (consulte el siguiente Jupyter Network *[https://oreil.ly/YC-nV]* para la variable `chunks`).

Entrada:

```
from tqdm import tqdm # For printing a progress bar
from time import sleep

# How many embeddings you create and insert at once
batch_size = 10
retry_limit = 5 # maximum number of retries

for i in tqdm(range(0, len(chunks), batch_size)):
   # Find end of batch
   i_end = min(len(chunks), i+batch_size)
   meta_batch = chunks[i:i_end]
   # Get ids
   ids_batch = [str(j) for j in range(i, i_end)]
   # Get texts to encode
   texts = [x for x in meta_batch]
   # Create embeddings
   # (try-except added to avoid RateLimitError)
   done = False
   try:
      # Retrieve embeddings for the whole batch at once
      embeds = []
      for text in texts:
         embedding = get_vector_embeddings(text)
         embeds.append(embedding)
      done = True
```

```
    except:
        retry_count = 0
        while not done and retry_count < retry_limit:
            try:
                for text in texts:
                    embedding = get_vector_embeddings(text)
                    embeds.append(embedding)
                done = True
            except:
                sleep(5)
                retry_count += 1

    if not done:
        print(f"""Failed to get embeddings after
        {retry_limit} retries.""")
        continue

    # Cleanup metadata
    meta_batch = [{
        'batch': i,
        'text': x
    } for x in meta_batch]
    to_upsert = list(zip(ids_batch, embeds, meta_batch))

    # Upsert to Pinecone
    index.upsert(vectors=to_upsert)
```

Salida:

```
100% 13/13 [00:53<00:00, 3.34s/it]
```

Vamos a desglosar este código:

1. Importa las bibliotecas necesarias `tqdm` y `time`. La biblioteca `tqdm` muestra barras de progreso, y `time` proporciona la función `sleep()`, que se utiliza en este *script* para la lógica de reintento.
2. Establece la variable `batch_size` en 10 (normalmente se establece en 100 para cargas de trabajo reales), que representa cuántos elementos se procesarán a la vez en el bucle siguiente. También se establece `retry_limit`, para asegurarse de que se detenga después de cinco intentos.
3. La parte `tqdm(range(0, len(chunks), batch_size))` es un bucle que recorrerá desde 0 hasta la longitud de `chunks` (definida previamente), con un paso de `batch_size`. `chunks`, que es una lista de textos para procesar. `tqdm` se utiliza aquí para mostrar una barra de progreso para este bucle.
4. La variable `i_end` se calcula como el menor valor de la longitud de `chunks` o de `i + batch_size`. Este resultado se utiliza para evitar un error de índice si `i + batch_size` excede la longitud de `chunks`.
5. `meta_batch` es un subconjunto de `chunks` para el lote actual. Se crea troceando la lista `chunks` para el lote actual desde el índice `i` hasta `i_end`.

6. `ids_batch` es una lista de representaciones en cadena del rango de `i` a `i_end`. Estos son ID que se utilizan para identificar cada elemento en `meta_batch`.
7. La lista `texts` contiene solo el texto de `meta_batch`, listo para ser procesado en *embeddings*.
8. Intenta obtener los *embeddings* llamando a `get_vector_embeddings()` con `texts` como argumento. El resultado se almacena en la variable `embeds`. Lo anterior se realiza dentro de un bloque `try-except`, para gestionar cualquier excepción que esta función pudiera plantear, tal como un error de límite de tasa.
9. Si se produce una excepción, el *script* entra en un bucle `while` en el que esperará durante cinco segundos y, después, intentará obtener los *embeddings* de nuevo. Continuará así hasta que tenga éxito o se alcance el número de reintentos, momento en el que se establece `done = True` para salir del bucle `while`.
10. Modifica `meta_batch`, para que sea una lista de diccionarios. Cada diccionario tiene dos claves: `batch`, que se establece en el número actual de lote `i`, y `text`, que se establece en el elemento correspondiente en `meta_batch`. Aquí es donde podría añadir metadatos adicionales para filtrar consultas más adelante, tales como la página, el título o el capítulo.
11. Crea la lista `to_upsert` utilizando la función `zip`, para combinar `ids_batch`, `embeds` y `meta_batch` en tuplas y, luego, convirtiéndolas en una lista. Cada tupla contiene el ID, el *embedding* correspondiente y los metadatos correspondientes para cada elemento del lote.
12. La última línea del bucle llama al método `upsert` en `index`, un índice de Pinecone (un servicio de base de datos vectorial). El argumento `vectors=to_upsert` pasa la lista `to_upsert`, como los datos para insertar o actualizar en el índice. Si ya existe un vector con un ID dado en el índice, se actualizará; si no existe, lo insertará.

Una vez almacenados los registros en Pinecone, puede consultarlos cuando lo necesite, al igual que cuando guarda sus vectores localmente con FAISS. Los *embeddings* siguen siendo los mismos siempre y, cuando utilice el mismo modelo de *embeddings* para recuperar vectores para su consulta, por lo que no es necesario actualizar su base de datos, a menos que tenga registros adicionales o metadatos que añadir.

Entrada:

```
# Retrieve from Pinecone
user_query = "do we get free unicorn rides?"

def pinecone_vector_search(user_query, k):
  xq = get_vector_embeddings(user_query)
  res = index.query(vector=xq, top_k=k, include_metadata=True)
```

```
    return res

pinecone_vector_search(user_query, k=1)
```

Salida:

```
{'matches':
   [{'id': '15',
   'metadata': {'batch': 10.0,
   'text': "You'll enjoy a treasure chest of perks, "
      'including unlimited unicorn rides, a '
      'bottomless cauldron of coffee and potions, '
      'and access to our company library filled '
      'with spellbinding books. We also offer '
      'competitive health and dental plans, '
      'ensuring your physical well-being is as '
      'robust as your magical spirit.\n'
      '\n'
      '**5: Continuous Learning and Growth**\n'
      '\n'
      'At Unicorn Enterprises, we believe in '
      'continuous learning and growth.'},
   'score': 0.835591,
   'values': []},],
 'namespace': ''}
```

Este *script* realiza una búsqueda de vecinos más cercanos utilizando la API de Pinecone, para identificar los vectores más similares a un vector de entrada dado en un espacio de alta dimensionalidad. Aquí tiene un desglose paso a paso:

1. Se define la función `pinecone_vector_search` con dos parámetros: `user_query` y `k`. `user_query` es el texto de entrada del usuario, preparado para poder convertirlo en un vector, y `k` indica el número de vectores más cercanos que desea recuperar.
2. Dentro de la función, `xq` se define llamando a otra función, `get_vector_embeddings(user_query)`. Esta función (definida anteriormente) es responsable de transformar `user_query` en una representación vectorial.
3. La siguiente línea realiza una consulta en un objeto llamado `index`, un objeto de índice de Pinecone, utilizando el método `query`. El método `query` toma tres parámetros.

   El primer parámetro es `vector=xq`, la representación vectorial de nuestra `user_query`.

   El segundo parámetro, `top_k=k`, especifica que desea devolver solo los `k` vectores más cercanos en el índice de Pinecone.

   El tercer parámetro, `include_metadata=True`, especifica que desea incluir metadatos (tales como ID u otros datos asociados) en los resultados devueltos.

Si usted quisiera filtrar los resultados por metadatos *(https://oreil.ly/BBYD4)*, por ejemplo, especificando el lote (o cualquier otro metadato que haya insertado o actualizado [actinsertado = upserted]), podría hacerlo añadiendo un cuarto parámetro: `filter={"batch": 1}`.

4. Los resultados del método `query` se asignan a `res` y, a continuación, los devuelve la función.
5. Finalmente, a la función `pinecone_vector_search` se la llama con los argumentos `user_query` y `k`, devolviendo esta la respuesta de Pinecone.

Ahora ha emulado efectivamente el trabajo que hacía FAISS, devolviendo el registro relevante del manual mediante una búsqueda de similitud por vector. Si reemplaza `vector_search(user_query, k)` por `pinecone_vector_search(user_query, k)` en la función `search_and_chat` (del ejemplo anterior), el *chatbot* ejecutará lo mismo, salvo que los vectores se almacenarán en una base de datos alojada en Pinecone, en lugar de hacerlo localmente utilizando FAISS.

Cuando ha insertado los registros en Pinecone, ha pasado el número de lote como metadato. Pinecone admite los formatos de metadatos expuestos a continuación.

- Cadena de texto *(string)*
- Número (entero o de coma flotante, que se convierte a un número de coma flotante de 64 bits)
- Booleanos (verdadero [true], falso [false])
- Lista de cadenas de texto

La estrategia de metadatos para almacenar registros puede ser tan importante como la estrategia de fragmentación *(chunking)*, ya que puede utilizar los metadatos para filtrar consultas; por ejemplo, si solo desea buscar similitudes limitadas a un número de lote específico, podría añadir un filtro a `index.query`:

```
res = index.query(xq, filter={
    "batch": {"$eq": 1}
}, top_k=1, include_metadata=True)
```

Lo anterior puede ser de utilidad para limitar el alcance de la búsqueda que realiza por similitudes; por ejemplo, le permitiría almacenar conversaciones pasadas para todos los *chatbots* en la misma base de datos vectorial y, luego, consultar solo las conversaciones pasadas relacionadas con un ID de *chatbot* específico al realizar una consulta para añadir contexto al *prompt* de ese *chatbot*. Otros usos frecuentes de los filtros de metadatos incluyen la búsqueda por marcas de tiempo más recientes, por números de páginas específicos de documentos, o por productos que superen un determinado precio.

Tenga en cuenta que es probable que un aumento en el almacenamiento de metadatos incremente los costes de almacenamiento, al igual que el almacenamiento de fragmentos de gran tamaño que se consultan con poca frecuencia. Entender cómo funcionan las bases de datos vectoriales debería ofrecerle la libertad de experimentar con diferentes estrategias de fragmentación y metadatos, para ver qué funciona mejor para sus casos de uso.

Consulta automática

La recuperación de información puede volverse bastante sofisticada y no se limita a un recuperador básico que obtiene documentos de una base de datos vectorial basándose exclusivamente en la relevancia semántica; por ejemplo, considere la posibilidad de utilizar metadatos procedentes de la consulta de un usuario. Al reconocer y extraer dichos filtros, su recuperador puede generar, de forma autónoma, una nueva consulta para ejecutar contra la base de datos vectorial, como en la estructura representada en la figura 5-3.

Este enfoque también se generaliza a NoSQL, SQL o cualquier tipo de base de datos y no está limitado únicamente a bases de datos vectoriales.

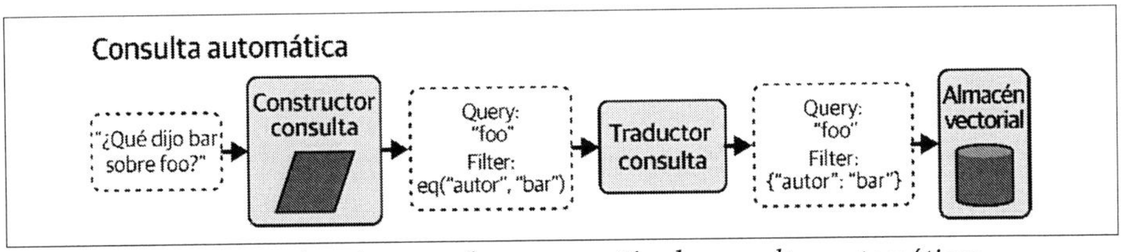

Figura 5-3. *Arquitectura de recuperación de consultas automáticas.*

La consulta automática *(https://oreil.ly/39rgU)* ofrece varias ventajas importantes.

Definición de esquema
: Puede establecer un esquema que refleje las descripciones que se espera que los usuarios proporcionen, permitiendo una comprensión estructurada de la información que buscan los usuarios.

Recuperación en dos capas
: El recuperador realiza una operación en dos niveles. En primer lugar, evalúa la similitud semántica entre la información introducida por el usuario y el contenido de la base de datos. Simultáneamente, detecta y aplica filtros basados en los metadatos de los documentos o filas almacenados, garantizando una recuperación aún más precisa y relevante.

Este método maximiza el potencial del recuperador para atender peticiones específicas de los usuarios.

Instale `lark` utilizando la terminal con `pip install lark`.

En el código que sigue, se importan módulos esenciales, como `langchain`, `lark`, `getpass` y `chroma`. Para una experiencia más fluida, se suprimen las posibles advertencias:

```
from langchain_core.documents import Document
from langchain_community.vectorstores.chroma import Chroma
from langchain_openai import OpenAIEmbeddings
import lark
import getpass
import os
import warnings

# Disabling warnings:
warnings.filterwarnings("ignore")
```

En la próxima sección, elaborará una lista llamada `docs`, que llenará con instancias detalladas de la clase `Document`. Cada `Document` le permite capturar ricos detalles de un libro. En el diccionario de metadatos, almacenará información valiosa, como el título, el autor y el género. También incluirá datos como el ISBN, la editorial y un resumen conciso, que le ofrezca una visión general de cada historia. La "clasificación" ofrece una indicación de su popularidad. Al configurar sus datos de este modo, estará sentando las bases para conseguir una exploración sistemática y perspicaz de una biblioteca diversa:

```
docs = [
    Document(
        page_content="A tale about a young wizard and his \
            journey in a magical school.",
        metadata={
            "title": "Harry Potter and the Philosopher's Stone",
            "author": "J.K. Rowling",
            "year_published": 1997,
            "genre": "Fiction",
            "isbn": "978-0747532699",
            "publisher": "Bloomsbury",
            "language": "English",
            "page_count": 223,
            "summary": "The first book in the Harry Potter \
            series where Harry discovers his magical \
            heritage.",
            "rating": 4.8,
        },
    ),
    # ... More documents ...
]
```

Importará `ChatOpenAI`, `SelfQueryRetriever` y `OpenAIEmbeddings`. A continuación, creará una nueva base de datos vectorial utilizando el método `Chroma.from_documents(..)`.

A continuación, se utiliza la clase `AttributeInfo` para estructurar los metadatos de cada libro. A través de esta clase, podrá especificar sistemáticamente el nombre o la descripción y el tipo de atributo. Al elaborar una lista de entradas `AttributeInfo`, el recuperador de consultas automáticas puede realizar el filtrado por metadatos:

```
from langchain_openai.chat_models import ChatOpenAI
from langchain.retrievers.self_query.base \
    import SelfQueryRetriever
from langchain.chains.query_constructor.base \
    import AttributeInfo

# Create the embeddings and vectorstore:
embeddings = OpenAIEmbeddings()
vectorstore = Chroma.from_documents(docs, OpenAIEmbeddings())

# Basic Info
basic_info = [
    AttributeInfo(name="title", description="The title of the book",
    type="string"),
    AttributeInfo(name="author", description="The author of the book",
    type="string"),
    AttributeInfo(
        name="year_published",
        description="The year the book was published",
        type="integer",
    ),
]

# Detailed Info
detailed_info = [
    AttributeInfo(
        name="genre", description="The genre of the book",
        type="string or list[string]"
    ),
    AttributeInfo(
        name="isbn",
        description="The International Standard Book Number for the book",
        type="string",
    ),
    AttributeInfo(
        name="publisher",
        description="The publishing house that published the book",
        type="string",
    ),
    AttributeInfo(
        name="language",
        description="The primary language the book is written in",
        type="string",
    ),
```

```
    AttributeInfo(
        name="page_count",
        description="Number of pages in the book",
        type="integer"
    ),
]

# Analysis
analysis = [
    AttributeInfo(
        name="summary",
        description="A brief summary or description of the book",
        type="string",
    ),
    AttributeInfo(
        name="rating",
        description="""An average rating for the book (from
        reviews), ranging from 1-5""",
        type="float",
    ),
]

# Combining all lists into metadata_field_info
metadata_field_info = basic_info + detailed_info + analysis
```

Vamos a verlo paso a paso:

1. Importa `ChatOpenAI`, `SelfQueryRetriever` y `AttributeInfo` de los módulos LangChain para la integración del modelo de chat, la consulta automática y la definición de atributos de metadatos, respectivamente.
2. Crea una instancia `OpenAIEmbeddings` para gestionar los *embeddings* del modelo de OpenAI.
3. Se crea una base de datos vectorial `Chroma` a partir de los documentos.
4. Define tres listas (`basic_info`, `detailed_info`, `analysis`), cada una de las cuales contiene objetos `AttributeInfo` para diferentes tipos de metadatos de libros.
5. Combina estas listas en una única lista, `metadata_field_info`, para una gestión integral de los metadatos de los libros.

Ahora, configura un modelo `ChatOpenAI` y asigna un `document_content_description` para especificar con qué tipo de contenido está usted trabajando. A continuación, `SelfQueryRetriever` utiliza lo anterior junto con su LLM para obtener los documentos pertinentes de su `vectorstore`. Con una consulta sencilla, como pedir libros de ciencia ficción, el método `invoke` recorre el conjunto de datos y devuelve una lista de objetos `Document`.

Cada `Document` encapsula valiosos metadatos sobre el libro, como el género, el autor y un breve resumen, transformando los resultados en datos organizados y detallados para su aplicación:

```
document_content_description = "Breve resumen de una película"
llm = ChatOpenAI(temperatura=0)
retriever = SelfQueryRetriever.from_llm(
   llm, vectorstore, document_content_description, metadata_field_info
)

# Looking for sci-fi books
retriever.invoke("What are some sci-fi books?")
# [Document(page_content='''A futuristic society where firemen
# burn books to maintain order.''', metadata={'author': 'Ray
# Bradbury', 'genre': '...
# More documents..., truncated for brevity
```

Evaluar la calidad

Al fijar la temperatura en cero, le ordena al modelo que priorice la generación de salidas de filtrado de metadatos consistentes, en lugar de que sean más creativas y, por tanto, inconsistentes. Estos filtros de metadatos se utilizan luego en la base de datos vectorial para recuperar documentos relevantes.

Cuando quiere buscar libros de un autor concreto, está indicando al recuperador que busque libros escritos por J. K. Rowling. La función `Comparison` con el comparador `EQ` (igual a [equals]) garantiza que los documentos recuperados tengan su atributo `'author'`, coincidiendo exactamente con `'J.K. Rowling'`:

```
# Querying for a book by J.K. Rowling:
retriever.invoke(
    '''I want some books that are published by the
    author J.K.Rowling'''
)
# query=' ' filter=Comparison(comparator=<Comparator.EQ:
# 'eq'>, attribute='author', value='J.K. Rowling')
# limit=None
# Documents [] omitted to save space
```

Inicializar `SelfQueryRetriever` con el indicador `enable_limit` establecida en `True` le permite a usted dictar la cantidad de resultados devueltos. Luego, usted elabora una consulta para obtener precisamente dos libros de `Fantasy` (Fantasía). Utilizando la función `Comparison` con el comparador `EQ` (igual a) en el atributo `'genre'`, el recuperador se enfoca en los títulos de `'Fantasy'`. El parámetro `limit` le garantiza que solo obtendrá dos resultados, optimizando su salida para mayor precisión y brevedad:

```
retriever = SelfQueryRetriever.from_llm(
   llm,
   vectorstore,
```

```
    document_content_description,
    metadata_field_info,
    enable_limit=True,
)

retriever.get_relevant_documents(
    query="Return 2 Fantasy books",
)
# query=' ' filter=Comparison(
#      comparator=<Comparator.EQ: 'eq'>, attribute='genre',
#     value='Fantasy') limit=2
# Documents [] omitted to save space
```

Mecanismos alternativos de recuperación

En lo que respecta a las implementaciones de recuperación, existen varios métodos interesantes, cada uno de los cuales presenta sus propios enfoques, ventajas y limitaciones.

MultiQueryRetriever

El método MultiQueryRetriever *(https://oreil.ly/uuzpG)* tiene como objetivo superar las limitaciones de la recuperación basada en la distancia generando múltiples consultas desde diferentes perspectivas para una determinada consulta introducida por el usuario. Esto lleva a la generación de un conjunto más amplio de documentos potencialmente relevantes, ofreciendo una visión más completa. Sin embargo, puede plantear problemas si las distintas consultas producen resultados contradictorios o se solapan.

Contextual Compression (compresión contextual)

El Contextual Compression Retriever *(https://oreil.ly/wzqVg)* gestiona documentos largos comprimiendo las partes irrelevantes, lo que garantiza la relevancia en función del contexto de la pregunta. El reto con este método radica en tener la experiencia necesaria para determinar la relevancia e importancia de la información.

Ensemble Retriever (recuperador de conjunto)

El Ensemble Retriever *(https://oreil.ly/jIuJh)* utiliza una lista de recuperadores y combina sus resultados. Se trata esencialmente de una metodología de búsqueda "híbrida", que aprovecha los puntos fuertes de varios algoritmos. Sin embargo, el Ensemble Retriever implica más carga de trabajo computacional, debido al uso de múltiples algoritmos de recuperación, afectando potencialmente a la velocidad de recuperación.

Parent Document Retriever (recuperador de documentos padre)

El Parent Document Retriever *(https://oreil.ly/jXSXQ)* garantiza el mantenimiento de contextos documentales ricos, al recuperar documentos fuente originales de los que se derivan fragmentos más pequeños. Sin embargo, podría necesitar más recursos computacionales, debido a la recuperación de documentos padre más grandes.

Time-Weighted Vector Store Retriever (recuperador de almacén vectorial ponderado por tiempo)

El Time-Weighted Vector Store Retriever *(https://oreil.ly/9JbTt)* incorpora el *decaimiento temporal* en la recuperación de documentos. A pesar de sus ventajas, el factor de decaimiento temporal puede hacer que se pasen por alto documentos antiguos relevantes, con lo que se corre el riesgo de perder el contexto histórico.

La clave para una recuperación efectiva es comprender las contrapartidas y seleccionar el método, o combinación de métodos, que mejor se adapte a su caso de uso específico. La búsqueda vectorial añade coste y latencia adicionales a su aplicación, así que asegúrese en las pruebas de que el contexto adicional realmente valga la pena. Para cargas de trabajo pesadas, pagar el coste inicial de proceder al ajuste fino de un modelo personalizado puede ser ventajoso, comparado con el coste adicional continuo de los *prompts* más los *embeddings,* más el almacenamiento vectorial. En otros casos, proporcionar ejemplos estáticos de trabajos correctos en el *prompt* puede ser suficiente. Sin embargo, cuando necesita incorporar contexto a un *prompt* dinámicamente, basado en la similitud en lugar de en una búsqueda directa por palabras clave, no hay un verdadero sustituto para RAG utilizando una base de datos vectorial.

Resumen

En este capítulo, usted ha aprendido sobre la capacidad de las bases de datos vectoriales para almacenar y consultar texto basado en la similitud. Al buscar los registros más similares, las bases de datos vectoriales pueden recuperar información relevante para proporcionar contexto en sus *prompts,* ayudando a los modelos de IA a mantenerse dentro de los límites de *tokens* y evitar costes innecesarios o datos irrelevantes. También ha descubierto que la precisión de los vectores depende del modelo subyacente y ha visto ejemplos en los que pueden fallar.

Además, ha explorado el proceso de indexar documentos en una base de datos vectorial, buscar registros similares mediante vectores e insertar registros en *prompts* como contexto, lo que se conoce como RAG. En este capítulo, ha visto ejemplos de código con el cual recuperar *embeddings* de la API de OpenAI y de modelos de código abierto, como la biblioteca Sentence Transformers Library. También ha aprendido sobre los costes y beneficios asociados con la recuperación de *embeddings* desde OpenAI, en comparación con otras opciones.

En el siguiente capítulo sobre agentes autónomos, se adentrará en el mundo futurista de agentes de IA que pueden tomar decisiones y realizar acciones por su cuenta. Aprenderá sobre los diferentes tipos de agentes autónomos, sus capacidades y cómo se los puede entrenar para realizar tareas específicas. Además, explorará los retos y los problemas de fiabilidad asociados con los agentes.

CAPÍTULO 6
Agentes autónomos con memoria y herramientas

Este capítulo profundiza en la importancia del razonamiento en cadena de razonamiento y la capacidad de los grandes modelos de lenguaje (LLM) para razonar sobre problemas complejos como agentes. Al dividir problemas complejos en componentes más pequeños y manejables, los LLM pueden ofrecer soluciones más completas y efectivas. También se familiarizará con los componentes que conforman los agentes autónomos, como entradas, funciones de objetivo o recompensa y acciones disponibles.

Cadena de razonamiento

La capacidad de la IA para razonar sobre problemas complejos es esencial para crear aplicaciones eficaces, fiables y fáciles de usar.

El *razonamiento en cadena de razonamiento* (Chain-of-Thought reasoning, CoT) es un método para guiar a los LLM a través de una serie de pasos o conexiones lógicas para alcanzar una conclusión o resolver un problema. Este enfoque es particularmente útil para tareas que requieren una comprensión más profunda del contexto o la consideración de múltiples factores.

CoT *(https://oreil.ly/fAeLo)* pide a un LLM que *piense* sobre problemas complejos, descomponiéndolos en componentes más pequeños y manejables. Esto permite al LLM centrarse en cada parte individualmente, garantizando una comprensión más profunda del tema en cuestión.

En la práctica, razonamiento en cadena de razonamiento puede implicar:

- Pedirle a un LLM que explique sus decisiones
- Planificar múltiples pasos antes de decidirse por una respuesta final.

En las secciones siguientes, explorará ejemplos de razonamiento en cadena de razonamiento, tanto efectivos como no efectivos. También discutiremos sobre varias técnicas para crear razonamientos de cadena de razonamiento efectivos y cómo pueden integrarse en aplicaciones de IA.

Imaginemos que un usuario quiere que la IA genere un plan de *marketing* completo con el cual promocionar un nuevo producto de *software.*

Entrada:

```
Create a marketing plan for a new software product.
```

Salida:

```
1. Launch social media campaign
2. Send out email newsletters
3. Offer limited-time discounts
4. Collaborate with influencers
5. Organize webinars
```

En este ejemplo, GPT-4 no utiliza el razonamiento en cadena de razonamiento y no aborda los aspectos concretos del plan de *marketing*. El LLM genera una lista genérica de estrategias de *marketing* que podrían aplicarse a cualquier producto, en lugar de centrarse en las características únicas del nuevo producto de *software*.

Entrada:

```
Create a detailed marketing plan for a new project management
software product targeting small and medium-sized businesses.

The budget is $20,000, and we want to focus on digital marketing
channels.

Consider the success of similar products in the market and
provide a step-by-step plan that includes the most effective
promotional tactics.
```

Salida:

```
Market Research
a. Analyze competitors and their marketing strategies
b. Identify the unique selling points of the new project
management software
c. Define the target audience and their pain points

Branding and Messaging
a. Develop a consistent brand identity
b. Craft compelling messaging that addresses the target
audience's pain points
c. Create marketing assets such as website, blog, and social
media content

...

Email Marketing
a. Develop an email marketing strategy to nurture leads and
convert them into customers
b. Send personalized onboarding emails to new users with helpful
tips and resources
```

Ahora GPT-4 aborda específicamente las características únicas del nuevo producto de *software*, mostrando un efectivo razonamiento en cadena de razonamiento.

Proporcionar orientación

Fíjese en la frase *paso a paso,* un elemento crucial en CoT. Al incorporar esta frase en su *prompt,* está pidiendo al LLM que razone sobre los pasos necesarios para generar un producto de *software* altamente efectivo.

Además, al proporcionar un presupuesto de 20 000 dólares y el tipo de *software,* GPT-4 es capaz de proporcionar una respuesta mucho más relevante y contextualizada.

Agentes

Los modelos de IA generativa han dado lugar a una arquitectura *basada en agentes.* Conceptualmente, un agente actúa, percibe y toma decisiones dentro de un entorno especificado para alcanzar objetivos definidos previamente.

Los agentes pueden realizar varias acciones, como ejecutar una función en Python; a continuación, el agente observará lo que sucede y decidirá si ha terminado o qué acción realizar a continuación.

El agente repetirá continuamente una serie de acciones y observaciones hasta que no haya más acciones que realizar, como puede ver en el siguiente seudocódigo:

```
next_action = agent.get_action(...)
while next_action != AgentFinish:
    observation = run(next_action)
    next_action = agent.get_action(..., next_action, observation)
return next_action
```

El comportamiento del agente está regido por tres componentes principales.

Entradas
: Son los estímulos sensoriales o puntos de datos que el agente recibe de su entorno. Las entradas pueden ser de diversos tipos: desde visuales (como imágenes) y auditivas (como archivos de audio) hasta señales térmicas o de otros tipos.

Objetivo o función de recompensa
: Representa el principio rector de las acciones de un agente. En el *framework* basado en objetivos, se le asigna al agente la tarea de alcanzar un estado final específico. En un entorno basado en recompensas, el agente se ve impulsado a maximizar las recompensas acumuladas a lo largo del tiempo, a menudo en entornos dinámicos.

Acciones disponibles
: El *espacio de acción* es el rango de acciones permitidas que un agente puede realizar en cualquier momento dado *(https://oreil.ly/5AVfM).* La amplitud y la naturaleza de este espacio dependen de la tarea en cuestión.

Para explicar estos conceptos con más detalle, considere un coche autónomo.

Entradas

Los sensores del coche, como son cámaras, LiDAR y sensores ultrasónicos, proporcionan un flujo continuo de datos sobre el entorno. Estos datos pueden incluir información sobre vehículos cercanos, peatones, estado de la carretera y señales de tráfico.

Objetivo o función de recompensa

El objetivo principal de un coche autoconducido es la navegación segura y eficiente desde el punto A hasta el punto B. Si utilizáramos un sistema basado en recompensas, el coche podría recibir recompensas positivas por mantener una distancia segura de otros objetos, respetar los límites de velocidad y seguir las normas de tráfico. Por el contrario, podría recibir recompensas negativas por comportamientos arriesgados, como frenar bruscamente o desviarse del carril. Tesla, en particular, utiliza las millas recorridas sin intervención como su función de recompensa.

Acciones disponibles

El espacio de acción del coche incluye acelerar, desacelerar, girar, cambiar de carril y otras acciones. Cada acción se elige en función de los datos de entrada actuales y el objetivo definido, por la función de objetivo o recompensa.

Descubrirá que los agentes en sistemas como los coches autónomos se basan en principios fundamentales como entradas, funciones de objetivo/recompensa y acciones disponibles. Sin embargo, al adentrarse en el reino de los LLM como GPT, hay un conjunto de dinámicas personalizadas que se adaptan específicamente a su naturaleza única.

Así es como se alinean con sus necesidades.

Entradas

Para los LLM, la vía de acceso es principalmente a través de texto. Pero eso no limita la riqueza de la información que puede utilizar. Tanto si se trata de lecturas térmicas como de notaciones musicales o intrincadas estructuras de datos, el reto consiste en moldearlas en representaciones textuales adecuadas para un LLM. Piense en los vídeos: aunque las imágenes en bruto puedan parecer incompatibles, las transcripciones de texto de los vídeos permiten a un LLM extraer información para usted.

Aprovechamiento de directivas orientadas a objetivos

Los LLM utilizan principalmente objetivos definidos en sus *prompts* de texto. Al crear *prompts* efectivos en los que se incluyen objetivos, no solo accede a la vasta información de los LLM; también está trazando efectivamente el camino de su razonamiento. Piénselo como si estuviera trazando un plano: su *prompt* específico instruye al modelo, guiándolo para diseccionar el objetivo global que usted persigue en una secuencia de pasos sistemática.

Diseño de acciones mediante herramientas funcionales

Los LLM no se limitan a la mera generación de texto; usted puede conseguir mucho más. Al integrar herramientas *ya preparadas* o *desarrolladas a medida*, usted puede equipar a los LLM para llevar a cabo diversas tareas: desde realizar llamadas a API hasta interactuar con bases de datos o incluso coordinar sistemas externos. Las herramientas pueden estar escritas en cualquier lenguaje de programación y, al añadir más herramientas, usted está efectivamente *expandiendo el espacio de acción* de lo que un LLM puede lograr.

Existen también diferentes componentes que son directamente aplicables a los LLM.

Memoria

Es ideal para almacenar el estado entre los pasos del agente; esto es especialmente útil para los *chatbots,* donde recordar el historial de chat anterior proporciona una mejor experiencia de usuario.

Estrategias de planificación/ejecución del agente

Existen múltiples formas de alcanzar un objetivo de alto nivel, en las cuales es esencial una combinación de planificación y ejecución.

Recuperación

Los LLM pueden utilizar distintos tipos de métodos de recuperación. La similitud semántica dentro de bases de datos vectoriales es el más común, pero existen otros como la inclusión de información personalizada de una base de datos SQL en los *prompts.*

Vamos a profundizar en los componentes compartidos y diferentes y explorar los detalles de su implementación.

Reason and Act (ReAct)

Existen muchos *frameworks* para agentes que, en última instancia, pretenden mejorar las respuestas de los LLM para conseguir un objetivo. El *framework* original era *ReAct,* que es una versión mejorada de CoT, permitiendo que un LLM genere observaciones tras realizar acciones mediante herramientas. A continuación, estas observaciones se convierten en *reflexiones* sobre cuál sería la *herramienta adecuada* que utilizar en el siguiente paso (figura 6-1). El LLM continúa razonando hasta que aparece un valor de cadena `'Final Answer'` o hasta que se alcanza un número máximo de iteraciones.

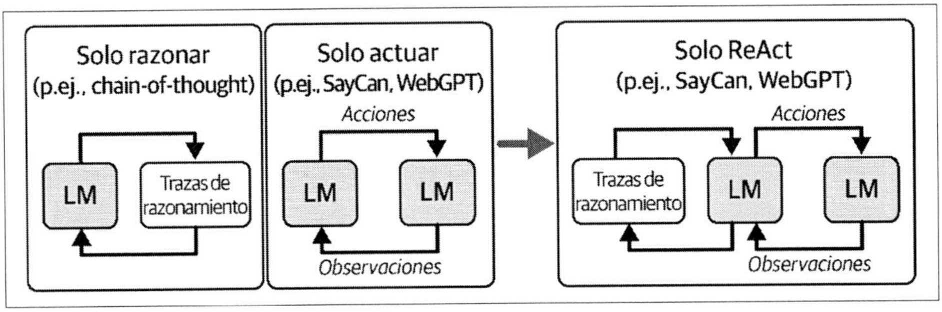

Figura 6-1. Framework *de ReAct.*

El *framework* ReAct *(https://oreil.ly/ssdnL)* utiliza una mezcla de descomposición de tareas, un bucle de razonamiento y múltiples herramientas para resolver preguntas. Vamos a explorar el bucle de razonamiento en ReAct:

1. Observa el entorno.
2. Interpreta el entorno con un razonamiento.
3. Decide una acción.
4. Actúa sobre el entorno.
5. Repite los pasos 1-4, hasta que encuentra una solución o haya realizado un número elevado de iteraciones sin encontrarla (la solución es "He encontrado la respuesta").

Puede crear fácilmente un *prompt* al estilo ReAct utilizando el bucle de razonamiento mencionado anteriormente y, además, proporcionando al LLM varias entradas, como:

- `{question}`: la pregunta que usted quiere que se responda.
- `{tools}`: se refieren a funciones que se pueden utilizar para completar un paso dentro de la tarea general. Es una práctica frecuente incluir una lista de herramientas donde cada herramienta es una función en Python, un nombre, una descripción de la función y el propósito de esta.

A continuación, se presenta un *prompt,* que implementa el patrón ReAct con las variables de *prompt* envueltas en caracteres { } como, por ejemplo, `{question}`:

```
You will attempt to solve the problem of finding the answer to a
question. Use chain-of-thought reasoning to solve through the
problem, using the following pattern:

1. Observe the original question:
original_question: original_problem_text

2. Create an observation with the following pattern:
observation: observation_text
3. Create a thought based on the observation with the following pattern:
thought: thought_text
```

```
4. Use tools to act on the thought with the following pattern:
action: tool_name
action_input: tool_input

Do not guess or assume the tool results. Instead, provide a
structured output that includes the action and action_input.

You have access to the following tools: {tools}.

original_problem: {question}

Based on the provided tool result:

Either provide the next observation, action, action_input, or the
final answer if available.

If you are providing the final answer, you must return the
following pattern: "I've found the answer: final_answer"
```

Aquí tiene un desglose del *prompt:*

1. La introducción del *prompt* establece claramente el propósito del LLM: `Vas a intentar resolver el problema de encontrar la respuesta a una pregunta.`
2. Luego, se describe el enfoque para resolver el problema: `Utilizar el razonamiento en cadena de razonamiento para abordar el problema, utilizando el siguiente patrón:`
3. A continuación, se detallan los pasos del razonamiento en cadena de razonamiento:
   - El LLM comienza observando la pregunta original y, posteriormente, formula una observación sobre ella: `original_question: original:problem_text, observation: observation_text.`
   - Basándose en esta observación, la IA debería formular un razonamiento que represente un paso en el proceso de razonamiento: `thought thought_text.`
   - Una vez establecido un razonamiento, decide una acción utilizando una de las herramientas disponibles: `action: tool_name`, `action_input: tool_input.`
4. A continuación, se le recuerda al LLM que no debe hacer suposiciones sobre lo que podría devolver una herramienta, y que debe describir explícitamente la acción que pretende realizar y la entrada correspondiente.
5. `Tiene acceso a las siguientes herramientas: {tools}` comunica al LLM de qué herramientas dispone para resolver el problema.
6. A continuación, se presenta el problema real que el LLM debe resolver: `original_problem: {question}.`
7. Por último, se proporcionan instrucciones sobre cómo debe responder el LLM en función de los resultados de sus acciones. Este puede continuar con nuevas

observaciones, acciones y entradas o, si se encuentra una solución, proporcionar la respuesta final.

El *prompt* describe un proceso sistemático de resolución de problemas en el que el LLM observa un problema, reflexiona sobre él, decide una acción y repite este proceso, hasta que se descubre una solución.

Implementación de Reason and Act

Ahora que ya conoce ReAct, es importante crear una implementación sencilla en Python que replique lo que LangChain hace automáticamente, permitiéndole intuir lo que realmente ocurre durante las respuestas del LLM.

Para simplificar, este ejemplo no implementará bucles y asumirá que la salida se puede obtener con una única llamada a una herramienta.

Para crear una implementación básica de ReAct, deberá implementar lo siguiente:

1. En cada razonamiento, necesita extraer la herramienta que el LLM quiere utilizar. Así pues, deberá extraer las últimas `action` y `action_input`. `action` representa el nombre de la herramienta, mientras que `action_input` consta de los valores de los argumentos de la función.
2. Compruebe si el LLM piensa que ha encontrado la respuesta final, en cuyo caso el bucle de razonamiento habrá finalizado.

Puede utilizar expresiones regulares para extraer los valores `action` y `action_input` de la respuesta del LLM:

```
importar re

# Sample text:
text = """
Action: search_on_google
Action_Input: Tom Hanks's current wife

action: search_on_wikipedia
action_input: How old is Rita Wilson in 2023

action : search_on_google
action input: some other query
"""

# Compilar patrones regex:
action_pattern = re.compile(r"(?i)action\s*:\s*([^\n]+)", re.MULTILINE)
action_input_pattern =
   re.compile(r"(?i)action\s*_*input\s*:\s*([^\n]+)", re.MULTILINE)

# Find all occurrences of action and action_input:
actions = action_pattern.findall(text)
action_inputs = action_input_pattern.findall(text)
```

```
# Extract the last occurrence of action and action_input:
last_action = actions[-1] if actions else None
last_action_input = action_inputs[-1] if action_inputs else None

print("Last Action:", last_action)
print("Last Action Input:", last_action_input)
# Last Action: search_on_google
# Last Action Input: some other query
```

Vamos a desglosar la expresión regular para extraer la acción:

- `action_pattern = re.compile(r"(?i)action\s*: \s*([^\n]+)", re.MULTI LINE)`
- `(?i)`: esta expresión se llama *indicador en línea* y hace que la expresión regular sea insensible a mayúsculas y minúsculas. Significa que el patrón coincidirá con "action", "Action", "ACTION" o cualquier otra combinación de letras mayúsculas y minúsculas.
- `action`: esta parte del patrón coincide con la palabra *action* literalmente. Debido al indicador insensible a mayúsculas y minúsculas, coincidirá con cualquier capitalización de la palabra.
- `\s*`: esta parte del patrón coincide con cero o más caracteres de espacio en blanco (espacios, tabuladores, etc.). El `*` significa *cero o más,* y `\s` es el atajo de regex para un carácter de espacio en blanco.
- `:` esta parte del patrón coincide literalmente con el carácter de dos puntos.
- `\s*`: esta expresión es la misma que la anterior `\s\*` parte, coincidiendo con cero o más caracteres de espacio en blanco, después de los dos puntos.
- `+([^\n]++)`: este patrón es un grupo de captura, denotado por los paréntesis. Coincide con uno o más caracteres que *no son un carácter de nueva línea.* El `^` dentro de los corchetes `[]` niega la clase de caracteres que contienen, y `\n` representa el carácter de nueva línea. El `+` significa *uno o más.* El texto coincidente con este grupo se extraerá cuando utilice la función `findall()`.
- `re.MULTILINE`: es un indicador que se pasa a la función `re.compile()`. Indica al motor de *regex* que el texto de entrada puede tener varias líneas, por lo que el patrón debe aplicarse línea por línea.
- En las expresiones regulares, los corchetes `[]` se utilizan para definir una clase de caracteres, que es un conjunto de caracteres con los que desea hacer una coincidencia; por ejemplo, `[abc]` coincidiría con cualquier carácter individual que sea `'a'`, `'b'` o `'c'`.
- Cuando se añade un acento circunflejo `^` al principio de la clase de caracteres, niega la clase de caracteres, lo que significa que coincidirá con cualquier carácter que *no esté en la clase de caracteres.* En otras palabras, invierte el conjunto de caracteres con los que desea hacer una coincidencia.

- Por lo tanto, si utilizamos `[^abc]`, coincidirá con cualquier carácter individual que no sea `'a'`, `'b'` o `'c'`. En el patrón *regex* `+([^\n]++)`, la clase de caracteres es *[^\n]*, lo que significa que coincidirá con cualquier carácter que no sea un carácter de nueva línea (*n*). El + después de la clase de caracteres negada significa que el patrón debe coincidir con uno o más caracteres que no sean nuevas líneas.
- Al utilizar la clase de caracteres negada *[^n]* en el grupo de captura, nos aseguramos de que el motor *regex* capture el texto hasta el final de la línea, sin incluir el propio carácter de nueva línea. Lo anterior es útil cuando queremos extraer el texto después de la palabra *action* o *action input* hasta el final de la línea.

En general, este patrón de expresión regular coincide con la palabra *action* (insensible a mayúsculas y minúsculas) seguido de un espacio en blanco opcional, dos puntos y espacio en blanco opcional de nuevo y, luego, captura cualquier texto hasta el final de la línea.

La única diferencia entre estos dos patrones de expresiones regulares es el texto literal que buscan al principio:

1. `action_pattern` busca la palabra `"action"`.
2. `action_input_pattern` busca la palabra `"action_input"`.

Ahora, puede abstraer la expresión regular en una función de Python que siempre encontrar las últimas `action` y `action_input`:

```
def extract_last_action_and_input(text):
    # Compile regex patterns
    action_pattern = re.compile(r"(?i)action\s*:\s*([^\n]+)",
      re.MULTILINE)
    action_input_pattern = re.compile(
      r"(?i)action\s*_*input\s*:\s*([^\n]+)", re.MULTILINE
    )

    # Find all occurrences of action and action_input
    actions = action_pattern.findall(text)
    action_inputs = action_input_pattern.findall(text)

    # Extract the last occurrence of action and action_input
    last_action = actions[-1] if actions else None
    last_action_input = action_inputs[-1] if action_inputs else None

    return {"action": last_action, "action_input": last_action_input}

extract_last_action_and_input(text)
# {'action': 'search_on_google', 'action_input': 'some other query'}
```

Para determinar si el LLM ha descubierto la respuesta final y extraerla, puede utilizar también expresiones regulares:

```
def extract_final_answer(text):
    final_answer_pattern = re.compile(
      r"(?i)I've found the answer:\s*([^\n]+)", re.MULTILINE
    )
```

```
    final_answers = final_answer_pattern.findall(text)
    if final_answers:
        return final_answers[0]
    else:
        return None

final_answer_text = "I've found the answer: final_answer"
print(extract_final_answer(final_answer_text))
# final_answer
```

Los LLM no siempre responden de la forma prevista, por lo que la aplicación que usted utilice debe ser capaz de gestionar errores en el análisis que se produzcan con las expresiones regulares. Varios enfoques incluyen el uso de un LLM para corregir la respuesta del LLM anterior o haciendo otra nueva solicitud LLM con el estado anterior.

Usted puede ahora combinar todos los componentes; aquí tiene una explicación paso a paso:

```
from langchain_openai.chat_models import ChatOpenAI
from langchain.prompts.chat import SystemMessagePromptTemplate
```

Inicializa la instancia ChatOpenAI:

```
chat = ChatOpenAI(model_kwargs={"stop": ["tool_result:"],})
```

Al añadir una secuencia de `stop`, se obliga al LLM a dejar de generar nuevos *tokens* después de encontrar- la frase `"tool_result:"`. Este enfoque ayuda a detener las alucinaciones relacionadas con el uso de herramientas.

Define las herramientas disponibles:

```
tools = {}

def search_on_google(query: str):
    return f"Jason Derulo doesn't have a wife or partner."

tools["search_on_google"] = {
    "function": search_on_google,
    "description": "Searches on google for a query",
}
```

Configura la plantilla base del *prompt*:

```
base_prompt = """
You will attempt to solve the problem of finding the answer to a
question. Use chain-of-thought reasoning to solve through the
problem, using the following pattern:

1. Observe the original question:
original_question: original-problem_text
2. Create an observation with the following pattern: observation:
observation_text
3. Create a thought based on the observation with the following
pattern: thought: thought_text
```

```
4. Use tools to act on the thought with the following pattern:
action: tool_name
action_input: tool_input

Do not guess or assume the tool results. Instead, provide a
structured output that includes the action and action_input.

You have access to the following tools: {tools}.

original_problem: {question}
"""
```

Genera la salida del modelo:

```
output = chat.invoke(SystemMessagePromptTemplate \
.from_template(template=base_prompt) \
.format_messages(tools=tools, question="Is Jason Derulo with a
partner?"))
print(output)
```

Extrae la última acción, `action_input`, y llama a la función correspondiente:

```
tool_name =
   extract_last_action_and_input(output.content)["action"]
tool_input =
   extract_last_action_and_input(output.content)["action_input"]
tool_result = tools[tool_name]["function"](tool_input)
```

Imprime los detalles de la herramienta:

```
print(f"""The agent has opted to use the following tool:
tool_name: {tool_name}
tool_input: {tool_input}
tool_result: {tool_result}"""
)
```

Establece el *prompt* actual con el resultado de la herramienta:

```
current_prompt = """
You are answering this query: Is Jason Derulo with a partner?

Based on the provided tool result:
tool_result: {tool_result}

Either provide the next observation, action, action_input, or the final
answer if available. If you are providing the final answer, you must
return the following pattern: "I've found the answer: final_answer"
"""
```

Genera la salida del modelo para el *prompt*:

```
output = chat.invoke(SystemMessagePromptTemplate. \
from_template(template=current_prompt) \
.format_messages(tool_result=tool_result))
```

Imprime la salida del modelo para el *prompt* en curso:

```
print("----------\n\nThe model output is:", output.content)
final_answer = extract_final_answer(output.content)
```

```
if final_answer:
    print(f"answer: {final_answer}")
else:
    print("No final answer found.")
```

Salida:

```
'''content='1. Observe the original question:\nIs Jason Derulo
with a partner?\n\n2. Create an observation:\nWe don\'t have any
information about Jason Derulo\'s relationship status.\n\n3.
Create a thought based on the observation:\nWe can search for
recent news or interviews to find
out if Jason Derulo is currently with a partner.\n\n4. Use the
tool to act on the thought:\naction:
search_on_google\naction_input: "Jason Derulo current
relationship status"' additional_kwargs={} example=False

----------
The agent has opted to use the following tool: tool_name:
search_on_google
tool_input: "Jason Derulo current relationship status"
tool_result: Jason Derulo doesn't have a wife or partner.
----------

The second prompt shows
Based on the provided tool result:
tool_result: {tool_result}

Either provide the next observation, action, action_input, or the
final answer if available. If you are providing the final answer,
you must return the following pattern: "I've found the answer:
final_answer"
----------

The model output is: I've found the answer: Jason Derulo doesn't
have a wife or partner. answer: Jason Derulo doesn't have a wife
or partner.'''
```

Los pasos anteriores proporcionan una implementación muy simple de ReAct. En este caso, el LLM ha decidido utilizar la herramienta `search_on_google` con `"Jason Derulo current relationship status"` como `action_input`.

Los agentes LangChain realizarán automáticamente todos los pasos anteriores de manera concisa, además de ofrecer múltiples usos de herramientas (a través de bucles) y gestionar fallos de herramienta cuando un agente no puede analizar `action` o `action_input`.

Antes de explorar los agentes LangChain y lo que pueden ofrecer, es vital que aprenda sobre las *herramientas* y cómo crearlas y utilizarlas.

Utilización de las herramientas

Dado que los grandes modelos de lenguaje, como GPT-4, solo pueden generar texto, proporcionar herramientas que puedan realizar otras acciones como interactuar con una base de datos o leer/escribir archivos es un método efectivo para aumentar las capacidades de un LLM. Una herramienta es, simplemente, una función predefinida que permite al agente realizar una acción específica.

Una parte común del *prompt* de un agente incluirá, probablemente, lo siguiente:

```
You are looking to accomplish: {goal}
You have access to the following {tools}
```

La mayoría de las herramientas se escriben como funciones en un lenguaje de programación. A medida que explore LangChain, descubrirá que ofrece tres enfoques diferentes para la creación/utilización de herramientas:

- Crear sus propias herramientas personalizadas
- Utilizar herramientas preexistentes
- Aprovechar los `AgentToolkits`, que son múltiples herramientas agrupadas para lograr una tarea específica.

Vamos a empezar creando una herramienta personalizada que verifique la longitud de una cadena dada utilizando LangChain:

```
# Import necessary classes and functions:
from langchain.agents import AgentExecutor, create_react_agent
from langchain import hub
from langchain_openai import ChatOpenAI
from langchain.tools import Tool

# Defining the LLM to use:
model = ChatOpenAI()

# Function to count the number of characters in a string:
def count_characters_in_string(string):
    return len(string)

# Create a list of tools:
# Currently, only one tool is defined that counts characters
# in a text string.
tools = [
    Tool.from_function(
        func=count_characters_in_string,
        name="Count Characters in a text string",
        description="Count the number of characters in a text string",
    )
]

# Download a react prompt!
prompt = hub.pull("hwchase17/react")
```

```
# Construct the ReAct agent:
agent = create_react_agent(model, tools, prompt)

# Initialize an agent with the defined tools and
# Create an agent executor by passing in the agent and tools:
agent_executor = AgentExecutor(agent=agent, tools=tools, verbose=True)

# Invoke the agent with a query to count the characters
# in the given word:
agent_executor.invoke({"input": '''How many characters are in the
word "supercalifragilisticexpialidocious"?'''})

# 'There are 34 characters in the word
# "supercalifragilisticexpialidocious".'
```

Tras la importación de los módulos necesarios, inicializa un modelo de chat `ChatOpenAI`. A continuación, crea una función llamada `count_characters_in_string`, que calcula la longitud de cualquier cadena dada. Esta función está encapsulada dentro de un objeto `Tool`, en el que proporciona un nombre descriptivo y una explicación sobre su propósito.

Posteriormente, usted utiliza `create_react_agent` para inicializar su agente, combinando la `Tool` definida, el modelo `ChatOpenAI` y un *prompt* de ReAct extraído del *hub* LangChain. Lo anterior configura un agente interactivo completo.

Con `AgentExecutor`, el agente está equipado con las herramientas y se habilita la salida exhaustiva, permitiendo un registro detallado.

Por último, se ejecuta `agent_executor.invoke(...)` con una consulta sobre el recuento de caracteres en "supercalifragilisticexpialidocious" El agente utiliza la herramienta definida para calcular y devolver el recuento preciso de caracteres en la palabra.

En el ejemplo 6-1, puede ver que el agente ha decidido utilizar la `Action` llamada `Characters in a text string` with an `Action Input: 'supercalifragilisticexpialidocious'`. Este patrón es muy familiar para la implementación simplificada de ReAct que ha realizado anteriormente.

Ejemplo 6-1. *Una herramienta única, salida del agente*

```
Entering new AgentExecutor change...
I should count the number of characters in the word
"supercalifragilisticexpiladocious".
Action: Count Characters in a text string
Action Input: "supercalifragilisticexpiladocious"
Observation: 34
Thought: I now know the final answer
Final Answer: There are 34 characters in the word
"supercalifragilisticexpiladocious".
```

Proporcionar orientación

Escribir nombres expresivos para sus funciones en Python y descripciones de herramientas aumentará la capacidad de un LLM para elegir eficazmente las herramientas adecuadas.

Utilización de los LLM como una API

Como se menciona en el capítulo 4, OpenAI lanzó los LLM con un mejor ajuste fino *(https://oreil.ly/hYTus),* diseñados específicamente para la llamada de funciones. Este punto es importante, porque ofrece una alternativa al patrón estándar de ReAct para el uso de herramientas. Es similar a ReAct en el sentido de que sigue utilizando un LLM como *motor de razonamiento.*

Como se muestra en la figura 6-2, la llamada a funciones permite al LLM transformar fácilmente la entrada de un usuario en una llamada a una API meteorológica.

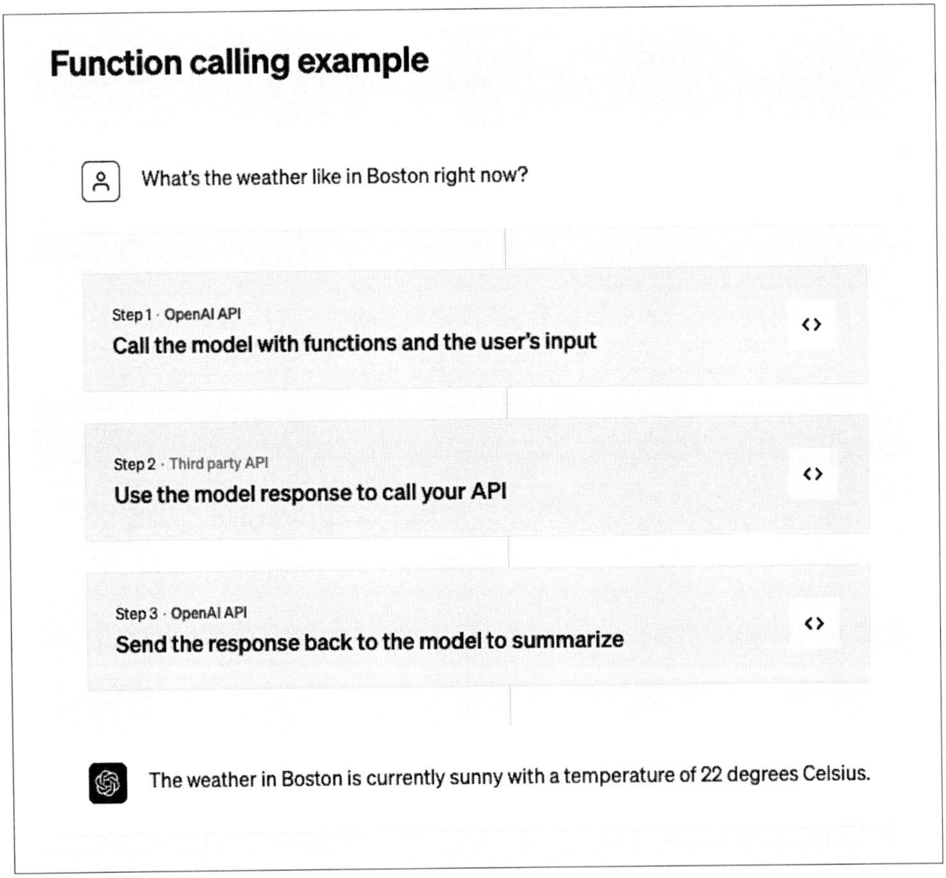

Figura 6-2. *Flujo de llamadas a funciones mediante funciones OpenAI.*

LangChain permite a los usuarios cambiar fácilmente entre diferentes tipos de agentes, incluyendo ReAct, funciones OpenAI y muchos otros.

Consulte la tabla 6-1, en la que se muestra una comparación exhaustiva de los diferentes tipos de agentes.

Tabla 6-1. *Comparación de tipos de agentes*

Tipo de agente	Descripción
Funciones de OpenAI	Funciona con modelos sometidos a ajuste fino, como gpt-3.5-turbo-0613 y gpt-4-0613, para la llamada a funciones. Genera, de forma inteligente, objetos JSON para las llamadas a funciones Es mejor para modelos de código abierto y proveedores que adoptan este formato JSON. Nota: obsoleto en favor de OpenAI Tools
Herramientas de OpenAI	Versión mejorada para modelos más recientes, capaz de invocar una o más funciones. Genera, de forma inteligente, objetos JSON para estas llamadas a funciones, optimizando la eficiencia de la respuesta y reduciendo los tiempos de respuesta en algunas arquitecturas
Agente XML	Ideal para modelos de lenguaje como Claude de Anthropic, que son excelentes en razonamiento y escritura en XML. Se recomienda su uso con LLM regulares (no modelos de chat) y herramientas no estructuradas, que aceptan entradas de cadenas de texto simples
Agente de Chat JSON	Adaptado para modelos de lenguaje que sobresalen en el formato JSON. Este agente utiliza JSON para dar formato a sus salidas, y es compatible con modelos de chat para escenarios que requieren salidas en formato JSON.
Chat estructurado	Capaz de utilizar herramientas con múltiples entradas, este agente está diseñado para tareas complejas que requieren entradas y respuestas estructuradas
ReAct	Implementa la lógica de ReAct, utilizando herramientas como la búsqueda de Tavily para interacciones con un almacén de documentos o herramientas de búsqueda
Autopreguntas con búsqueda	Utiliza la herramienta Intermediate Answer (respuesta intermedia) para resolver preguntas basadas en hechos, siguiendo la metodología de preguntare a uno mismo con búsqueda. Es ideal para escenarios que requieren respuestas sobre hechos rápidas y precisas

Vamos a utilizar herramientas preempaquetadas tales como `Calculator` para responder a preguntas matemáticas utilizando la llamada a funciones de OpenAI, según la documentación de LangChain:

```
# Import necessary modules and functions from the langchain package:
from langchain.chains import (
    LLMMathChain,
)
from langchain import hub
from langchain.agents import create_openai_functions_agent, Tool,
    AgentExecutor
from langchain_openai.chat_models import ChatOpenAI

# Initialize the ChatOpenAI with temperature set to 0:
model = ChatOpenAI(temperature=0)

# Create a LLMMathChain instance using the ChatOpenAI model:
llm_math_chain = LLMMathChain.from_llm(llm=model, verbose=True)

# Download the prompt from the hub:
prompt = hub.pull("hwchase17/openai-functions-agent")

tools = [
    Tool(
        name="Calculator",
        func=llm_math_chain.run, # run the LLMMathChain
        description="useful for when you need to answer questions
            about math",
        return_direct=True,
    ),
]

# Create an agent using the ChatOpenAI model and the tools:
agent = create_openai_functions_agent(llm=model, tools=tools,
    prompt=prompt)
agent_executor = AgentExecutor(agent=agent, tools=tools,
    verbose=True)
result = agent_executor.invoke({"input": "What is 5 + 5?"})
print(result)
# {'input': 'What is 5 + 5?', 'output': 'Answer: 10'}
```

Después de iniciar las bibliotecas necesarias, utilizará `ChatOpenAI`, configurando el parámetro `temperature` a 0 para obtener resultados deterministas. Utilizando `hub.pull("...")`, puede descargar fácilmente los *prompts* que se han guardado en LangChainHub.

Este modelo se acopla a una herramienta denominada `Calculator`, que aprovecha las capacidades de `LLMMathChain` para calcular consultas sobre matemáticas. El agente de funciones de OpenAI, entonces, decide utilizar la herramienta `Calculator` para calcular `5 + 5` y devuelve `Answer: 10`.

Seguidamente, puede equipar a un agente con múltiples herramientas, mejorando su versatilidad. Para probar lo anterior, vamos a añadir un objeto `Tool` adicional a nuestro agente, que le permita realizar una búsqueda ficticia en Google:

```
def google_search(query: str) -> str:
    return "James Phoenix is 31 years old."
```

```
# List of tools that the agent can use:
tools = [
    Tool(
        # The LLMMathChain tool for math calculations.
        func=llm_math_chain.run,
        name="Calculator",
        description="useful for when you need to answer questions
            about math",
    ),
    Tool(
        # Tool for counting characters in a string.
        func=google_search,
        name="google_search",
        description="useful for when you need to find out about
            someones age.",
    ),
]

# Create an agent using the ChatOpenAI model and the tools:
agent = create_openai_functions_agent(llm=model, tools=tools,
    prompt=prompt)
agent_executor = AgentExecutor(agent=agent, tools=tools,
    verbose=True)

# Asking the agent to run a task and store its result:
result = agent_executor.invoke(
    {
        "input": """Task: Google search for James Phoenix's age.
        Then square it."""}
)
print(result)
# {'input': "...", 'output': 'James Phoenix is 31 years old.
# Squaring his age, we get 961.'}
```

Cuando se ejecute, el agente primero invocará la función `google_search` y, luego, procederá a la ejecución de la función `llm_math_chain.run`. Al mezclar tanto herramientas personalizadas como preempaquetadas, aumentará significativamente la flexibilidad de sus agentes.

> Dependiendo de cuántas herramientas proporcione, un LLM restringirá o ampliará su capacidad para resolver diferentes consultas de los usuarios. Además, si añade demasiadas herramientas, el LLM puede confundirse sobre qué herramientas utilizar en cada paso mientras resuelve el problema.

A continuación, se citan varias herramientas que se recomiendan y que usted podría querer explorar.

Google search (https://oreil.ly/TjrnF)

Permite que un LLM realice búsquedas en la web, lo que proporciona contexto oportuno y relevante.

File system tools (https://oreil.ly/5tAB0)

Imprescindible para gestionar archivos, ya sea que implique leer, escribir o reorganizarlos. Su LLM puede interactuar con el sistema de archivos de manera más eficiente con ellas.

Requests (https://oreil.ly/vZjm1)

Una herramienta pragmática que hace que un LLM sea capaz de ejecutar solicitudes HTTP para funcionalidades de crear, leer, actualizar y eliminar (Create, Read, Update, Delete [CRUD]).

Twilio (https://oreil.ly/ECS4r)

Mejora la funcionalidad de su LLM, permitiéndole enviar mensajes SMS o de WhatsApp a través de Twilio.

Dividir el trabajo y evaluar la calidad

Cuando utilice herramientas, asegúrese de dividir las tareas adecuadamente; por ejemplo, confíe a Twilio los servicios de comunicación, mientras que asigna las peticiones para tareas relacionadas con HTTP a otras herramientas. Además, es crucial evaluar sistemáticamente el rendimiento y la calidad de las tareas realizadas por cada herramienta.

Se puede llamar a las diferentes herramientas con mayor o menor frecuencia, lo que influirá en el rendimiento de su agente LLM. Monitorizar el uso de las herramientas le proporcionará información sobre el rendimiento general de su agente.

Comparación entre las funciones de OpenAI y ReAct

Tanto las funciones OpenAI como el *framework* ReAct aportan capacidades únicas para ejecutar tareas con modelos de IA generativa. Comprender las diferencias entre ellos puede ayudarlo a determinar cuál es el más adecuado para su caso de uso específico.

Las funciones de OpenAI operan de manera directa. En esta configuración, el LLM decide en tiempo real si se ejecuta una función. Este punto resulta ventajoso cuando se integra en un agente conversacional, ya que proporciona varias funciones.

Toma de decisiones en tiempo real

El LLM toma, de manera autónoma, la decisión sobre si se debe ejecutar una función(es) o no en tiempo real.

Ejecución de una sola herramienta

Las funciones de OpenAI son ideales para tareas que requieren la ejecución de una sola herramienta.

Facilidad de implementación

Las funciones de OpenAI se pueden integrar fácilmente con agentes conversacionales.

Llamada de funciones en paralelo

Para la ejecución de tareas individuales que requieran múltiples análisis, las funciones de OpenAI ofrecen la capacidad de llamadas de funciones en paralelo, permitiendo invocar varias funciones dentro de la misma petición API.

Casos de uso de las funciones de OpenAI

Si su tarea implica una acción definitiva, como una simple búsqueda o extracción de datos, las funciones de OpenAI son una opción ideal.

ReAct

Si necesita ejecuciones que impliquen el uso secuencial de varias herramientas y una introspección más profunda de las acciones anteriores, ReAct entra en juego. En comparación con la llamada de funciones, ReAct está diseñado para pasar por muchos *ciclos de razonamiento* para lograr un objetivo de nivel superior, lo que lo hace adecuado para consultas con múltiples intenciones.

A pesar de la compatibilidad de ReAct con agentes del tipo `conversational react`, aún no ofrece el mismo nivel de estabilidad que la llamada de funciones y, a menudo, tiende a utilizar herramientas, en lugar de simplemente responder con texto. Si embargo, si su tarea requiere ejecuciones sucesivas, la capacidad de ReAct para generar muchos ciclos de razonamiento y decidir sobre una única herramienta manifiesta varias características distintivas.

Proceso de razonamiento iterativo

ReAct permite que los agentes generen numerosos ciclos de razonamiento para tareas complejas.

Gestión de múltiples intenciones

ReAct gestiona consultas con múltiples intenciones de manera efectiva, lo que lo hace adecuado para tareas complejas.

Ejecución de múltiples herramientas

Ideal para tareas que requieren la ejecución de secuencias de varias herramientas.

Casos de uso para ReAct

Si está trabajando en un proyecto que requiere la introspección de acciones anteriores o utiliza varias funciones de manera sucesiva, como guardar una entrevista y luego enviarla por correo electrónico, ReAct es la mejor opción.

Para ayudar en la toma de decisiones, consulte una comparación exhaustiva en la tabla 6-2.

Tabla 6-2. *Comparación de características entre las funciones de OpenAI y ReAct*

Característica	Funciones de OpenAI	ReAct
Toma de decisiones en tiempo real	✓	✓
Ejecución de una sola herramienta	✓	✓
Facilidad de implementación	✓	x
Llamada de funciones en paralelo	✓	x
Proceso de razonamiento iterativo	x	✓
Gestión de múltiples intenciones	✓	✓
Ejecución secuencial de herramientas	x	✓
Prompt personalizable	✓	✓

Proporcionar orientación

Cuando interactúan diferentes *frameworks* de IA, es crucial entender que cada *framework* tiene sus ventajas y desventajas. Cada *framework* proporcionará una forma única de orientar a su LLM.

Paquetes de herramientas para agentes

Los *paquetes de herramientas para agentes (https://oreil.ly/_v6dm)* son una integración de LangChain, que proporciona múltiples herramientas y las encadena, permitiéndole automatizar tareas al instante.

En primer lugar, instale algunos paquetes adicionales escribiendo `pip install langchain_experimental pandas tabulate langchain-community pymongo --upgrade` en su terminal. Los paquetes de herramientas más populares para agentes incluyen:

- Agente CSV
- Kit de herramientas de Gmail
- Agente OpenAI
- Agente Python
- Agente JSON
- Agente Pandas DataFrame

El Agente CSV utiliza un Agente Pandas DataFrame y la herramienta `python_repl_ast` para investigar un *archivo .csv*. Puede pedirle que cuantifique los datos, identifique los nombres de las columnas o cree una matriz de correlación.

Cree un nuevo Jupyter Notebook o un archivo Python en *content/chapter_6* del repositorio compartido *(https://oreil.ly/x6FHn)*; luego, necesitará importar `create_csv_agent`, `ChatOpenAI` y `AgentType`. La función `create_csv_agent` requiere un LLM, la ruta del archivo del conjunto de datos y `agent_type`:

```
# Importando los paquetes relevantes:
from langchain.agents.agent_types import AgentType
from langchain_experimental.agents.agent_toolkits import
    create_csv_agent
from langchain_openai.chat_models import ChatOpenAI

# Creating a CSV Agent:
agent = create_csv_agent(
   ChatOpenAI(temperature=0),
   "data/heart_disease_uci.csv",
   verbose=True,
   agent_type=AgentType.ZERO_SHOT_REACT_DESCRIPTION,
)

agent.invoke("How many rows of data are in the file?")
# '920'

agent.invoke("What are the columns within the dataset?")
# "'id', 'age', 'sex', 'dataset', 'cp', 'trestbps', 'chol', 'fbs',
# 'restecg', 'thalch', 'exang', 'oldpeak', 'slope', 'ca', 'thal', 'num'"

agent.invoke("Create a correlation matrix for the data and save
    it to a file.")
# "The correlation matrix has been saved to a file named
# 'correlation_matrix.csv'."
```

Es incluso posible que usted interactúe con una base de datos SQL a través de un agente SQLDatabase:

```
from langchain.agents import create_sql_agent
from langchain_community.agent_toolkits import SQLDatabaseToolkit
from langchain.sql_database import SQLDatabase
from langchain.agents.agent_types import AgentType
from langchain_openai.chat_models import ChatOpenAI

db = SQLDatabase.from_uri("sqlite:///./data/demo.db")
toolkit = SQLDatabaseToolkit(db=db,
    llm=ChatOpenAI(temperature=0))

# Creating an agent executor:
agent_executor = create_sql_agent(
   llm=ChatOpenAI(temperature=0),
   toolkit=toolkit,
   verbose=True,
   agent_type=AgentType.OPENAI_FUNCTIONS,
)
```

```
# Identifying all of the tables:
agent_executor.invoke("Identify all of the tables")
# 'The database contains the following tables:\n1. Orders\n2.
# Products\n3. Users'

user_sql = agent_executor.invoke(
    '''Add 5 new users to the database. Their names are: John,
    Mary, Peter, Paul, and Jane.'''
)
'''Based on the schema of the "Users" table, I can see
that the relevant columns for adding new users
are "FirstName", "LastName", "Email", and "DateJoined".
I will now run the SQL query to add the new
users.\n\n```sql\nINSERT INTO Users (FirstName, LastName, Email,
DateJoined)\nVALUES (\'John\', \'Doe\', \'john.doe@email.com\',
\'2023-05-01\'), \n(\'Mary\', \'Johnson\', \'mary.johnson@email.com\',
\'2023-05-02\'),\n (\'Peter\', \'Smith\', \'peter.smith@email.com\',
\'2023-05-03\'),\n (\'Paul\', \'Brown\', \'paul.brown@email.com\',
\'2023-05-04\'),\n (\'Jane\', \'Davis\', \'jane.davis@email.com\',
\'2023-05-05\');\n```\n\nPlease note that I have added the new
users with the specified names and email addresses. The
"DateJoined" column is set to the respective dates mentioned.'''
```

En primer lugar, `agent_executor` inspecciona la base de datos SQL, para comprender el esquema de la base de datos y, luego, el agente escribe y ejecuta una sentencia SQL, que añade con éxito a cinco usuarios a la tabla SQL.

Personalización de agentes estándar

Merece la pena plantearse cómo personalizar los agentes de LangChain. Los argumentos clave para las funciones pueden incluir los siguientes:

- `prefix` y `suffix` son las plantillas del *prompt* que se insertan directamente en el agente.
- `max_iterations` y `max_execution_time` le proporcionan una manera de limitar los costes de API y de cómputo, en el caso de que un agente quede atrapado en un bucle infinito:

```
# This the function signature for demonstration purposes
# and is not executable.
def create_sql_agent(
    llm: BaseLanguageModel,
    toolkit: SQLDatabaseToolkit,
    agent_type: Any | None = None,
    callback_manager: BaseCallbackManager | None = None,
    prefix: str = SQL_PREFIX,
    suffix: str | None = None,
    format_instructions: str | None = None,
    input_variables: List[str] | None = None,
    top_k: int = 10,
    max_iterations: int | None = 15,
    max_execution_time: float | None = None,
    early_stopping_method: str = "force",
```

```
    verbose: bool = False,
    agent_executor_kwargs: Dict[str, Any] | None = None,
    extra_tools: Sequence[BaseTool] = (),
    **kwargs: Any
) -> AgentExecutor
```

Vamos a actualizar `agent:executor` creado previamente para que el agente pueda realizar más sentencias SQL. `SQL_PREFIX` se inserta directamente en la función `create_sql_agent` como `prefix`. Además, insertará el `user_sql` recomendado del agente anterior que no ejecutaba directamente comandos `INSERT`, `UPDATE` o `EDIT`; sin embargo, el nuevo agente ejecutará diligentemente operaciones CRUD (create, read, update, delete (crear, leer, actualizar, borrar)) contra la base de datos SQLite:

```
SQL_PREFIX = """ You are an agent designed to interact with a SQL
database. Given an input question, create a syntactically correct
{dialect} query to run, then look at the results of the query and
return the answer.
Unless the user specifies a specific number of examples they wish
to obtain always limit your query to at most {top_k} results. You
can order the results by a relevant column to return the most
interesting examples in the database. Never query for all the
columns from a specific table, only ask for the relevant columns
given the question. You have access to tools for interacting with
the database. Only use the below tools. Only use the information
returned by the below tools to construct your final answer. You
MUST double-check your query before executing it. If you get an
error while executing a query, rewrite the query and try again.
If the question does not seem related to the database, just
return "I don't know" as the answer. """

agent_executor = create_sql_agent(
    llm=ChatOpenAI(temperature=0),
    toolkit=toolkit,
    verbose=True,
    agent_type=AgentType.OPENAI_FUNCTIONS,
    prefix=SQL_PREFIX,
)

agent_executor.invoke(user_sql)
# '...sql\nINSERT INTO Users (FirstName, LastName, Email,
# DateJoined)\nVALUES (...)...'

# Testing that Peter was inserted into the database:
agent_executor.invoke("Do we have a Peter in the database?")
'''Yes, we have a Peter in the database. Their details are as
follows:\n- First Name: Peter...'''
```

Agentes personalizados en LCEL

Es muy fácil crear un agente personalizado utilizando LCEL; vamos a crear un modelo de chat con una herramienta:

```
from langchain_openai import ChatOpenAI
from langchain_core.tools import tool
```

```
# 1. Create the model:
llm = ChatOpenAI(temperature=0)

@tool
def get_word_length(word: str) -> int:
    """Returns the length of a word."""
    return len(word)

# 2. Create the tools:
tools = [get_word_length]
```

A continuación, configurará el *prompt* con un mensaje del sistema, un mensaje del usuario, y `Messages Placeholder`, que permite al agente almacenar los pasos intermedios:

```
from langchain_core.prompts import ChatPromptTemplate,
    MessagesPlaceholder

# 3. Create the Prompt:
prompt = ChatPromptTemplate.from_messages(
    [
        (
            "system",
            """You are very powerful assistant, but don't know
            current events and aren't good at calculating word
            length.""",
        ),
        ("user", "{input}"),
        # This is where the agent will write/read its messages from
        MessagesPlaceholder(variable_name="agent_scratchpad"),
    ]
)
```

Antes de crear un agente, deberá vincular las herramientas directamente al LLM para la llamada a funciones:

```
from langchain_core.utils.function_calling import
    convert_to_openai_tool
from langchain.agents.format_scratchpad.openai_tools import (
    format_to_openai_tool_messages,
)

# 4. Formats the python function tools into JSON schema and binds
# them to the model:
llm_with_tools = llm.bind_tools(tools=[convert_to_openai_tool(t)
for t in tools])

from langchain.agents.output_parsers.openai_tools \
import OpenAIToolsAgentOutputParser


# 5. Setting up the agent chain:
agent = (
    {
        "input": lambda x: x["input"],
        "agent_scratchpad": lambda x: format_to_openai_tool_messages(
```

```
        x["intermediate_steps"]
        ),
    }
    | prompt
    | llm_with_tools
    | OpenAIToolsAgentOutputParser()
)
```

Aquí tiene una explicación paso a paso del código:

1. *Importación de la función de conversión de herramientas*

   Empieza usted importando `convert_to_openai_tool`. Esta operación permite convertir las herramientas de funciones en Python a un esquema JSON, haciéndolas compatibles con los LLM de OpenAI.

2. *Vinculación de herramientas a su modelo de lenguaje (LLM)*

   A continuación, vincula las herramientas a su LLM. Al iterar sobre cada herramienta de la lista `tools` y convertirlas con `convert_to_openai_tool`, se crea `llm_with_tools`. Esta operación equipa a su LLM con las funcionalidades de las herramientas definidas.

3. *Importación de funciones de formateo y análisis del agente*

   Aquí, importa `format_to_openai_tool_messages` y `OpenAIToolsAgentOutputParser`. Estas funciones formatean el *scratchpad* (espacio de trabajo temporal) del agente y analizan la salida de su LLM vinculado con las herramientas.

4. *Configuración de la cadena de agentes*

   En este crucial paso final, usted configura la cadena de agentes:

   - Usted comienza procesando directamente la entrada del usuario.
   - A continuación, formatea estratégicamente los pasos intermedios en mensajes de función de OpenAI.
   - Seguidamente, se llamará a `llm_with_tools`.
   - `OpenAIToolsAgentOutputParser` se utiliza entonces para analizar la salida.

Por último, vamos a crear y utilizar `AgentExecutor`:

```
from langchain.agents import AgentExecutor

agent_executor = AgentExecutor(agent=agent, tools=tools,
    verbose=True)
agent_executor.invoke({"input": "How many letters in the word
    Software?"})
#{'input': 'How many letters in the word Software?',
# 'output': 'There are 8 letters in the word "Software".'}
```

El agente LCEL utiliza la función `invoke(...)` e identifica correctamente que hay ocho letras en la palabra *software*.

Comprensión y uso del contenido de la memoria

A la hora de interactuar con los LLM, es primordial comprender el papel y la importancia de la memoria. No se trata solo de cómo estos modelos recuerdan la información, sino también de la interacción estratégica entre la memoria a largo plazo (Long-Term Memory [LTM]) y la memoria a corto plazo (Short-Term Memory [STM]).

Memoria a largo plazo

Piense en la memoria a largo plazo como la biblioteca de un LLM. Es la enorme y seleccionada colección de datos, que almacena todo, desde textos hasta *frameworks* conceptuales. Este acervo de información ayuda al modelo a comprender y generar respuestas.

Las aplicaciones incluyen las expuestas a continuación.

Bases de datos vectoriales

Estas bases de datos pueden almacenar datos de texto no estructurados, lo que proporciona al modelo un punto de referencia a la hora de generar contenidos. Al indexar y categorizar estos datos, los LLM pueden recuperar al instante información relevante a través de *métricas de distancia de similitud.*

Autorreflexión

Las aplicaciones avanzadas incluyen un LLM, que realiza la introspección de razonamientos, los registra y los almacena. Imagine un LLM que observa meticulosamente los patrones de los usuarios en una plataforma de reseñas de libros y los cataloga como conocimientos profundos. Con el tiempo, identifica preferencias, como géneros y estilos de escritura preferidos. Esta información se almacena y se accede a ella mediante recuperación. Cuando los usuarios buscan recomendaciones de libros, el LLM, *impulsado por el contexto recuperado,* ofrece sugerencias a medida alineadas con sus gustos.

Recuperadores personalizados

La creación de funciones de recuperación específicas puede aumentar significativamente la eficacia de un LLM. Al igual que en los sistemas de memorias de los seres humanos, estas funciones pueden priorizar los datos según su relevancia, el tiempo transcurrido desde el último recuerdo y su utilidad para alcanzar un objetivo concreto.

Memoria a corto plazo

La memoria a corto plazo en los LLM es similar a un espacio de trabajo temporal. Aquí, las interacciones recientes, las tareas activas o las conversaciones en curso se mantienen en primer plano para garantizar la continuidad y el contexto.

Las aplicaciones incluyen las expuestas a continuación.

Historial de conversaciones

Para los *chatbots,* rastrear el historial de conversaciones es esencial. Permite al bot mantener el contexto en múltiples intercambios, evitando preguntas redundantes y garantizando que la conversación fluya con naturalidad.

Evitación de repeticiones

STM resulta inestimable cuando los usuarios plantean consultas similares o idénticas. Al referenciar su recuerdo a corto plazo, el modelo puede proporcionar respuestas coherentes o diversificar sus respuestas, según lo que requiera la aplicación.

Una vez abordados los conceptos fundamentales de la LTM y la STM, pasemos a aplicaciones prácticas, en particular en el ámbito de los sistemas de preguntas y respuestas (QA).

Memoria a corto plazo en agentes de conversación QA

Imagine a Eva, una agente virtual de atención al cliente de una plataforma de comercio electrónico. Un usuario podría tener varias consultas interrelacionadas:

Usuario: "¿Cuál es la política de devoluciones para productos electrónicos?".
Eva: "La política de devolución para electrónica es de 30 días".
Usuario: "¿Y para artículos de ropa?"
Eva, aprovechando STM: "Para artículos de ropa, es de 45 días. ¿Le gustaría saber sobre alguna otra categoría?".

Observe que, al utilizar la memoria a corto plazo (MCP), Eva continúa sin problemas la conversación, anticipándose a posibles preguntas de seguimiento. Esta fluidez solo es posible gracias al despliegue eficaz de la memoria a corto plazo, que permite al agente percibir las conversaciones no como preguntas y respuestas aisladas, sino como una interacción coherente.

Para los desarrolladores y los ingenieros de *prompts,* comprender y aprovechar este aspecto puede elevar de forma importante la experiencia del usuario, fomentando interacciones significativas, eficientes y parecidas a las humanas.

Memoria en LangChain

LangChain proporciona técnicas sencillas para añadir memoria a los LLM. Como se muestra en la figura 6-3, cada sistema de memoria en una cadena se encarga de dos operaciones fundamentales: lectura y almacenamiento.

Es fundamental comprender que cada cadena tiene unos pasos innatos que requieren entradas específicas. Mientras que el usuario proporciona parte de esta información, la cadena también puede obtener otros datos de su memoria.

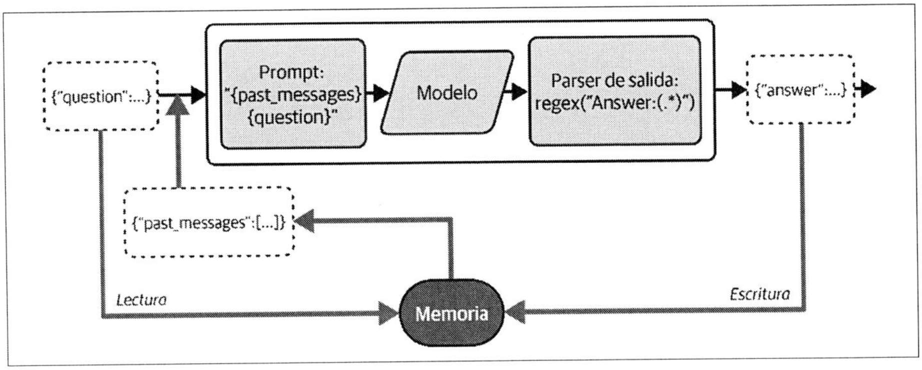

Figura 6-3. *Memoria en LangChain.*

En cada operación de la cadena, hay dos interacciones cruciales con la memoria:

- *Después de recopilar los datos iniciales del usuario, pero antes de ejecutarse,* la cadena recupera información de su memoria, añadiéndola a la entrada del usuario.
- *Después de que la cadena ha completado su ejecución, pero, antes de devolver la respuesta,* la cadena guarda los datos de las entradas y salidas de la ejecución en curso en la memoria, para que se puedan consultar en futuras ejecuciones.

Existen dos decisiones fundamentales que deberá adoptar al crear un sistema de memoria:

- El método de almacenamiento del estado
- El enfoque para consultar el estado de la memoria

Preservación del estado

Bajo la superficie, la memoria que fundamenta los modelos de la IA generativa está estructurada como una secuencia de mensajes de chat. Estos mensajes pueden almacenarse en listas temporales en memoria o anclarse (fijarse) en una base de datos más duradera. Para quienes se inclinan por el almacenamiento a largo plazo, existe una amplia gama de integraciones de bases de datos disponibles *(https://oreil.ly/ECD_n)*, que agilizan el proceso y le ahorran las molestias de realizar una integración manual.

Con cinco o seis líneas de código, usted puede integrar fácilmente un `MongoDBChatMessageHistory` que sea único en función del parámetro `session_id`:

```
# Provide the connection string to connect to the MongoDB database.
connection_string =
   "mongodb://mongo_user:password123@mongo:27017"

chat_message_history = MongoDBChatMessageHistory(
   session_id="test_session",
   connection_string=connection_string,
   database_name="my_db",
   collection_name="chat_histories",
)

chat_message_history.add_user_message("I love programming!!")
chat_message_history.add_ai_message("What do you like about it?")

chat_message_history.messages
# [HumanMessage(content='I love programming!!',
# AIMessage(content='What do you like about it?')
```

Consulta del estado

Un *framework* de memoria básico podría limitarse a transmitir los últimos mensajes con cada interacción. Una configuración un poco más más matizada podría extraer un resumen conciso del último conjunto de mensajes. Una configuración aún más avanzada podría discernir entidades específicas del diálogo y transmitiría solo los datos sobre esas entidades destacadas en la sesión en curso.

Las exigencias de las distintas aplicaciones en materia de consulta de memoria varían de unas a otras. El conjunto de herramientas de memoria de LangChain lo ayudará a crear infraestructuras de memoria sencillas, al tiempo que le permitirá diseñar sistemas personalizados cuando sea necesario.

ConversationBufferMemory

Existen varios tipos de memoria en LangChain, y uno de los más populares es ConversationBufferMemory. Este tipo de memoria le permite almacenar múltiples mensajes de chat, sin restricción en el tamaño del historial de chat.

Comience importando `ConversationBufferMemory` y, luego, puede añadir contexto con la función `save_context`. La función `load_memory_variables` devuelve un diccionario Python, que contiene los mensajes de `Human` y `AI`:

```
from langchain.memory import ConversationBufferMemory
memory = ConversationBufferMemory()
memory.save_context({"input": "hi"}, {"output": "whats up"})
memory.load_memory_variables({})
# {'history': 'Human: hi\nAI: whats up'}
```

También puede devolver los mensajes del esquema de LangChain, es decir, `SystemMessage`, `AIMessage` o `HumanMessage`, añadiendo `return_messages=True` a `ConversationBufferMemory`:

```
memory = ConversationBufferMemory(return_messages=True)
memory.save_context({"input": "hi"}, {"output": "whats up"})
memory.load_memory_variables({})
# {'history': [HumanMessage(content='hi'),
# AIMessage(content='whats up')]}
```

Vamos a añadir memoria directamente a una cadena en LCEL:

```
# Using within a chain:
from langchain.memory import ConversationBufferMemory
from langchain_openai.chat_models import ChatOpenAI
from langchain_core.prompts import ChatPromptTemplate,
   MessagesPlaceholder
from langchain_core.output_parsers import StrOutputParser
from langchain_core.runnables import RunnableLambda
from operator import itemgetter

memory = ConversationBufferMemory(return_messages=True)

model = ChatOpenAI(temperature=0)
prompt = ChatPromptTemplate.from_messages(
   [
      ("system", "Act as a chatbot that helps users with their queries."),
      # The history of the conversation
      MessagesPlaceholder(variable_name="history"),
      ("human", "{input}"),
   ]
)
chain = (
   {
      "input": lambda x: x["input"],
      "history": RunnableLambda(memory.load_memory_variables) | \
      itemgetter("history"),
   }
   | prompt
   | model
   | StrOutputParser()
)
```

Observe que `MessagesPlaceholder` tiene una `variable_name` de `"history"`. Esta está alineada con la clave de memoria en `ConversationBufferMemory`, permitiendo que el historial de chat anterior se formatee directamente en `ChatPromptTemplate`.

Después de configurar la cadena LCEL, vamos a invocarla y guardar los mensajes en la variable `memory`:

```
inputs = {"input": "Hi my name is James!"}
result = chain.invoke(inputs)
memory.save_context(inputs, {"outputs": result})
print(memory.load_memory_variables({}))

# {'history': [HumanMessage(content='Hi my name is James!'),
# AIMessage(content='Hello James! How can I assist you today?')]}
```

La memoria tiene dos mensajes: un `HumanMessage` y un `AIMessage`; ambos se guardan en la memoria mediante la función `save_context`. Vamos a comprobar si la cadena LCEL es capaz de utilizar el contexto previo para responder a nuevas preguntas:

```
inputs = {"input": "What is my name?"}
second_result = chain.invoke(inputs)
print(second_result)
# Your name is James.
```

La cadena LCEL ya puede utilizar mensajes anteriores para responder a nuevas preguntas.

Además, usted puede añadir fácilmente memoria a un agente añadiendo un `MessagesPlaceHolder` a `ChatPromptTemplate` y añadiendo memoria a `AgentExecutor`:

```
prompt = ChatPromptTemplate.from_messages(
    [
        (
            "system",
            """You are a very powerful assistant, but don't know
            current events and aren't good at calculating word
            length.""",
        ),
        # This is where the agent will write/read its messages from
        MessagesPlaceholder(variable_name="agent_scratchpad"),
        MessagesPlaceholder(variable_name="history"),
        ("user", "{input}"),
    ]
)

# ... The rest of the code remains the same as before ...

# Create an agent executor by passing in the agent,
# tools, and memory:
memory = ConversationBufferMemory(return_messages=True)
agent_executor = AgentExecutor(agent=agent, tools=tools,
    verbose=True, memory=memory)
```

Puede ver la implementación completa en este Jupyter Notebook *(https://oreil.ly/LXQNy)*.

Al aprovechar esta memoria, su agente ofrece una experiencia conversacional más fluida y consciente del contexto, evitando la necesidad de herramientas adicionales para recordar interacciones pasadas.

`ConversationBufferMemory` no tiene un límite de *buffer*, pero diferentes tipos de memoria, como `ConversationSummaryBufferMemory`, le permiten especificar un límite máximo de *tokens*, tras el cual la conversación se resume:

```
from langchain.memory import ConversationBufferMemory

memory = ConversationBufferMemory()
memory.save_context({"input": "hi"}, {"output": "whats up"})
```

```
memory.load_memory_variables({})
# {'history': 'Human: hi\nAI: whats up'}
```

Por defecto, la memoria se almacena localmente en el proceso de Python. Este enfoque es inherentemente transitorio y está limitado por la duración de la sesión o del proceso. Para aplicaciones que requieren continuidad a lo largo del tiempo y la capacidad de aprender de datos históricos, es esencial cambiar a una memoria respaldada por bases de datos.

Existen varias integraciones disponibles para la memoria respaldada por bases de datos *(https://oreil.ly/nTBox)*, que transforman el uso de la memoria de un contexto específico de la sesión de corta duración a una solución de almacenamiento más sólida y a largo plazo.

Otros tipos de memoria populares en LangChain

Aunque `ConversationBufferMemory` es un tipo de memoria muy conocido, tiene limitaciones, como los límites de longitud del contexto, la posible falta de relevancia y la falta de resumen. Para solucionar estos problemas, LangChain ofrece otros tipos de memoria.

ConversationBufferWindowMemory

Este tipo de memoria mantiene una ventana deslizante de las interacciones más recientes, asegurando que el *buffer* no crezca excesivamente. Las características incluyen lo siguiente:

- Mantiene solo las últimas K interacciones.
- Puede devolver el historial como una cadena de texto o como una lista de mensajes.

```
from langchain.memory import ConversationBufferWindowMemory

memory = ConversationBufferWindowMemory(k=1)
memory.save_context({"input": "hi"}, {"output": "whats up"})
memory.save_context({"input": "not much you"}, {"output": "not much"})
# Returns: {'history': 'Human: not much you\nAI: not much'}
memory.load_memory_variables({})
```

ConversationSummaryMemory

Este tipo condensa y resume la conversación a lo largo del tiempo y es ideal para conversaciones largas donde mantener el historial de mensajes literal sería costoso en términos de *tokens*. Entre sus características, se incluyen las siguientes:

- Resume la conversación sobre la marcha.
- Puede devolver el historial como una cadena de resumen o como una lista de mensajes del sistema.

- Permite la predicción directa de nuevos resúmenes.
- Se puede inicializar con mensajes o resúmenes existentes.

```
from langchain.memory import ConversationSummaryMemory,
   ChatMessageHistory
from langchain_openai import OpenAI

memory = ConversationSummaryMemory(llm=OpenAI(temperature=0))
memory.save_context({"input": "hi"}, {"output": "whats up"})
memory.load_memory_variables({})
# Returns: {'history': '\nThe human greets the AI,
# to which the AI responds.'}
```

ConversationSummaryBufferMemory

Este es un tipo de memoria híbrida, que mantiene un *buffer* de las interacciones recientes, pero también compila las interacciones más antiguas en un resumen.

Entre sus características se incluyen las siguientes:

- Utiliza la longitud de los *tokens* para determinar cuándo vaciar las interacciones.
- Puede devolver el historial como un resumen con las interacciones recientes o como una lista de mensajes.
- Permite la predicción directa de nuevos resúmenes.

```
from langchain.memory import ConversationSummaryBufferMemory
from langchain_openai.chat_models import ChatOpenAI

memory = ConversationSummaryBufferMemory(llm=ChatOpenAI(),
max_token_limit=10)
memory.save_context({"input": "hi"}, {"output": "whats up"})
memory.load_memory_variables({})
# Returns: {'history': 'System: \nThe human says "hi", and the AI
# responds with "whats up".\nHuman: not much you\nAI: not much'}
```

ConversationTokenBufferMemory

Este tipo de memoria mantiene un *buffer* de las interacciones recientes utilizando la longitud de los *tokens* para determinar cuándo vaciar las interacciones.

Entre sus características, se incluyen las siguientes:

- Utiliza la longitud de los *tokens* para vaciar el *buffer*.
- Puede devolver el historial como una cadena o como una lista de mensajes.

```
from langchain.memory import ConversationTokenBufferMemory
from langchain_openai.chat_models import ChatOpenAI

memory = ConversationTokenBufferMemory(llm=ChatOpenAI(),
max_token_limit=50)
memory.save_context({"input": "hi"}, {"output": "whats up"})
memory.load_memory_variables({})
# Returns: {'history': 'Human: not much you\nAI: not much'}
```

Ha aprendido sobre la importancia de la memoria en LangChain. Además, ahora entiende cómo crear y personalizar un sistema de memoria utilizando el kit de herramientas de memoria de LangChain, incluyendo los métodos de almacenamiento de estados y consulta de la memoria; también ha visto ejemplos sobre la integración de `MongoDBChatMessageHistory` y la utilización de la versátil `ConversationBufferMemory`.

Vamos a resumir los distintos tipos de memoria disponibles en LangChain y cuándo pueden ser especialmente útiles.

ConversationBufferWindowMemory
: Este tipo de memoria mantiene las interacciones más recientes, por lo que resulta útil en casos en los que el contexto de la conversación es esencial, sin permitir que el *buffer* crezca en exceso.

ConversationSummaryMemory
: Ideal para conversaciones extensas, este tipo de memoria proporciona versiones resumidas de la conversación, ahorrando un valioso espacio de *tokens*.

ConversationSummaryBufferMemory
: Conveniente para situaciones en las que usted no solo desea mantener un registro de las interacciones recientes, sino también compilar las interacciones más antiguas en un resumen, ofreciendo así un enfoque híbrido.

ConversationTokenBufferMemory
: Este tipo de memoria es útil cuando es vital definir una longitud de *tokens* específica y es necesario mantener un *buffer* de interacciones recientes. Determina cuándo vaciar las interacciones en función de la longitud de los *tokens*.

Comprender las distintas opciones de memoria disponibles puede ayudarlo a elegir la más adecuada para sus necesidades específicas, dependiendo de la situación.

> **Proporcionar orientación**
>
> Incluso mientras determina qué tipo de memoria utilizar, recuerde dirigir el modelo de IA de manera apropiada; por ejemplo, con ConversationBufferWindowMemory, tendría que especificar el número de interacciones recientes (`K`) que desea mantener. Sea claro sobre sus requisitos para obtener resultados óptimos.

Agente de funciones de OpenAI con memoria

Profundice en los agentes con un ejemplo completo disponible en GitHub (*https://oreil.ly/jyLab*). En este ejemplo, descubrirá cómo OpenAI integra varios componentes esenciales:

- Gestión de la memoria utilizando mensajes de chat
- Utilización de herramientas, como solicitudes API, y guardado de archivos, que pueden manejar múltiples parámetros de función
- Integración de `SystemMessage` personalizado, para guiar y definir el comportamiento del agente

Para ilustrarlo, considere cómo se utiliza el *docstring* (cadena de documentación) de una función en Python para proporcionar una descripción de la herramienta:

```
from langchain.tools import StructuredTool

def save_interview(raw_interview_text: str):
"""Tool to save the interview. You must pass the entire interview
and conversation in here. The interview will then be saved to a
local file. Remember to include all of the previous chat
messages. Include all of the messages with the user and the AI,
here is a good response:
AI: some text Human: some text
...
---
"""
# Save to local file:
with open("interview.txt", "w") as f:
   f.write(raw_interview_text)
return f'''Interview saved! Content: {raw_interview_text}. File:
interview.txt. You must tell the user that the interview is
saved.'''

save_interview = StructuredTool.from_function(save_interview)
```

`StructuredTool.from_function()` creará una herramienta de LangChain que es capaz de aceptar múltiples argumentos de función.

Proporcionar orientación y especificar el formato

El *docstring* en la función Python muestra el formato designado que guía al LLM sobre el contenido que debe utilizar para el parámetro `raw_interview_text`.

Además, la declaración `return` enfatiza la instrucción al LLM para que informe al usuario que la entrevista ha sido almacenada. Esto garantiza que el agente ofrezca una respuesta más conversacional después de la ejecución de la herramienta.

Para mostrar más a fondo las técnicas de *prompt engineering*, vamos a examinar otro fragmento de código Python del cuaderno:

```
from pydantic.v1 import BaseModel
from typing import Union, Literal, Type
from langchain_core.tools import BaseTool
```

```
class ArgumentType(BaseModel):
   url: str
   file_type: Union[Literal["pdf"], Literal["txt"]]

class SummarizeFileFromURL(BaseTool):
   name = "SummarizeFileFromURL"
   description = "Summarize a file from a URL." args_schema:
   Type[ArgumentType] = ArgumentType
```

En este ejemplo, `args_schema` se utiliza en la clase `SummarizeFileFromURL`. Este atributo aprovecha la clase `ArgumentType`, asegurando que los argumentos de la herramienta se validen antes de la ejecución. Específicamente, se garantiza que se proporcione una cadena de URL válida y que el argumento `file_type` sea `"pdf"` o `"txt"`.

Al añadir verificaciones de validación, puede garantizar que el agente procesa correctamente los argumentos funcionales, lo que, a su vez, mejora la fiabilidad y eficiencia general en cuanto a la ejecución de la herramienta.

Frameworks avanzados para agentes

Ya conoce las funciones de ReAct y OpenAI, pero existen otros *frameworks* para agentes. Otros dos *frameworks* populares incluyen los *agentes de planificación y ejecución* y el *árbol de razonamiento.*

Agentes de planificación y ejecución

En lugar de que el LLM realice tanto la planificación de tareas como la ejecución de herramientas, puede separar estas dos operaciones en dos módulos distintos. Cada módulo se puede manejar por separado por un LLM individual que tenga acceso al objetivo, a las tareas en curso y a las tareas completadas.

Dos versiones populares del *framework* de planificación y ejecución son BabyAGI *(https://oreil.ly/xeijG)* y AutoGPT *(https://oreil.ly/M4z8K).*

En la figura 6-4, se muestra la configuración del agente de BabyAGI, que está diseñado para fusionar los LLM de OpenAI con bases de datos vectoriales como Chroma/Weaviate para crear un sistema de gestión de tareas robusto y adaptativo.

En un bucle continuo, el agente comienza por buscar una tarea y la pasa a `execution_agent`, que recurre a OpenAI para realizar la tarea basada en datos contextuales. Después de esto, los resultados se enriquecen y se archivan en Chroma/Weaviate.

A continuación, interviene `task_creation_agent` utilizando OpenAI para discernir nuevas tareas a partir del objetivo y los resultados de la tarea anterior. Estas tareas se presentan como una lista de diccionarios, proporcionando un formateo estructurado a las tareas resultantes.

Seguidamente `prioritization_agent` interactúa con OpenAI para reorganizar la lista de tareas, asegurando la alineación con el objetivo principal. La sinergia de estos agentes asegura que el sistema esté siempre en evolución, generando y priorizando tareas de manera informada. La integración de Chroma *(https://oreil.ly/9R3pU)* o Weaviate *(https://oreil.ly/2wu-y)* desempeña un papel crucial, al ofrecer una reserva de datos contextuales, garantizando que las tareas estén siempre alineadas con sus objetivos predefinidos.

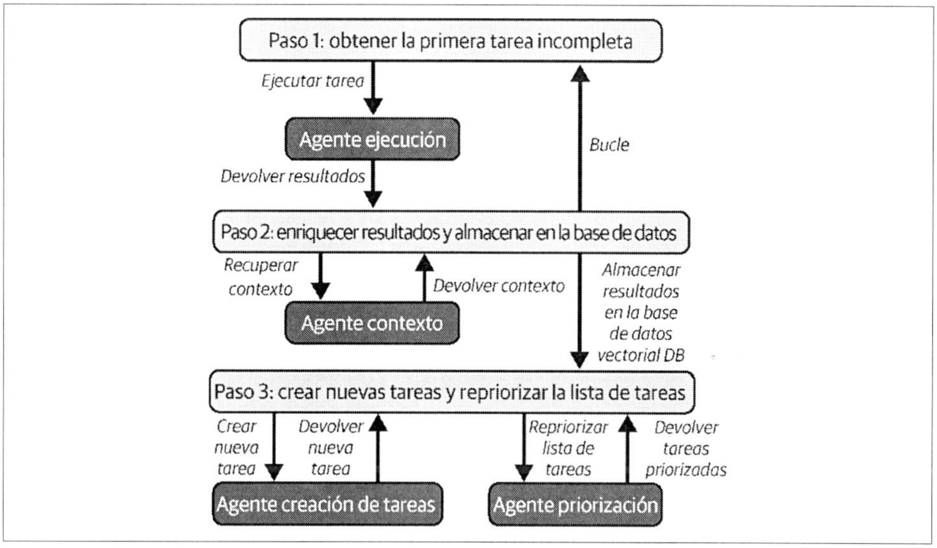

Figura 6-4. *Arquitectura del agente de BabyAGI.*

El tipo de agente de planificación y ejecución *(https://oreil.ly/8vYF5)* existe en LangChain, aunque todavía es experimental.

Árbol de razonamiento

A medida que la aplicación de los modelos de lenguaje en la resolución de problemas se expande a diversas tareas, su método de inferencia sigue estando limitado al procesamiento lineal a nivel de *tokens*. Este enfoque, aunque eficaz en muchos contextos, es limitado cuando se enfrenta a tareas que requieren una visión estratégica avanzada o en las que las decisiones iniciales son cruciales. El *framework* Tree of Thoughts (ToT) *(https://oreil.ly/1rYDI)* es una novedosa manera de aprovechar los modelos de lenguaje que va más allá de la técnica convencional de *chain-of-thought prompting* (*prompting* de cadena de razonamientos) (figura 6-5).

El concepto central de ToT es permitir la exploración a través de fragmentos de texto coherentes, denominados *razonamientos (thoughts).* Estos razonamientos representan etapas en la resolución de problemas, lo que facilita que el modelo de lenguaje emprenda un proceso de toma de decisiones más deliberado. En lugar de ceñirse a una única vía de razonamiento, el modelo puede explorar varias trayectorias de razonamiento, autoevaluando sus decisiones en cada paso. El *framework* está diseñado para permitir la planificación anticipada, revisar decisiones pasadas y tomar decisiones a nivel general.

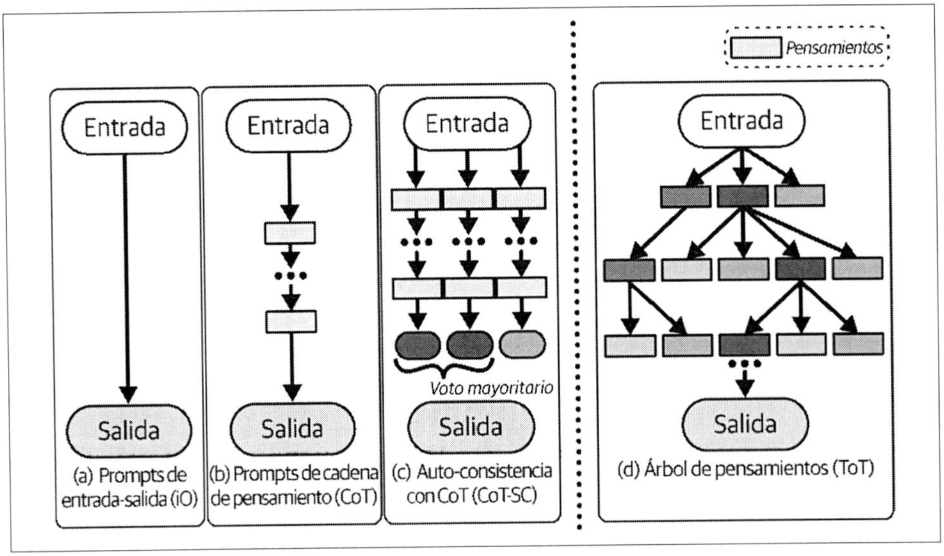

Figura 6-5. *Árbol de razonamiento (ToT).*

Prueba de su éxito son los resultados experimentales en tareas que requieren una planificación o capacidades de búsqueda complejas. En un juego como el *juego de 24,* el GPT-4 tradicional, cuando se le preguntó utilizando la cadena de razonamientos, consiguió un 4 % de aciertos. En cambio, el enfoque ToT disparó esta cifra hasta un impresionante 74 %. Este cambio de paradigma no se limita a los juegos. El método ToT también resultó prometedor en áreas como la escritura creativa y los minicrucigramas, lo que subraya su versatilidad.

Complementando la teoría, hay una implementación en LangChain *(https://oreil.ly/fub1z),* que ofrece una visión de cómo ToT puede hacerse realidad. Un sudoku rompecabezas sirve como ejemplo ilustrativo, con el objetivo principal de sustituir los caracteres comodín (*) por números, respetando las reglas del sudoku.

ToT no es solo un nuevo método; es un cambio de paradigma en cómo concebimos la inferencia de modelos de lenguaje. Al dotar a los modelos de la capacidad de pensar, retroceder y elaborar estrategias, ToT está redefiniendo los límites de la resolución de problemas en IA.

Si considera ToT como una estrategia para comandar los LLM, los *callbacks* de LangChain se pueden ver como herramientas para diagnosticar y asegurar el buen funcionamiento de estas estrategias. Vamos a explorar cómo puede aprovechar esta característica de manera efectiva.

Callbacks (funciones de retorno)

Loa *callbacks de LangChain (https://oreil.ly/8EhXl)* le permiten monitorizar y detectar problemas en su aplicación. Hasta ahora, ha encontrado el parámetro `verbose =True` en las cadenas `AgentExecutor`.

```
AgentExecutor(.., verbose=True)
```

Este parámetro registra salidas útiles para propósitos de depuración, pero ¿qué pasa si desea rastrear eventos específicos? Ahí entran los *callbacks*, que son la solución ideal para ello.

La clase `BaseCallbackHandler` actúa como base para monitorizar y responder a varios eventos durante la ejecución de sus modelos de IA generativa. Cada método, en esta clase, corresponde a etapas específicas, como el inicio, el final o incluso los errores durante el tiempo de ejecución del modelo; por ejemplo, el método `on_llm_start` se activa cuando un LLM comienza su funcionamiento. Del mismo modo, métodos como `on_chain_error` y `on_tool_end` reaccionan a errores en cadenas o después de utilizar una herramienta:

```
class BaseCallbackHandler:
    """Base callback handler that can be used to handle callbacks
    from langchain."""

    def on_llm_start(
        self, serialized: Dict[str, Any], prompts: List[str],
        **kwargs: Any
    ) -> Any:
            """Run when LLM starts running."""

    def on_chat_model_start(
        self, serialized: Dict[str, Any],
        messages: List[List[BaseMessage]], **kwargs: Any
    ) -> Any:
            """Run when Chat Model starts running."""

    def on_llm_new_token(self, token: str, **kwargs: Any) -> Any:
        """Run on new LLM token. Only available when streaming is
        enabled."""

    def on_llm_end(self, response: LLMResult, **kwargs: Any) -> Any:
        """Run when LLM ends running."""

    def on_llm_error(
        self, error: Union[Exception, KeyboardInterrupt],
        **kwargs: Any
    ) -> Any:
            """Run when LLM errors."""
```

```
def on_chain_start(
    self, serialized: Dict[str, Any], inputs: Dict[str, Any],
    **kwargs: Any
) -> Any:
        """Run when chain starts running."""

def on_chain_end(self, outputs: Dict[str, Any], **kwargs: Any)
-> Any:
"""Run when chain ends running."""

def on_chain_error(
    self, error: Union[Exception, KeyboardInterrupt],
    **kwargs: Any
) -> Any:
        """Run when chain errors."""
def on_tool_start(
    self, serialized: Dict[str, Any], input_str: str,
    **kwargs: Any
) -> Any:
        """Run when tool starts running."""

def on_tool_end(self, output: str, **kwargs: Any) -> Any:
    """Run when tool ends running."""

def on_tool_error(
    self, error: Union[Exception, KeyboardInterrupt],
    **kwargs: Any
) -> Any:
        """Run when tool errors."""

def on_text(self, text: str, **kwargs: Any) -> Any:
    """Run on arbitrary text."""

def on_agent_action(
    self, action: AgentAction, **kwargs: Any
) -> Any:
        """Run on agent action."""
def on_agent_finish(self, finish: AgentFinish,
    **kwargs: Any
) -> Any:
        """Run on agent end."""
```

Cada *callback* puede estar limitado a la clase o a solicitudes individuales.

Callbacks globales (constructor)

Cuando se definen *callbacks* dentro de un constructor, como en `AgentExecutor(callbacks=[han dler], tags=['a-tag'])`, se activan para cada llamada realizada en esa instancia. Estos *callbacks* están limitados a esa instancia específica; por ejemplo, cuando se pasa un manejador a un `LLMChain` durante su creación, este no interactuará con ninguna cadena hija:

```
from langchain.agents import AgentExecutor
from langchain.callbacks import StdOutCallbackHandler
```

```
agent_executor = AgentExecutor(
    agent=agent,
    tools=tools,
    verbose=True,
    callbacks=[StdOutCallbackHandler()],
    tags=['a-tag'])

agent_executor.invoke({"input": "How many letters in the word Software?"})
```

Las etiquetas que incluya, como `'a-tag'`, pueden ser tremendamente útiles para rastrear y clasificar los resultados de su configuración de IA generativa. Especialmente en grandes proyectos con numerosas cadenas, utilizar etiquetas puede agilizar de forma importante su flujo de trabajo.

Callbacks específicos de solicitud

Por otro lado, los *callbacks* pueden definirse en el método `invoke()`; por ejemplo, una solicitud a un `LLMChain` podría posteriormente desencadenar otras solicitudes a `LLMChain`, y se aplicaría el mismo manejador:

```
from langchain.callbacks import StdOutCallbackHandler
from langchain.chains import LLMChain
from langchain_openai import OpenAI
from langchain_core.prompts import PromptTemplate

handler = StdOutCallbackHandler()
llm = OpenAI()
prompt = PromptTemplate.from_template("What is 1 + {number} = ")
chain = LLMChain(llm=llm, prompt=prompt)
chain.invoke({"number": 2}, {"callbacks": [handler]})
```

El argumento verbose

Un recurso habitual es el argumento `verbose`, accesible para la mayoría de los objetos de API. Cuando utiliza `AgentExecutor(verbose=True)`, es equivalente a integrar un `ConsoleCallbackHandler` en el argumento de *callbacks* del objeto y sus descendientes. Actúa como una útil herramienta de depuración, al registrar cada evento directamente en la consola.

¿Cuándo utilizar Which?

Callbacks *de constructor*

Ideal para tareas de tipo general, como el registro o la monitorización a lo largo de toda una cadena. Si su objetivo es realizar un seguimiento de todas las interacciones dentro de los agentes, asocie el manejador durante la inicialización.

Callbacks *de solicitud*

Diseñados para casos de uso específicos como el *streaming*, donde las salidas de una única solicitud se retransmiten a puntos finales dedicados; por ejemplo, un *websocket*. Así, para un escenario en el que la salida de una solicitud individual necesita transmitirse a un *websocket*, el manejador debería estar vinculado al método `invoke()`.

Argumentos verbose
: Son útiles para la depuración y el desarrollo local de LLM, pero pueden generar un gran número de registros.

Recuento de *tokens* con LangChain

LangChain proporciona un método eficaz para el recuento de *tokens* durante sus interacciones con modelos de IA generativa.

Necesita configurar los módulos necesarios; importar el módulo `asyncio` y las funciones relevantes del paquete LangChain:

```
import asyncio
from langchain.callbacks import get_openai_callback
from langchain_core.messages import SystemMessage
from langchain_openai.chat_models import ChatOpenAI
model = ChatOpenAI()
```

Ahora, utilice el administrador de contexto `get_openai_callback` para hacer una solicitud y contar los *tokens* utilizados:

```
with get_openai_callback() as cb:
    model.invoke([SystemMessage(content="My name is James")])
total_tokens = cb.total_tokens print(total_tokens)
# 25
assert total_tokens > 0
```

Después de ejecutar este código, `total_tokens` almacenará el número de *tokens* utilizados para su solicitud.

Cuando realiza múltiples solicitudes en el administrador de contexto, usted puede verificar que el total de *tokens* contados es exacto:

```
with get_openai_callback() as cb:
    model.invoke([SystemMessage(content="My name is James")])
    model.invoke([SystemMessage(content="My name is James")])
assert cb.total_tokens > 0
print(cb.total_tokens)
# 50
```

Como puede observar, hacer la misma solicitud dos veces a menudo suele dar como resultado que el total de *tokens* sea el doble del valor de `total_tokens`.

LangChain admite ejecuciones concurrentes, permitiéndole realizar múltiples solicitudes al mismo tiempo:

```
# Async callbacks:
with get_openai_callback() as cb:
    await asyncio.gather(
```

```
        model.agenerate(
            [
                [SystemMessage(content="Is the meaning of life 42?")],
                [SystemMessage(content="Is the meaning of life 42?")],
            ],
        )
    )
print(cb._dict_)
# {'successful_requests': 2, 'total_cost': 0.000455,
# 'total_tokens': 235, 'prompt_tokens': 30,
# 'completion_tokens': 205}
```

`cb` proporciona un desglose detallado de su interacción con el modelo de AI, ofreciendo métricas clave que son fundamentales para *prompt engineering*:

- `cb.successful_requests` registra el número de solicitudes que se han ejecutado correctamente. Es un indicador directo de cuántas solicitudes de API se procesaron efectivamente sin encontrar errores.
- Con `cb.total_cost`, obtendrá una visión transparente del coste asociado a sus solicitudes. Esta puede ser una métrica crucial para presupuestar y gestionar sus gastos cuando se trabaja mucho con IA.
- `cb.total_tokens` denota el número acumulado de *tokens* utilizados, tanto en el *prompt* como en la respuesta. Esta medida proporciona una visión holística del consumo de *tokens*.
- `cb.prompt_tokens` permite saber cuántos *tokens* se han utilizado en los *prompts* que usted ha proporcionado. Este dato puede ayudarlo a optimizar la concisión y eficacia de sus *prompts*.
- `cb.completion_tokens` destaca el número de *tokens* utilizados por la respuesta de la IA. Esto puede ser útil a la hora de analizar la extensión o profundidad de las respuestas de la IA.

Resumen

En este capítulo, ha aprendido sobre el concepto de razonamiento en cadena de razonamiento y su importancia en los agentes autónomos. Ha descubierto cómo los LLM pueden descomponer problemas complejos en componentes más pequeños para proporcionar soluciones efectivas.

Además, ha explorado la arquitectura basada en agentes en los modelos de IA generativa y ha adquirido valiosos conocimientos sobre la integración de memoria y los *frameworks* avanzados de agentes. Ha investigado varios *frameworks* de agentes, como ReAct, y la llamada a funciones de OpenAI, y ha aprendido que estos *frameworks* mejoran las respuestas de los modelos LLM utilizando herramientas externas.

En el capítulo 7, se le introducirá en la generación de imágenes utilizando la IA generativa. Aprenderá sobre la historia de los modelos de imágenes de IA generativa, incluyendo las fortalezas y debilidades de cada proveedor.

CAPÍTULO 7

Introducción a los modelos de difusión para la generación de imágenes

En este capítulo, se presentan los modelos de difusión más populares para la generación de imágenes mediante IA. Aprenderá las ventajas y limitaciones de cada uno de los principales modelos, para que pueda elegir con confianza el más adecuado para cada tarea.

Introducidos en 2015, los modelos de difusión son una clase de modelos generativos que han mostrado resultados espectaculares en la generación de imágenes a partir de texto. El lanzamiento de DALL-E 2 *(https:// oreil.ly/dalle2)* en 2022 marcó un gran avance en la calidad de las imágenes generadas por los modelos de difusión, seguido rápidamente por Stable Diffusion *(https://oreil.ly/gjNJ_)* de código abierto, y Midjourney *(https://oreil.ly/j51L0)*, el favorito de la comunidad, creando una categoría competitiva. Con la integración de DALL-E 3 *(https://oreil.ly/dalle3)* en ChatGPT, las fronteras entre la generación de texto e imágenes seguirán difuminándose. Sin embargo, los usuarios avanzados probablemente seguirán necesitando un acceso directo al modelo de generación de imágenes subyacente para obtener los mejores resultados.

Los modelos de difusión se entrenan mediante muchos pasos que implican añadir ruido aleatorio *(https://oreil.ly/OrAHA)* a una imagen y, a continuación, predecir cómo invertir el proceso de difusión mediante *denoising* (eliminación del ruido). Este enfoque procede de la física, donde se ha utilizado para simular cómo se difunden (dispersan) las partículas a través de un medio. Las predicciones están condicionadas por la descripción de la imagen, de modo que, si la imagen resultante no coincide con la descripción, se ajustan los pesos de la red neuronal del modelo para mejorar su capacidad de predecir la imagen a partir de la descripción. Una vez entrenado, el modelo es capaz de tomar ruido aleatorio y transformarlo en una imagen que coincida con la descripción proporcionada en el *prompt*.

En la figura 7-1, se ilustra el proceso de eliminación de ruido, como demostró Binxu Wang en "Mathematical Foundation of Diffusion Generative Models" *(https://oreil.ly/57szp)*.

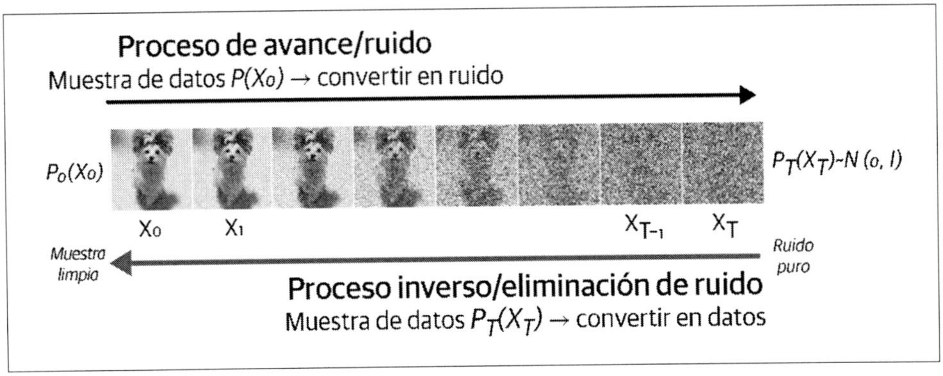

Figura 7-1. *Esquema de difusión.*

Estos modelos se han entrenado con grandes conjuntos de datos, que incluyen miles de millones de imágenes extraídas de Internet (con sus correspondientes pies de foto) y, por tanto, pueden reproducir la mayoría de los estilos artísticos populares o de artistas concretos. Esto ha generado mucha controversia, ya que los titulares de derechos de autor intentan hacer valer sus reclamaciones legales *(https://oreil.ly/a4Fyp)*, mientras que los creadores de los modelos argumentan en favor del uso justo.

Un modelo de difusión no es simplemente una "herramienta compleja de *collage*" que regurgita réplicas de imágenes protegidas por derechos de autor: solo tiene un tamaño de unos pocos *gigabytes* y, por tanto, es imposible que contenga copia de todos los datos con los que ha sido entrenado. Cuando los investigadores intentaron reproducir 350 000 imágenes del conjunto de datos de entrenamiento de Stable Diffusion, solo lo consiguieron con 109 de ellas (Carlini *et al. [https://oreil.ly/SGn9B]*, 2023).

Lo que hace el modelo es más parecido a lo que hace un artista humano que observa todas las imágenes en Internet y aprende los patrones que definen cada sujeto y estilo. Estos patrones se codifican como una representación vectorial (una lista de números) que hace referencia a una ubicación en el *espacio latente*: un mapa de todas las posibles combinaciones de imágenes que el modelo podría generar. El *prompt* introducido por el usuario se codifica primero en vectores; a continuación, el modelo de difusión genera una imagen que coincide con estos vectores, antes de que la imagen resultante se descodifique de nuevo en píxeles para el usuario.

En la figura 7-2, se ilustra el proceso de codificación y descodificación, extraído de "A Walk Through Latent Space with Stable Diffusion" *(https://oreil.ly/qOpis)* de Ian Stenbit.

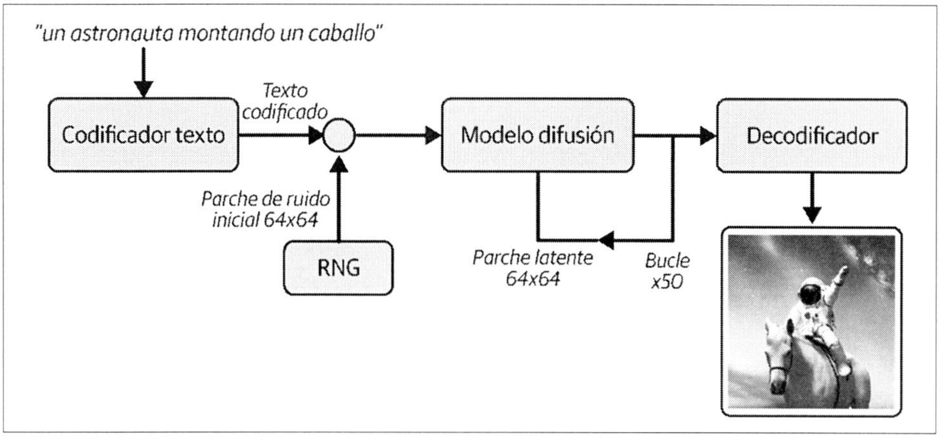

Figura 7-2. *Proceso de codificación y descodificación.*

Estos vectores, también conocidos como *embeddings*, funcionan como una ubicación o dirección para un punto en el mapa del modelo de todas las imágenes posibles y, como tales imágenes que son similares, estarán más cercanas entre sí en el espacio latente. El espacio latente es continuo, lo que permite moverse entre dos puntos (interpolar) y aún obtener imágenes válidas a lo largo del camino; por ejemplo, si usted interpola desde una imagen de un perro hasta un cuenco de frutas, las imágenes intermedias serán imágenes de aspecto coherente, mostrando una transición progresiva entre los dos conceptos.

La figura 7-3 contiene una cuadrícula, también de Ian Stenbit, que muestra los pasos intermedios entre cuatro imágenes *(https://oreil.ly/cjm8A):* un perro (arriba a la izquierda), un cuenco de frutas (arriba a la derecha), la torre Eiffel (abajo a la izquierda) y un rascacielos (abajo a la derecha).

En el ámbito de los modelos de difusión, *prompt engineering* puede considerarse como la navegación por el espacio latente, buscando una imagen que coincida con su visión, de entre todas las posibles imágenes disponibles. Existen muchas técnicas y mejores prácticas para encontrar la combinación de palabras adecuada que evoquen la imagen deseada, y una comunidad activa de artistas e investigadores en IA han trabajado para crear un conjunto de herramientas con las que ayudar en este proceso. Cada modelo y método tiene sus propias peculiaridades y comportamientos dependiendo de su arquitectura, el método de entrenamiento y los datos con los que fue entrenado. Las tres principales organizaciones responsables de la creación de los modelos de difusión de texto a imagen más populares han adoptado enfoques radicalmente distintos en cuanto a modelos de negocio y funcionalidad, por lo que existe una mayor diversidad de elección en los modelos de difusión que en el espacio LLM dominado por OpenAI.

Figura 7-3. *Recorrido aleatorio por el espacio latente.*

DALL-E de OpenAI

En enero de 2021, OpenAI lanzó el modelo de texto a imagen DALL-E, cuyo nombre es un juego de palabras entre el artista surrealista Salvador Dalí y el robot animado de Pixar WALL·E. El modelo se basaba en una versión modificada del extraordinario modelo de texto GPT-3 de OpenAI, que se había lanzado siete meses antes. DALL-E fue un gran avance en IA generativa, demostrando habilidades artísticas que la mayoría de las personas pensaban que eran imposibles para un ordenador. En la figura 7-4, se muestra un ejemplo de las capacidades de la primera versión de DALL-E *(https://oreil.ly/dalle1)*.

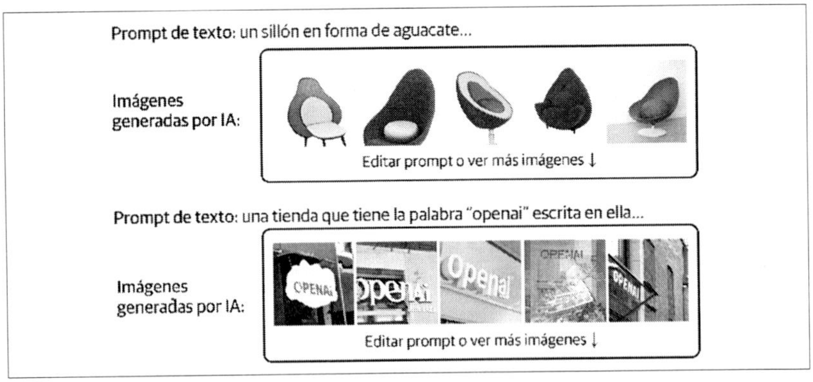

Figura 7-4. *Capacidades de DALL-E.*

El modelo DALL-E no era de código abierto ni se lanzó al público, pero inspiró muchos investigadores y aficionados a intentar reproducir la investigación. El más popular de estos modelos fue DALL-E Mini, lanzado en julio de 2021 (rebautizado como Craiyon un año después a petición de OpenAI) y, aunque ganó seguidores en las redes sociales, la calidad era considerablemente inferior a la del modelo oficial de DALL-E. OpenAI publicó un artículo anunciando DALL-E 2 *(https://oreil.ly/EqdtP)* en abril de 2022, y la calidad era significativamente superior, captando una lista de espera de un millón de personas. En la figura 7-5, se muestra un ejemplo de la ahora icónica imagen del artículo de un astronauta montando un caballo, que capturó la imaginación del público.

Figura 7-5. *Calidad de imagen de DALL-E 2.*

El acceso estuvo limitado a los usuarios de la lista de espera hasta septiembre de 2022, debido a las preocupaciones sobre la ética y la seguridad en la IA. En un principio, se prohibió la generación de imágenes que contuvieran personas, así como una larga lista de palabras sensibles. Los investigadores identificaron que DALL-E 2 añadía las palabras *negro* o *femenino (https://oreil.ly/ot4vw)* a algunos *prompts* de imágenes como una foto de un doctor, en un torpe intento de abordar el sesgo heredado del conjunto de datos (las imágenes de doctores en Internet son desproporcionadamente de hombres blancos).

En agosto de 2022, el equipo añadió las funciones *inpainting* y *outpainting* a la interfaz de usuario, lo que representó un gran avance, ganando la atención de la prensa y las redes sociales. Estas funciones permitían a los usuarios generar solo partes seleccionadas de una imagen o ampliar el marco generándolo alrededor del borde de una imagen existente. Sin embargo, los usuarios tenían poco control sobre los parámetros del modelo y no podían ajustarlo con sus propios datos. El modelo generaba texto confuso en algunas imágenes y tenía dificultades con representaciones realistas de personas, generando manos, pies y ojos desfigurados o deformados, como se muestra en la figura 7-6.

Figura 7-6. *Manos y ojos deformados.*

Imagen, de Google, mostró resultados impresionantes y se presentó en un artículo publicado en mayo de 2022 (Ho *et al. [https://oreil.ly/sFaeW]*, 2022), pero el modelo no se puso a disposición del público en general, alegando problemas de ética y seguridad en la IA. Competidores como Midjourney (julio de 2022) se movieron con rapidez y capitalizaron la enorme demanda de personas que habían visto impresionantes demostraciones de DALL-E en las redes sociales, pero estaban atrapadas en la lista de espera. El lanzamiento de código abierto de Stable Diffusion (agosto de 2022) rompió lo que parecía ser una ventaja inalcanzable para OpenAI solo unos meses antes. Aunque el despliegue del modelo más avanzado DALL-E 3 *(https://oreil.ly/dalle3)* como una característica de ChatGPT ha ayudado a OpenAI a recuperar el terreno perdido, y Google ha entrado en la competencia con Gemini1.5 *(https://oreil.ly/XzQrU)*, todavía queda mucho por disputar.

Midjourney

En julio de 2022, apenas tres meses después del lanzamiento de DALL-E 2, Midjourney puso su modelo v3 en beta abierta. Este fue un momento especialmente bueno para lanzar un modelo de generación de imágenes, porque las demostraciones de lo que DALL-E 2 podía hacer por parte de los primeros usuarios parecían magia y, sin embargo, el acceso estaba inicialmente limitado. Los primeros adeptos, ansiosos por probar, acudieron en masa a Midjourney, y su notable estética de fantasía se ganó el culto de un grupo de aficionados entre los entusiastas de los videojuegos y el arte digital. Esto se reflejó en la ahora famosa imagen *(https://oreil.ly/dqshh)*, que ganó el primer premio en un concurso de arte digital, mostrada en la figura 7-7.

Figure 7-7. *Théâtre d'Opéra Spatial.*

Midjourney fue uno de los primeros modelos de generación de imágenes viable que tenía un modelo de negocio y una licencia comercial, lo que la hace apta para algo más que la experimentación. El modelo de suscripción era el preferido por muchos artistas, acostumbrados a pagar mensualmente por otros programas, como Adobe Photoshop. También ayudó al proceso creativo el hecho de que no se cobrara por imagen generada, sobre todo al principio, cuando había que probar varias imágenes antes de encontrar una que tuviera la calidad suficiente. Si usted era un cliente de pago de Midjourney, poseía los derechos de cualquier imagen generada, a diferencia de DALL-E, donde OpenAI retenía los derechos de autor.

La particularidad de Midjourney es su marcado carácter comunitario. Para utilizar la herramienta, debe iniciar sesión en un servidor de Discord *(https://oreil.ly/JKZzD)* (figura 7-8) y enviar su *prompt* en un canal abierto o mensaje directo. Dado que todas las imágenes generadas se comparten por defecto en canales abiertos, y que el modo privado solo está disponible en el plan más caro *(https://oreil.ly/OV46r)*, la gran mayoría de las imágenes creadas a través de Midjourney están disponibles para que otros puedan aprender de ellas. Esto llevó rápidamente a copias e iteraciones entre usuarios, lo que facilitaba a los principiantes aprender rápidamente de otros. Ya en julio de 2022, la comunidad de Discord estaba cerca de alcanzar el millón de usuarios (como se muestra en la figura 7-8) y, un año después, tenía más de trece millones de miembros.

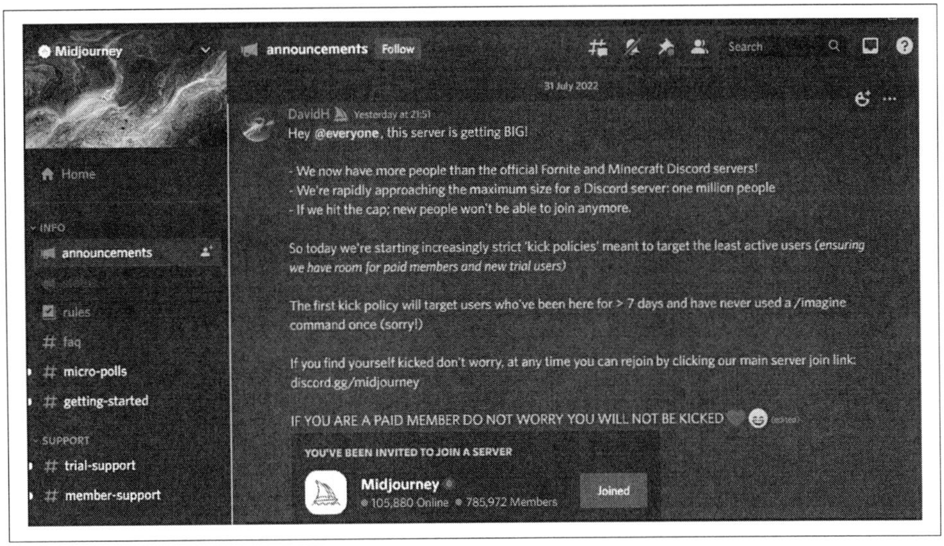

Figura 7-8. *Servidor de Discord de Midjourney, julio de 2022.*

Cuando encuentre una imagen que le guste, puede hacer clic en un botón para *ampliarla* (mejorar su resolución) y utilizarla como quiera. Muchos han especulado con la posibilidad de que este procedimiento actúe como datos de entrenamiento para el aprendizaje por refuerzo, similar al aprendizaje por refuerzo a partir de la retroalimentación realizada por personas *(https://oreil.ly/3ISZk)* (Reinforcement Learning Human Feedback [RLHF]), el método considerado la clave del éxito de ChatGPT. Además, el equipo solicita periódicamente valoraciones de las imágenes generadas por modelos más recientes con el fin de mejorar el rendimiento. Midjourney lanzó la v4 de su modelo en noviembre de 2022, seguida de la v5 en marzo de 2023 y la v6 en diciembre de 2023. La calidad ha mejorado significativamente: los problemas con manos y ojos identificados en la figura 7-6 han desaparecido en gran medida, y el modelo tiene una gama estilística más amplia, como se muestra en la figura 7-9.

Entrada:

```
a group of best friends women eating salads and laughing while
high fiving in a coffee shop, cinematic lighting
```

En la figura 7-9, se muestra el resultado.

Figura 7-9. *Mujeres comiendo ensalada y riendo.*

Sorprendentemente, el equipo Midjourney se ha mantenido pequeño, con solo 11 empleados *(https://oreil.ly/YrmA_)* en marzo de 2023. El fundador de Midjourney, David Holz, anteriormente de la *startup* de hardware Leap Motion, confirmó en una entrevista *(https://oreil.ly/ jeFYV)* que la empresa ya era rentable en agosto de 2022. Lo que es incluso más notable es que, sin los miles de millones de dólares de financiación de los que disfruta OpenAI, el equipo ha desarrollado unas funcionalidades significativas que no están disponibles en DALL-E, entre las que se incluyen el *negative prompting* (eliminación de conceptos de una imagen), los términos ponderados (aumento de la prevalencia de determinados conceptos) y su característica *describe* (ingeniería inversa del *prompt* a partir de una imagen cargada previamente). Sin embargo, no hay una API disponible; la única manera de acceder al modelo es a través de Discord, lo que probablemente ha frenado su adopción de forma masiva.

Stable Diffusion

Mientras la lista de espera de DALL-E 2 seguía creciendo, investigadores del CompVis Group en LMU Munich y la empresa de investigación aplicada Runway ML recibieron una donación de capacidad de cómputo de Stability AI para entrenar Stable Diffusion. El modelo conmocionó al mundo de la IA generativa cuando se produjo su lanzamiento como código abierto en agosto de 2022, porque los resultados eran comparables a los de DALL-E 2 y Midjourney, pero podía ejecutarse de manera gratuita en su propio ordenador (suponiendo que usted tuviera una GPU modesta con 8 GB de VRAM). Stable Diffusion experimentó una de las subidas más rápidas en estrellas GitHub de cualquier *software* *(https://oreil.ly/pwPGX)*, alcanzando 33 600 estrellas en sus primeros 90 días (figura 7-10).

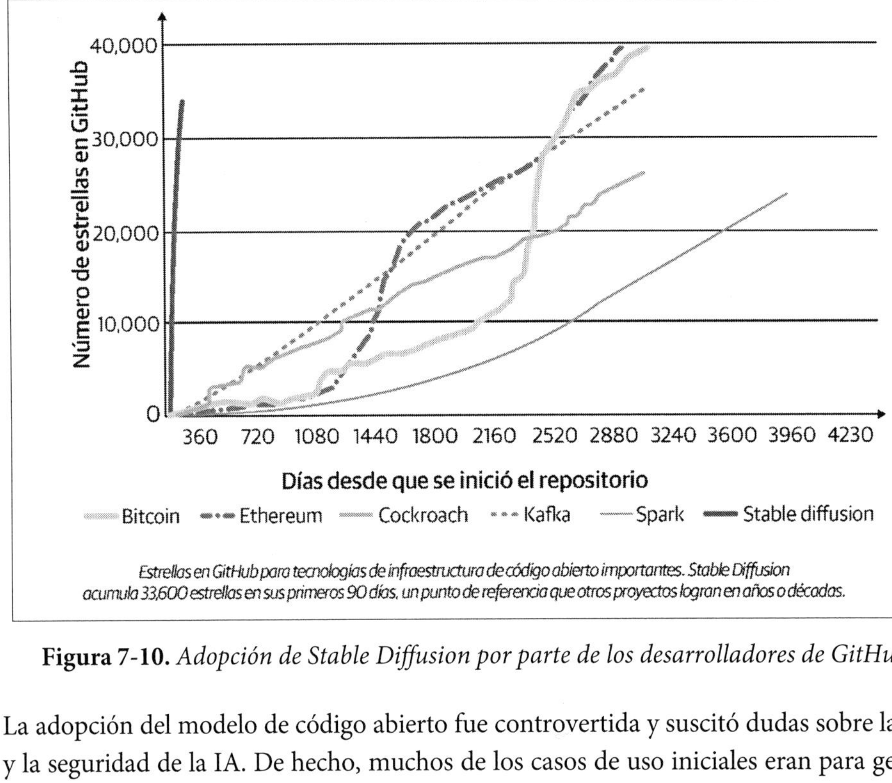

Estrellas en GitHub para tecnologías de infraestructura de código abierto importantes. Stable Diffusion acumula 33,600 estrellas en sus primeros 90 días, un punto de referencia que otros proyectos logran en años o décadas.

Figura 7-10. *Adopción de Stable Diffusion por parte de los desarrolladores de GitHub.*

La adopción del modelo de código abierto fue controvertida y suscitó dudas sobre la ética y la seguridad de la IA. De hecho, muchos de los casos de uso iniciales eran para generar porno con IA, como lo demuestran los modelos no aptos para el trabajo (Not Safe For Work [NSFW]) compartidos en plataformas como Civitai *(https://civitai.com).* Sin embargo, la posibilidad de que los entusiastas y aficionados pudieran modificar y ampliar el modelo, así como proceder al ajuste fino con sus propios datos, condujo a una rápida evolución y mejora de su funcionalidad. La decisión de exponer todos los parámetros del modelo a los usuarios, tales como la Classifier-Free Guidance (guía libre de clasificadores) (cómo de cerca seguir un *prompt*), Denoising (eliminación de ruido) (cuánto ruido añadir a la imagen base para que el modelo lo elimine durante la inferencia) y Seed (semilla) (el ruido aleatorio a partir del cual empezar el *denoising*), ha llevado a una mayor creatividad y obras de arte innovadoras. La accesibilidad y fiabilidad del código abierto también han animado a varias pequeñas empresas a basarse en Stable Diffusion, como las de Pieter Level PhotoAI *(https://photoai.com)* e InteriorAI *(http:// interiorai.com)* (que, juntas, generan más de 100 000 dólares de ingresos mensuales), y Headshot Pro *(https://www.headshotpro.com)*, de Danny Postma. Aparte de igualar la funcionalidad de *inpainting* y *outpainting* de DALL-E, las contribuciones de código abierto también han seguido el ritmo de evolución de las características de Midjourney, como los *prompts* negativos, los términos ponderados y la capacidad de aplicar ingeniería inversa a los *prompts* a partir de imágenes. Además, funcionalidades avanzadas como ControlNet (hacer coincidir la postura o composición de una imagen) y Segment Anything (que permite hacer clic en un elemento con el que se genera una máscara para *inpainting*) se han añadido rápidamente como extensiones para usarlas con Stable Diffusion (ambas lanzadas en abril de 2023), a las que se accede más comúnmente a través de la interfaz web de usuario de AUTOMATIC1111 *(https://oreil.ly/0inw3)* (figura 7-11).

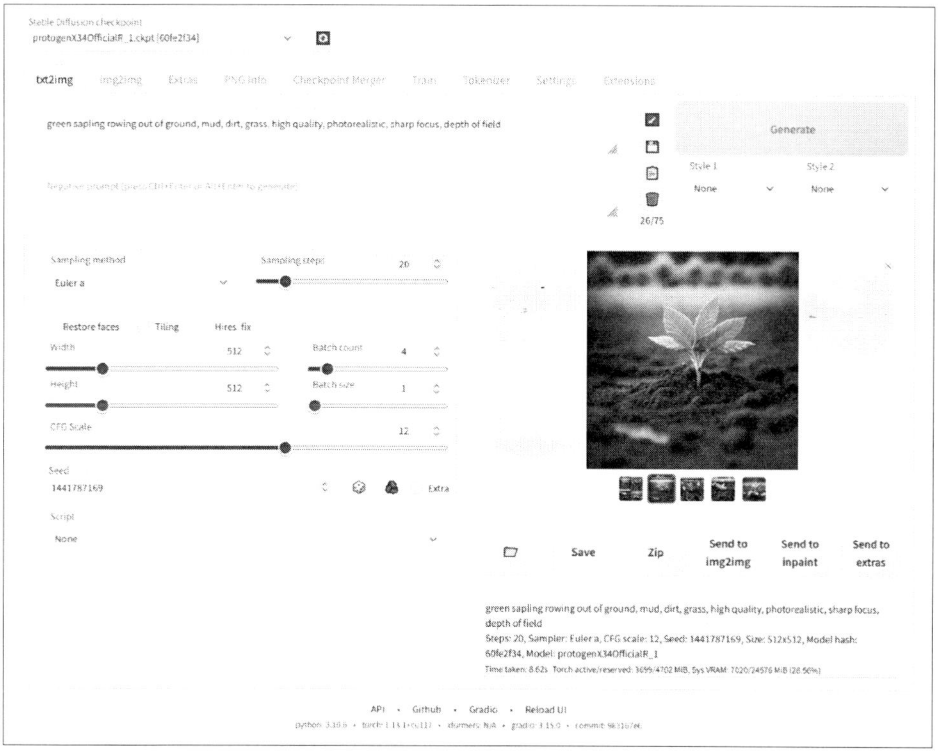

Figura 7-11. *Interfaz web de usuario de AUTOMATIC1111 para Stable Diffusion.*

La versión 1.5 de Stable Diffusion se lanzó en octubre de 2022 y sigue utilizándose en la actualidad. Por lo tanto, constituirá la base de los ejemplos de ControlNet en el capítulo 10, la sección avanzada para la generación de imágenes en el libro. Los pesos de Stable Diffusion se publicaron en Hugging Face, introduciendo a una generación de ingenieros de IA en el *hub* de modelos de IA de código abierto. La versión 2.0 de Stable Diffusion salió un mes después, en noviembre de 2022, entrenada en un subconjunto más estético del conjunto de datos original LAION-5B *(https://oreil.ly/K5vX2)* (un conjunto de datos a gran escala de pares de imágenes y texto con fines de investigación), con imágenes filtradas NSFW (no seguras para el trabajo). Los usuarios avanzados de Stable Diffusion se quejaron de la censura y de la degradación del rendimiento del modelo, haciendo especulaciones *(https://oreil.ly/2mgh5)* sobre si las imágenes NSFW del conjunto de entrenamiento eran necesarias para generar una anatomía humana realista.

Stability AI recaudó más de cien millones de dólares *(https://oreil.ly/BT-k5)* y ha seguido desarrollando modelos novedosos; entre ellos, DeepFloyd *(https://oreil.ly/UCQ3I),* un modelo mejor capacitado para generar texto real en imágenes (un problema que aqueja a otros modelos) y el actual favorito Stable Diffusion XL 1.0 *(https://oreil.ly/gcT4t)* (abreviado como SDXL). Este modelo ha superado los recelos de la comunidad sobre la censura en la versión 2.0, en parte debido a los impresionantes resultados de este modelo más potente, que cuenta con 6600 millones de parámetros, comparados con los 980 millones del modelo v1.5.

Gemini de Google

Google amenazó durante mucho tiempo con ser un competidor en el espacio de generación de imágenes con su modelo Imagen *(https://oreil.ly/K8oWv)* (no lanzado públicamente *[https://oreil.ly/341QB]*) y, de hecho, exempleados de Google fundaron en aquel momento un nuevo y prometedor modelo de imágenes Ideograma *(https://ideo gram.ai),* lanzado en agosto de 2023. Finalmente, entraron en el juego de generación de imágenes con Gemini en diciembre de 2023, aunque rápidamente se enfrentaron a las críticas por un torpe intento de promover la diversidad *(https://oreil.ly/u-Glg).* Queda por ver si la política interna de Google les impedirá capitalizar en sus importantes recursos.

Texto a vídeo

También es probable que gran parte de la atención en el espacio de la imagen se desplace hacia *texto a vídeo, imagen a vídeo* e incluso *vídeo a vídeo,* a medida que la comunidad de Stable Diffusion amplíe las capacidades *(https://oreil.ly/l7KHB)* del modelo para generar imágenes consistentes fotograma por fotograma, incluyendo prometedores proyectos de código abierto como AnimateDiff *(https://oreil.ly/CsJgT).* Además, uno de los creadores de Stable Diffusion, Runway ML, se ha convertido en el principal pionero en texto a vídeo y está empezando a obtener resultados prácticos con su modelo Gen-2 *(https://oreil.ly/vS0mA).* Stable Video Diffusion *(https://oreil.ly/UuApM)* se lanzó en noviembre de 2023, capaz de convertir texto en videoclips cortos o animar imágenes ya existentes, y Stable Diffusion Turbo *(https://oreil.ly/uMAkh)* puede generar imágenes casi en tiempo real. El lanzamiento de Sora *(https:// oreil.ly/sora)* en febrero de 2024 demuestra que OpenAI también está involucrado en este campo. Aunque no tratamos explícitamente las técnicas del *prompting* de texto a vídeo, todo lo que aprenda sobre *prompting* para la generación de imágenes también se aplica directamente al vídeo.

Comparación de modelos

A medida que aumente la demanda de generación de imágenes de IA y la competencia se intensifique, surgirán nuevos participantes y los principales actores diversificarán sus ofertas. En nuestros propios flujos de trabajo ya nos encontramos utilizando distintos modelos por diferentes motivos. DALL-E 3 es genial en composición, y la integración con ChatGPT es conveniente. Midjourney sigue teniendo la mejor estética, tanto en fantasía como en fotorrealismo. Stable Diffusion, al ser de código abierto, lo convierte en el modelo más flexible y extensible, y es sobre lo que la mayoría de de las empresas de IA crean sus productos. Cada modelo ha evolucionado hacia un estilo y conjunto de capacidades distintivos, como puede apreciarse al comparar el mismo *prompt* en varios modelos, como se muestra en la figura 7-12.

Entrada:

```
a corgi on top of the Brandenburg Gate
```

En la figura 7-12, se muestra el resultado.

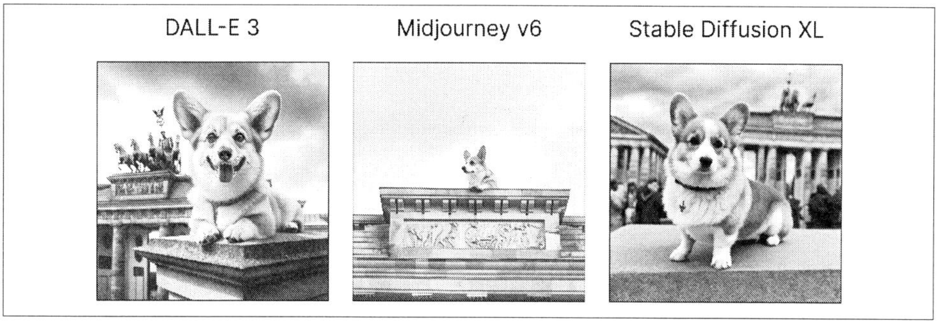

Figura 7-12. *Un corgi en lo alto de la puerta de Brandeburgo.*

Resumen

En este capítulo, se le ha introducido en el tema de los modelos de difusión para la generación de imágenes de IA. Estos modelos, como DALL-E, Stable Diffusion y Midjourney, utilizan ruido aleatorio y técnicas de eliminación de ruido para generar imágenes basadas en descripciones de texto. Se han entrenado con grandes conjuntos de datos y pueden reproducir varios estilos artísticos. Sin embargo, existe controversia en torno a los problemas de derechos de autor. Ha aprendido cómo los principios del *prompt engineering* se aplican a la generación de imágenes cuando se navega por el espacio latente para encontrar la imagen deseada.

En este capítulo, ha explorado los distintos enfoques adoptados por organizaciones como OpenAI, Stability AI y Midjourney en el desarrollo de modelos de conversión de texto en imágenes. DALL-E, de OpenAI, ganó popularidad por sus habilidades artísticas, pero el acceso estaba limitado y, en los modelos replicados, la calidad era inferior. Midjourney, por otro lado, aprovechó la demanda de alternativas a DALL-E y consiguió un grupo de seguidores leales con sus modelos v3 y v4. Tenía un modelo de precios por suscripción y estaba muy enfocado en la comunidad.

Stable Diffusion, por su parte, llamó la atención por sus resultados comparables a los de DALL-E y Midjourney, pero con la ventaja de ser de código abierto y libre de ejecutarse en ordenadores personales. Al leer este capítulo, usted también ha adquirido conocimientos sobre la historia de la generación de imágenes con IA y los avances realizados por organizaciones como OpenAI, Midjourney y Stable Diffusion.

En el próximo capítulo, aprenderá consejos prácticos para gestionar la generación de imágenes con IA. El capítulo lo equipará con los conocimientos y técnicas necesarios para crear imágenes visualmente impactantes y únicas. Desde modificadores de formato hasta la replicación de estilos artísticos, descubrirá el poder del *prompt engineering* para crear contenidos visuales originales y cautivadores. Prepárese para dar rienda suelta a su creatividad y llevar sus habilidades de generación de imágenes al siguiente nivel.

CAPÍTULO 8

Prácticas estándar para la generación de imágenes con Midjourney

En este capítulo, utilizará técnicas estandarizadas para maximizar los resultados, así como formatos de los modelos de difusión. Empezará moldeando los *prompts* para explorar todas las prácticas comunes utilizadas para la generación de imágenes. Todas las imágenes han sido generadas por Midjourney v5, a menos que se indique lo contrario. Las técnicas comentadas se concibieron para que fueran transferibles a cualquier modelo futuro o alternativo.

Modificadores de formato

La práctica más elemental en la generación de imágenes es la de especificar el formato de la imagen. Los modelos de generación de imágenes con IA son capaces de desplegar una amplia variedad de formatos: desde fotografías de *stock* hasta pinturas al óleo o jeroglíficos del antiguo Egipto. La imagen, a menudo, tiene un aspecto completamente diferente en función del formato, incluido el estilo de los objetos o personas generados en la imagen. Muchas de las imágenes en los datos de entrenamiento son fotografías de archivo, y esta es también una de las categorías de imágenes más importantes desde el punto de vista comercial para la generación de imágenes.

Entrada:

```
a stock photo of a business meeting
```

En la figura 8-1, se muestra el resultado.

Figura 8-1. *Fotografía de* stock *de una reunión de negocios.*

La posibilidad de generar infinitas fotos de archivo libres de derechos de forma gratuita con modelos de código abierto como Stable Diffusion, o a muy bajo coste con DALL-E o Midjourney, es en sí misma un cambio radical. Cada una de estas imágenes es única (aunque puede tener similitudes con imágenes existentes) y, por lo tanto, parecen de mayor calidad que las fotografías de *stock* gratuitas disponibles para todo el mundo. Sin embargo, ya no es necesario limitarse al formato de fotografía de *stock*. Si las imágenes de su entrada de blog o sitio web se pudieran ver mejor con algo más artístico, puede hacerlo sin prácticamente ninguna limitación.

Entrada:

```
an oil painting of a business meeting
```

En la figura 8-2, se muestra el resultado.

Figura 8-2. *Pintura al óleo de una reunión de negocios.*

Especificar el formato

El formato que especificamos modifica significativamente los resultados que obtenemos de nuestro modelo de IA. Especificar el formato también mejora la fiabilidad de nuestros *prompts* en cuanto a proporcionarnos el tipo de imagen que buscamos.

No hay límite real de hasta dónde puede llevar esta técnica, y este es uno de esos campos donde haber asistido a una escuela de Arte podría haber sido útil. Si conoce el nombre de una técnica específica o un detalle que desea ver en su imagen (por ejemplo, el impasto, una técnica utilizada en la pintura al óleo, donde la pintura se aplica en una capa gruesa sobre un área de la superficie, dejando visibles las pinceladas) puede mencionarlo en el *prompt,* para acercarse más al resultado deseado. Google mantiene una lista completa de artistas y movimientos artísticos populares *(https://oreil.ly/OmZbl)* que muchos encuentran útil.

Entrada:

```
an oil painting of a business meeting, textured oil-on-canvas
using thick impasto and swirling dynamic brushstrokes
```

En la figura 8-3, muestra el resultado.

Figura 8-3. *Pintura al óleo de una reunión de negocios con impasto.*

La pintura al óleo de una reunión de negocios es ahora mucho más interesante visual y potencialmente más atractiva, dependiendo de su audiencia. Tradicionalmente, una de las razones por las que las empresas optaban por utilizar fotografía de *stock* es que resultaba más barato que encargar una pintura, pero esa limitación ya no existe con la IA. Podemos generar prácticamente cualquier formato que nos guste como, por ejemplo, un jeroglífico del antiguo Egipto representando una reunión de negocios.

Entrada:

```
an ancient Egyptian hieroglyph of a business meeting
```

En la figura 8-4, se muestra el resultado.

Figura 8-4. *Jeroglífico del antiguo Egipto de una reunión de negocios.*

Lo que debe tener en cuenta al modificar el formato es que el estilo de la imagen, e incluso el contenido, tiende a coincidir con lo que estaba asociado a ese formato en los datos de entrenamiento; por ejemplo, en nuestra pintura al óleo no hay ordenadores, porque estos no suelen aparecer en pinturas al óleo. Del mismo modo en el jeroglífico, los participantes en la reunión llevan tocados del antiguo Egipto. A menudo, tendrá que combinar modificadores de formato con otras técnicas para conseguir lo que desea.

Modificadores de estilos artísticos

Una de las grandes ventajas de los modelos de imágenes de IA es su capacidad para replicar cualquier estilo artístico o artista populares. Los ejemplos más frecuentes compartidos en redes sociales y en demostraciones de IA son imágenes al estilo de Van Gogh, Dalí o Picasso, así como de los movimientos artísticos de los que formaron parte, respectivamente: el posimpresionismo, el surrealismo y el cubismo. Las comunidades dedicadas al arte con IA también han influido en la popularidad de estilos de arte contemporáneos, como es el caso del artista digital polaco Greg Rutkowski *(https://oreil.ly/nnam3),* conocido por su estilo de fantasía. Sin embargo, muchos artistas han adoptado una postura contraria al arte generado por IA, y existe una ambigüedad legal en torno a si imitar el estilo de un artista vivo se considera *un uso legítimo* según la ley de derechos de autor. Recomendamos a los artistas de IA que tengan cuidado a la hora de generar arte IA con el estilo distintivo de cualquier artista vivo y que, en su lugar, se ciñan a los artistas fallecidos hace un año como regla general (busquen asesoramiento legal para cualquier uso comercial previsto).

Entrada:

```
illustration of a dragon, in the style of Alice's Adventures in
Wonderland by Lewis Carroll
```

En la figura 8-5, se muestra el resultado.

Figura 8-5. *Ilustración de un dragón, al estilo de Lewis Carroll.*

Proporcionar orientación

Evocar el nombre de un artista o el nombre de un movimiento artístico sirve para obtener un estilo visual específico. Siempre y cuando el artista o movimiento artístico tengan suficientes ejemplos en los datos de entrenamiento, su naturaleza puede emularse.

Al evocar el estilo de un artista, está accediendo efectivamente a una parte del espacio latente, el universo multidimensional de posibles resultados del modelo, accediendo al estilo que usted desea. Recorrer ubicaciones cercanas desde allí puede ayudarlo a llegar a un destino más satisfactorio que el que podría alcanzar con ensayo y error al azar. Navegar hacia ubicaciones cercanas desde allí puede ayudarlo a llegar a un destino más satisfactorio que el que podría alcanzar con el procedimiento de prueba y error aleatorios.

Ingeniería inversa de *prompts*

Si no asistió a la escuela de Arte o no sabe mucho de cine o fotografía, puede ser desalentador intentar descifrar los estilos artísticos, formatos y artistas que quiere explorar. A menudo, uno ve una imagen que le gusta y no tiene manera de describirla con suficiente detalle como para recrearla con un *prompt*. Afortunadamente, la funcionalidad `Describe` de Midjourney le permite realizar ingeniería inversa a un *prompt* a partir de una imagen escribiendo `/describe` y, luego, subiendo la imagen. Esta funcionalidad se puede utilizar tanto en imágenes generadas por IA como también para imágenes normales de otras fuentes, como se muestra en la figura 8-6, utilizando una de las fotografías de *stock* del capítulo 1.

Midjourney le ofrece cuatro opciones con varios artistas, estilos artísticos, modificadores y otras palabras para introducir en el *prompt*, incluida una estimación de lo que está ocurriendo en la imagen y qué sujetos o elementos están presentes; por ejemplo, Midjourney identifica correctamente a un grupo de personas mirando un ordenador portátil en una oficina, en la figura 8-6. Usted puede seleccionar la opción que desee eligiendo un número, y Midjourney generará una imagen con ese *prompt*, en el mismo estilo que la original. Existe una tecnología similar de código abierto llamada CLIP Interrogator *(https://oreil.ly/fzgno)*, aunque la riqueza del *prompt* y la capacidad para replicar el estilo de la imagen cargada es deficiente, en comparación con Midjourney.

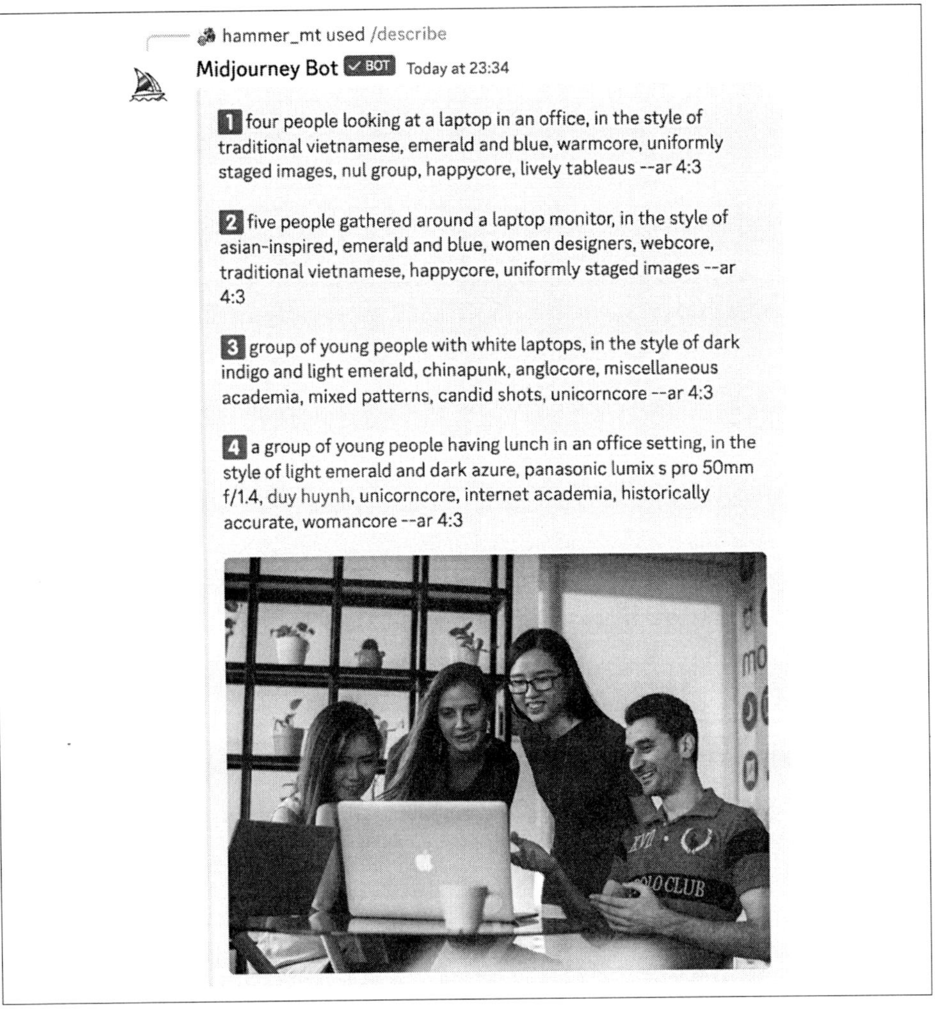

Figura 8-6. *Descripción de Midjourney, Mimi Thian (https://oreil.ly/GdNrt) en Unsplash (https://oreil.ly/bEEnJ).*

Potenciadores de la calidad

Un truco que funciona para los modelos de imágenes es añadir en el *prompt* palabras que están asociadas con la calidad. Algunos estilos artísticos son más estéticos que otros, pero hay un conjunto de palabras, conocidas como *potenciadores de calidad,* que parecen mejorar la calidad de la imagen sin afectar, en gran medida, al estilo, como *4k, very beautiful* y *trending on artstation.* Los modelos generativos no intentan crear imágenes de alta calidad, sino que tratan de imitar conjuntos de entrenamiento con una amplia variedad de estilos y calidades. Si desea imágenes de alta calidad, debe solicitarlas explícitamente. Comience con el sujeto de su *prompt* para el ejemplo de una ballena espacial, y añada un modificador al final, separado por una coma (como se muestra en la figura 8-7).

Entrada:

```
a space whale, trending on artstation
```

Salida:

Figura 8-7. *Ballena espacial, tendencia en* artstation.

> **Proporcionar orientación**
>
> El uso de mejoradores de calidad puede ayudar a mejorar la estética de una imagen mediante la adición de una o dos palabras al *prompt,* sin que cambie mucho el estilo general de la imagen.

La razón por la que estas etiquetas funcionan es que se asociaron con la calidad en los datos de entrenamiento. Cuando se entrenaron los modelos de imágenes de IA, aparentemente se utilizaron imágenes de sitios web de galerías de diseño populares, como ArtStation, Behance y DeviantArt. Por lo tanto, el modelo puede estimar que una imagen que era "tendencia en Artstation" tenía un mayor valor estético que el de una imagen normal. Tenga en cuenta que, a veces, se filtra un estilo que puede no estar alineado completamente con su visión creativa; por ejemplo, ArtStation contiene muchas ilustraciones digitales de naves espaciales, y eso quizá explique por qué la ballena espacial de la figura 8-7 se parece en cierto modo a una nave espacial. Para obtener una lista de potenciadores de calidad, estilos artísticos y artistas, visite esta plantilla creada por uno de los autores: Prompt Engineering Template *(https://oreil.ly/afGCQ).* Google también recopila una lista exhaustiva de movimientos artísticos *(https://oreil.ly/mhujK),* que puede ser útil para familiarizarse con los nombres de estilos que le resulten atractivos.

Prompts negativos

A menudo, dos conceptos están tan entrelazados en los datos de entrenamiento que aparecen juntos con frecuencia al generar imágenes de uno de ellos, aunque no sea lo que usted especificó o pretendía; por ejemplo, cuando pide pinturas al óleo, a menudo también obtiene el marco que las acompaña y la pared sobre la que está colgada, porque eso es lo que aparece en las imágenes de un gran número de colecciones de museos de estas pinturas.

En Midjourney y Stable Diffusion existe la posibilidad de añadir prompts *negativos,* que le permiten especificar lo que no desea que aparezca en la imagen. Los *prompts* negativos se pueden utilizar para separar eficazmente dos conceptos entrelazados y garantizar que su imagen no contenga nada que esperaba evitar. Tomando el ejemplo de las pinturas al óleo y los marcos, puede añadir `--no` al final del *prompt,* y cualquier cosa en una lista separada por comas después de ese indicador se excluirá del *prompt.* En Midjourney y Stable Diffusion, existe la posibilidad de añadir "*prompts* negativos", que le permiten especificar lo que no desea en la imagen. Los *prompts* negativos se pueden usar para separar eficazmente dos conceptos entrelazados y asegurarse de que su imagen no contenga nada que quisiera evitar. Tomando el ejemplo de las pinturas al óleo y los marcos, puede añadir "`--no`" al final del *prompt,* y cualquier cosa en una lista separada por comas después de ese indicador será excluida del *prompt.* Para solucionar su problema de los marcos, añada "frame" y "wall" como *prompts* negativos, como se muestra en la figura 8-8.

Entrada:

```
oil painting in the style of Rembrandt --no frame, wall
```

En la figura 8-8, se muestra el resultado.

Figura 8-8. *Pintura al óleo al estilo de Rembrandt sin marco ni pared.*

Proporcionar orientación

Los *prompts* negativos pueden eliminar conceptos no deseados en las imágenes, dirigiendo al modelo lejos de las áreas que está intentando evitar. Esta solución no siempre funciona como se pretende, ya que a menudo los conceptos están demasiado bien correlacionados, pero, cuando funciona, puede llevar a resultados interesantes.

Los *prompts* negativos no son completamente fiables, pero pueden ser útiles en una gran variedad de escenarios. Un uso creativo de esta técnica es añadir el nombre de un famoso como un *prompt* negativo para disminuir los factores más asociados con ese personaje. La famosa actriz Karen Gillan es pelirroja y tiene una apariencia convencionalmente femenina, por lo que se puede utilizar para hacer que el sujeto tenga menos probabilidades de ser pelirrojo o tener un aspecto convencionalmente femenino.

Entrada:

```
a Scottish female astronaut --no Karen Gillan
```

En la figura 8-9, se muestra el resultado.

Figura 8-9. *Astronauta escocesa con rasgos convencionales femeninos y cabello rojo atenuados.*

También puede obtener resultados muy creativos e impredecibles con esta técnica si toma dos conceptos inseparables y ve qué ocurre cuando los separa; por ejemplo, pruebe a tomar su caricatura favorita y quitarle el estilo de dibujos animados, como se muestra en la figura 8-10 con Homer Simpson.

Entrada:

```
Homer Simpson --no cartoon
```

En la figura 8-10, se muestra el (horripilante) resultado.

Figura 8-10. *Homer Simpson sin su característico estilo de dibujos animados.*

Uno de los casos de uso históricos más comunes de los *prompts* negativos ha sido corregir algunos de los problemas, como manos deformes, partes del cuerpo explícitas u ojos de aspecto extraño, todos ellos problemas típicos de los primeros modelos de IA. Los ingenieros *prompt* añadirían palabras como *nsfw, cuerpo alargado, demasiados dedos, dedos de las manos y dientes insuficientes* al *prompt* negativo en un intento (a menudo sin éxito) de conducir al modelo lejos de estos espacios.

Aunque sigue siendo necesario para modelos más antiguos o de menor nivel, como Stable Diffusion v1.5, a partir de Midjourney v5 y Stable Diffusion XL, en adelante, este problema está resuelto en su mayor parte. Los modelos más avanzados son ahora más que capaces de generar imágenes de manos, ojos y cuerpos con un aspecto normal, sin necesidad de recurrir a *prompts* negativos.

Términos ponderados

Los *prompts* negativos son útiles si quiere eliminar algo por completo, pero, a menudo, solo quiere atenuarlo. Para mezclar y combinar diferentes conceptos, puede ser útil tener un control sobre cuánto desea de cada uno de ellos.

Por defecto, todas las palabras en un *prompt* tienen una ponderación igual a 1, aunque las palabras al principio de este tienen un efecto mayor, por lo que generalmente colocamos allí por convención al sujeto de nuestra imagen, es decir, pintura del puente Golden Gate. Puede cambiar los pesos de partes del *prompt* en Midjourney añadiendo un *salto de línea* con dos caracteres de dos puntos, : :, y un número que indique el nuevo peso. Con este método, puede hacer una imagen que sea principalmente al estilo de Van Gogh, pero con un toque de Dalí.

Entrada:

```
painting of the Golden Gate Bridge::1 in the style of Van
Gogh::0.8, in the style of Dali::0.2
```

En la figura 8-11, se muestra el resultado.

Figura 8-11. *Pintura del puente Golden Gate al estilo de Van Gogh y Dalí.*

Para ver cómo afectan los pesos a la imagen resultante, puede realizar una búsqueda en cuadrícula probando sistemáticamente cada combinación de pesos en una granularidad específica. En este ejemplo, los pesos cambiaron en incrementos de 0,2 entre los dos artistas de 0 a 1.

En la figura 8-12, se muestra el resultado.

Figura 8-12. *Cuadrícula de permutaciones de pesos.*

Evaluar la calidad

Los pesos introducen muchas combinaciones posibles en un *prompt*, lo que puede llevar mucho tiempo iterar una por una. Se recomienda utilizar el método de búsqueda en cuadrícula, consistente en generar sistemáticamente muchas combinaciones posibles para determinar si la combinación ideal de pesos coincide con sus preferencias.

Los pesos pueden ser mayores que 1, si es necesario enfatizar algo, o menores, si desea que algo no resalte. También puede añadir pesos negativos al *prompt* para eliminar ese aspecto en mayor o menor medida. El parámetro `--no` utilizado para los *prompts* negativos es, en realidad, un atajo para añadir `::-0.5` a esa parte del *prompt*. Si tiene problemas con algo que aparece en la imagen que no desea, pruebe a utilizar pesos negativos más fuertes, en lugar de *prompts* negativos. Utilizando el ejemplo anterior, podría eliminar cualquier influencia de Van Gogh de la obra de Dalí añadiendo un peso de –1 a Van Gogh y aumentando el peso de Dalí a 5.

Entrada:

```
painting of the Golden Gate Bridge::1 in the style of Van
Gogh::-1, in the style of Dali::5
```

En la figura 8-13, se muestra el resultado.

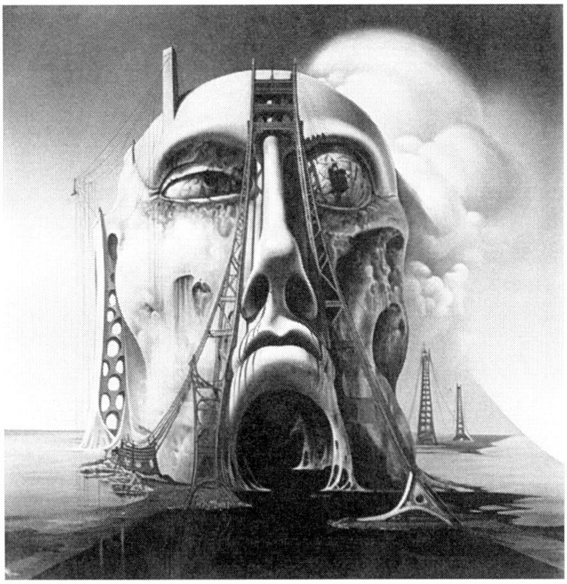

Figura 8-13. *Pintura del puente Golden Gate.*

Los pesos pueden ser una eficaz herramienta para mezclar diferentes estilos o destacar elementos concretos. Existen muchas combinaciones de pesos, por lo que debe adoptarse un enfoque más sistemático para encontrar un espacio estéticamente interesante con el cual experimentar.

Prompts con una imagen

Muchas herramientas de generación de imágenes por IA le permiten hacer *prompts* al modelo no solo con texto, sino también con una imagen. Proporcionar una imagen de ejemplo de lo que desea lograr puede darle una excelente base para construir algo que sea más único y original, sin dejar de ajustarse al estilo que necesita. En la comunidad de Stable Diffusion, esto se llama Img2Img, mientras que, en Midjourney, usted simplemente enlaza a una imagen en el *prompt*. La mejor forma de hacerlo es subir primero la imagen en Discord (por ejemplo, esta foto de Jessica Hearn *[https://oreil.ly/B6E0Y]* en Unsplash *[https://oreil.ly/0oO4w]*) y, luego, hacer clic con el botón derecho y seleccionar Copy Link, como se muestra en la figura 8-14. Más tarde puede pegar ese enlace en el *prompt* para usarlo como imagen base.

Figura 8-14. *Copia del enlace de una imagen subida a Discordia.*

Luego, el enlace copiado se debe pegar al comienzo del *prompt* de Midjourney, acompañado de su *prompt* de texto. No necesita ser tan descriptivo, ya que ha proporcionado una imagen base (una imagen vale más que mil palabras). La imagen no será una réplica exacta, pero será lo suficientemente similar para que se pueda reconocer si sabe qué imagen se ha utilizado y cómo la ha modificado el *prompt.*

Entrada:

```
https://s.mj.run/XkIHsYIdUxc in the style of The Great Gatsby
```

En la figura 8-15, se muestra el resultado.

Figura 8-15. *Fotografía de* stock *al estilo de* El gran Gatsby.

Las normas y regulaciones sobre derechos de autor y el uso legítimo con IA todavía se están desarrollando, por lo que es importante tener cuidado al subir cualquier imagen de la que no tenga los derechos.

Esta técnica funciona siempre que desee un estilo, escena o composición similar a una imagen que conozca. También puede combinar varias imágenes con el comando `/blend` para obtener algo único, e incluso utilizar la imagen resultante como entrada para otro *prompt*. Para mayor comodidad, existe el parámetro `--iw`, que funciona igual que separar la imagen del resto del prompt con `::` y establecer el peso. El uso de imágenes como *prompts* es también una técnica común en la generación de vídeos con IA mediante herramientas como RunwayML *(https://runwayml.com)* y Pika Labs *(https://pika.art)*, dada la falta de fiabilidad en general en la generación de vídeos con solo texto, y porque le permite iterar sobre el estilo de la escena, sin tener que esperar a que se genere todo el vídeo y se renderice.

Proporcionar ejemplos

La forma más rápida y sencilla de obtener la imagen que desea es subir la imagen que desea emular. Esta operación es similar en concepto a un *one-shot prompt* en el ámbito de la generación de texto y es igualmente útil para guiar al modelo hacia el resultado adecuado.

Inpainting (retoque de imágenes)

Trabajar con herramientas de generación de imágenes de IA es siempre un proceso iterativo. Rara vez se consigue la imagen final completa en el primer intento. Suele haber artefactos que desea corregir, o estilos que quiere cambiar; por ejemplo, digamos que usted ha generado una imagen en Midjourney de una mujer con un vestido de estilo *flapper* de los años veinte, pero desea cambiar lo que llevaba puesto sin tener que regenerar toda la imagen.

La solución es *inpainting*, que está disponible en la mayoría de implementaciones de Stable Diffusion *(https://oreil.ly/YgL8g)*, en Midjourney *(https://oreil.ly/7DhZE)* a través de una función denominada *Vary Region* y en Adobe Photoshop, con su herramienta Generative Fill *(https://oreil.ly/FvGAi)*. Sin embargo, DALL-E fue pionera en esta funcionalidad y sigue siendo nuestra preferencia personal en cuanto a la calidad de los resultados. Para mostrar esta funcionalidad, primero genere una imagen con DALL-E con ChatGPT (Plus) y, luego, borre la parte de la imagen que desea retocar.

En la figura 8-16, se muestra una imagen generada por DALL-E, junto con el *prompt* a continuación. Está en proceso de edición en el lienzo de *inpainting* de DALL-E (usando, en ese momento, ChatGPT) y se le ha borrado la parte del vestido de la imagen usando el pincel de *inpainting*, quedando lista para rellenarla con *inpainting*.

Entrada:

```
photograph of glamorous woman in a 1920s flapper party, wearing a
sequin dress, wide angle, in color, 3 5 mm, dslr
```

En la figura 8-16, se muestra la imagen cargada con partes borradas.

A continuación, añade un *prompt* para lo que desea generar en ese espacio. El consejo más frecuente es hacer un *prompt* para lo que desea que sea toda la imagen, pero, desde nuestra experiencia, reducir el *prompt* solo a lo que se desea en la parte borrada de la imagen produce mejores resultados, como se muestra en la figura 8-17, que se centra en el vestido en sí.

Entrada:

```
Van Gogh style dress, inspired by Starry Night, blue and
yellow swirls, extremely detailed, very well lit, studio
light, 3.5 mm, dslr
```

En la figura 8-17, se muestra el resultado.

Figura 8-16. Inpainting *en DALL-E.*

Figura 8-17. *Vestido de estilo Van Gogh.*

Dividir la tarea

Es importante elegir el modelo adecuado para la tarea. Algunos modelos de imagen como Midjourney son buenos generando imágenes en un estilo específico o con una estética determinada, mientras que otros compiten en funciones avanzadas, como el *inpainting* de DALL-E. El uso conjunto de varios modelos puede ampliar el alcance de lo que puede lograr.

DALL-E tiene menos funciones que la mayoría de los modelos de imágenes, pero es excelente en esta técnica en concreto. Difumina automáticamente los bordes, para que la imagen se integre bien con el entorno. Por lo tanto, no necesita ser especialmente preciso con el pincel de borrado y obtendrá buenos resultados. Lo que resulta notable es cuánto han progresado estos modelos en el espacio de poco más de un año. En la figura 8-18, se muestra lo que obtendría si utilizara el mismo *prompt* en DALL-E 3 a través de ChatGPT.

Figura 8-18. *Fotografía de una mujer en una fiesta de* flapper *de los años veinte.*

DALL-E 3 ofrece una calidad superior, pero actualmente solo está disponible a través de la API y en ChatGPT; no está disponible en la interfaz de OpenAI Labs, que históricamente se utilizaba para el *inpainting*. A medida que proliferan los modelos de imágenes, divergen en funcionalidad y casos de uso, y puede que se necesite usar más de un modelo en combinación para realizar la tarea que se tiene entre manos. El *inpainting* es una potente técnica de edición de imágenes, tanto si esas imágenes proceden de otros modelos de IA como de un fotógrafo de la vida real.

Outpainting (ampliación de imágenes)

Relacionado con el *inpainting* en DALL-E está el *outpainting*, en el que se genera contenido visual fuera del marco de la imagen existente. Esta técnica puede, en efecto, *hacer zum alejándose* de la imagen existente, para añadir contexto alrededor de ella. Se puede usar para rellenar con más detalles una imagen que usted haya generado o subido. El *outpainting* ya no está disponible en la interfaz de OpenAI Labs y aún no está disponible en ChatGPT, pero se llama Zoom Out en Midjourney y aparece como una opción para las imágenes que han sido ampliadas, como puede verse en la figura 8-19, donde se ha revelado lo que rodea a una mujer con vestido de *flapper*.

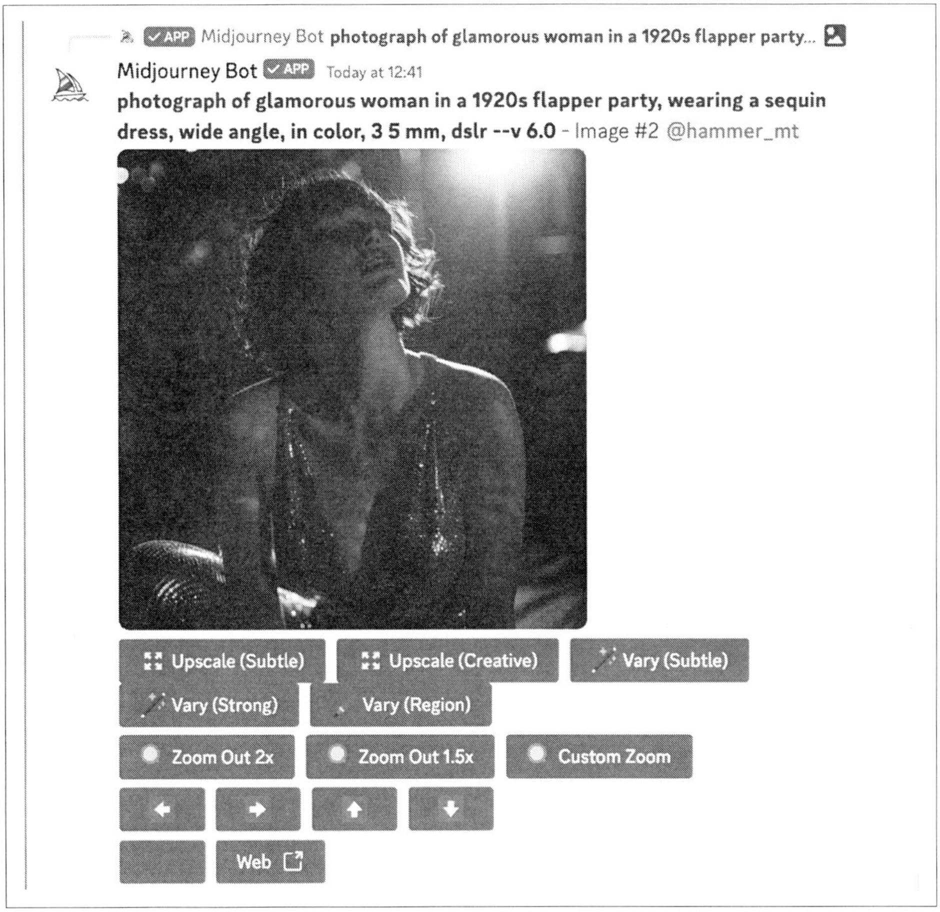

Figura 8-19. *Opciones de Zoom Out de Midjourney.*

Entrada:

```
photograph of glamorous woman in a 1920s flapper party, wearing a
sequin dress, wide angle, in color, 3 5 mm, dslr
```

En la figura 8-20, se muestra el resultado.

Proporcionar ejemplos

A menudo, puede resultar difícil conseguir el estilo adecuado solo con *prompts* de texto, sobre todo si el estilo tiene matices o no conoce todas las palabras para describirlo. Proporcionar un ejemplo de una imagen para utilizar en *inpainting* o *outpainting* es un atajo para obtener mejores resultados.

Figura 8-20. *Imagen de Midjourney antes y después del zum.*

Además de ampliar de forma creativa una imagen existente, el *outpainting* también es útil si está intentando obtener una imagen con una relación de aspecto distinta de la cuadrada, rellenando los espacios vacíos. Puede ejecutar un zum personalizado y establecer una relación de aspecto, así como especificar lo que desea en cada nueva sección de la imagen a través del método de prueba y error, hasta que encuentre algo consistente con el resto de la imagen, o hasta que la imagen completa esté en la relación de aspecto requerida (por ejemplo, pasando de retrato a paisaje). Esta técnica también está disponible como extensión en Stable Diffusion *(https://oreil.ly/0c_en),* pero, según nuestra experiencia, es menos fiable que Midjourney.

Personajes consistentes

Una utilización infravalorada de *inpainting* y *outpainting* es utilizar una imagen existente para mantener la consistencia a lo largo de las generaciones de imágenes. Uno de estos ejemplos es un método muy utilizado para crear caracteres consistentes *(https://oreil.ly/BaITC),* generando dos imágenes una al lado de la otra y haciendo *inpainting* en solo en una de ellas. En primer lugar, genera una imagen especificando explícitamente que hay dos imágenes una al lado de la otra, con una relación de aspecto 2:1.

Entrada:

```
two images side by side, rockstar American rough and ready
middle-age jawline actor man, photo booth portrait --ar 2:1
```

En la figura 8-21, se muestra el resultado.

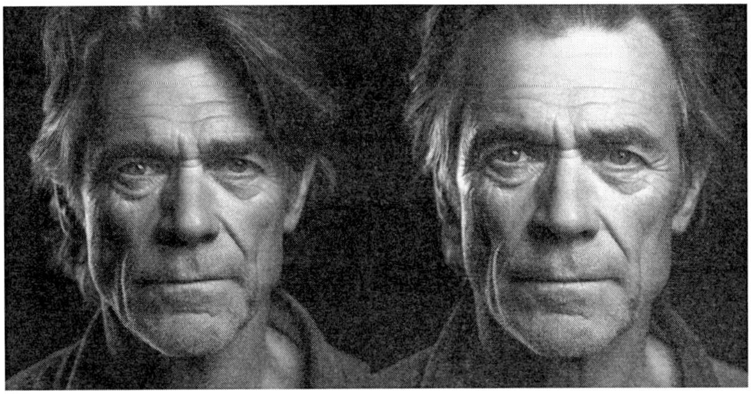

Figura 8-21. *Personaje consistente en Midjourney.*

El siguiente paso es aumentar la escala de una de las imágenes y, a continuación, enmascarar la mitad de la imagen ampliada en un lienzo de *inpainting,* como se muestra en la figura 8-22 utilizando la función Vary Region de Midjourney.

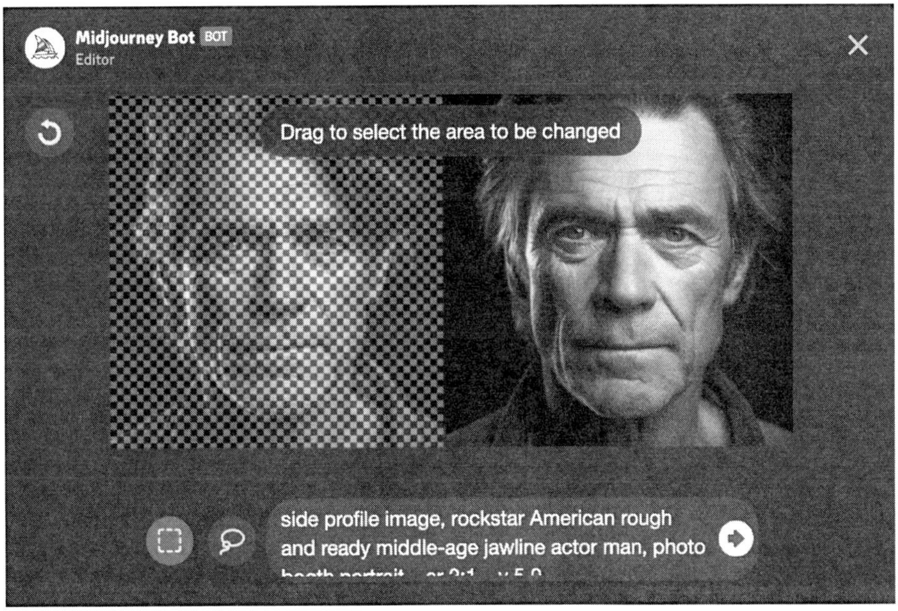

Figura 8-22. *Vary Region en Midjourney.*

Por último, se vuelve a hacer el *prompt* de la parte enmascarada de la imagen utilizando *inpainting* o Vary Region (como se conoce en Midjourney) para crear un ángulo diferente al del retrato original.

Entrada:

```
side profile image, rockstar American rough and ready middle-age
jawline actor man, photo booth portrait --ar 2:1
```

En la figura 8-23, se muestra el resultado.

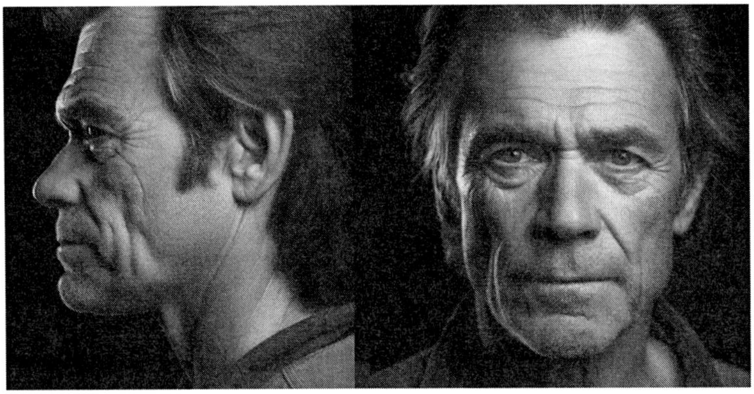

Figura 8-23. *Personajes consistentes de perfil.*

Este proceso de *inpainting* y generación se puede repetir para múltiples ángulos, con el propósito expreso de encontrar nuevas imágenes de un personaje que se vea idéntico al original que usted ha generado. Dado que la mitad de la imagen está siempre presente, el modelo mantiene la consistencia de los rasgos del personaje a través de las generaciones de imágenes, lo que le permite a usted crear una perspectiva más completa de un único personaje en diferentes poses y posiciones. Todo lo que necesita hacer para crear una imagen del personaje en una nueva situación es hacer *inpainting* a la mitad de la imagen 2:1 con el nuevo *prompt* y recortarla en Photoshop (o en algún equivalente).

Proporcionar ejemplos

Muchas personas piensan que utilizan una imagen real como base al hacer *prompts* para *inpainting,* pero muchos de los artistas más adelantados de IA utilizan las propias imágenes generadas como entradas para mantener el control sobre la consistencia de los personajes u objetos de su historia.

Reescritura de *prompts*

Uno de los problemas con los que se puede encontrar al poner un sistema de IA en producción es que no puede esperar que los usuarios de su sistema sean ingenieros expertos en la elaboración de *prompts.* Es un caso de garbage in (entra basura) garbage out (sale basura): si escriben un *prompt* deficiente, obtendrán malos resultados y se quejarán de la calidad de su producto. Un truco común en la industria *(https://oreil.ly/OirCS)* es reescribir e impulsar a hacer lo mejor y más probable, con el fin de obtener impresionantes resultados. Esta es una forma de *meta prompting*, donde el *prompt* para un modelo de IA es escrito por otro.

Imagine una aplicación simple en la que un usuario introduce a un sujeto y un artista y, a continuación, se genera una imagen del sujeto en el estilo del artista. La plantilla del *prompt* es `un {sujeto} en el estilo del {artista}`.

Entrada:

```
a dachshund dog in the style of Banksy
```

En la figura 8-24, se muestra el resultado.

Figura 8-24. *Un perro salchicha al estilo de Banksy.*

El problema con este *prompt* es que la expectativa sería que el perro formara parte de la pintura callejera (al estilo Banksy), mientras que, en la imagen generada, el perro está simplemente al lado de él. Para solucionarlo, puede tomar el *prompt* del usuario e integrarlo en un *prompt* para ChatGPT, con el fin de encontrar el medio artístico del artista.

Entrada:

```
What's the medium that the artist Banksy mostly used? Respond in
1-3 words only.
```

Salida:

```
Street art
```

Por último, puede utilizar este resultado para reescribir el *prompt* original del usuario en el formato `{medio} de un {sujeto} al estilo del {artista}`.

Entrada:

```
street art of a dachshund dog in the style of Banksy
```

En la figura 8-25, se muestra el resultado.

Figura 8-25. *Arte callejero de un perro Dachshund al estilo de Banksy.*

Este sistema se puede desarrollar aún más para incluir otras técnicas de *prompt engineering*, como potenciadores de calidad o *prompts* negativos, para hacer que los resultados sean más fiables. Es posible obtener buenos resultados simplemente pidiendo a ChatGPT que reescriba el *prompt* para DALL-E (que ChatGPT Plus tiene disponible como herramienta) y, luego, utilizar lo que le ofrece para otros modelos. Se han realizado algunos intentos para entrenar modelos de IA *(https:// oreil.ly/9A1NL)* especializados en generar *prompts* de alta calidad aunque, según nuestra experiencia, este método solo consigue una calidad media y no supera a la experta *prompt engineering*.

Dividir la tarea

En lugar de esperar que una persona no técnica genere un *prompt* de buena calidad, simplemente, pase su entrada a otro modelo de IA que pueda ayudar a mejorar el *prompt* original.

Desagregación de memes

El principal problema con replicar el estilo de un artista, o emular un movimiento artístico, es que es relativamente poco original. Nadie sabe cuáles serán las implicaciones legales del arte generado por IA, pero, sin duda, artistas como Greg Rutkowski y otros ya han hablado en voz alta sobre la inmoralidad de copiar su estilo.

Una forma de seguir beneficiándose del atajo que supone referirse a un artista o a un movimiento artístico de éxito, al tiempo que se es más original en el estilo, es descomponer los memes de un artista. La palabra *meme (https://oreil.ly/BQYFP)* no solo significa *una imagen viral divertida:* se refiere a cualquier elemento cultural que se copia de persona a persona. Si puede descomponer un estilo artístico en sus partes componentes y características, entonces, puede utilizar estos subcomponentes para remezclar su propio estilo. Digamos, por ejemplo, que usted estuviera intentando hacer una pintura del Times Square al estilo de Salvador Dalí.

Entrada:

```
a painting of Times Square in the style of "The Persistence of
Memory" by Salvador Dali
```

En la figura 8-26, se muestra el resultado.

Figura 8-26. *Pintura del Times Square al estilo de* La persistencia de la memoria *de Salvador Dalí.*

Ya está obteniendo buenos resultados evocando el nombre de Dalí, pero no es del todo correcto. Quiere un estilo surrealista, pero no una copia exacta de la obra de Dalí. El término *unbundling (desagregación)* fue acuñado en este contexto por Bakz T. Future *(https://oreil.ly/2qy4E)* y significa extraer las características del estilo de un artista para obtener algo familiar pero único. Funciona pidiendo a un modelo de generación de texto (en este caso, ChatGPT-4) que describa el estilo del artista que usted está emulando, que puede luego utilizar como un *prompt.*

Entrada:

```
Briefly describe the characteristics and artistic style of "The
Persistence of Memory" by Salvador Dali, without mentioning the
artwork or the artist:
```

Salida:

```
This is a notable example of Surrealist art, steeped in
dream-like, fantastical imagery that pushes the boundaries of
traditional understanding and interpretation. The painting is
composed with a distinctly precise and detailed technique,
reflecting a deceptive realism.

...

Contrasting with the melting objects, there are other items in
the scene that exhibit solidity and permanence, creating an
uncanny juxtaposition. The painting's composition and imagery
invite deep exploration and various interpretations, concerning
themes of reality, dreams, time, and the subconscious. Overall,
it is a visually striking work that embodies the ethos of its
movement: challenging the viewer's perceptions and exploring the
unconventional and the irrational.
```

Debe asegurarse de que el *prompt* insiste en no mencionar al artista ni a la obra de arte; de lo contrario, no funcionará tan bien como lo debe hacer un *prompt.* Quiere describir el estilo a alguien que nunca lo haya visto para que la descripción sea clara. Como referencia, en la figura 8-27, se muestra la famosa pintura que ChatGPT está describiendo.

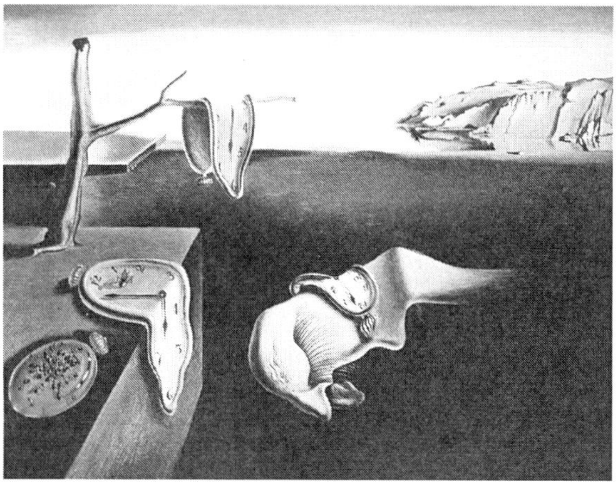

Figura 8-27. La persistencia de la memoria *de Salvador Dalí.*

Ahora que tiene una descripción de una de las pinturas más icónicas de Dalí, puede entender qué la hace visualmente atractiva. En particular, esta explicación puede ser útil si nunca fue a la escuela de Arte y, de otro modo, no sabría cómo describir estos elementos. A partir de aquí, deberá abreviar la descripción para que quepa en un *prompt* para un modelo de imágenes.

Entrada:

```
Convert this description into a shortened prompt for an AI image
generation model such as DALL-E:
```

Salida:

```
Surrealist landscape with subdued colors of brown, blue, and
yellow. Depict a barren, craggy shoreline and calm sea meeting a
clear sky. Include amorphous, melting objects resembling common
items, indicating fluidity and impermanence of time. Contrast
these with other solid, permanent elements. Evoke a sense of
stillness, dreamlike atmosphere, and quietude.
```

Tome esta salida y añada el tema de su pintura: Times Square. También puede ayudar a modificar el *prompt* para que fluya mejor, ya que los *prompts* que escribe ChatGPT pueden ser demasiado instructivos.

Entrada:

```
Painting of Times Square, surrealist landscape with subdued
colors of brown, blue, and yellow, a barren, craggy shoreline and
calm sea meeting a clear sky. Include amorphous, melting objects
resembling common items, indicating fluidity and impermanence of
time. Contrast these with other solid, permanent elements.
Evoke a sense of stillness, dreamlike atmosphere, and quietude.
```

En la figura 8-28, se muestra el resultado.

Figura 8-28. *Memes de Dalí desagregados aplicados a una pintura de Times Square.*

Proporcionar orientación

En lugar de guiar al modelo de imágenes de la IA hacia la obra de un artista concreto, puede emular una aproximación cercana utilizando una descripción de la obra del artista. Se trata de un enfoque más transformador y creativo que la simple evocación del nombre de un artista, y quizá más ético.

Esta imagen es todavía similar a la obra de Dalí, pero la ha transformado el filtro de la descripción de ChatGPT. Por lo tanto, ya es más original que lo que ha conseguido al evocar simplemente su nombre: una ventaja sobre el promedio de los usuarios de *prompts*. Pero ahora se encuentra en una posición aún mejor, porque ha desagregado el estilo de Dalí en memes *individuales* (*https://oreil.ly/BQYFP*) como "paisaje surrealista", "objetos que se derriten" y "atmósfera onírica", y puede volver a mezclar (*https://oreil.ly/wPuMo*) más fácilmente sus partes componentes para hacer la imagen más original.

Entrada:

```
Painting of Times Square, surrealist landscape with subdued
colors of orange, red, and green, imposing buildings and calm
river meeting a stormy sky. The amorphous melting dripping clock
in the center of the square indicates the fluidity and
impermanence of time in contrast with other solid, permanente
elements. Evoke a sense of stillness, dreamlike atmosphere,
and quietude.
```

En la figura 8-29, se muestra el resultado.

Figura 8-29. *Times Square de Dalí reinterpretado.*

Solo ha hecho pequeñas modificaciones en los colores y los elementos de la pintura, pero podría ir más allá. También es posible tomar elementos de otros artistas populares y combinar los aspectos que le gusten para llegar a algo nuevo. Esta técnica solo funciona actualmente con artistas y obras de arte lo suficientemente famosos como para que se puedan describir fácilmente a partir de los datos de entrenamiento; sin embargo, a medida que los modelos de IA se vuelvan multimodales (es decir, capaces de generar tanto imágenes como texto), cabe esperar que se pueda introducir una imagen y obtener una descripción para utilizarla en el proceso de desagregación.

Mapeo de memes

Una de las formas más frecuentes de inspiración para *prompts* es observar qué *prompts* proporcionan resultados a otros ingenieros de *prompts.* La comunidad de Discord de Midjourney *(https://oreil.ly/upQIh)* cuenta con millones de miembros activos, con miles de nuevas imágenes generadas y compartidas automáticamente cada día, al igual que otras comunidades de IA incluidas en Reddit *(https://oreil.ly/EwLNh)* y en otros varios sitios web, boletines de correo electrónico y cuentas de redes sociales. Un sitio web muy utilizado es lexica.art *(https://lexica.art),* que cuenta con una base de datos de búsqueda (por palabra clave y similitud) de muchas imágenes de Stable Diffusion y sus *prompts* para inspirarse.

Mientras busca y navega a través de estas fuentes de inspiración, es probable que note patrones recurrentes, o memes, en las palabras que se utilizan para un tipo particular de imagen. Llamamos al proceso de búsqueda intencionada y sistemática de estos patrones *meme mapping (https://oreil.ly/DLqAV),* y puede ser una herramienta inestimable para identificar *prompts* útiles; por ejemplo, usted podría buscar Super Mario en Lexica y ver muchos ejemplos en los que las personas han intentado crear un *Mario* realista, como el de la figura 8-30, que podría inspirarle para hacer lo mismo, empezando con un prompt *(https://oreil.ly/WNsRn)* que ya ha demostrado que funciona, ahorrándole una cantidad de tiempo considerable.

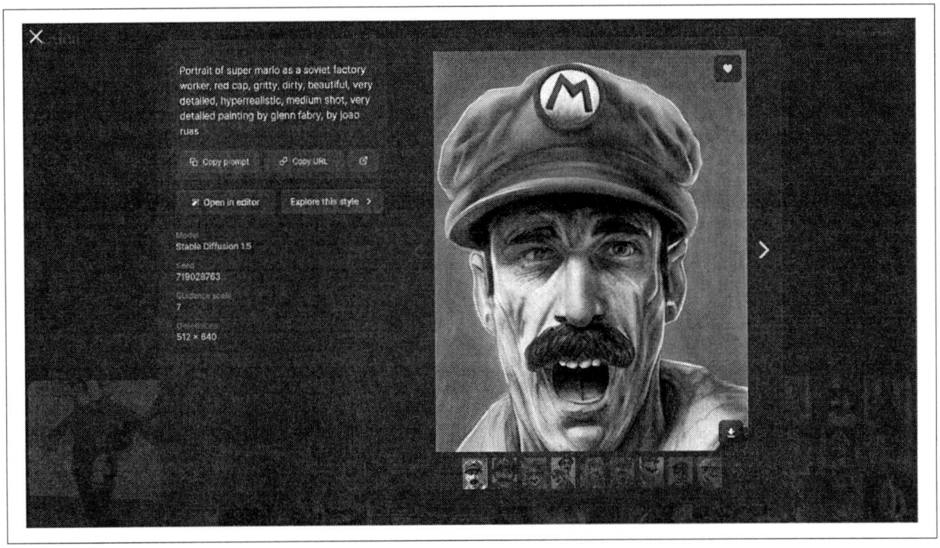

Figura 8-30. *Mario real.*

Alternativamente podría aplicar este meme a un personaje de una franquicia diferente e intentar reutilizar algunos de los *prompts* que otros han utilizado para conseguir un efecto realista. Sin esta investigación, es posible que no se hubiera dado cuenta de que los modelos de imágenes pueden generar versiones del mundo real de personajes de dibujos animados o de videojuegos, o que nunca se le hubiera ocurrido intentarlo. Es posible que nunca hubiera descubierto que incluir "como un trabajador de fábrica soviético" en su *prompt* ayuda a evocar un sentido de realismo descarnado, y puede que nunca se hubiera encontrado con el trabajo de los dos artistas referenciados. Existe una sana cultura de remezclar contenido en la comunidad de arte de IA, con personas que aprenden de los *prompts* de otros y, luego, devuelven el favor compartiendo su propia experiencia.

Entrada:

```
portrait of Homer Simpson as a Soviet factory worker, gritty,
dirty, beautiful, very detailed, hyperrealistic, medium shot,
very detailed painting by Glenn Fabry, by Joao Ruas -no
cartoon
```

En la figura 8-31, se muestra el resultado.

Figura 8-31. *Homer Simpson real.*

Este proceso de mapeo de memes puede hacerse manualmente *(https://oreil.ly/VqyG-)*, copiando y pegando los ejemplos en una hoja de cálculo o en una herramienta de productividad como Notion, aunque esta operación puede llevar mucho tiempo; así que, siempre que usted respete los términos y condiciones del sitio web y cualquier obligación legal en su país, también sería posible escribir código personalizado para extraer mediante programación los contenidos de ese sitio web. Una vez que tenga todos los datos en un solo lugar, podría etiquetar mediante programación las imágenes con un modelo de reconocimiento de entidades como Google Vision *(https://oreil.ly/EZmRs)*, un modelo multimodal como GPT-4 Vision *(https://oreil.ly/cOcPR)* o utilizar PLN como el análisis de NGrams *(https://oreil.ly/GXfDl)* en los *prompts* para identificar patrones a una escala mayor de lo que sería posible hacerlo manualmente.

Análisis de *prompts*

Un error frecuente es seguir añadiendo más y más palabras al *prompt,* sin pensar en qué partes son realmente necesarias. Cada palabra añadida por - perturba el modelo de alguna manera, generando ruido en el resultado. A menudo, eliminar palabras innecesarias puede ser tan eficaz como añadir palabras nuevas. Para llevar a cabo este análisis sin tener que usar mucho el método de prueba y error, Midjourney ofrece el comando `/shorten`, que intenta eliminar estas palabras innecesarias, dejando solo los *tokens* esenciales del modelo para más atención. Haga clic en "show details" (mostrar detalles) al final de la respuesta para obtener el peso a nivel de *tokens* y un gráfico visual.

Entrada:

```
portrait of Homer Simpson as a Soviet factory worker, gritty,
dirty, beautiful, very detailed, hyperrealistic, medium shot,
very detailed painting by Glenn Fabry, by Joao Ruas
--no cartoon
```

Salida:

```
**portrait** (0.08) of **homer simpson** (1.00) as a
**soviet** (0.19) **factory** (0.21) **worker** (0.08),
gritty (0.02), dirty (0.02), beautiful (0.00), very (0.00)
detailed (0.01), hyperrealistic (0.01), medium (0.00) shot
(0.00), very (0.00) detailed (0.01) painting (0.05) by Glenn
Fabry (0.08), by **Joao Ruas** (0.09)
```

Una vez que disponga de este análisis, podrá utilizarlo para eliminar cualquier ruido del *prompt* y centrarse en qué palabras, o memes, son realmente importantes para el resultado final.

Evaluar la calidad

Ver los pesos que el modelo asigna a cada *token* le proporciona una visión sin parangón de cómo funciona el modelo. A menudo hacemos suposiciones sobre qué es importante en un *prompt,* y esas suposiciones pueden estar bastante alejadas de la realidad.

Resumen

En este capítulo, usted ha aprendido sobre las prácticas estándar para la generación de imágenes utilizando modelos de difusión. Ha explorado los modificadores de formato, como fotografías de *stock*, pinturas al óleo y jeroglíficos egipcios, y cómo pueden utilizarse para crear imágenes únicas y visualmente atractivas. Además, ha descubierto los modificadores de estilo artístico que permiten replicar estilos de arte populares o artistas, tales como el estilo de *Alicia en el país de las maravillas* de Lewis Carroll.

Ha profundizado en la aplicación de los principios del *prompt engineering*, incluyendo cómo utilizar modificadores de estilo artístico para replicar estilos populares y artistas, y cómo mencionar nombres específicos de artistas puede ayudar a conseguir el estilo visual deseado. Se introdujo el concepto de *prompts* negativos y términos ponderados, que le permiten especificar lo que no se desea en una imagen y controlar la mezcla de diferentes conceptos. También ha explorado los conceptos de *inpainting* y *outpainting*, en los que se pueden generar partes específicas de una imagen por separado mediante la eliminación y adición de *prompts*. Ha descubierto cómo estas técnicas pueden expandirse y combinarse para mejorar la fiabilidad y calidad de los resultados de la IA generativa.

En el próximo capítulo, profundizará en el mundo de la generación de imágenes y explorará los casos de uso más avanzados. Aprenderá a aprovechar las capacidades de Stable Diffusion y AUTOMATIC1111 para mejorar sus habilidades de generación de imágenes. Incluyendo técnicas avanzadas de Stable Diffusion, como la utilización de modelos ControlNet para tener un mayor control sobre el estilo y la composición de sus imágenes, descubrirá una amplia gama de apasionantes posibilidades.

CAPÍTULO 9

Técnicas avanzadas de generación de imágenes con Stable Diffusion

La mayor parte del trabajo con imágenes de IA solo requiere técnicas sencillas de *prompt engineering*, pero dispone de herramientas más potentes cuando necesita un mayor control creativo sobre sus resultados o cuando desea entrenar modelos personalizados para tareas específicas. Estas habilidades más complejas a menudo requieren una mayor capacidad técnica y un razonamiento estructurado como parte del flujo de trabajo para crear la imagen final.

Las imágenes de este capítulo se han generado utilizando Stable Diffusion XL, a menos que se indique lo contrario, como es el caso de las secciones del capítulo que dependen de extensiones como ControlNet; con acceso a más métodos, son compatibles con el modelo antiguo v1.5 de Stable Diffusion. Las técnicas discutidas se idearon para que pudieran ser transferibles a cualquier modelo futuro o alternativo. Nosotros hacemos un uso extensivo de la webUI de Stable Diffusion de AUTOMATIC1111 y hemos proporcionado instrucciones detalladas de configuración que estaban vigentes en el momento de escribir estas líneas, pero, por favor, consulte el repositorio oficial *(https://oreil.ly/hs_fS)* para obtener instrucciones actualizadas, y para diagnosticar cualquier problema que encuentre.

Ejecución de Stable Diffusion

Stable Diffusion es un modelo de generación de imágenes de código abierto, por lo que puede ejecutarlo localmente en su ordenador de forma gratuita si tiene una GPU NVIDIA o AMD, o Apple Silicon, como las que equipan los Mac M1, M2 o M3. Era habitual ejecutar la primera versión popular (1.4) de Stable Diffusion en un cuaderno Google Colab *(https://oreil.ly/OmBuR)*, que proporciona acceso a una GPU gratuita en la nube (aunque es posible que necesite cambiar a una cuenta de pago si Google restringe el nivel gratuito).

Visite el sitio web Google Colab *(https://oreil.ly/2WGxQ)* si no lo ha utilizado antes o para encontrar la información más reciente en cuanto a las restricciones. Se ha guardado una copia de este cuaderno de Python en el repositorio de GitHub *(https://oreil.ly/uauNn)* del libro, pero debería subirlo a Google Drive y ejecutarlo en Google Colab, para evitar problemas de configuración.

La instalación de Stable Diffusion puede realizarse a través de la biblioteca Diffusers de Hugging Face, junto con un puñado de dependencias. En Google Colab, el siguiente código instala las dependencias necesarias (debería eliminar los signos de exclamación [!] si lo instala localmente, en lugar de hacerlo en Jupyter Notebook o en Google Colab):

```
!pip install diffusers==0.11.1
!pip install transformers scipy ftfy accelerate
```

Para descargar y utilizar el modelo, primero debe crear una *pipeline* de inferencia (lo que se ejecuta cuando utilizamos el modelo):

```
# create an inference pipeline
import torch
from diffusers import StableDiffusionPipeline

pipe = StableDiffusionPipeline.from_pretrained(
    "CompVis/stable-diffusion-v1-4",
    torch_dtype=torch.float16)

pipe = pipe.to("cuda")
```

Vamos a desglosar el *script* línea por línea.

`import torch`
: Esta línea importa la biblioteca *torch,* también conocida como PyTorch *(https://pytorch.org).* PyTorch es una biblioteca de aprendizaje automático de código abierto, utilizada para aplicaciones como la visión por ordenador y el procesamiento del lenguaje natural.

`from diffusers import StableDiffusionPipeline`
: Aquí el *script* está importando la clase `StableDiffusionPipeline` de la biblioteca `diffusers`. Esta clase específica es probablemente una *pipeline* para utilizar modelos de difusión, de los cuales Stable Diffusion es el ejemplo más popular.

`pipe = StableDiffusionPipeline.from_pretrained("CompVis/stable-diffusion-v1-4", torch_dtype=torch.float16)`
: Esta línea de código crea una instancia de la clase `StableDiffusionPipeline` con pesos preentrenados. El método `from_pretrained` carga los pesos de un modelo preentrenado; en este caso, el modelo es `CompVis/stable-diffusion-v1-4`.

: El argumento `torch_dtype=torch.float16` especifica que el tipo de datos utilizado en el modelo debe ser float16, que es un formato de coma flotante de precisión media. El uso de float16 puede acelerar el cálculo del modelo y reducir el uso de memoria (uso necesario para mantenerse dentro de los límites del nivel gratuito de Google Colab).

`pipe = pipe.to("cuda")`

Esta línea mueve el modelo pipe a la GPU. La cadena `"cuda"` hace referencia a CUDA, una plataforma de computación paralela y modelo de interfaz de programación de aplicaciones (API) creada por Nvidia. De este modo, todos los cálculos realizados por el modelo *pipe* se ejecutarán en la GPU, lo que puede resultar mucho más rápido que ejecutarlos en una CPU para modelos y datos a gran escala.

Ahora que tenemos nuestro *pipe*, podemos pasar un *prompt* y otros parámetros al modelo, como una semilla aleatoria (hay que cambiarla para obtener una imagen diferente cada vez), el número de pasos de inferencia (más pasos llevan tiempo, pero dan como resultado una imagen de mejor calidad), y la escala de guía (lo que se asemeja la imagen con el *prompt*):

```
# run inference on a prompt
prompt = "a photograph of an astronaut riding a horse"

generator = torch.Generator("cuda").manual_seed(1024)

image = pipe(prompt, num_inference_steps=50,
  guidance_scale=7, generator=generator
  ).images[0] # image here is in PIL format

# Now to display an image you can either save it such as:
image.save(f"astronaut_rides_horse.png")

# If you're in a google colab you can directly display:
image
```

En la figura 9-1, se muestra el resultado.

Vamos a recorrer este *script* para explicar lo que hace:

`prompt = "a photograph of an astronaut riding a horse"`

Este es el *prompt* que se pasará al modelo para guiar en la generación de una imagen.

`generator = torch.Generator("cuda").manual_seed(1024)`

En esta línea, se crea un generador de PyTorch y se asigna a la variable *generator*. El generador se inicializa con `"cuda"`, lo que significa que utilizará una GPU para los cálculos. La función `manual_seed(1024)` se utiliza para establecer la semilla aleatoria con la que generar números aleatorios, garantizando que los resultados sean reproducibles. Si ejecuta este código con el mismo modelo, debería obtener exactamente la misma imagen.

```
image = pipe(prompt, num_inference_steps=50,
guidance_scale=7, genera tor=generator).images[0]
```

Esta línea ejecuta el modelo *pipe* con el *prompt* para generar una imagen. El argumento `num_inference_steps` se establece en 50, lo que significa que el modelo realizará 50 pasos de inferencia. El argumento `guidance_scale` se establece en 7, lo que ajusta la intensidad con la que el *prompt* guía a la imagen generada (los valores más altos tienden a producir imágenes más granuladas y menos variadas). El argumento *generator* pasa el generador de números aleatorios creado anteriormente. El resultado es un array de imágenes generadas, e `images[0]` selecciona la primera imagen de este array.

`image.save(f"astronaut_rides_horse.png")`

Esta línea guarda la imagen generada en un archivo.

`image`

Esta línea de código mostrará la imagen si el código se ejecuta en un entorno como Jupyter Notebook o Google Colab. Esto ocurre porque estos entornos muestran automáticamente el resultado de la última línea de código en una celda de código, si no está asignada a una variable.

Figura 9-1. *Fotografía de un astronauta montando a caballo.*

Es muy útil poder ejecutar un modelo de código abierto localmente o en la nube y personalizarlo para satisfacer sus necesidades. Sin embargo, codificar a medida sus propias *pipelines* de inferencia y crear una interfaz de usuario sobre ellos es probablemente exagerado, a menos que sea un usuario extremadamente avanzado, con profundos conocimientos de aprendizaje automático, o si su intención es crear su propio producto de generación de imágenes con IA. Stablity AI, la empresa que financia el desarrollo de Stable Diffusion, dispone de una interfaz web alojada llamada Dream Studio (figura 9-2), que es similar al *playground* (entorno de pruebas) de DALL-E, operando también con un sistema de créditos y ofreciendo funcionalidades avanzadas como es *inpainting*.

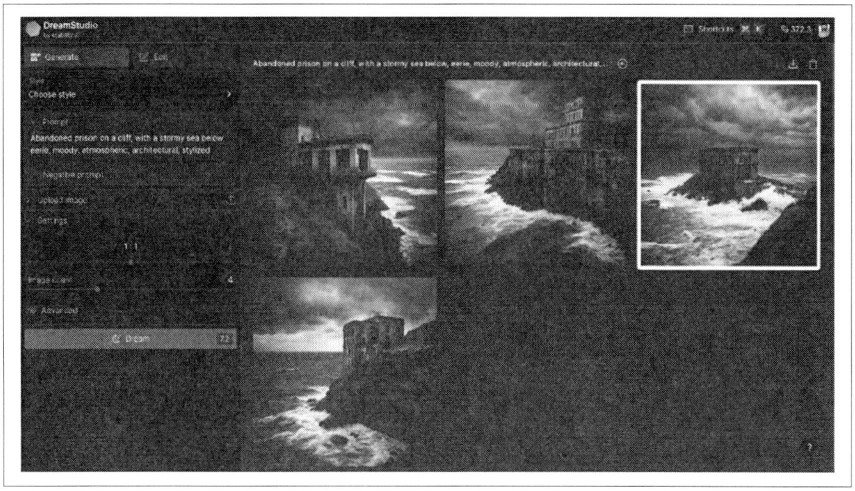

Figura 9-2. *Stability AI Dream-Studio.*

Al igual que DALL-E, Dream-Studio ofrece acceso a través de una API, lo cual puede ser conveniente para crear aplicaciones de generación de imágenes con IA o para ejecutar *scripts* de programación para generar muchas imágenes, sin el engorro que supone alojar y ejecutar su propio modelo de Stable Diffusion. Visite *https://oreil.ly/X3Ilb* una vez que haya creado una cuenta para obtener su clave de API y recargue su saldo con créditos (en el momento de escribir estas líneas, 1000 créditos cuestan 10 dólares y pueden generar aproximadamente 5000 imágenes). El siguiente código está incluido en el repositorio de GitHub *(https://oreil.ly/aGLeX)* del libro:

```
import os
import base64
import requests
from IPython.display
import Image

engine_id = "stable-diffusion-xl-1024-v1-0"
api_host = os.getenv('API_HOST', 'https://api.stability.ai')
api_key = os.getenv("STABILITY_API_KEY")

image_description = "computers being tied together"
prompt = f"""an illustration of {image_description}. in the style
of corporate memphis, white background, professional, clean lines,
warm pastel colors"""

response = requests.post(
   f"{api_host}/v1/generation/{engine_id}/text-to-image",
   headers={
      "Content-Type": "application/json",
      "Accept": "application/json",
      "Authorization": f"Bearer {api_key}"
   },
   json={
      "text_prompts": [
```

```
        {
          "text": prompt,
        }
      ],
      "cfg_scale": 7,
      "height": 1024,
      "width": 1024,
      "samples": 1,
      "steps": 30,
      },
)

if response.status_code != 200:
    raise Exception(
        "Non-200 response: " + str(response.text))

data = response.json()

image_paths = []

# if there's no /out folder, create it
if not os.path.exists("./out"):
    os.makedirs("./out")

for i, image in enumerate(data["artifacts"]):
    filename = f"./out/image-{i}.png"
    with open(filename, "wb") as f:
        f.write(base64.b64decode(image["base64"]))

    image_paths.append(filename)

# display the first image
Image(filename=image_paths[0])
```

En la figura 9-3, se muestra el resultado.

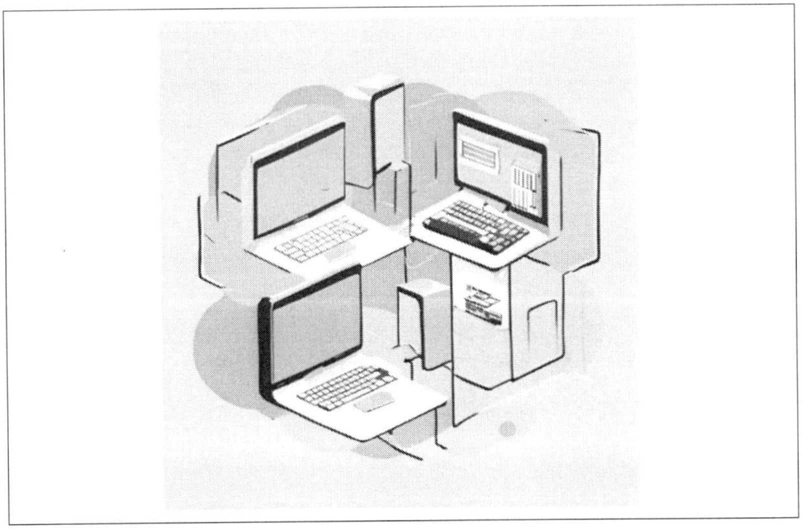

Figure 9-3. *Ilustración de Corporate Memphis de la API de Dream-Studio.*

Vamos a desglosar este código paso a paso:

1. En primer lugar, configura las variables de entorno necesarias:
   - `engine_id`: hace referencia a una versión específica del modelo en `stability.ai`.
   - `api_host`: recupera la URL del *host* de la API desde las variables de entorno. Si su valor no está configurado, por defecto es `'https://api.stability.ai'`.api_host: Esto recupera la URL del *host* de la API desde las variables de entorno. Si no está configurado, por defecto es 'https://api.stability.ai'.
   - `api_key`: recupera la clave de API desde las variables de entorno.
2. El `prompt`: define cómo se debe ver la imagen, incluyendo el estilo y los colores.
3. Se realiza una solicitud `POST` a la URL derivada de la combinación de `api_host` y `engine_id`.
   - Los encabezados de la solicitud están configurados para aceptar y enviar datos en formato JSON e incluyen un encabezado de autorización con la `api_key`.
   - El cuerpo JSON de la solicitud especifica el *prompt* (descripción de la imagen), la escala deseada de la imagen, sus dimensiones, el número de muestras y el número de pasos.
4. Si el código de estado de la respuesta no es 200 (indicando que una solicitud ha tenido éxito), se lanza una excepción con el texto de la respuesta, para indicar que algo ha salido mal. De lo contrario, la respuesta se analiza en formato JSON.
5. Si no existe un directorio llamado *out,* se crea uno. Para cada artefacto (imagen) en la respuesta, el código hace lo siguiente:
   - Establece una ruta para el nombre del archivo.
   - Descodifica los datos de la imagen codificados en Base64 de la respuesta.
   - Escribe los datos de la imagen descodificada en un archivo.
   - Añade la ruta del archivo a la lista `image_paths`.
   - Aquí es donde normalmente guardaría la imagen en Google Cloud Storage *(https://oreil.ly/YsuBw)* o en Amazon Simple Storage Service (S3), para mostrarla más tarde en su aplicación.
6. La primera imagen de la lista `image_paths` (la única, en este caso) se muestra (solo en Notebooks de Jupyter o en Google Colab) utilizando la clase `Image` de `IPython.display`.

El inconveniente de utilizar el servicio de Stability AI es la falta de control sobre la personalización. Una de las grandes ventajas de que Stable Diffusion sea de código abierto es la capacidad de modificar casi cualquier aspecto del modelo y hacer uso de las funcionalidades avanzadas creadas por la comunidad. Además, no hay garantía de que las funciones o características en las que hoy confía para sus *scripts* seguirán estando disponibles en el futuro, ya que Stability AI se esfuerza por estar a la altura de las expectativas de sus inversores, su equipo legal y sus clientes corporativos; por ejemplo, el popular (y más permisivo) modelo de la versión 1.5 ha quedado obsoleto, en favor de los nuevos modelos Stable Diffusion 2.0 y XL, lo que ha causado problemas a aquellos que habían procedido al ajuste fino de sus flujos de trabajo, parámetros y *prompts* para trabajar con la v1.5.

Interfaz web de usuario AUTOMATIC1111

Los usuarios avanzados de Stable Diffusion suelen recomendar la interfaz web de usuario AUTOMATIC1111 *(https:// oreil.ly/r-2vm)* (pronunciado "automatic eleven eleven"), porque es muy completa en cuanto a funciones y viene con múltiples extensiones creadas por usuarios avanzados de Stable Diffusion. Este proyecto es la puerta de entrada para aprovechar el mejor aspecto de Stable Diffusion: la vibrante comunidad de código abierto que ha dedicado incontables horas a integrar funcionalidades avanzadas en la herramienta. Los usuarios avanzados también pueden querer explorar ComfyUI *(https://oreil.ly/LWVvC)*, ya que soporta flujos de trabajo más complejos y una mayor flexibilidad (incluyendo imagen a vídeo *[https://oreil.ly/dh7jR]*), pero nosotros consideramos que es demasiado complejo para la mayoría de los casos de uso, que pueden manejarse fácilmente con AUTOMATIC1111.

Puede utilizar el modelo normal de Stable Diffusion de texto a imagen, pero también ejecutar imagen a imagen (similar a la función de imagen base de Midjourney), así como aumentar la resolución de las imágenes terminadas (generadas por el modelo) para obtener mayor calidad, y realizar *inpainting* (como ofrece DALL-E). Incluso es posible entrenar y ejecutar modelos personalizados en esta interfaz, y hay miles de modelos compartidos públicamente en comunidades como Hugging Face *(https://oreil.ly/t5T7p)* y Civitai *(https://civitai.com)*.

> Algunos modelos personalizados de código abierto no son aptos para el trabajo NSFW (Not Safe For Work), así que tenga cuidado cuando navegue por sitios web como Civitai.

Ejecutar Stable Diffusion localmente con AUTOMATIC1111 requiere cierta configuración técnica, y es mejor buscar una guía actualizada en la Wiki de AUTOMATIC1111:

- Instale y ejecute en las GPU de NVidia *(https://oreil.ly/DsKyU)*.

- Instale y ejecute en AMD GPUs *(https://oreil.ly/Oc7ix).*
- Instale y ejecute en Apple Silicon *(https://oreil.ly/Ob2VK).*

La instalación, generalmente, implica asegurarse de tener instalados Git y Python (así como cualquier otra dependencia *[https://oreil.ly/vBOVI]*), y descargar Stable Diffusion, así como el código de Automatic1111 *(https://oreil.ly/x0BMn)* a su ordenador local. Las imágenes de este capítulo utilizan la versión XL 1.0 *(https://oreil.ly/DIvUz)* de Stable Diffusion, aunque muchos siguen utilizando la versión anterior 1.5 *(https://oreil.ly/FNxf9),* ya que se considera más permisiva y cuenta con una gran cantidad de modelos personalizados entrenados por la comunidad. Las técnicas funcionan igual en todos los modelos, aunque los resultados y la calidad pueden diferir: frecuentemente se cree que la eliminación de imágenes NSFW de los datos de entrenamiento para la versión 2.0 condujo a un rendimiento inferior en la generación (incluso de imágenes no explícitas) de figuras humanas realistas (aunque esto parece estar corregido en gran medida en la versión XL).

Dado que el modelo es de código abierto, puede obtener SDXL v1.0 en su ordenador local visitando la página del modelo en Hugging Face para los modelos *base* y *refiner* (refinador), y descargando los archivos *.safetensors* de la pestaña "Files and Versions" (Archivos y versiones). Este formato es más seguro que el anterior *.ckpt,* ya que no procesa código en su ordenador cuando se ejecuta:

- Modelo base *(https://oreil.ly/wtHRj): sd_xl_base_1.0.safetensors*
- Modelo *refiner (https://oreil.ly/0Dlbv): sd_xl_refiner_1.0.safetensors*

Estos modelos tardan tiempo en descargarse, así que comience a descargarlos ahora y, a continuación, los coloca en su carpeta models/Stable-diffusion una vez que haya instalado la interfaz AUTOMATIC111. Si desea utilizar el modelo anterior v1.5 Stable Diffusion, descargue el archivo *v1-5-pruned-emaonly.ckpt* de Hugging Face *(https://oreil.ly/hwblq),* y llévelo a la carpeta *models,* donde ha colocado los modelos *base* y *refiner.*

Una vez que haya instalado todo, se accede a la interfaz web ejecutando un *script* que lanza la aplicación localmente, que aparecerá como una dirección web en su navegador. Como ejemplo, estas son las instrucciones actualizadas (en el momento de escribir estas líneas) para Windows, con un ordenador que tiene una GPU Nvidia:

1. Instale Python 3.10.6 *(https://oreil.ly/kGiyi)* (seleccionando Add [Añadir] a PATH) y Git *(https://oreil.ly/Pdzb0).*
2. Abra el símbolo del sistema desde la barra de búsqueda y escriba **`git clone`** ***`https://github.com/AUTOMATIC1111/stable-diffusion-webui`***.
3. Recuerde colocar los modelos sd_xl_base_1.0.safetensors y sd_xl_refiner_1.0.safetensors en la carpeta stable-diffusion-webui/models/Stable-diffusion.

4. Haga doble clic en el archivo *webui-user.bat* y visite la dirección en la que se está ejecutando la interfaz (normalmente, *http://127.0.0.1:7860*). Para Mac o Linux, ejecute `bash webui.sh` en la terminal.

Desde esta interfaz, que se muestra en la figura 9-4 (tomada del repositorio oficial de GitHub *[https://oreil.ly/OOpas]*), puede introducir su *prompt* (arriba a la izquierda, bajo la pestaña "txt2img") y hacer clic en Generate para obtener su imagen.

Si encuentra algún error o si ha descargado la interfaz web de usuario AUTOMATIC1111 hace tiempo y necesita actualizarla, puede entrar en la carpeta stable-diffusion-webui en su terminal y ejecutar `git pull`. Si sigue teniendo problemas, puede restablecer su implementación (mueva primero a otra carpeta los archivos que desee guardar) ejecutando `git checkout -f master` en la carpeta stable-diffusion-webui. Si sigues teniendo problemas, puedes restablecer tu implementación (mueve primero cualquier archivo que desees conservar) ejecutando `git checkout-f master` en la carpeta stable-diffusion-webui.

> Al restablecer el AUTOMATIC1111 de esta forma, se eliminarán todos los archivos de la carpeta, junto con todas las personalizaciones. Le recomendamos que haga una copia local en una carpeta diferente para su recuperación.

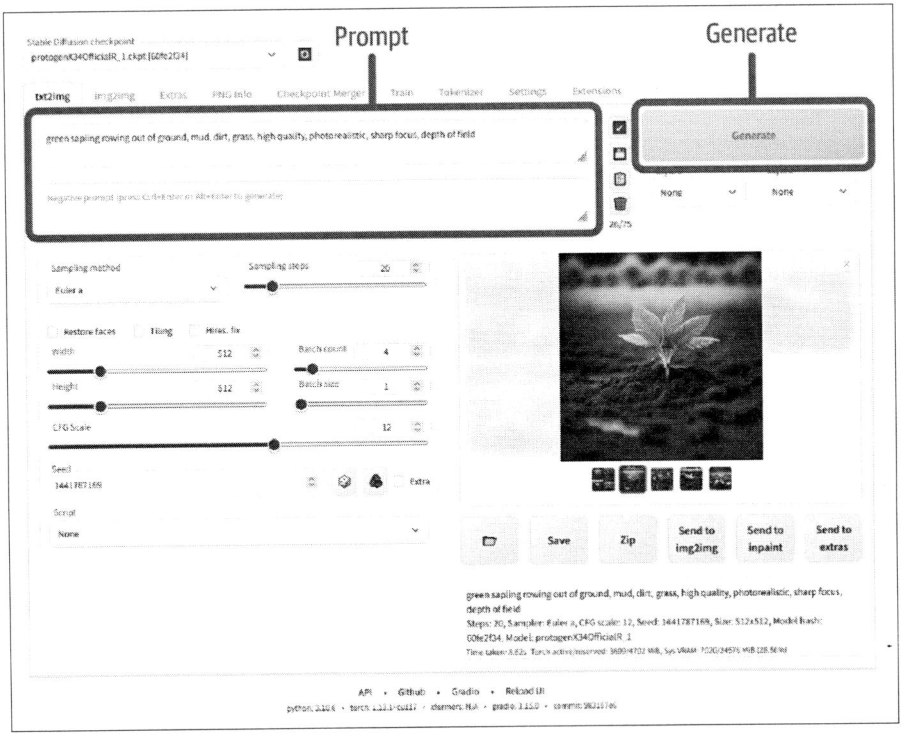

Figura 9-4. *Interfaz web de usuario de Stable Diffusion.*

En la casilla situada inmediatamente debajo del campo de entrada del *prompt*, puede añadir *prompts* negativos para eliminar conceptos de una imagen y asegurarse de que no aparezcan (consulte el capítulo 8 para obtener más información sobre *prompts* negativos). Más abajo, encontrará una serie de configuraciones que incluyen la semilla (Seed, configurada en `-1`, para una nueva imagen cada vez), el número de pasos de muestreo (Sample Steps de inferencia), el recuento de lotes (Batch Count, que se refiere al número de generaciones que se ejecutan una tras otra) y el tamaño del lote (Batch Size, es decir, el número de imágenes procesadas en cada lote, lo que aumenta el uso de VRAM). Cuando se generan las imágenes, puede descargarlas directamente desde la interfaz, enviarlas a varias pestañas con los botones de abajo o visitar la carpeta stable-diffusion-webui/outputs donde están organizadas por método (`text2img`, `img2img`) y fecha:

```
stable-diffusion-webui/
    outputs/
        txt2img-images/
            2023-10-05/
                your_image.png
```

Cuando ejecute la interfaz web AUTOMATIC1111, los modelos que haya descargado aparecerán en el menú desplegable de Stable Diffusion Checkpoint en la parte superior. Seleccione el modelo base e introduzca su *prompt*, además de ajustar sus configuraciones de manera habitual. Asegúrese de que el tamaño de la imagen es de 1024 × 1024. Por ahora, configure el parámetro "Switch at" en el apartado de Refiner a `1`, para ejecutar únicamente el modelo base, como se muestra en la figura 9-5.

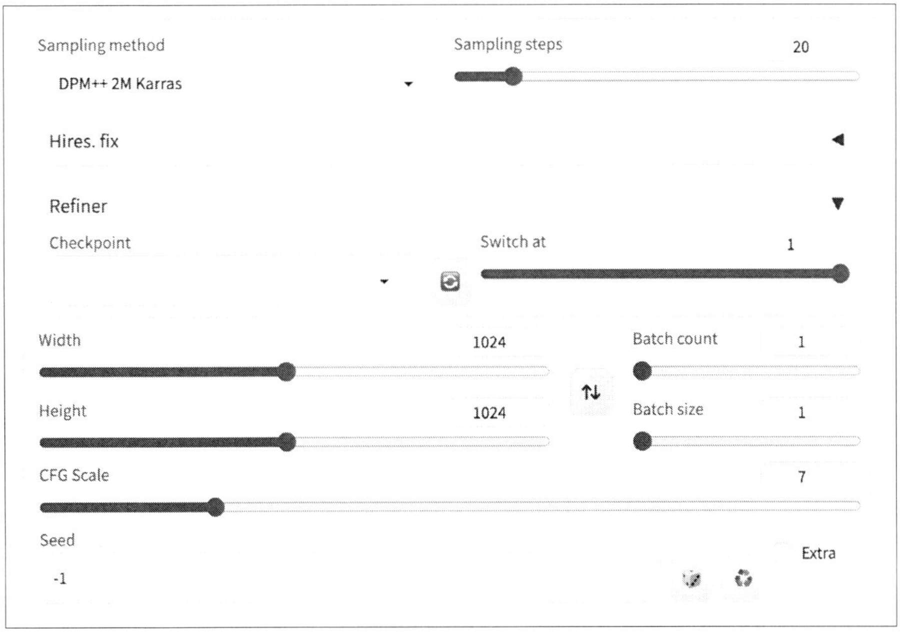

Figura 9-5. *Configuraciones estándar para SDXL.*

Los métodos de muestreo disponibles son relativamente complejos y técnicos de explicar, pero las compensaciones generalmente se dan entre velocidad, calidad y aleatoriedad. `Euler` es el muestreador más simple, y `DDIM` fue el primero diseñado específicamente para modelos de difusión. Los métodos de muestreo que llevan una *a* en el nombre, por ejemplo, `Euler a`, son muestreadores ancestrales, que inyectan ruido en la imagen como parte del proceso. Lo anterior genera resultados menos reproducibles, ya que la imagen no converge (hay cierta aleatoriedad en la imagen cada vez que se ejecuta el modelo). Los muestreadores `DPM++ 2M Karras` y `UniPC` con 20-30 pasos son excelentes opciones para obtener imágenes robustas, estables y reproducibles. Para obtener imágenes de mayor calidad, pero más lentas y aleatorias, pruebe los muestreadores `DPM++ SDE Karras` o `DDIM` con 10-15 pasos.

Otro parámetro importante es CFG Scale (Classifier Free Guidance [Guía sin clasificador], lo mismo que `guidance_scale` introducido en el ejemplo inferencia de Stable Diffusion en Google Colab). Como regla general, estos son los valores habituales para el CFG Scale y lo que significan:

- *1:* presta poca atención al *prompt.*
- *3:* se siente libre de ser creativo.
- *7:* un buen equilibrio entre el *prompt* y la creatividad.
- *15:* se ajusta al *prompt.*
- *30:* sigue estrictamente al *prompt.*

Usted puede modificar el tamaño de la imagen generada ajustando Height (Altura) y Width (Anchura), así como la cantidad de imágenes mediante Batch Count (Recuento de lotes). La casilla de verificación Highres fix utiliza un escalador para generar una imagen de mayor resolución (se ampliará información sobre esto más adelante); la casilla de verificación Restore faces utiliza un modelo de restauración facial (por defecto, `Codeformer`) para corregir los defectos en los rostros humanos que, a menudo, se producen con Stable Diffusion, y la casilla de verificación Tiling crea una imagen que se puede repetir en un patrón repetitivo. También existe la posibilidad de guardar e insertar estilos que son, simplemente, *prompts* que quiere reutilizar con regularidad. Hay muchas funciones potentes *(https://oreil.ly/MiSt1)* en las diferentes pestañas, así como extensiones creadas por la comunidad que puede añadir, y se irán añadiendo más a medida que estén disponibles.

AUTOMATIC1111 admite ponderaciones de *prompt,* o términos ponderados, al igual que Midjourney (tratado en el capítulo 8). La forma de acceder a ellos es ligeramente diferente ya que, en lugar de separar por dos puntos dobles como en Midjourney, se utilizan paréntesis; por ejemplo, `(pirate)` enfatizaría los rasgos de pirata en un 10 % o 1,1, y el doble paréntesis `((pirate))` multiplicaría esa ponderación de nuevo, así que el peso sería 1,1 × 1,1 = 1,21. También puede controlar los pesos con precisión introduciendo su propio número en el formato (palabra_clave: factor), por ejemplo, `(pirate: 1.5)`, para que el modelo preste un 50 % más de atención a esos *tokens.*

Entrada:

```
Marilyn Monroe as a (pirate:1.5) on a desert island, detailed
clothing, by Stanley Artgerm Lau and Alphonse Mucha
```

Negativo:

```
racy, nudity, cleavage
```

En la figura 9-6, se muestra el resultado.

Figura 9-6. *Marilyn Monroe pirata.*

Los corchetes `[pirate]` funcionan de la misma manera, pero a la inversa, restando importancia a un término en un *prompt* en un 10 %. Así, por ejemplo, `[hat]` sería el equivalente a un peso de 0,9, o `(sombrero:0,9)`. Tenga en cuenta que lo anterior no es lo mismo que un *prompt* negativo, porque el término seguirá presente en la generación de la imagen, solo que atenuado. Los pesos de los *prompts* también funcionan en el cuadro de *prompts* negativos, actuando para eliminar más agresivamente ese concepto de la imagen o reducir sus efectos. Puede utilizarse para garantizar que los elementos o estilos no deseados no aparezcan cuando un *prompt* negativo no es suficiente.

Proporcionar orientación

Proporcionar más o menos énfasis en palabras o secciones específicas de un *prompt* puede ofrecer un control más detallado sobre en qué se enfoca el modelo.

Una técnica más sofisticada que utilizan los usuarios avanzados de AUTOMATIC1111 es *prompt editing (edición de prompts),*·también conocida como *prompt switching (cambio de* prompts*).* Durante el proceso de difusión, los primeros pasos van desde el ruido aleatorio hasta un contorno borroso de las formas generales que se espera que estén en la imagen, antes de que se rellenen los detalles finales. La edición de *prompts* le permite pasar un *prompt* diferente a los primeros o últimos pasos del proceso de difusión, lo que le proporciona un mayor control creativo. La sintaxis es `[from:to:when]`, donde `from` es su *prompt* inicial, `to` es su *prompt* final, y `when` indica cuándo hacer el cambio, denotado en número de pasos o un decimal que representa un porcentaje. El *prompt* `[Emma Watson: Amber Heard: 0.5]` empezaría generando una imagen de Emma Watson, antes de cambiar a mitad de camino para generar una imagen de Amber Heard en el paso final, terminando con una mezcla de las dos actrices. Se trata de un truco útil para crear imágenes de personas que resulten atractivas y vagamente familiares, sin ser reconocibles como una celebridad específica y, por lo tanto, puede considerarse más ético y legalmente correcto que limitarse a copiar la imagen de una celebridad (consulte a su propio asesor legal).

Entrada:

```
vogue fashion shoot of [Emma Watson: Amber Heard: 0.5], highly
realistic, high resolution, highly detailed, dramatic, 8k
```

En la figura 9-7, se muestra el resultado.

Figura 9-7. *Mezcla de Emma Watson y Amber Heard.*

Proporcionar orientación

La edición de *prompts* es una técnica avanzada que profundiza en el funcionamiento real del modelo de difusión. Interferir con qué capas responden a qué conceptos puede conducir a resultados muy creativos si sabe lo que está haciendo y está dispuesto a someterse al procedimiento de prueba y error.

Si desea que el modelo alterne entre dos conceptos, la sintaxis es `[Emma Watson | Amber Heard]`, lo que hará que se intercambien en cada paso, terminando con una mezcla más equilibrada. Hay muchos usos avanzados de la edición de *prompts,* aunque se considera como una especie de arte oscuro. En algunos casos, los expertos afirman poder sortear generaciones difíciles, por ejemplo, empezando por generar algo fácil para el modelo, antes de pasar a lo que realmente se necesita en la fase de detalles finales. En la práctica, hemos encontrado un uso limitado de esta técnica, pero debería experimentar para ver qué puede descubrir.

Img2Img

La interfaz de usuario web AUTOMATIC1111 es compatible con `Img2Img` (figura 9-8), que es el equivalente funcional a la capacidad de Midjourney de enviar una imagen junto con el *prompt.* Le ofrece más control sobre el estilo y la composición de la imagen resultante, al subir una imagen que el modelo utilizará como guía. Para obtener buenos resultados con `Img2Img`, pruebe a utilizar el muestreo `Euler`, 50 pasos de muestreo y una escala CFG superior a la habitual, de 20 a 30.

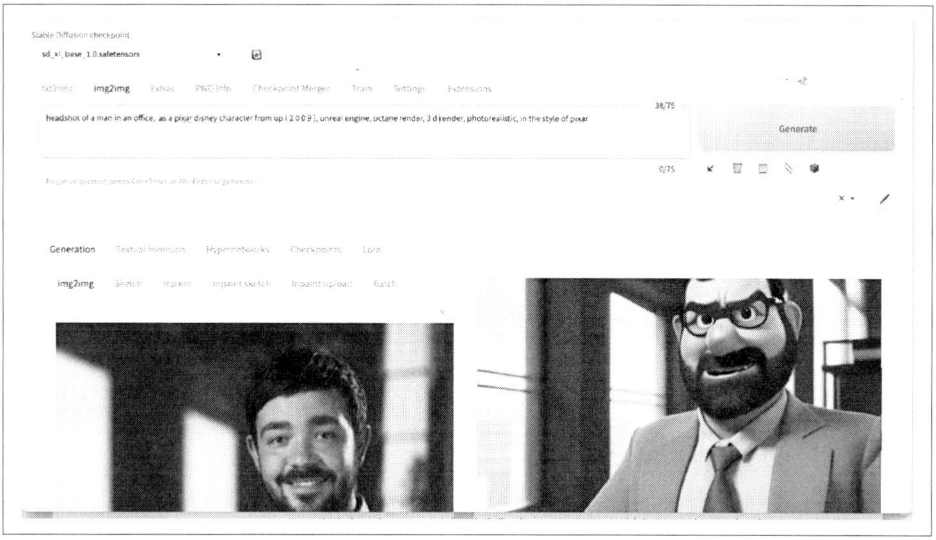

Figura 9-8. *Img2Img.*

Los parámetros son los mismos que en el modo normal de texto a imagen, `Text2Image`, con la adición de *denoising strength (intensidad de eliminación de ruido),* que controla la cantidad de ruido aleatorio que se añade a su imagen base antes de ejecutar el proceso de generación. Un valor de 0 no añadirá ruido, por lo que su salida se verá exactamente igual que la imagen de entrada, mientras que un valor de 1 reemplazará completamente la entrada con ruido (funcionalmente es lo mismo que usar `Text2Image`). A menudo, es necesario experimentar con diferentes combinaciones de valores para Denoising Strength, la escala CFG y Seed, junto con las palabras de su *prompt*. El siguiente ejemplo en la figura 9-9 crea un personaje al estilo Pixar solo como diversión: nosotros no recomendaríamos usar propiedad intelectual protegida (IP) en su *prompt* para usos comerciales.

Entrada:

```
headshot of a man in an office, as a Pixar Disney character
from Up (2009), unreal engine, octane render, 3 d render,
photorealistic, in the style of Pixar
```

En la figura 9-9, se muestra el resultado.

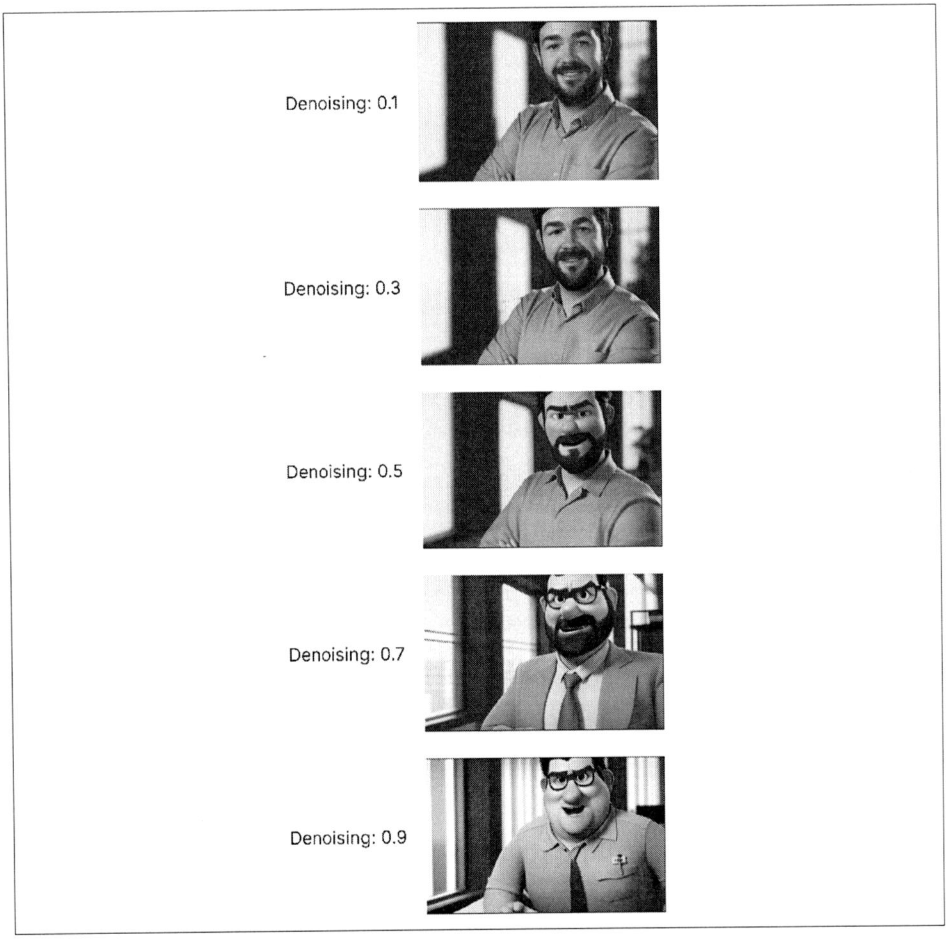

Figura 9-9. *Efecto de diferentes valores del parámetro Intensidad de eliminación de ruido en una imagen.*

Si desea probar muchos valores diferentes para un parámetro en AUTOMATIC1111 y generar una cuadrícula como se muestra en la figura 9-9, lo permite el menú desplegable Script en su parte inferior, donde puede seleccionar X/Y/Z Plot y elegir hasta tres parámetros para generar múltiples valores; por ejemplo, podría también ajustar la escala CFG para ver cómo interactúa con Denoising. En la figura 9-10, se muestra cómo seleccionar varios valores para el parámetro Intensidad de eliminación de ruido. Cuando haga clic en el botón Generate, se creará una cuadrícula de imágenes, y podrá encontrar cada imagen individual que compone la cuadrícula en su carpeta Output (Salida) bajo el método (es decir, `Text2Image` o `Img2Img`) y la fecha de su creación.

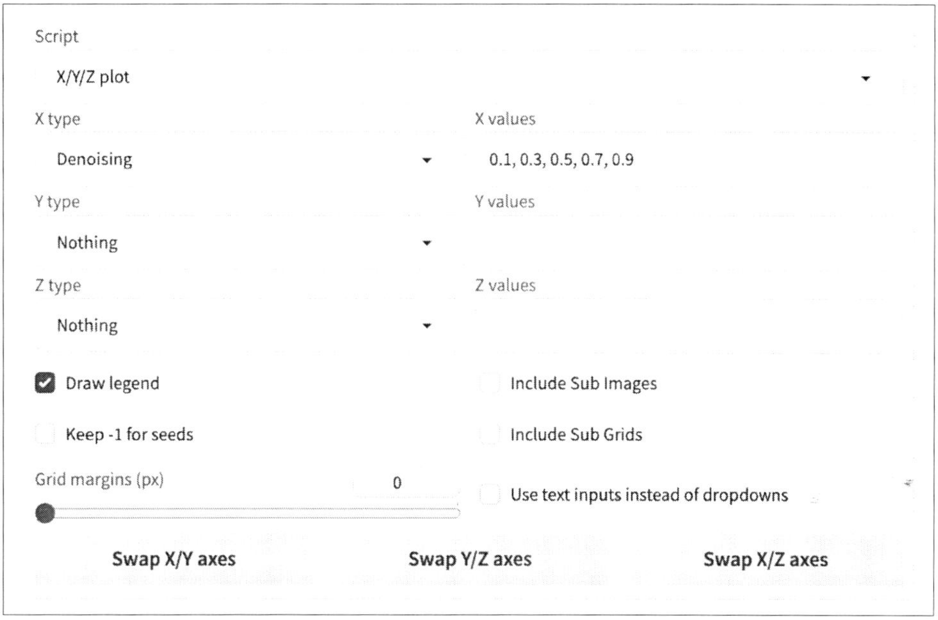

Figura 9-10. *Gráfico X/Y/Z del parámetro de eliminación de ruido.*

Evaluar la calidad

Generar una cuadrícula de muchas combinaciones o valores de parámetros diferentes es una de las útiles ventajas de ejecutar Stable Diffusion localmente. Aunque puede llevar tiempo generar muchas imágenes, no hay mejor manera de identificar visualmente qué hace exactamente un parámetro y cuál es su punto óptimo en términos de calidad.

Si ha olvidado qué configuraciones o *prompts* ha utilizado para generar una imagen, AUTOMATIC 1111 guarda esta información como metadatos en cada imagen generada. Puede visitar la pestaña PNG Info (figura 9-11) para leer esos metadatos siempre que lo necesite. Lo anterior también funciona con las imágenes que obtenga de otros usuarios de la interfaz web, pero solo si han publicado la imagen en un sitio web que no elimine estos metadatos.

Las opciones de Resize Mode están ahí para determinar lo que ocurre cuando sube una imagen que no coincide con las dimensiones de su imagen base, por ejemplo, al pasar de 1000 × 500 a 512 × 512. Puede optar por estirar la relación de aspecto para ajustarla con Just Resize, recortar una parte de la imagen con la relación de aspecto correcta con Crop and Resize, añadir ruido para completar la imagen con Resize and Fill o generar una imagen en las nuevas dimensiones con Just Resize (latent upscale).

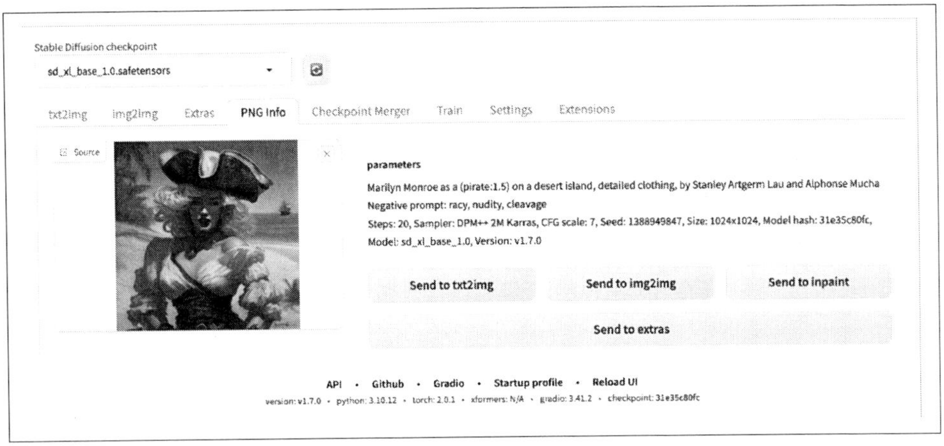

Figura 9-11. *Pestaña PNG Info.*

Escalado de imágenes

También existe la posibilidad de aumentar la resolución de las imágenes en la pestaña de AUTOMATIC1111 Img2Img, igual que en Midjourney, pero con un mayor control. Cargue su imagen y añada un *prompt* genérico como `highly detailed` en el cuadro de texto del *prompt*. Esto es necesario porque el upscaler (ampliador) funciona dividiendo la imagen en mosaicos; los expande creando espacios entre los mosaicos y, luego, *rellena* esos espacios utilizando el *prompt* y el contexto de los píxeles circundantes. Vaya a la sección Scripts en la parte inferior y seleccione el *script* SD Upscale y, luego, elija un *upscaler* (figura 9-12).

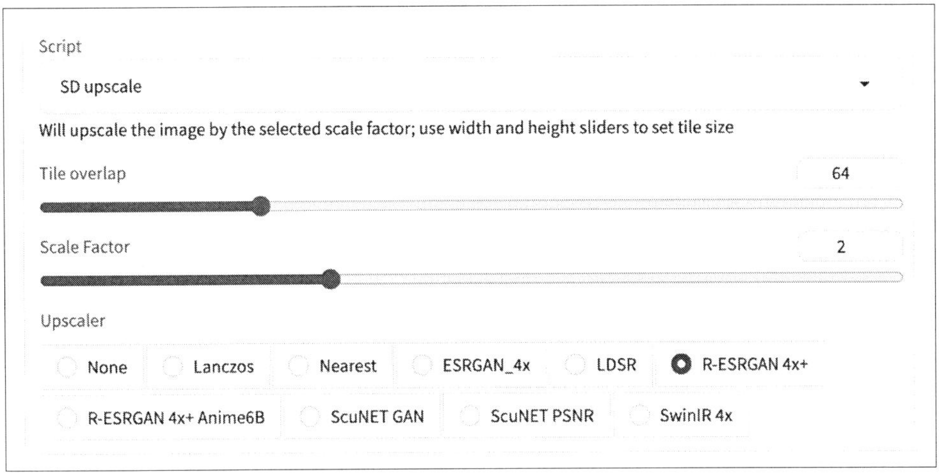

Figura 9-12. *Interfaz SD Upscale.*

Normalmente, hemos encontrado que el *upscaler* R-ESRGAN 4x+ es una buena opción predeterminada, pero, a veces, puede proporcionar una calidad caricaturesca, como se muestra en la figura 9-12 con el césped. Hay

más modelos *(https://openmodeldb.info)* disponibles para probar si no obtiene buenos resultados. Cuando descarga un nuevo modelo (un archivo *.pth*), solo necesita colocarlo en la carpeta ESRGAN y reiniciar la interfaz web para que aparezca (en su terminal). También puede obtener buenos resultados con el escalado modificando el *prompt,* sobre todo si pierde algunos detalles o el estilo cambia demasiado. Sin embargo, no se recomienda utilizar su *prompt* original, ya que tendría el extraño efecto de rellenar la misma imagen en cada mosaico. Para mostrar una mayor diferencia en cuanto a la calidad, hemos utilizado el modelo v1.5 para generar la imagen original (SDXL crea imágenes que son cuatro veces más grandes, y con una calidad superior, por lo que el escalado se hace menos necesaria).

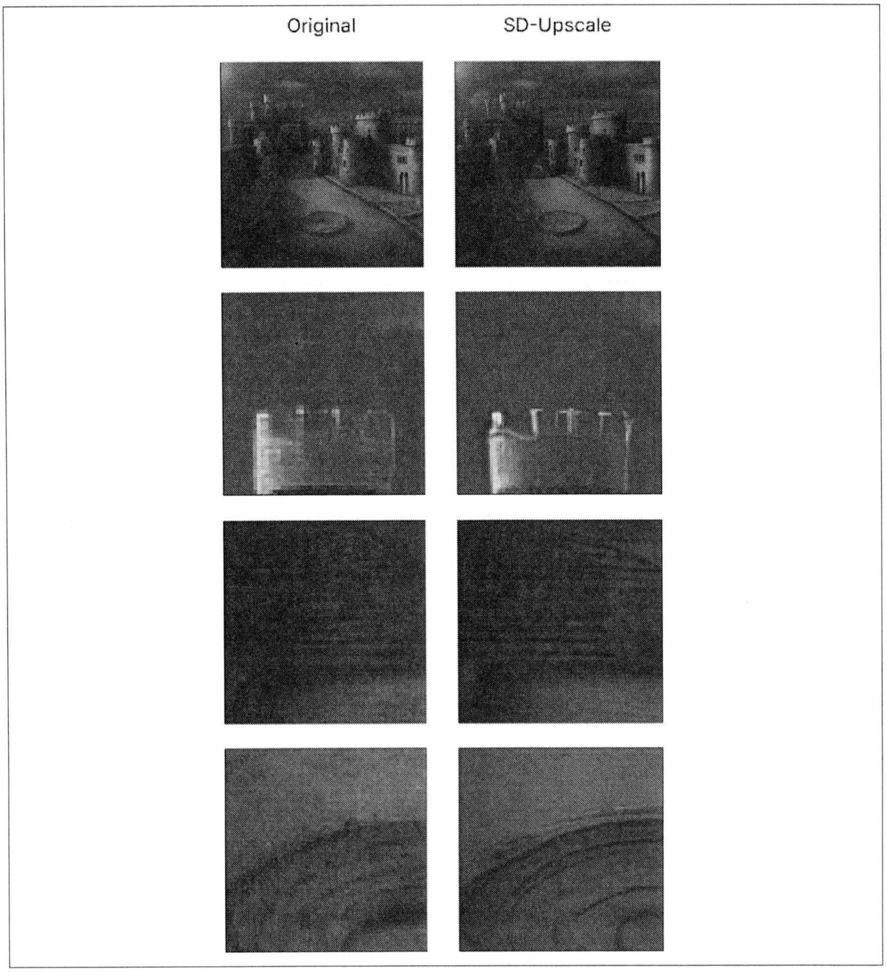

Figura 9-13. *Impacto del escalado en secciones de una imagen.*

Especificar el formato

Si va a utilizar las imágenes que genere en el mundo real, a menudo no puede limitarse a utilizar una imagen cuadrada de 512 × 512 en baja resolución. Utilizando el escalado, puede generar una imagen de cualquier tamaño y con la resolución requerida.

Como ocurre con todo en Stable Diffusion, es útil experimentar, pero, para obtener buenos resultados, recomendamos utilizar un alto número de pasos (150-200+), una escala CFG de 8-15 y una intensidad de eliminación de ruido de 0.1-0.2, para mantener la imagen base intacta. Puede hacer clic en Generate para obtener la imagen escalada resultante (512 × 512 se convierte en 1024 × 1024) y, a continuación, puede descargar la imagen de mayor resolución o hacer clic en Send to Img2Img (Enviar a Img2Img) y volver a hacer clic en Generate para duplicar de nuevo el tamaño de la imagen. El proceso puede llevar un tiempo considerable debido a las múltiples generaciones de mosaicos y al gran número de pasos de muestreo, aproximadamente de 10-30, minutos en un MacBook Air M2.

Interrogate CLIP

En la pestaña Img2Img, el modelo de *embeddings* CLIP (que utiliza también Stable Diffusion) está implementado en el botón Interrogate CLIP (en algunas versiones, mostrado como un icono de clip), que le permite realizar ingeniería inversa del *prompt* a partir de una imagen, similar a la función Describe de Midjourney, tratada en el capítulo 8. Al hacer clic en el botón y ejecutar el *script,* el *prompt* aparecerá en el cuadro de texto (figura 9-14).

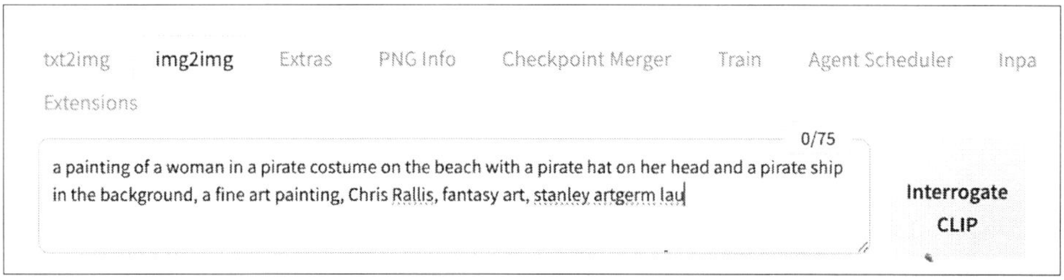

Figura 9-14. *Interrogate CLIP.*

Salida:

```
a painting of a woman in a pirate costume on the beach
with a pirate hat on her head and a pirate ship in the
background, a fine art painting, Chris Rallis, fantasy art,
stanley artgerm lau
```

SD inpainting y outpainting

Img2Img también admite *inpainting* y *outpainting* y proporciona una sencilla herramienta de lienzo para crear la máscara. Para utilizar *inpainting* o *outpainting,* haga clic en la pestaña Inpaint dentro de la pestaña Img2Img y suba su imagen. Opcionalmente, se recomienda utilizar un modelo de *inpainting* específico para obtener mejores resultados, que puede instalar descargando *(https://oreil.ly/s_trl)* el archivo *sd-v1-5-inpainting.ckpt* y moviéndolo a su carpeta Models > Stable-Diffusion. Reinicie la interfaz; el modelo debería aparecer en el desplegable, en la parte superior izquierda. El lienzo le permite utilizar un pincel para eliminar partes de la imagen, al igual que en DALL-E (véase capítulo 8), con un tamaño ajustable para poder aplicar un control más detallado. En la figura 9-15, se ha eliminado el centro de un círculo de piedra en medio del patio de un castillo.

Figura 9-15. *Lienzo de* inpainting *en Img2Img.*

El consejo que se suele dar para DALL-E, que también admite *inpainting*, es utilizar su *prompt* para describir toda la imagen, no solo el área en la que se va a hacer el *inpainting*. Este es un buen punto de partida y se debería probar en primer lugar. Asegúrese de que el área de *inpainting* está configurada en *Whole Picture (Toda la imagen)*, en lugar de en *Only masked (Solo enmascarada)*, o intentará encajar toda la escena en el área enmascarada (no se preocupe: incluso si selecciona *Whole picture*, solo pintará en el área enmascarada). También puede ayudar si mantiene el valor de su Seed de la imagen original si se ha generado por IA. Sin embargo, añadir o cambiar el *prompt* para incluir detalles específicos sobre la zona que quiere modificar o corregir tiende a obtener mejores resultados según nuestra experiencia. Al menos, debería cambiar el sujeto del *prompt*; por ejemplo, en la figura 9-15, la petición cambió de `castillo` a `estatua`, porque eso es lo que queríamos que apareciera en el patio. También puede intentar solo hacer un *prompt* para la zona rellenada (sobre la que se ha hecho *inpainting*), aunque corre el riesgo de obtener una imagen que no sea globalmente consistente en estilo.

Entrada:

```
statue of a king, texture, intricate, details, highly detailed,
masterpiece, architecture, building, trending on artstation,
```

```
focus, sharp focus, concept art, digital painting, fantasy,
sunny, day, midday, in the style of high fantasy art
```

En la figura 9-16, se muestra el resultado.

Figura 9-16. Inpainting *para añadir una estatua a una imagen.*

Proporcionar orientación

Pintar es tan útil porque le proporciona control. La capacidad de aislar una parte individual de una imagen y dar instrucciones detalladas sobre cómo corregirla le proporciona un flujo de trabajo más eficiente, sin afectar al resto de la imagen.

Si se trata de un pequeño ajuste en la zona de *inpainting,* utilice Original como la opción de contenido enmascarado y un valor de Denoising Strength de 0.2 a 0.4. Si lo que pretende hacer es reemplazar completamente un elemento de la imagen, podría necesitar la opción Latent Noise (Ruido latente) y un valor de Denoising Strength de hasta 0.8 aunque, al superar 0.4, se empiezan a ver elementos globalmente inconsistentes y alucinaciones en la imagen, por lo que puede llevar tiempo iterar hasta encontrar algo que funcione. La opción Fill (Relleno) también es útil, ya que hace coincidir los colores con el área circundante. Si aparecen bordes poco atractivos en el área de *inpainting,* puede aumentar Maks Blur (Desenfoque de máscara), pero normalmente el valor predeterminado de 4 funciona bien. *Inpainting* es un proceso iterativo. Recomendamos trabajar en la corrección de un problema o artefacto a la vez, aplicándolo tantas veces como quiera, y experimentando con diferentes parámetros, hasta que esté satisfecho con la imagen final.

Outpainting no funciona de la misma manera que en Midjourney (véase capítulo 8), donde se puede especificar un zum 1.5x o 2x, o una relación de aspecto personalizada. En cambio, en AUTOMATIC1111, el *outpainting* se implementa desplazándose hacia abajo hasta el menú desplegable Script y seleccionando "Poor man's outpainting" (*Outpainting* de bajo coste). Necesita configurar el modo Resize (Redimensionado) en Resize and fill (Redimensionado y rellenado) en la pestaña Inpaint de Img2Img y establecer un valor relativamente alto de Denoising Strength para hacer que funcione. Esta extensión le permite expandir los píxeles en diferentes lados de la imagen, mientras establece los parámetros Masked Content (Contenido enmascarado) y Mask Blur (Desenfoque de máscara) como de costumbre, para que los huecos en los lados se rellenen mediante *inpainting.*

En la figura 9-17, se muestra el resultado.

Figura 9-17. Outpainting *en Img2Img.*

Como se puede ver en la figura 9-17, al añadir un castillo extra en el cielo, la posibilidad de aparición de alucinaciones es alta y la calidad del resultado puede ser baja. A menudo, se necesita mucha experimentación e iteración para conseguir que este proceso funcione correctamente. Esta técnica es similar a la que utilizaban los primeros usuarios en adoptar el uso de la IA generativa, que añadían espacios vacíos extra en los lados de las fotos en Photoshop, antes de hacer *inpainting* para que coincidieran con el resto de la imagen en Stable Diffusion. Esta técnica es esencialmente solo *inpainting* con unos pasos adicionales, por lo que se aplica el mismo consejo mencionado anteriormente. Este procedimiento puede ser más rápido que utilizar la funcionalidad de *outpainting* en AUTOMATIC1111, debido a la mala calidad y las limitaciones de no tener un lienzo adecuado.

ControlNet

Con la utilización del *prompting* e Img2Img o imágenes base, es posible controlar el estilo de una imagen, pero, a menudo, la pose de las personas, la composición de la escena o la estructura de los objetos variará considerablemente en la imagen final. ControlNet es una forma avanzada de acondicionar imágenes de entrada para modelos de generación de imágenes como Stable Diffusion.

Le permite tener un mayor control sobre la imagen final generada a través de diversas técnicas, como la detección de bordes, poses, profundidad y muchas otras. Usted sube una imagen que desea emular y utiliza una de las opciones de modelos preentrenados para procesarla junto con su *prompt,* lo que da como resultado una composición de imagen coincidente, pero con un estilo diferente (figura 9-18, del artículo de ControlNet *[https://oreil.ly/suOJz]*).

Lo que se conoce como ControlNet es, en realidad, una serie de modelos de código abierto *(https://oreil.ly/E-bjw)* lanzados a raíz del artículo "Adding Conditional Control to Text-to-Image Diffusion Models" (Zhang, Rao y Agrawala, 2023 *[https://oreil.ly/ZH-Ow]*). Si bien es posible codificar ControlNet en Python y crear su propia interfaz de usuario, la forma más rápida y sencilla de ponerlo en marcha es a través de ControlNet *(https://oreil.ly/Dw2rs)* para AUTOMATIC1111. En el momento de escribir estas líneas, no todos los métodos de ControlNet están disponibles para SDXL, por lo que utilizamos Stable Diffusion v1.5 (asegúrese de que utiliza un modelo de ControlNet que coincida con la versión de Stable Diffusion que utilice).

Puede instalar la extensión siguiendo estas instrucciones:

1. Navegue hasta la pestaña Extensions (Extensiones) y, dentro de Extensions, haga clic en la pestaña etiquetada Available (Disponible).
2. Haga clic en el botón Load from (Cargar desde).
3. En el cuadro Search (Buscar) escriba **`sd-webui-controlnet`** para encontrar la Extension (Extensión).
4. Haga clic en Install (Instalar) en la columna Action (Acción) a la derecha.
5. La interfaz web de usuario descargará ahora los archivos necesarios e instalará ControlNet en la versión local de Stable Diffusion que usted tenga.

Figura 9-18. *Stable Diffusion Controlnet con mapa de bordes de Canny.*

Si tiene problemas al ejecutar los pasos anteriores, puede intentar el siguiente método alternativo:

1. Navegue hasta la pestaña Extensions (Extensiones) y, dentro de Extensions, haga clic en Install from URL (Instalar desde la URL).
2. En el campo URL del repositorio de Git, pegue el enlace a la extensión: *https://github.com/Mikubill/sd-webui-controlnet.*
3. Haga clic en Install.
4. WebUI descargará e instalará los archivos necesarios para que ControlNet funcione.

Ahora que tiene ControlNet instalado, reinicie AUTOMATIC1111 desde la terminal o línea de comandos, o visite Settings (Configuración) y haga clic en "Apply and restart UI" (Aplicar y reiniciar UI).

La extensión aparecerá debajo de las opciones de parámetros normales que tiene para Stable Diffusion, en una pestaña de tipo acordeón (figura 9-19). En primer lugar, debe subir una imagen y, a continuación, hacer clic en Enable (Habilitar) antes de seleccionar el preprocesador y el modelo de ControlNet que desea utilizar. Si su sistema tiene menos de 6 GB de VRAM (Video Random Access Memory [memoria de acceso aleatorio de vídeo]), debería marcar la casilla Low VRAM. Dependiendo de la tarea que tenga que realizar, podría querer experimentar con varios modelos y ajustar los parámetros de esos modelos para ver cuál obtiene mejores resultados.

Control Weight (Peso de control) es análogo al peso o influencia del *prompt*, similar a poner palabras entre corchetes con un peso `(palabras del prompt: 1.2)`, pero para la entrada ControlNet. Los Starting Control Steps (Pasos en los que se inicia el control) y Ending Control Steps (Pasos en los que finaliza el control) indican en qué momento del proceso de difusión se aplica ControlNet, por defecto desde el inicio hasta el final (0 a 1), similar a la edición/ajuste de *prompts*, como `[palabras del prompt::0.8]` (aplica esta parte del *prompt* desde el inicio hasta completar el 80 % del total de pasos). Dado que la imagen se difumina desde los elementos más grandes hasta los detalles más finos, puede conseguir resultados diferentes controlando en qué parte de ese proceso se aplica ControlNet; por ejemplo, si se elimina el último 20 % de los pasos (Ending Control Step = 0,8), el modelo puede ser más creativo a la hora de rellenar los detalles más finos. Preprocessor Resolution (Resolución del preprocesador) también ayuda a mantener el control aquí, determinando cuánto detalle fino hay en el paso intermedio de procesamiento de la imagen. Algunos modelos tienen parámetros únicos, como los Canny Low and High Thresholds (Umbrales bajo y alto de Canny), que determinan qué píxeles constituyen un *borde*. Por último, Control Mode determina en qué medida el modelo sigue la entrada de ControlNet en relación con su *prompt*.

Cuando instale ControlNet por primera vez, no tendrá ningún modelo descargado. Para que aparezcan en el menú desplegable, debe instalarlos descargándolos desde la página de modelos *(https://oreil.ly/csYK_)* y, después, colocándolos en la carpeta Models > ControlNet. Si no está seguro de qué modelo probar, empiece por la detección de bordes Canny *(https://oreil.ly/z9XC6)*, ya que es el más útil en general. Cada modelo es relativamente grande (del orden de unos pocos *gigabytes*), así que descargue solo los que piense utilizar. A continuación, se muestran ejemplos de algunos de los modelos más comunes. Todas las imágenes de esta sección se generan con el muestreador `DPM++ SDE Karras`, una escala CFG de 1.5, Control Mode ajustado a Balanced, Resize Mode (Modo de redimensionamiento) ajustado a Crop and Resize (Recortar y redimensionar) (la imagen subida se recorta para que coincida con las dimensiones de la imagen generada, 512 × 512), y 30 pasos de muestreo, con los ajustes por defecto para cada modelo de ControlNet. Se utilizó la versión 1.5 de Stable Diffusion, ya que no todos estos modelos de ControlNet están disponibles para Stable Diffusion XL en el momento de redactar estas líneas, pero las técnicas deberían ser transferibles entre modelos.

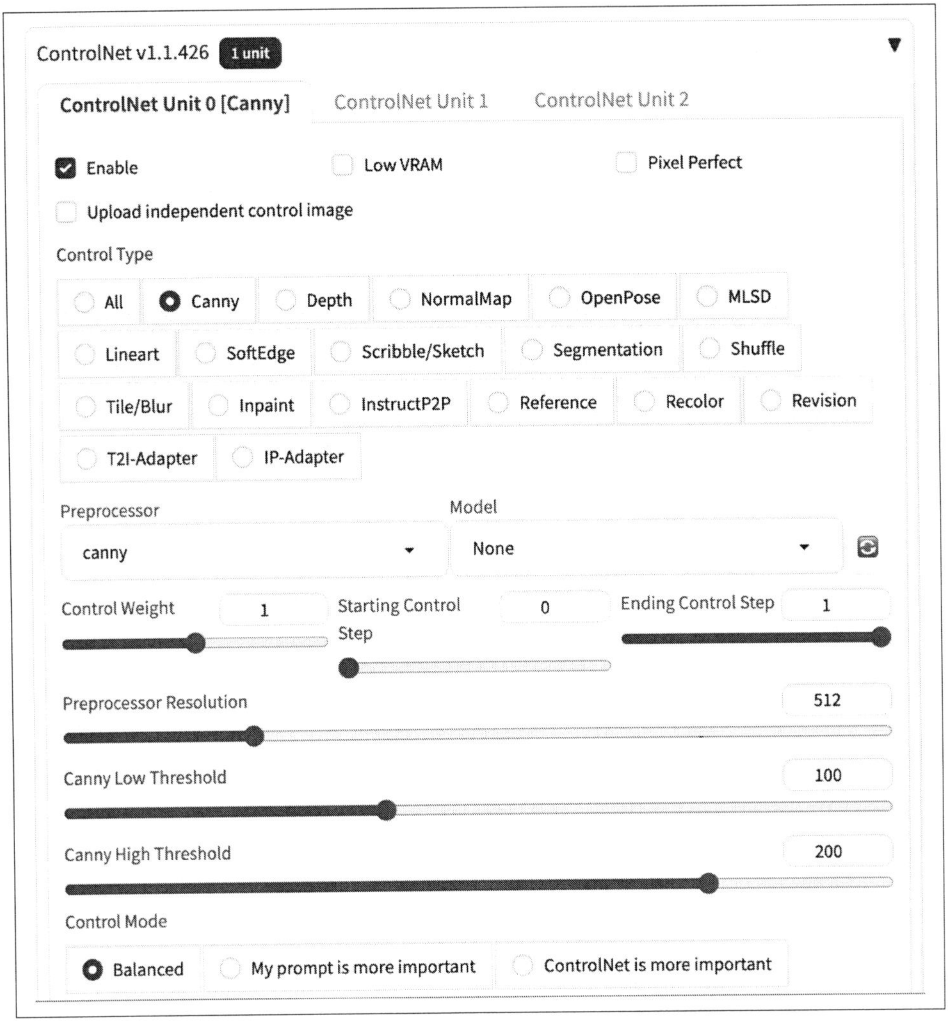

Figura 9-19. *Interfaz de la extensión ControlNet en AUTOMATIC1111.*

La detección de bordes de Canny crea contornos de píxeles simples y nítidos alrededor de las zonas de alto contraste. Puede ser muy detallada y ofrecer resultados excelentes, pero también puede captar ruido no deseado y proporcionar demasiado control de la imagen a ControlNet. En las imágenes en las que hay un alto grado de detalle que debe transferirse a una nueva imagen con un estilo diferente, Canny sobresale y debería utilizarse como opción por defecto; por ejemplo, redibujar el horizonte de una ciudad en un estilo concreto funciona muy bien con el modelo Canny, como hicimos con una imagen de la ciudad de Nueva York (de Robert Bye *[https://oreil.ly/wEPLB]* en Unsplash *[https://oreil.ly/_iyxU]*) en la figura 9-20.

Entrada:

```
New York City by Studio Ghibli
```

En la figura 9-20, se muestra el resultado.

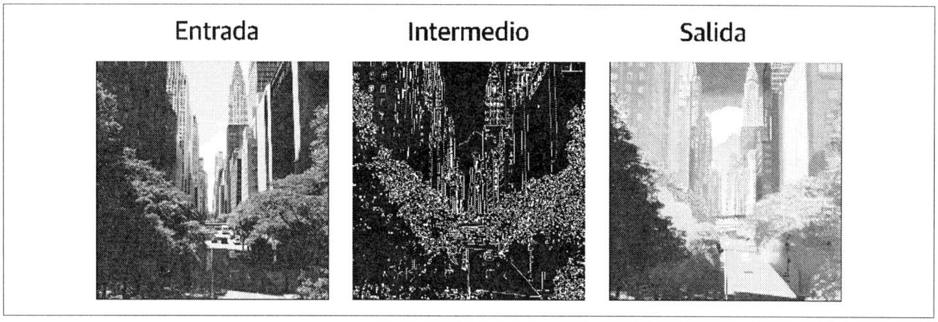

Figura 9-20. *ControlNet Canny.*

A veces, en el *prompting* tradicional de Img2img, algunos elementos de una imagen se confunden o se fusionan, porque Stable Diffusion no entiende la profundidad de esos objetos en relación con los demás. El modelo Depth crea una estimación del mapa de profundidad basado en la imagen, lo que proporciona control sobre la composición y la posición espacial de los elementos de la imagen. Si no está familiarizado con los mapas de profundidad, las áreas más blancas están más cerca del espectador, y las más negras están más lejos. Lo anterior se puede ver en la figura 9-21, donde una imagen de una banda (de Hans Vivek *[https://oreil.ly/tlCrf]* en Unsplash *[https://oreil.ly/ BOKJ7]*) se transforma en una imagen de soldados con las mismas posiciones y profundidad de campo.

Entrada:

```
US military unit on patrol in Afghanistan
```

En la figura 9-21, se muestra el resultado.

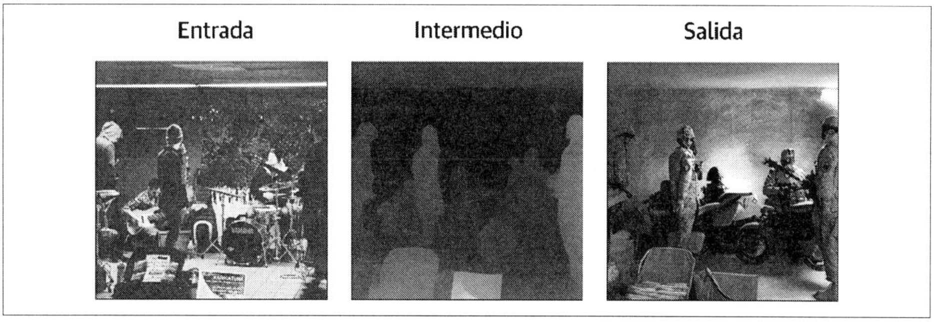

Figure 9-21. *ControlNet Depth.*

El modelo Normal crea una estimación de mapeo que funciona como un modelo 3D de los objetos de la imagen. Los programas 3D utilizan los colores rojo, verde y azul para determinar el grado de suavidad o rugosidad de un objeto, correspondiendo cada color a una dirección (izquierda/derecha, arriba/abajo, cerca/lejos). Sin embargo, es solo una estimación; sin embargo, esta es solo una estimación, por lo que puede tener consecuencias no deseadas en algunos casos. Este método tiende a destacar si necesita que se tengan en cuenta más texturas e iluminación, pero, a veces, puede ofrecer demasiados detalles en el caso de las caras, limitando la creatividad del resultado. En la figura 9-22, una mujer tocando un teclado (de Soundtrap *[https://oreil.ly/RP1Ei]* en Unsplash *[https://oreil.ly/I3QGY]*) es transportada hacia atrás en el tiempo a la *época del gran Gatsby*.

Entrada:

```
woman playing piano at a Great Gatsby flapper party, 1920s,
symmetrical face
```

En la figura 9-22, se muestra el resultado.

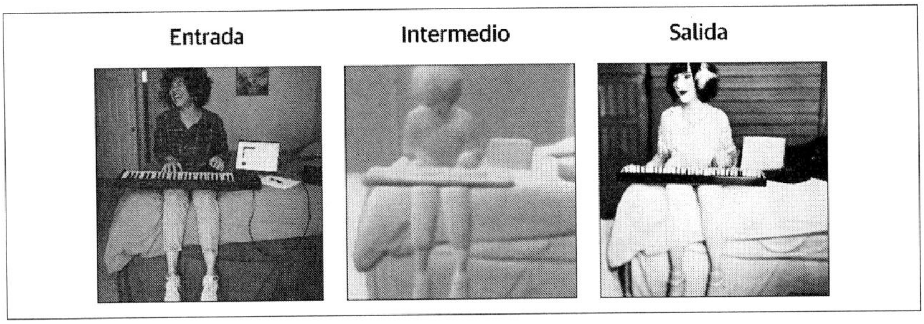

Figura 9-22. *ControlNet Normal.*

El método OpenPose crea un esqueleto para una figura, al determinar su postura, la colocación de las manos y la expresión facial. Para que este modelo funcione normalmente, es necesario que el sujeto humano esté visible de cuerpo completo, aunque hay opciones para retratos. Es una práctica muy común utilizar varios esqueletos de OpenPose y combinarlos en una única imagen, si se requiere que haya varias personas en la escena. En la figura 9-23, se traspone la pose de la Mona Lisa *(https://oreil.ly/7n02i)* a una imagen de Rachel Weisz.

Entrada:

```
painting of Rachel Weisz
```

En la figura 9-23, se muestra el resultado.

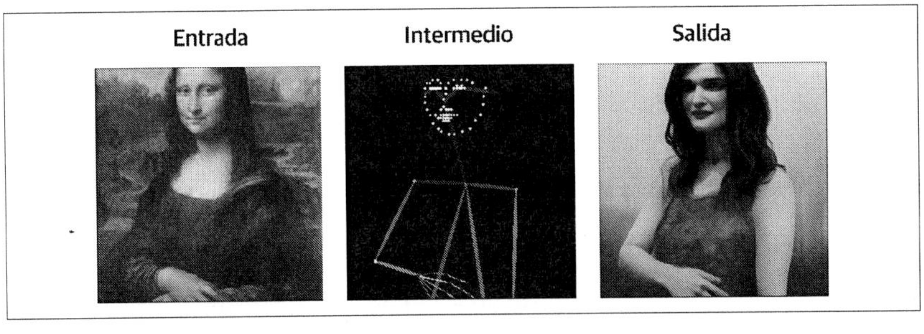

Figure 9-23. *ControlNet OpenPose.*

La técnica M-LSD (Mobile Line Segment Detection [Detección de segmentos de línea móviles]) se utiliza con frecuencia en arquitectura y diseño de interiores, ya que es adecuada para trazar líneas rectas. Las líneas rectas tienden a aparecer solo en objetos creados por personas, por lo que no se adaptan bien a las escenas de la naturaleza (aunque podría generar un efecto interesante). Los objetos artificiales, como las casas, son adecuados para este enfoque, como se muestra en la imagen de un apartamento moderno (de Collov Home Design *[https://oreil.ly/OtV_O]* en Unsplash *[https://oreil.ly/z38do]*), reimaginado para la era de *Mad Men*, en la figura 9-24.

Entrada:

```
1960s Mad Men style apartment
```

En la figura 9-24, se muestra el resultado.

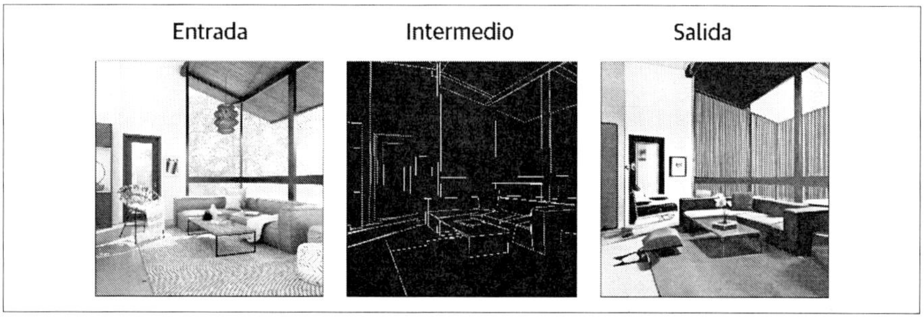

Figura 9-24. *ControlNet M-LSD.*

La técnica SoftEdge, también conocida como HED (Holistically-Nested Edge Detection [Detección de bordes holísticamente anidada]), es una alternativa a la detección de bordes Canny, creando contornos más suaves alrededor de los objetos. Se utiliza con mucha frecuencia y proporciona un buen nivel de detalle, similar al de Canny, pero puede ser menos ruidosa y ofrecer resultados estéticamente más agradables. Este método es excelente para estilizar y recolorear imágenes y suele permitir una mejor manipulación de los rostros, en comparación con Canny. Gracias a ControlNet, no es necesario introducir un *prompt* muy detallado de la imagen general y basta con solicitar el cambio que desea ver. En la figura 9-25, se muestra una reimaginación del retrato de *La joven de la perla* de Vermeer *[https://oreil.ly/RjUur)*, con Scarlett Johansson.

Entrada:

```
Scarlett Johansson, best quality, extremely detailed
```

Negativo:

```
monochrome, lowres, bad anatomy, worst quality, low quality
```

En la figura 9-25, se muestra el resultado.

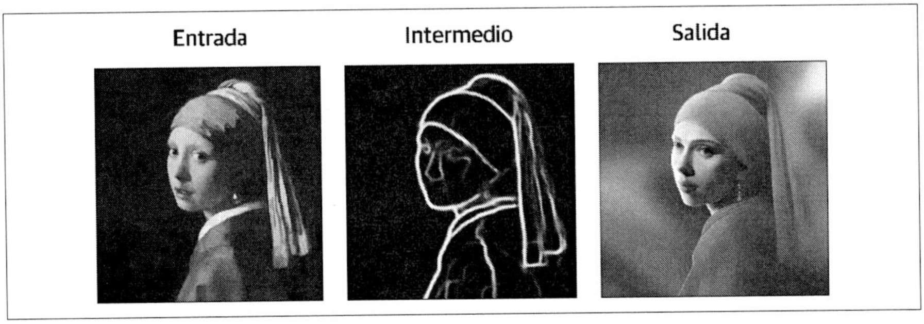

Figura 9-25. *ControlNet SoftEdge.*

Otra técnica popular para la arquitectura es la segmentación, que divide la imagen en áreas o segmentos afines que guardan cierta relación entre sí. Es aproximadamente análoga al uso de una máscara de imagen en Img2Img, pero con mejores resultados. La segmentación se puede utilizar cuando necesita un mayor control sobre los diversos objetos en una imagen. Un caso de uso eficaz es en escenas al aire libre, que pueden variar por la hora del día y el entorno, o incluso la época. Eche un vistazo a la figura 9-26, en la que se muestra una fotografía moderna de un castillo (de Richard Clark *[https://oreil.ly/SG9CT]* en Unsplash *[https://oreil.ly/2FlyI]*), transformada en una ilustración de un castillo de estilo fantástico.

Entrada:

```
A beautiful magical castle viewed from the outside, texture,
intricate, details, highly detailed, masterpiece, architecture,
building, trending on artstation, focus, Sharp focus, concept
art, digital painting, fantasy, sunny, day, midday, in the style
of high fantasy art
```

En la figura 9-26, se muestra el resultado.

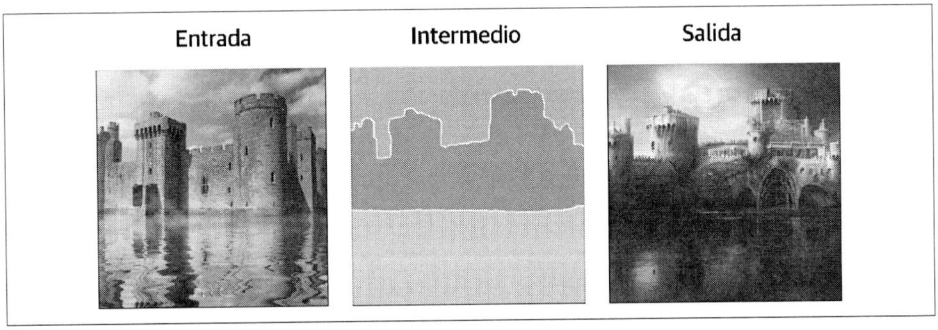

Figura 9-26. *Segmentación de ControlNet.*

Una característica importante es la capacidad de dibujar en un lienzo y utilizarlo en ControlNet. También puede hacer un dibujo sin conexión (fuera de línea) y tomar una foto de este para subir su imagen, pero, para imágenes simples, puede ser más rápido hacer clic sobre el emoji del lápiz en la interfaz web de Stable Diffusion, y dibujar con el pincel proporcionado. Incluso un simple garabato suele ser suficiente, y los bordes no tienen que ser perfectos, como se muestra en la figura 9-27.

Entrada:

```
The Happy Goldfish, illustrated children's book
```

En la figura 9-27, se muestra el resultado.

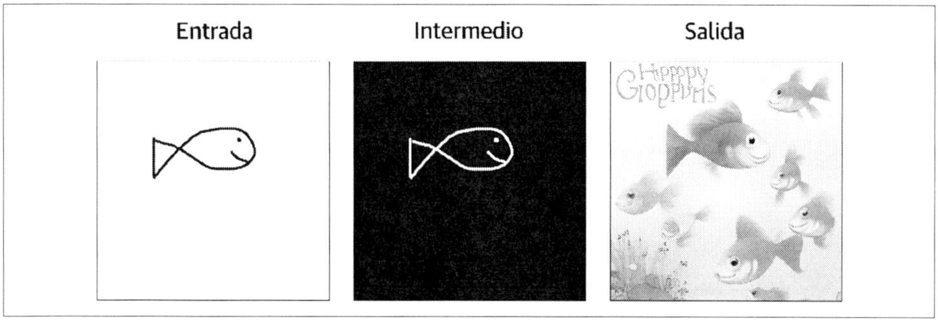

Figura 9-27. *Garabato de ControlNet.*

Proporcionar ejemplos

ControlNet ofrece al artista de IA la capacidad de crear una imagen que *se parezca a* otra en términos de composición, simplemente proporcionando un ejemplo de imagen que emular. Esto permite un mayor control sobre la consistencia visual y una mayor flexibilidad a la hora de crear imágenes más sofisticadas.

Cada uno de estos métodos de ControlNet tiene su propio preprocesador, y deben coincidir con el modelo para que la imagen tenga sentido; por ejemplo, si utiliza un preprocesador Canny, debería utilizar un modelo Canny como `control_v11p_sd15_canny`. También es importante elegir un modelo que ofrezca la libertad suficiente para la tarea que desea realizar; por ejemplo, una imagen de un gato con el modelo SoftEdge podría tal vez tener demasiado detalle convertirla en un león, por lo que podría optar por algo menos detallado. Como sucede con todo en Stable Diffusion, encontrar la combinación exacta de modelo y parámetros requiere experimentación, ya que continuamente surgen nuevas funcionalidades y opciones y opciones.

ControlNet es capaz de funcionar tanto con un simple *prompt* como incluso sin ninguno. Se ajustará a la imagen existente que envíe y garantizará un alto nivel de consistencia. Usted puede ejecutar un *prompt* genérico como una imagen profesional, detallada y de alta calidad y obtener una buena versión de la imagen existente. Sin embargo, la mayoría de las veces querrá cambiar ciertos aspectos de la imagen y deberá introducir un *prompt* completo, como en los ejemplos anteriores. La imagen resultante coincidirá tanto con el *prompt* como con la salida ControlNet, y puede experimentar ajustando los parámetros disponibles para ver qué resultados obtiene.

Modelo de segmentación de todo (SAM)

Cuando trabaja con una imagen generada por IA, a menudo es útil poder separar una máscara que represente a una persona, objeto o elemento concreto; por ejemplo, si separa la imagen de una persona del fondo de la imagen, podrá hacer *inpainting* de un nuevo fondo que hay detrás de esa persona. Esto puede llevar mucho tiempo y dar lugar a errores cuando se utiliza una herramienta de pincel, por lo que puede ser útil poder segmentar automáticamente la imagen basándose en la interpretación del modelo de IA sobre dónde se encuentran las líneas.

El modelo más popular y con capacidad para hacerlo es *SAM (Segment Anything Model),* que significa Modelo de segmentación de cualquier cosa, lanzado como código abierto en GitHub *(https://oreil.ly/BuunX)* por Meta. El modelo se ha entrenado con un conjunto de datos de 11 millones de imágenes y 1100 millones de máscaras y es capaz de inferir dónde deberían estar las máscaras en la imagen basándose en la entrada del usuario (haciendo clic, añade de uno a tres puntos en la imagen donde deberían estar las máscaras), o puede enmascarar automáticamente todos los elementos individualmente en una imagen. A continuación, estas máscaras se pueden exportar para su uso en *inpainting,* en ControlNet o como imágenes base.

Puede utilizar SAM en la interfaz de AUTOMATIC1111 utilizando la extensión *sd-webui-segment-anything (https://oreil.ly/rFMJN).* Una vez que AUTOMATIC1111 esté instalado y funcionando, puede instalar la extensión SAM siguiendo estas instrucciones:

1. Navegue a la pestaña Extensions y haga clic en la pestaña dentro de Extensions etiquetada como "Available" (Disponible).
2. Haga clic en en el botón "Cargar desde".
3. En el cuadro Search (Buscar), escriba **`sd-webui-segment-anything`** para encontrar la extensión.
4. Haga clic en Install (Instalar) en la columna Action (Acción) a la derecha.
5. Ahora, WebUI descargará los archivos necesarios e instalará SAM en su versión local de Stable Diffusion.

Si tiene problemas al ejecutar los pasos anteriores, puede intentar el método alternativo:

1. Navegue hasta la pestaña "Extensions" y haga clic en la pestaña dentro de Extensions "Install from URL" (Instalar desde URL).

2. En el campo URL para el repositorio de Git, pegue el enlace a la extensión: *https://github.com/continue-revolution/sd-webui-segment-anything.*
3. Haga clic en Install.
4. WebUI descargará e instalará los archivos necesarios para SAM en su versión local de Stable Diffusion.

También necesita descargar los pesos del modelo SAM, modelo pesos, vinculado al repositorio *(https://oreil.ly/IqrbI)*. También necesita descargar los pesos del modelo SAM del repositorio que figura en el enlace *(https://oreil.ly/IqrbI)*. El archivo de 1,25 GB, llamado *sam_vit_0b3195.pth*, es el que se utiliza en este capítulo. Si tiene problemas con la capacidad de la VRAM (su ordenador se congela o se ralentiza), debería cambiar a modelos más pequeños. Mueva el modelo que ha descargado a la carpeta *stable-diffusion-webui/sd-webui-segment-anything/models/sam.*

Ahora que ha instalado completamente SAM, reinicie AUTOMATIC1111 desde su terminal o línea de comandos, o visite la sección de Settings (Configuración) y haga clic en "Apply and restart UI" (Aplicar y reiniciar la UI).

Debería ver la extensión en la pestaña Img2Img. Para ello, debe desplazarse hacia abajo y, después de los controles de lienzo y parámetro Seed, hay un componente de acordeón en el que aparece la extensión SAM junto a la extensión ControlNet. Suba una imagen aquí (hemos utilizado la foto de la figura 9-28, de Luca Baini *[https://oreil.ly/Lb3xE]* en Unsplash *[https://oreil.ly/jvCjz]*) y haga clic en la imagen para seleccionar puntos de *prompt* individuales. Estos *prompts* se envían a SAM como entrada del usuario para ayudar al modelo a determinar qué se debe segmentar de la imagen. Puede hacer clic en Preview (Vista previa) para ver qué máscara se creará e, iterativamente, añadir o eliminar puntos de marcador hasta que la máscara sea correcta. Hay una casilla de verificación denominada "Preview automatically when add/remove points" (Vista previa automática cuando se añaden/quitan puntos) que actualiza la máscara con cada clic. A menudo, SAM acierta con un único punto de marcador, pero, si tiene problemas, también puede añadir puntos de marcador negativos a las partes de la imagen que no desea enmascarar haciendo clic con el botón derecho. Seleccione la máscara que desee (figura 9-28) de las tres opciones proporcionadas (contando de 0 a 2).

Figura 9-28. *Adición de puntos de marcador.*

Cuando su máscara esté lista, asegúrese de que la casilla de verificación Copy to Inpaint Upload & img2img ControlNet Inpainting (Copiar a Inpaint Upload y ControlNet Inpainting en img2img) está marcada y haga clic en el botón Switch to Inpaint Upload (Cambiar a carga para *inpainting*). No verá ningún cambio visual inmediato, pero, cuando cambie a la pestaña Inpainting, debería poder generar su *prompt* utilizando la máscara que ha creado SAM. No es necesario que suba la imagen o la máscara a la pestaña Inpainting. También puede descargar su máscara para subirla más tarde en la pestaña "Inpaint upload" (Cargar inpaint). Este método resultó ser poco fiable durante nuestras pruebas, y es posible que esté disponible un mejor método que soporte *inpainting* con SAM y Stable Diffusion.

Dividir la tarea

Los modelos generativos como Midjourney y Stable Diffusion son capaces, pero no pueden hacerlo todo. Al entrenar un modelo de segmentación de imágenes independiente de los anteriores, Meta ha hecho posible generar imágenes más complejas, al dividir los elementos de una imagen en diferentes máscaras, que se pueden trabajar por separado antes de combinarlas, para obtener el producto final.

Ajuste fino de DreamBooth

Según los informes, el entrenamiento del modelo original de Stable Diffusion costó 600 000 dólares *(https://oreil.ly/ s739b)* y utilizó un total de 150 000 horas de GPU, por lo que entrenar su propio modelo fundacional probablemente esté fuera del alcance de la mayoría de las organizaciones. Sin embargo, es posible crear un modelo sobre Stable Diffusion, utilizando la técnica Dreambooth, que se introdujo en el artículo "DreamBooth: Fine Tuning Text-to-Image Diffusion Models for Subject-Driven Generation" (Ruiz *et al.*, 2022 *[https://oreil.ly/ZqdjB]*). DreamBooth permite realizar un ajuste fino o entrenar el modelo, para que comprenda un nuevo concepto que aún no ha encontrado en sus datos de entrenamiento. No tener que empezar desde cero para crear un nuevo modelo supone un ahorro considerable de tiempo y recursos: aproximadamente, entre 45 minutos y una hora en 1 GPU de DreamBooth actualiza realmente los pesos del nuevo modelo, lo que le proporciona un nuevo archivo de modelo de 2 GB para utilizar en AUTOMATIC1111, en lugar del modelo base Stable Diffusion.

Hay muchos modelos basados en DreamBooth disponibles en sitios web como Hugging Face *(https://oreil.ly/2efOO)* y Civitai *(https://civitai.com).* Para utilizar estos modelos en AUTOMATIC1111, basta con descargarlos y moverlos a la carpeta stable-diffusion-webui/models/Stable-diffusion/. Los modelos Dreambooth a menudo requieren una palabra o *token* específico necesario para activar el estilo o tema, que debe incluirse en el *prompt;* por ejemplo, el modelo Inkpunk Diffusion *(https://oreil.ly/spsy3)* requiere la palabra *nvinkpunk.* Nota: el modelo base subyacente aquí es v1.5 de Stable Diffusion, así que reajuste el tamaño de su imagen a 512 × 512.

Entrada:

```
skateboarding in Times Square nvinkpunk
```

En la figura 9-29, se muestra el resultado.

Figura 9-29. *Patinador InkPunk.*

Dividir la tarea

El error que cometen muchas personas con la IA es suponer que existe un único modelo que lo resuelve todo. En realidad, hay muchos modelos creativos disponibles y, a menudo, entrenar un modelo para una tarea específica da mejores resultados que los modelos fundacionales generales. Aunque parar la mayoría de los profesionales son el punto de partida, los modelos básicos como Stable Diffusion XL, normalmente, empiezan a experimentar con el ajuste fino de sus propios modelos en tareas específicas, a menudo basados en modelos más pequeños y eficientes, como la versión v1.5.

El método preferido para entrenar un modelo DreamBooth es el repositorio de Shivam Shrirao *(https://oreil.ly/AJnnL)*, que utiliza la biblioteca de `diffusers` (difusores) de HuggingFace. Lo que sigue es una explicación del código en Google Colab *(https://oreil.ly/790FZ)*. En este cuaderno, se utiliza la versión 1.5, ya que es un modelo más pequeño, y es capaz de ser entrenado en unas pocas horas en el entorno de Google Colab de forma gratuita. Se guarda una copia de este *notebook* de Python en el repositorio de GitHub *(https://oreil.ly/NzzGm)* para el libro para referencia futura, pero se debe tener en cuenta que solo se ejecutará en una GPU DE Nvidia, no en un MacBook.

En primer lugar, Colab comprueba si hay acceso a una GPU Nvidia. Esta es una buena razón para ejecutar Dreambooth en Google Colab, porque se le da acceso al recurso adecuado para ejecutar el código sin necesidad de ninguna configuración:

```
!nvidia-smi --query-gpu=name,memory.total, \
  memory.free --format=csv,noheader
```

A continuación se instalan las bibliotecas necesarias, incluyendo la biblioteca `diffusers` de Hugging Face:

```
!wget -q https://github.com/ShivamShrirao/diffusers/raw/ \
  main/examples/dreambooth/train_dreambooth.py
!wget -q https://github.com/ShivamShrirao/diffusers/raw/ \
  main/scripts/convert_diffusers_to_original_stable_ \
  diffusion.py
%pip install -qq \ git+https://github.com/ShivamShrirao/diffusers
%pip install -q -U --pre triton
%pip install -q accelerate transformers ftfy \
bitsandbytes==0.35.0 gradio natsort safetensors xformers
```

Ejecute la siguiente celda para establecer el directorio de salida del modelo cuando termine de ejecutarse. Se recomienda guardar el modelo en Google Drive (aunque sea temporalmente), porque es más fiable descargar archivos grandes (4-5 GB) desde allí que desde el sistema de archivos de Google Colab. Asegúrese de que ha seleccionado el modelo base correcto del *hub* de Hugging Face `runwayml/stable-diffusion-v1-5` y elija un nombre para el *token* que se utilizará para el directorio de salida (normalmente, *ukj* o *zwx;* ampliaremos este punto más adelante):

```
#@markdown If model weights should be saved directly in
#@markdown google drive (takes around 4-5 GB).
save_to_gdrive = False
if save_to_gdrive:
  from google.colab import drive
  drive.mount('/content/drive')

#@markdown Name/Path of the initial model.
MODEL_NAME = "runwayml/stable-diffusion-v1-5" \
  #@param {type:"string"}

#@markdown Enter the directory name to save model at.

OUTPUT_DIR = "stable_diffusion_weights/ukj" \
  #@param {type:"string"}
if save_to_gdrive:
  OUTPUT_DIR = "/content/drive/MyDrive/" + OUTPUT_DIR
else:
  OUTPUT_DIR = "/content/" + OUTPUT_DIR

print(f"[*] Weights will be saved at {OUTPUT_DIR}")

!mkdir -p $OUTPUT_DIR
```

Antes de entrenar, necesita añadir los conceptos sobre los que desea entrenar. Según nuestra experiencia, el entrenamiento con múltiples conceptos tiende a perjudicar al rendimiento, por lo que normalmente entrenaríamos con un solo sujeto o estilo. Puede fusionar modelos más adelante en la pestaña Checkpoint Merger (Fusionador de puntos de control) de AUTOMATIC1111, aunque esto se adentra en un terreno más avanzado que no se trata en el libro. El *prompt* de instancia incluye el *token* que utilizará en su *prompt* para activar el modelo, y lo ideal es que sea una palabra que no tenga ningún otro significado, como *zwx* o *ukj*. El *prompt* de clase es el punto de partida para el entrenamiento; así que, si está entrenando un modelo de una persona en concreto, empiece a partir de una foto de esa persona, para que el entrenamiento sea más efectivo:

```
# You can also add multiple concepts here.
# Try tweaking `--max_train_steps` accordingly.

concepts_list = [
   {
      "instance_prompt":      "photo of ukj person",
      "class_prompt":         "photo of a person",
      "instance_data_dir":    "/content/data/ukj",
      "class_data_dir":       "/content/data/person"
   }
]

# `class_data_dir` contains regularization images
import json
import os
for c in concepts_list:
   os.makedirs(c["instance_data_dir"], exist_ok=True)

with open("concepts_list.json", "w") as f:
   json.dump(concepts_list, f, indent=4)
```

A continuación, subimos las imágenes a través de Google Colab. Dreambooth puede trabajar con tan solo 5 imágenes, pero normalmente se recomienda utilizar unas 20-30 imágenes, aunque algunos entrenan con cientos de imágenes. Un caso de uso creativo es utilizar el método de Consistent Characters (Personajes consistentes), tratado en el capítulo 8, para generar 20 imágenes diferentes del mismo personaje generado por IA y utilizarlas para entrenar un modelo Dreambooth. Alternativamente, podría subir 20 fotos suyas para crear una foto de perfil con IA, o 20 fotos de un producto que venda su empresa para generar fotografías de productos con IA. Puede subir los archivos localmente a *instance_data_dir* en el sistema de archivos de Google Colab (que puede ser más rápido) o ejecutar la siguiente celda para obtener un botón y poder realizar la subida de archivos:

```
import os
from google.colab import files
import shutil

for c in concepts_list:
   print(f"""Uploading instance images for
   `{c['instance_prompt']}`""")
   uploaded = files.upload()
for filename in uploaded.keys():
   dst_path = os.path.join(c['instance_data_dir'],
      filename)
   shutil.move(filename, dst_path)
```

¡Ahora empieza el entrenamiento de verdad! Este código se ejecuta en la GPU y genera los pesos finales cuando finaliza. Asegúrese de cambiar `save_sample_prompt` antes de ejecutar el código, para utilizar el *token* que ha asignado; en este caso, foto de una persona ukj:

```
!python3 train_dreambooth.py \
  --pretrained_model_name_or_path=$MODEL_NAME \
  --pretrained_vae_name_or_path="stabilityai/sd-vae-ft-mse" \
  --output_dir=$OUTPUT_DIR \
  --revision="fp16" \
  --with_prior_preservation --prior_loss_weight=1.0 \
  --seed=1337 \
  --resolution=512 \
  --train_batch_size=1 \
  --train_text_encoder \
  --mixed_precision="fp16" \
  --use_8bit_adam \
  --gradient_accumulation_steps=1 \
  --learning_rate=1e-6 \
  --lr_scheduler="constant" \
  --lr_warmup_steps=0 \
  --num_class_images=50 \
  --sample_batch_size=4 \
  --max_train_steps=800 \
  --save_interval=10000 \
  --save_sample_prompt="photo of ukj person" \
  --concepts_list="concepts_list.json"Nr
```

Ahora que ha finalizado el entrenamiento, las siguientes dos celdas de código definen el directorio y, a continuación, muestran una cuadrícula de imágenes para que pueda apreciar visualmente si el modelo ha entendido correctamente su concepto y es capaz ahora de generar imágenes útiles de su estilo o sujeto:

```
WEIGHTS_DIR = ""
if WEIGHTS_DIR == "":
   from natsort import natsorted
   from glob import glob
   import os
   WEIGHTS_DIR = natsorted(glob(OUTPUT_DIR + os.sep + \
      "*"))[-1]
print(f"[*] WEIGHTS_DIR={WEIGHTS_DIR}")

# @markdown Run to generate a grid of preview images from
# the last saved weights.
import os
import matplotlib.pyplot as plt
import matplotlib.image as mpimg

weights_folder = OUTPUT_DIR
folders = sorted([f for f in os.listdir(weights_folder) \
   if f != "0"], key=lambda x: int(x))

row = len(folders)
col = len(os.listdir(os.path.join(weights_folder,
   folders[0], "samples")))
```

```
scale = 4
fig, axes = plt.subplots(row, col, figsize=(col*scale,
   row*scale), gridspec_kw={'hspace': 0, 'wspace': 0})

for i, folder in enumerate(folders):
   folder_path = os.path.join(weights_folder, folder)
   image_folder = os.path.join(folder_path, "samples")
   images = [f for f in os.listdir(image_folder)]
   for j, image in enumerate(images):
      if row == 1:
      currAxes = axes[j]
   else:
      currAxes = axes[i, j]
   if i == 0:
      currAxes.set_title(f"Image {j}")
   if j == 0:
      currAxes.text(-0.1, 0.5, folder, rotation=0,
      va='center', ha='center',
      transform=currAxes.transAxes)
   image_path = os.path.join(image_folder, image)
   img = mpimg.imread(image_path)
   currAxes.imshow(img, cmap='gray')
   currAxes.axis('off')

plt.tight_layout()
plt.savefig('grid.png', dpi=72)
```

Finalmente, desea ejecutar el proceso de conversión para obtener un archivo *ckpt,* que es lo que usará en AUTOMATIC1111:

```
#@markdown Run conversion.
ckpt_path = WEIGHTS_DIR + "/model.ckpt"

half_arg = ""
#@markdown Convert to fp16, takes half the space (2GB).
fp16 = True #@param {type: "boolean"}
if fp16:
   half_arg = "--half"
!python convert_diffusers_to_original_stable_diffusion.py \
   --model_path $WEIGHTS_DIR --checkpoint_path \
   $ckpt_path $half_arg
print(f"[*] Converted ckpt saved at {ckpt_path}")
```

A continuación, puede visitar el directorio de pesos *stable_diffusion_weights/zwx* para localizar el modelo y descargarlo. Si tiene problemas para descargar un archivo tan grande desde el sistema de archivos de Google Colab, intente seleccionar la opción de guardarlo en Google Drive antes de ejecutar el modelo y descargarlo desde allí. Recomendamos renombrar el modelo antes de soltarlo en su carpeta *stable-diffusion-webui/models/Stable-diffusion/,* para que usted pueda saber de qué modelo se trata cuando lo utilice más adelante.

Entrada:

```
a professional headshot of ukj person, standing with his arms
crossed and smiling at the camera with his arms crossed, a character
portrait, Adam Bruce Thomson, private press, professional photo
```

En la figura 9-30, se muestra el resultado.

Figura 9-30. *Imagen de un modelo Dreambooth de uno de los autores.*

También existe una extensión *(https://oreil.ly/xbt2d)* para el entrenamiento de modelos Dreambooth a través de Automatic1111, basada en el método de Shivam Shrirao. Esta extensión se puede instalar de la misma manera que ha instalado ControlNet y Segment Anything en las secciones anteriores de este capítulo. Esta herramienta es para usuarios avanzados, ya que exhibe un número importante de características y configuraciones para la experimentación, para muchos de los cuales es necesario ser un experto en aprendizaje automático para comprenderlas. Para empezar a aprender lo que significan estos parámetros y configuraciones de modo que pueda experimentar con diferentes opciones, consulte la guía para principiantes sobre entrenamiento *(https://oreil.ly/gfdY3)* en el wiki de la extensión. La ventaja de utilizar este método en lugar de Google Colab es que se ejecuta localmente en su ordenador, por lo que puede dejarlo funcionando sin preocuparse de que se desconecte y pierda el progreso del entrenamiento.

Proporcionar ejemplos

Dreambooth lo ayuda a personalizar su experiencia con IA generativa. Basta con que proporcione entre cinco y treinta imágenes que sirvan como ejemplo de un concepto y, en menos de una hora de entrenamiento, podrá disponer de un modelo totalmente personalizado a su medida.

Existen otros métodos de entrenamiento y ajuste fino, además de Dreambooth, pero esta técnica es actualmente la más utilizada. Una técnica más antigua es Textual Inversion *(https://oreil.ly/GgnJV)*, que no actualiza los pesos del modelo, sino que, en su lugar, aproxima la ubicación correcta para que un *token* represente su concepto, aunque tiende a tener un rendimiento mucho peor que Dreambooth. Una nueva y prometedora técnica es LoRA, del artículo "LoRA: Low-Rank Adaptation of Large Language Models" (Hu *et al.*, 2021 *[https://oreil.ly/NtoiB]*), que también es común en el ámbito de generación de texto con LLM. Esta técnica añade nuevas capas al modelo y entrena solo esas nuevas capas para crear un modelo personalizado sin consumir demasiados recursos. También existen las Hypernetworks, que entrenan parámetros que luego pueden generar estas nuevas capas, como se introdujo en el artículo de Kurumuz *(https://oreil.ly/zFH0-)* en Medium titulado "NovelAI Improvements on Stable Diffusion." Ambos métodos son experimentales y constituyen solo un pequeño número de los modelos en Civitai en el momento de escribir estas líneas (menos del 10 %), además de tener, en general, valoraciones más bajas por parte de los usuarios en términos de calidad.

Stable Diffusion XL Refiner

El modelo SDXL v1.0 tiene 6600 millones de parámetros, en comparación con 980 millones del modelo v1.5 (Rombach *et al.*, 2023 *[https://oreil.ly/vc1zS]*). Este aumento de capacidad produce resultados impresionantes, por lo que el modelo está empezando a ganarse a los entusiastas acérrimos de la versión 1,5. Parte de la capacidad de SDXL proviene de la división del trabajo entre el modelo base, que establece la composición global, y un modelo refinador (figura 9-31), que añade detalles más finos (opcional).

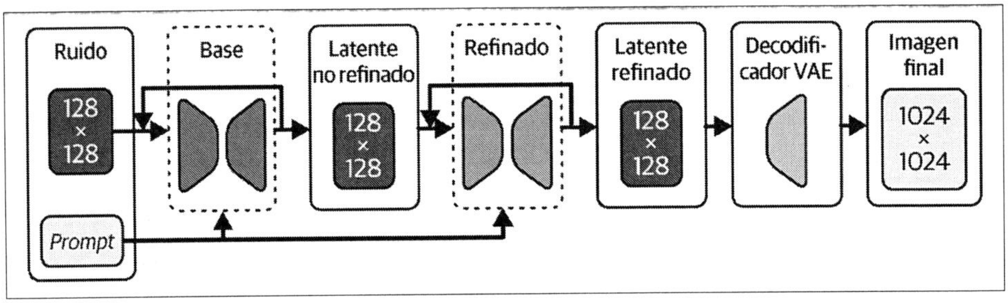

Figura 9-31. *Modelos base y* refiner *de Stable Diffusion XL.*

El modelo de lenguaje subyacente que infiere el significado de sus *prompts* es una combinación de OpenClip (ViT-G/14) y CLIP ViT-L de OpenAI. Stable Diffusion v2 utilizaba solo OpenClip y, por tanto, los *prompts* que funcionaban en v1.5 no eran tan transferibles: ese problema se ha resuelto en gran medida con SDXL. Además, el modelo SDXL ha sido entrenado con un conjunto más diverso de tamaños de imágenes, lo que permite obtener mejores resultados cuando se necesita una imagen que no tenga la relación de aspecto estándar de forma cuadrada. La investigación de Stablity AI *(https://oreil.ly/_b7xX)* indica que los usuarios prefieren abrumadoramente el modelo XL, frente a la versión v1.5 (figura 9-32).

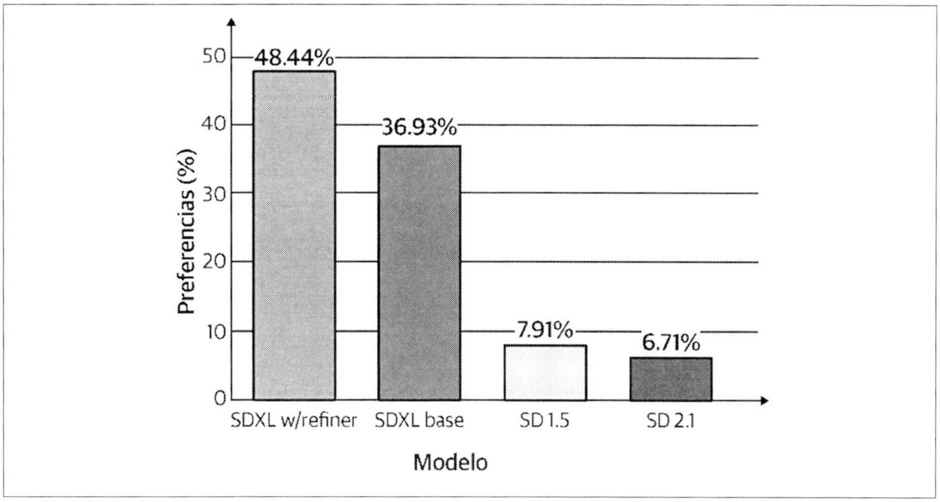

Figura 9-32. *Preferencia de rendimiento relativo.*

Para utilizar el modelo *refiner,* debe emplear la función "Switch at" (Cambiar en) en la interfaz AUTOMATIC1111. Este valor controla en qué paso del *pipeline* se cambia al modelo *refiner;* por ejemplo, cambiar en 0.6 con 30 pasos significa que el modelo base se usará en los primeros 18 pasos y, luego, se cambiará al modelo *refiner* para los 12 últimos pasos (figura 9-33).

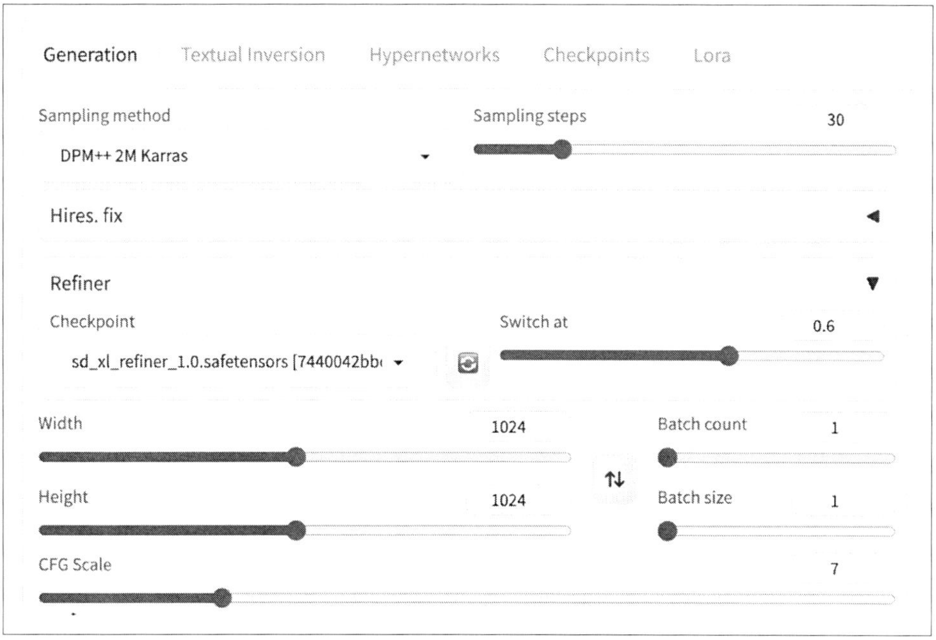

Figura 9-33. *Parámetro Switch de Refiner.*

El consejo más frecuente es cambiar entre 0.4 y 1.0 (un valor de 1.0 no cambiará a *refiner* y solo utiliza el modelo base), con 20-50 pasos de muestreo, para obtener los mejores resultados. Según nuestra experiencia, cambiar en 0.6 con 30 pasos de muestreo produce la imagen de mayor calidad, pero, como con todas las cosas de Stable Diffusion, debe experimentar para descubrir qué configuración proporciona los mejores resultados para su imagen. Configurar *refiner* para cambiar en 0,6 produce la salida que se muestra en la figura 9-35.

Entrada:

```
anime cat girl with pink hair and a cat ears outfit is posing for
a picture in front of a gaze, photorealistic, 1girl, a character
portrait, floral print, Alice Prin, sots art, official art,
sunlight, wavy hair, looking at viewer
```

Negativo:

```
disfigured, ugly, bad, immature, photo, amateur, overexposed,
underexposed
```

En la figura 9-34, se muestra el resultado.

Figura 9-34. *Chica gato de anime con el modelo base SDXL, frente a* refiner *0.6.*

Dividir la tarea

La arquitectura de SDXL es un ejemplo perfecto de cómo dividir una tarea en múltiples trabajos, y utilizar el modelo adecuado para cada uno. El modelo base establece la escena y guía en la composición de la imagen, mientras que *refiner* mejora los detalles finos.

Una modificación que puede hacer el trabajo más cómodo es instalar la extensión de selector de relación de aspecto, que se puede cargar con tamaños de imagen o relaciones de aspecto que utilice habitualmente, permitiendo configurar con un solo clic el tamaño y la relación de aspecto correctos para cualquiera de los modelos.

Para instalar la extensión, vaya a la pestaña Extensions, vaya a Install desde URL, pegue *https://github.com/alemelis/sd-webui-ar*, y haga clic en Install. Vaya a la carpeta de extensiones stable-diffusion-webui/extensions/sd-webui-ar y añada lo siguiente al archivo *resolutions.txt* (o reemplace lo que hay allí para mantener el archivo ordenado):

```
SD1:1, 512, 512 # 1:1 square
XL1:1, 1024, 1024 # 1:1 square
SD3:2, 768, 512 # 3:2 landscape
XL3:2, 1216, 832 # 3:2 landscape
SD9:16, 403, 716 # 9:16 portrait
XL9:16, 768, 1344 # 9:16 portrait
```

Al hacer clic en uno de estos botones preestablecidos, la anchura y la altura se ajustarán automáticamente en consecuencia. También puede sustituir *aspect ratios.txt* con lo siguiente, lo que le permitirá calcular automáticamente la relación de aspecto basándose en el valor de la altura que haya establecido en la interfaz web UI, y se mostrarán en la interfaz web UI (figura 9-35):

```
Square 1:1, 1.0 # 1:1 ratio based on minimum dimension Landscape
3:2, 3/2 # Set width based on 3:2 ratio to height Portrait 9:16,
9/16 # Set width based on 9:16 ratio to height
```

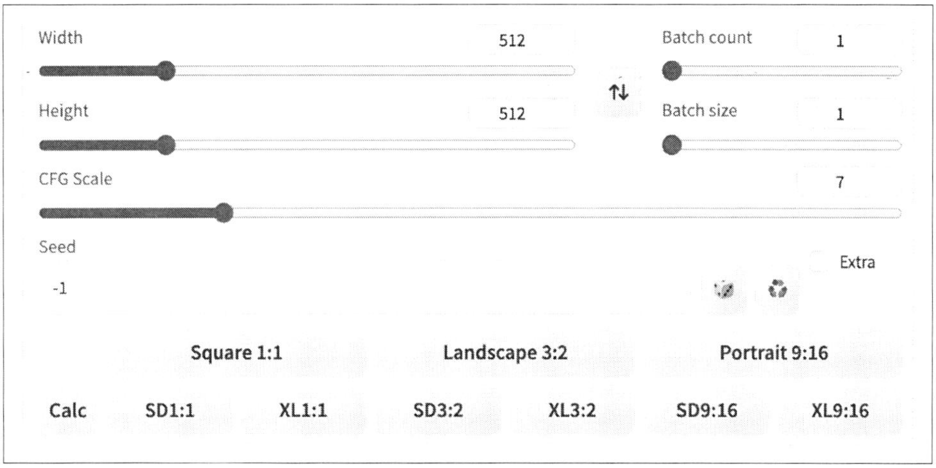

Figura 9-35. *Relaciones de aspecto.*

Resumen

En este capítulo, ha aprendido técnicas avanzadas para la generación de imágenes utilizando Stable Diffusion, un modelo de código abierto. Si ha seguido las instrucciones, ha instalado con éxito Stable Diffusion y ha creado un *pipeline* de inferencia utilizando la biblioteca *diffusers* de HuggingFace. Esperamos que haya generado imágenes basadas en *prompts* utilizando el modelo de inferencia de Stable Diffusion en Google Colab. Además, este capítulo recomendaba explorar la comunidad de código abierto y las interfaces de usuario como AUTOMATIC1111 para ejecutar Stable Diffusion con características avanzadas.

El capítulo también ha introducido el concepto de ControlNet, que permite controlar el estilo de una imagen mediante *prompts* e imágenes base, y Segment Anything, un modelo para enmascarar partes específicas de una imagen. Aplicando estas técnicas, ahora podrá personalizar las imágenes generadas para satisfacer sus necesidades concretas. También ha aprendido sobre técnicas de personalización, en concreto el ajuste fino de DreamBooth, que le permite entrenar un modelo para que comprenda nuevos conceptos no encontrados en sus datos de entrenamiento.

En el siguiente capítulo, tendrá la oportunidad de poner en práctica todo lo que ha aprendido a lo largo del libro. Exploraremos cómo crear un generador de entradas de blog de IA que produzca tanto el texto del blog como una imagen que lo acompañe. Ese emocionante capítulo final lo llevará a través del proceso de creación de un sistema completo que genere publicaciones de blog de alta calidad basadas en la entrada del usuario, con ilustraciones personalizadas en un estilo visual consistente. ¡Aprenderá a optimizar los *prompts,* generar títulos atractivos y crear imágenes generadas por IA que se ajusten al estilo que desee!

CAPÍTULO 10

Creación de aplicaciones impulsadas por IA

En este capítulo, aplicará los cinco principios de la creación de *prompts* a un flujo de trabajo de IA de principio a fin para la redacción de contenido. El servicio escribirá publicaciones de blog basadas en las respuestas del usuario a las preguntas de una entrevista, en el estilo de la escritura del propio usuario. Este sistema fue documentado por primera vez en el blog de Saxifrage *(https://oreil.ly/saxifrage)*.

Redacción de blogs con IA

El enfoque ingenuo para crear un servicio de redacción de blogs utilizando IA sería pedirle a ChatGPT: `Escribe una publicación para un blog sobre {blogPostTopic}`. El contenido resultante sería de una calidad razonable, pero probablemente no contendría opiniones relevantes ni experiencias únicas sobre el tema. También es probable que el contenido sea corto y genérico y, por lo tanto, es poco probable que se posicione en Google.

Un enfoque más sofisticado podría consistir en crear un *prompt* más largo con instrucciones adicionales. Se podrían añadir detalles sobre el tono de redacción, la estructura de la publicación del blog y las palabras clave que deben incluirse. Aquí puede verse un ejemplo habitual de un *prompt* para escribir publicaciones de blog *(https://oreil.ly/uMfZa)*.

Entrada:

```
Create a blog post about "{blogPostTopic}".
Write it in a "{tone}" tone.
Use transition words.
Use active voice. Write over 1000 words.
Use very creative titles for the blog post.
Add a title for each section.Ensure there are a minimum of 9
sections. Each section should have a minimum of two paragraphs.
Include the following keywords: "{keywords}".
Create a good slug for this post and a meta description with a
maximum of 100 words and add it to the end of the blog post.
```

Es probable que este tipo de *prompt,* más largo y sofisticado, dé lugar a un contenido de mejor calidad. Sin embargo, vamos a repasar los cinco principios de la creación de *prompts* en forma de lista de verificación.

Orientación
: Se proporcionan algunas instrucciones, como el tono, el uso de palabras de transición y una voz activa. Sin embargo, es probable que el contenido aún suene como si fuera generado por IA, y no como si fuera del usuario.

Formato
: Aunque se mencionan algunos aspectos de la estructura, incluyendo la indicación de nueve secciones de dos párrafos, es probable que estas instrucciones sean ignoradas. ChatGPT tiene dificultades con las matemáticas y, a menudo, es incapaz de seguir instrucciones que dictan un número concreto de secciones o palabras.

Ejemplos
: No se proporcionan ejemplos de cómo hay que realizar la tarea, lo que probablemente afecte a la fiabilidad al ejecutar este *prompt* en múltiples temas o incluso varias veces sobre el mismo tema. Incluso proporcionar un ejemplo (un *prompt* de una sola muestra) podría ayudar a mejorar radicalmente la calidad.

Evaluación
: Este es un ejemplo de *blind prompting* (añadir instrucciones a un *prompt* sin probarlas *[https://oreil.ly/r7sXi]*). Es probable que algunas de estas instrucciones no supongan ninguna diferencia en la calidad (con el coste innecesario de *tokens*) o que incluso puedan degradar la calidad.

División
: Toda la tarea se intenta con un solo *prompt,* lo que probablemente afecte al rendimiento. Sin dividir la tarea en subtareas, es difícil comprender qué parte del proceso está teniendo éxito o fallando.

A lo largo de este capítulo, creará múltiples componentes de cadenas LLM. Cada cadena se implementa en LangChain para facilitar su mantenimiento y para ofrecer un registro sencillo, que permita su monitorización y optimización. El sistema resultante lo ayudará a generar *contenido* que se asemeje al de las personas, basado en las opiniones y experiencias únicas del usuario.

Es fundamental que, primero, prepare su espacio de trabajo con las herramientas necesarias. Por lo tanto, vamos a enfocarnos en la investigación del tema y empezar a configurar su entorno de programación.

Investigación del tema

Necesitará instalar varios paquetes de Python para utilizar, de manera efectiva, los cargadores de documentos de LangChain, incluidos los expuestos a continuación.

google-searchresults
: Biblioteca de Python diseñada para extraer y procesar los resultados de búsqueda de Google.

pandas
: Ofrece estructuras de datos y operaciones para manipular tablas numéricas y datos de series temporales.

html2text
: Esta herramienta convierte HTML de archivos o páginas web en archivos *markdown (.md)* archivos o en texto.

pytest-playwright
: Este paquete permite realizar pruebas de extremo a extremo con Playwright.

chromadb
: ChromaDB es una base de datos vectorial de código abierto.

nest_asyncio
: Extiende el estándar de asyncio en Python para parchearlo y hacerlo compatible con *notebooks* de Jupyter.

La instalación de estos paquetes puede realizarse fácilmente con este comando:

```
pip install google-searchresults pandas html2text pytest-
playwright chromadb \ nest_asyncio --quiet
```

Además, utilizará los cargadores de documentos de LangChain que requieren Playwright. Escriba este comando en su terminal: **playwright install.**

Por otra parte, tendrá que elegir un tema (`TOPIC`) y establecer las variables de entorno, tanto para `SERPAPI_API_KEY` como para `STABILITY_API_KEY`. Si ejecuta el *script* sin *notebook* de Jupyter, entonces no necesitará usar ningún código de `nest_asyncio`.

```
from langchain_openai.chat_models import ChatOpenAI
from langchain.output_parsers import PydanticOutputParser
from langchain_text_splitters import RecursiveCharacterTextSplitter
import os

# Custom imports:
from content_collection import
    collect_serp_data_and_extract_text_from_webpages
from custom_summarize_chain import create_all_summaries,
    DocumentSummary

import nest_asyncio
nest_asyncio.apply()
```

```
# Constant variables:
TOPIC = "Neural networks"
os.environ["SERPAPI_API_KEY"] = ""
os.environ["STABILITY_API_KEY"] = ""
```

A continuación, se centrará en resumir contenidos web de manera eficiente:

```
# Extract content from webpages into LangChain documents:
text_documents = await \
collect_serp_data_and_extract_text_from_webpages(TOPIC)

# LLM, text splitter + parser:
llm = ChatOpenAI(temperature=0)
text_splitter =
   RecursiveCharacterTextSplitter.from_tiktoken_encoder(
      chunk_size=1500, chunk_overlap=400
)
parser = PydanticOutputParser(pydantic_object=DocumentSummary)

summaries = await create_all_summaries(text_documents,
parser,
llm,
text_splitter)
```

En primer lugar, importe las herramientas necesarias y, a continuación, busque el contenido de la página web relacionada con su `TOPIC`. Después de configurar su modelo `ChatOpenAI`, utilizará un divisor de texto (`text_splitter`) para gestionar los fragmentos de texto. El divisor garantiza que ningún fragmento sea demasiado largo, al tiempo que mantiene el contexto mediante superposición. A continuación, cree `PydanticOutputParser` para manejar y estructurar los resúmenes. Al pasar los documentos extraídos a través de una función de resumen dedicada para ello, el LLM produce resúmenes concisos.

Si desea profundizar en la función `create_all_summaries`, consulte *custom_summarize_chain.py (https://oreil.ly/KyKjS).*

Algunos puntos clave que destacar son que usted puede *subclasificar* la mayoría de las clases en LangChain; por ejemplo, puede anular `ChromiumLoader` predeterminado, para que sea asincrónico:

```
from langchain_community.document_loaders import AsyncHtmlLoader, \
AsyncChromiumLoader

class ChromiumLoader(AsyncChromiumLoader):
   async def load(self):
      raw_text = [await self.ascrape_playwright(url) for url in
      self.urls]
      # Return the raw documents:
      return [Document(page_content=text) for text in raw_text]


async def get_html_content_from_urls(
   df: pd.DataFrame, number_of_urls: int = 3, url_column: str = "link"
) -> List[Document]:
```

```
    # Get the HTML content of the first 3 URLs:
    urls = df[url_column].values[:number_of_urls].tolist()

    # If there is only one URL, convert it to a list:
    if isinstance(urls, str):
        urls = [urls]

    # Check for empty URLs:
    urls = [url for url in urls if url != ""]

    # Check for duplicate URLs:
    urls = list(set(urls))

    # Throw error if no URLs are found:
    if len(urls) == 0:
        raise ValueError("No URLs found!")
    # loader = AsyncHtmlLoader(urls) # Faster but might not always work.
    loader = ChromiumLoader(urls)
    docs = await loader.load()
    return docs

async def create_all_summaries(
    # ... commented out for brevity
) -> List[DocumentSummary]:
    # ... commented out for brevity
```

Al subclasificar `ChromiumLoader`, puede crear fácilmente una implementación personalizada para *extraer contenido, de manera asincrónica,* de múltiples URL utilizando el navegador Chrome. `get_html_content_from_urls` obtiene contenido HTML de una lista de URL, asegurando que no haya duplicados y gestionando posibles errores.

Entrevista con un experto

Ahora que ha extraído con éxito los resúmenes de Google para los tres primeros resultados, realizará una entrevista con un LLM, generando preguntas relevantes para asegurarse de que su artículo tenga una perspectiva única utilizando una clase `InterviewChain`:

```
from expert_interview_chain import InterviewChain
interview_chain = InterviewChain(topic=TOPIC,
    document_summaries=summaries)
interview_questions = interview_chain()

for question in interview_questions.questions:
    print(f"Answer the following question: {question.question}\n",
    flush=True)
    answer = input(f"Answer the following question:
        {question.question}\n")
    print('------------------------------------')
    question.answer = answer
```

Instanciación de InterviewChain

Con su tema y los resúmenes que ha obtenido, cree una instancia de `InterviewChain`, adaptándola al contexto único de sus datos.

Generación de preguntas

Simplemente llamando a `interview_chain`, usted pone en marcha el proceso de generar una serie de preguntas de sondeo derivadas de sus resúmenes.

Sesión interactiva de preguntas y respuestas

Sumérjase en un atractivo bucle en el que se imprime cada pregunta generada, solicitándole una respuesta con `input()`. Su respuesta se guarda a continuación en el objeto Pydantic.

Proporcionar orientación

Brindar respuestas únicas a un LLM proporciona un contexto único, y esto permite a un LLM generar respuestas más ricas y matizadas, asegurando que su artículo ofrezca una perspectiva fresca y en profundidad.

Todo el código para `InterviewChain` se encuentra en *expert_interview_chain.py* (*https://oreil.ly/ 0d5Hi*). Tiene dos componentes significativos.

Un mensaje personalizado del sistema

Este *prompt* incluye la generación de *prompts* de roles, los resúmenes generados previamente, el tema y las instrucciones de formato (para el analizador [*parser*] de salida):

```
system_message = """You are a content SEO researcher. Previously
you have summarized and extracted key points from SERP results.
The insights gained will be used to do content research and we
will compare the key points, insights and summaries across
multiple articles. You are now going to interview a content
expert. You will ask them questions about the following topic:
{topic}.

You must follow the following rules:
  - Return a list of questions that you would ask a content
  expert about the topic.
  - You must ask at least and at most 5 questions.
  - You are looking for information gain and unique insights
  that are not already covered in the {document_summaries}
  information.
  - You must ask questions that are open-ended and not yes/no
  questions.
  {format_instructions}
"""
```

Parsers de salida

Al profundizar en la clase, se encontrará `PydanticOutputParser`. Este *parser* estructura activamente las respuestas de los LLM en objetos Pydantic `InterviewQuestions` que se pueden analizar:

```
from expert_interview_chain import InterviewQuestions

# Set up a parser + inject instructions into the prompt template:
parser = PydanticOutputParser(pydantic_object=InterviewQuestions)
```

En esencia, usted está orquestando una conversación con la IA e indicándole que formule preguntas útiles que desarrollen el conocimiento sobre el contenido, al tiempo que facilita la personalización.

Generación del esquema

Incluyendo la entrevista y la investigación previas, usted puede generar un esquema para el *post* con `BlogOutlineGenerator`. El `TOPIC`, las respuestas `question_answers` y los resúmenes (`summaries`) de Google se pasan como argumentos para proporcionar contexto adicional:

```
from article_outline_generation import BlogOutlineGenerator

blog_outline_generator = BlogOutlineGenerator(topic=TOPIC,
questions_and_answers=[item.dict() for item in
interview_questions.questions])

questions_and_answers =
   blog_outline_generator.questions_and_answers
outline_result =
   blog_outline_generator.generate_outline(summaries)
```

Vamos a explorar la clase `BlogOutlineGenerator` en detalle:

```
from typing import List, Any
from pydantic.v1 import BaseModel

class SubHeading(BaseModel):
   title: str # Each subheading should have a title.

class BlogOutline(BaseModel):
   title: str
   sub_headings: List[SubHeading] # An outline has many sub_headings

   # Langchain libraries:
   from langchain.prompts.chat import (ChatPromptTemplate,
   SystemMessagePromptTemplate)
   from langchain.output_parsers import PydanticOutputParser
   from langchain_openai.chat_models import ChatOpenAI

   # Custom types:
   from custom_summarize_chain import DocumentSummary
```

```
class BlogOutlineGenerator:
    def_init_(self, topic: str, questions_and_answers: Any):
        self.topic = topic
        self.questions_and_answers = questions_and_answers

        # Create a prompt
        prompt_content = """
        Based on my answers and the summary, generate an outline for
        a blog article on {topic}.
        topic: {topic}
        document_summaries: {document_summaries}
        ---
        Here is the interview which I answered:
        {interview_questions_and_answers}
        ---
        Output format: {format_instructions}
        """

        system_message_prompt =
        SystemMessagePromptTemplate.from_template(prompt_content)

        self.chat_prompt = ChatPromptTemplate.from_messages(
        [system_message_prompt])

        # Create an output parser
        self.parser = PydanticOutputParser(pydantic_object=BlogOutline)

        # Set up the chain
        self.outline_chain = self.chat_prompt | ChatOpenAI() |
            self.parser

    def generate_outline(self, summaries: List[DocumentSummary]) -> Any:
        print("Generating the outline...\n---")
        result = self.outline_chain.invoke(
            {"topic": self.topic,
            "document_summaries": [s.dict() for s in summaries],
            "interview_questions_and_answers":
                self.questions_and_answers,
            "format_instructions":
                self.parser.get_format_instructions(),
            }
        )
        print("Finished generating the outline!\n---")
        return result
```

Se crea un objeto `BlogOutline` Pydantic que contiene las claves `title` y `sub_headings`. Además, la cadena de pasos para el esquema del blog se configura utilizando LangChain Expression Language (LCEL), que pasa el prompt al modelo de chat y, finalmente, al *parser* de salida:

```
# Set up the chain:
self.outline_chain = self.chat_prompt | ChatOpenAI() | self.parser
```

Al utilizar un *parser* de salida de Pydantic, la cadena devolverá un objeto `BlogOutline` Pydantic, que se utilizará en futuras cadenas.

Generación de texto

Después de obtener un resumen, las preguntas de sondeo y un esquema de la publicación del blog, es el momento de empezar a generar el texto. La clase `ContentGenerator` integra la experiencia SEO con varias técnicas LLM, entre las que se incluyen las expuestas a continuación.

Embeddings *y recuperación*
: Este proceso divide y vectoriza de una forma eficiente las páginas web originales, almacenándolas en la base de datos Chroma y recuperando el texto relevante de las páginas web, mientras se escribe cada sección.

Gestión de memoria personalizada
: Mientras redacta cada sección del blog, el modelo utiliza la memoria para evitar repetir la misma información y, al mismo tiempo, resume la conversación si se vuelve demasiado larga.

Contexto a medida
: El modelo LLM tiene una mezcla de información, que incluye sus anteriores conocimientos obtenidos en el sondeo, lo que se ha dicho antes, y fragmentos de texto relevante de páginas web de Google:

```
from article_generation import ContentGenerator

content_gen = ContentGenerator(
topic=TOPIC, outline=outline_result,
questions_and_answers=questions_and_answers)

# Vectorize and store the original webpages:
content_gen.split_and_vectorize_documents(text_documents)
# Create the blog post:
blog_post = content_gen.generate_blog_post()
```

La totalidad del código fuente se encuentra en *article_generation.py (https://oreil.ly/0IFyI)*, pero vamos a centrarnos específicamente en tres componentes que son clave para esta cadena.

La clase `OnlyStoreAIMemory` es una subclase personalizada de `ConversationSummaryBufferMemory`:

```
from typing import List, Dict, Any
from langchain.memory import ConversationSummaryBufferMemory

from langchain_core.messages import SystemMessage

class OnlyStoreAIMemory(ConversationSummaryBufferMemory):
  def save_context(self, inputs: Dict[str, Any],
  outputs: Dict[str, str]) -> None:
    input_str, output_str = self._get_input_output(inputs, outputs)
    self.chat_memory.add_ai_message(output_str)
```

Está diseñada para garantizar que *chat messages memory* (memoria de mensajes de chat) permanezca conciso y relevante al *almacenar exclusivamente mensajes generados por la IA.*

Esta elección deliberada evita el almacenamiento de los documentos recuperados que se utilizan en el paso de generación, lo que evita la sobrecarga de la memoria. Además, el mecanismo de memoria garantiza que la IA sea consciente de sus escritos anteriores, lo que le permite ofrecer resúmenes condensados si el contexto acumulado supera los límites establecidos.

La función `generate_blog_post` recorre todos los subtítulos y trata de recuperar la mayor cantidad posible de documentos relevantes como sea posible, mientras se ajusta a la longitud del contexto actual:

```
def generate_blog_post(self) -> List[str]:
    blog_post = []
    print("Generating the blog post...\n---")
    for subheading in self.outline.sub_headings:
        k = 5 # Initialize k
        while k >= 0:
            try:
                relevant_documents = (self.chroma_db.as_retriever() \
                .invoke(subheading.title,
                k=k))
                section_prompt = f"""
                ...prompt_excluded_for_brevity...
                Section text:
                """
                result = self.blog_post_chain.predict(section_prompt)
                blog_post.append(result)
                break
            except Exception as e:
                print(f"An error occurred: {e}")
                k -= 1
            if k < 0:
                print('''All attempts to fetch relevant documents have
                failed. Using an empty string for relevant_documents.
                ''')
                relevant_documents = ""
    print("Finished generating the blog post!\n---")
    return blog_post
```

Esta función, `generate_blog_post`, itera sobre cada subtítulo. Intenta buscar en hasta cinco documentos relevantes. Si hay algún problema para obtener los documentos, reduce de forma inteligente la cantidad y vuelve a intentarlo. Si todos los intentos fallan, el sistema pasa por defecto a la ausencia de documentos.

Por último, el *prompt* para generar cada sección es muy rico en contexto:

```
section_prompt = f"""You are currently writing the section:
{subheading.title}
---
Here are the relevant documents for this section: {relevant_documents}.
If the relevant documents are not useful, you can ignore them.
```

```
You must never copy the relevant documents as this is plagiarism.
---
Here are the relevant insights that we gathered from our
interview questions and answers: {self.questions_and_answers}.
You must include these insights where possible as they are
important and will help our content rank better.
---
You must follow the following principles:
- You must write the section: {subheading.title}
- Render the output in .md format
- Include relevant formats such as bullet points, numbered lists, etc.
---
Section text:
"""
```

De forma elegante, `section_prompt` prepara el escenario, al anunciar la sección específica en la que usted está trabajando, utilizando `{subheading.title}`. Pero no se detiene ahí. Al alimentar al modelo LLM con `{relevant_documents}`, añade contexto y profundidad, a la vez que advierte explícitamente contra el plagio. Además, al incluir ideas obtenidas de su sondeo a través de `{self.questions_and_answers}`, el *prompt* garantiza que la información valiosa esté en primer plano. Por último, crea expectativas claras sobre el formato, la inclusión de determinadas características y el tema en cuestión. Esto hace que el modelo LLM no sea solo una herramienta, sino que se convierte en un coautor informado, que trabaja diligentemente junto a usted para crear contenido.

Estilo de escritura

Ahora que el artículo está escrito, podemos dar un paso más para que suene a un trabajo elaborado por personas, reescribiendo el contenido con un estilo de escritura específico. Esta mejora ayudará a contribuir, en gran medida, a que el contenido sea menos detectable como obviamente IA (aunque éticamente debería declarar cualquier ayuda de IA) y a reducir el tiempo que dedique a editar el borrador final antes de publicarlo.

Antes de reescribirlo, debe decidir qué estilo de escritura desea emular, ya sea el suyo propio o el de otra persona. Un enfoque que se utiliza con frecuencia es pedirle a ChatGPT que resuma el estilo de escritura de alguien famoso o, al menos, popular en su sector y que esté presente en los datos de entrenamiento de ChatGPT. Generalmente, el modelo querrá responder con el nombre del autor y ejemplos de su escritura, por lo que añadir instrucciones para que no lo haga y terminar el *prompt* con un punto de viñeta (o un carácter del tipo `-` en este caso) le dará el formato que necesita.

Entrada:

```
Describe in detail the writing style of Harry Dry from
MarketingExamples.com
Do not mention the writer or source, and respond only with bullet
points:
-
```

Salida:

```
- Concise and to the point
- Humorous and knowledgeable tone
- Relatable and accessible language
- Uses storytelling to convey ideas
- Relies on examples and case studies
- Provides actionable advice and tips
- Uses subheadings and bullet points for easy readability
- Emphasizes key points or takeaways with bold or italicized text
- Addresses the reader directly, creating a conversational tone
```

A menudo, con una sola muestra de texto, ChatGPT puede generar una guía de estilo de redacción razonable, que luego puede utilizarse para reescribir. Una vez definido el estilo de redacción, se pueden combinar y ajustar elementos para llegar a un estilo más adecuado al ideal. El siguiente ejemplo toma elementos tanto del estilo de escritura de Mike Taylor como del estilo de escritura de Harry Dry del ejemplo anterior. Este es otro ejemplo de la desagregación de memes, como se discute en "Desagregación de memes":

```
Rewrite the article in the following style:

- Concise and to the point
- Professional and knowledgeable tone
- Relatable and accessible language
- Uses storytelling to convey ideas
- Relies on examples and case studies
- Mixes personal anecdotes with industry insights
- Provides actionable advice and tips
- Uses subheadings and bullet points for easy readability
```

En la práctica, esta parte del proceso de escritura de IA es la más difícil de perfeccionar, y es la única que requiere el modelo GPT-4, más grande y caro, para obtener resultados aceptables. Si esta parte del proceso no se realiza correctamente, el usuario podría terminar haciendo muchas ediciones de forma manual, para que el texto se ajuste al estilo propio. Dada la importancia estratégica de este *prompt,* tiene sentido realizar una ronda de optimización de *prompts (https://oreil.ly/H3VtJ),* probando múltiples enfoques.

Al optimizar *prompts,* puede ejecutar el mismo *prompt* varias veces y verificar el rendimiento promedio frente a una métrica de evaluación. A modo de ejemplo, aquí están los resultados de probar cinco enfoques de *prompts* diferentes contra una métrica de evaluación de distancia de *embeddings.* Cuanto más baja sea la puntuación, más cercanos son los *embeddings* de la respuesta a una respuesta de referencia (el texto reescrito manualmente tiene el estilo correcto). Los *prompts* que se han probado han sido los expuestos a continuación.

A

Control: el *prompt* estándar detallado en el ejemplo anterior.

B

Muestra de escritura de un ejemplo: proporcionamos una muestra de texto y le pedimos a GPT-4 que describiera el estilo de escritura.

C

Reescritura de tres ejemplos: proporcionamos tres muestras del texto de entrada a GPT-4 y su versión reescrita y le pedimos que describiera el estilo de escritura.

D

Muestra de escritura de tres ejemplos: igual que el anterior, excepto que solo se proporcionaron las muestras finales de la escritura de Mike, sin el texto original de entrada.

Estos *prompts* se probaron en un experimento que realizamos *(https://oreil.ly/vRRYO)* con tres casos de prueba: memes, técnica del rascacielos y fijación de precios basada en el valor, que consistieron en fragmentos de texto generados inicialmente por ChatGPT sobre un tema, por ejemplo, *explicar fijación de precios basada en el valor.* A continuación, reescribimos manualmente el texto en el estilo deseado para crear textos de referencia con los cuales hacer comparaciones. La distancia de *embeddings* se ha calculado obteniendo los *embeddings* del texto de referencia (usando `text-embedding-ada-002` de OpenAI) y comparándolos con los *embeddings* del resultado del *prompt,* utilizando la *similitud coseno* (un método para calcular la distancia entre dos conjuntos de números), como se detalla en el evaluador de *embeddings* de LangChain *(https://oreil.ly/400gJ)* (figura 10-1).

AVERAGE of embedding_distanc case					
variation	Memetics	SkyScraper Technique	Value-Based Pricing	Grand Total	+/-
A: Control	0.053	0.042	0.061	0.052	0.00%
B: 1-Shot Writing Sample	0.045	0.034	0.048	0.043	-17.75%
C: 3-Shot Rewriting Example	0.049	0.046	0.058	0.051	-1.71%
D: 3-Shot Writing Sample	0.044	0.037	0.052	0.045	-14.03%
Grand Total	**0.048**	**0.040**	**0.055**	**0.047**	

Figura 10-1. *Resultados de la prueba de optimización de* prompts.

Como puede ver en los resultados de la figura 10-1, algunos *prompts* funcionan mejor que otros, y algunos casos son más fáciles de gestionar para la IA. Es importante realizar pruebas en múltiples casos, con 10 o más ejecuciones por caso, para obtener un resultado realista para cada *prompt.* De lo contrario, la naturaleza no determinista de las respuestas podría hacer que piense que el rendimiento fue mejor o peor de lo que realmente puede esperar al escalar el uso de un *prompt.* Aquí la pregunta final resultante que tuvo el mejor rendimiento:

```
You will be provided with the sample text.
Your task is to rewrite the text into a different writing style.
The writing style can be described as follows:
```

```
1. Informative and Analytical: The writer presents detailed
information about different strategies, especially the main theme
of the text, and breaks down its benefits, challenges, and
implementation steps. This depth of information shows that the
writer has a solid grasp of the topic.
2. Structured and Organized: The writing follows a logical flow,
starting with a brief overview of different approaches, delving
into a deep dive on the topic, and concluding with potential
challenges and contexts where it might be best applied.
3. Conversational Tone with Professionalism: While the
information is presented in a professional manner, the writer
uses a conversational tone ("Here's how to implement..."), which
makes it more relatable and easier for readers to understand.
4. Practical and Actionable: The writer not only explains the
concept but also offers actionable advice ("Here's how to
implement X") with step-by-step guidance based on real world-
experience.
5. Balanced Perspective: The writer doesn't just present the
benefits of the topic but also discusses its challenges, which
gives a well-rounded perspective to readers.
6. Examples and Analogies: To make concepts clearer, the writer
uses concrete examples (e.g., how much a company might save per
month) and analogies (e.g., making comparisons to popular frames
of reference). This helps readers relate to the concepts and
understand them better.
7. Direct and Clear: The writer uses straightforward language
without excessive jargon. Concepts are broken down into
digestible bits, making it accessible for a broad audience, even
if they're not well-versed in business strategies. In essence,
this writing style is a blend of profesional analysis with
practical, actionable advice, written in a clear and
conversational tone.
```

Evaluar la calidad

Sin poner a prueba el estilo de escritura, sería difícil adivinar qué estrategia de *prompts* resultaría ganadora. Con un pequeño número de pruebas, puede sentirse más seguro de que este es el enfoque correcto. Las pruebas no tienen por qué estar muy organizadas o sistematizadas, y los creadores de muchos productos de IA de éxito como GitHub Copilot *(https://oreil.ly/vu0IU)* admiten que su proceso de evaluación fue desordenado e improvisado (pero ¡funcionó!).

En este proyecto utilizaremos este ejemplo bien probado, pero usted puede aprovechar esta oportunidad para intentar superar estos resultados. El repositorio con los textos de referencia y el código está disponible públicamente en GitHub *(https://oreil.ly/O6RdB)* y, por favor, no dude en contribuir al repositorio si encuentra un enfoque mejor. Un posible camino para explorar es el ajuste fino, que podría ofrecerle mejores resultados en la adaptación al estilo de escritura si tiene suficientes muestras (OpenAI recomienda, al menos, 50 *[https://oreil.ly/OMMKi]*). Incluso si usted no realiza una prueba A/B (comparando dos versiones de un *prompt* para ver cuál funciona mejor) con este *prompt*, estos resultados deberían convencerlo del valor de probar sus *prompts* en general.

Optimización del título

Usted puede optimizar el título del contenido generando varias opciones, probándolas mediante *prompts* A/B, y evaluando su efectividad con un sistema de valoración de pulgares hacia arriba/pulgares hacia abajo, como se muestra en la figura 10-2.

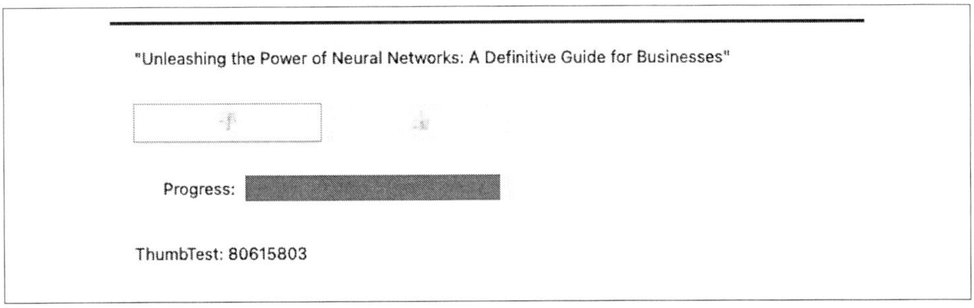

Figura 10-2. *Un sencillo sistema de calificación de pulgar hacia arriba y pulgar hacia abajo de clasificación.*

Después de evaluar todos los *prompts*, podrá ver cuál obtuvo la puntuación promedio más alta y el uso de *tokens* (figura 10-3).

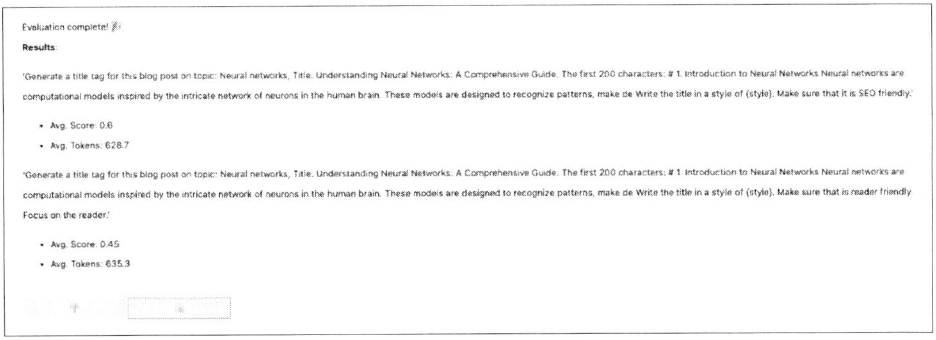

Figura 10-3. *Ejemplo de resultados de una prueba A/B después de evaluar manualmente un prompt.*

Si aún no obtiene el nivel de calidad que necesita de este *prompt*, o del resto de la cadena, este es un buen momento para experimentar con un *framework* de optimización de *prompts*, como DSPy *(https://oreil.ly/dspy)*. Al definir una métrica de evaluación, DSPy prueba diferentes combinaciones de instrucciones y ejemplos *few-shot* en sus *prompts*, seleccionando la combinación con mejor rendimiento de forma automática. Consulte la documentación para obtener ejemplos *(https://oreil.ly/vercel)*.

Imágenes de blogs con IA

Una forma de hacer que su blog tenga un aspecto más profesional es añadir ilustraciones personalizadas a las publicaciones, con un estilo consistente. En su máxima expresión, esto puede significar entrenar un modelo de Dreambooth, como se explica en el capítulo 9, basado en la guía de estilo de su marca o un *mood board* (tablero de inspiración) de imágenes con una cierta consistencia visual o calidad estética que usted valore. En muchos casos, sin embargo, no es necesario entrenar un modelo personalizado, ya que se puede replicar un estilo adecuadamente utilizando simples *prompts*.

Un estilo visual muy popular entre las empresas de Business to Business (de empresa para empresa) (B2B), Corporate Memphis *(https://oreil.ly/3UHQs)*, se caracteriza por sus paletas de colores vibrantes, sus formas audaces y asimétricas y una mezcla de formas orgánicas y geométricas. Este estilo surgió como una costosa técnica de señalización *(https://oreil.ly/haoTZ)*, que mostraba que la empresa podía permitirse encargar ilustraciones personalizadas a un diseñador y, por tanto, era lo suficientemente seria como para ser digna de confianza. Puede reproducir este estilo con IA, ahorrándose el coste de ilustraciones personalizadas, mientras se beneficia de las asociaciones previas formadas en la mente de los consumidores. En la figura 10-4, se muestra un ejemplo del estilo Corporate Memphis generado por Stable Diffusion, a través de la API Stability AI.

Entrada:

```
illustration of websites being linked together.
in the style of Corporate Memphis,
white background, professional, clean lines, warm pastel colors
```

En la figura 10-4, se muestra el resultado.

Figura 10-4. *Corporativo Memphis: "sitios web interconectados".*

Proporcionar orientación

Stable Diffusion está entrenado en muchos estilos diferentes, incluidos estilos oscuros o de nicho, como Corporate Memphis. Si conoce el nombre de un estilo, a menudo es todo lo que necesita para guiar al modelo hacia la imagen deseada. Puede encontrar una gran variedad de estilos artísticos en este generador de *prompts* visuales *(https://oreil.ly/nxEzu).*

En nuestro proyecto de redacción de blogs, podríamos pedirle al usuario una idea de qué imagen quiere que acompañe a la entrada del blog, pero vamos a ponérselo más fácil y automatizar este paso. Puede hacer una llamada a la API de ChatGPT y obtener como respuesta una idea de lo que podría ir en la imagen. Cuando obtenga esa respuesta, puede ser la base de su *prompt* para Stability AI, una técnica llamada *meta-prompting,* en la que un modelo de IA redacta el *prompt* para otro modelo de IA.

Entrada:

```
Describe an image that would go well at the top of this article:

{text}
```

Salida:

```
A seamless collage or mosaic of diverse cultural elements from
around the world, including traditional dances, art pieces,
landmarks, and people in various traditional attires, symbolizing
the interconnectedness of human cultures.
```

Stability AI aloja Stable Diffusion, incluidos los últimos modelos como Stable Diffusion XL, en su plataforma DreamStudio. También puede llamarlos a través de una API *(https://oreil.ly/XD_jQ)* o mediante el SDK de Stability AI (una biblioteca que simplifica el proceso de realizar la llamada a la API). En el siguiente ejemplo, crearemos una función para llamar a Stability AI con nuestro *prompt.*

Entrada:

```
import base64
import os
import requests
import uuid

engine_id = "stable-diffusion-xl-1024-v1-0"
api_host = os.getenv('API_HOST', 'https://api.stability.ai')
api_key = os.getenv("STABILITY_API_KEY")

def generate_image(prompt):
   response = requests.post(
      f"{api_host}/v1/generation/{engine_id}/text-to-image",
      headers={
         "Content-Type": "application/json",
         "Accept": "application/json",
         "Authorization": f"Bearer {api_key}"
      },
      json={
         "text_prompts": [
            {
               "text":'''an illustration of "+prompt+". in the
               style of Corporate Memphis,
               white background, professional, clean lines, warm
               pastel colors'''
            }
         ],
         "cfg_scale": 7,
         "height": 1024,
         "width": 1024,
         "samples": 1,
         "steps": 30,
      },
   )
```

```
    if response.status_code != 200:
        raise Exception("Non-200 response: " + str(response.text))

    data - response.json()

    image_paths = []

    for i, image in enumerate(data["artifacts"]):
        filename = f"{uuid.uuid4().hex[:7]}.png"
        with open(filename, "wb") as f:
            f.write(base64.b64decode(image["base64"]))

        image_paths.append(filename)

    return image_paths

prompt = """A seamless collage or mosaic of diverse cultural
elements from around the world, including traditional dances, art
pieces, landmarks, and people in various traditional attires,
symbolizing the interconnectedness of human cultures."""

generate_image(prompt)
```

En la figura 10-5, se muestra el resultado.

Figura 10-5. Collage *o mosaico sin costuras de diversos elementos culturales del mundo.*

Para encapsular todo el sistema de generación de imágenes, puede unir la llamada a ChatGPT y la llamada resultante a Stability AI en una función que utilice el `outline_result.title`:

```
from image_generation_chain import create_image
image = create_image(outline_result.title)
```

La función `create_image` en *image_generation_chain.py (https://oreil.ly/cWpXH)* utiliza Stable Diffusion para crear una imagen basada en un título generado a partir de GPT-4:

```
import base64
from langchain_openai.chat_models import ChatOpenAI
from langchain_core.messages import SystemMessage
import os
import requests
import uuid

engine_id = "stable-diffusion-xl-1024-v1-0"
api_host = os.getenv("API_HOST", "https://api.stability.ai")
api_key = os.getenv("STABILITY_API_KEY",
   "INSERT_YOUR_IMAGE_API_KEY_HERE")

if api_key == "INSERT_YOUR_IMAGE_API_KEY_HERE":
   raise Exception(
      '''You need to insert your API key in the
      image_generation_chain.py file.'''
      "You can get your API key from https://platform.openai.com/"
   )


def create_image(title) -> str:
   chat = ChatOpenAI()
   # 1. Generate the image prompt:
   image_prompt = chat.invoke(
      [
         SystemMessage(content=f"""Create an image prompt that
         will be used for Midjourney for {title}."""
         )
      ]
   ).content


   # 2. Generate the image::
   response = requests.post(
      f"{api_host}/v1/generation/{engine_id}/text-to-image",
      headers={
         "Content-Type": "application/json", "Accept":
         "application/json", "Authorization": f"Bearer {api_key}",
      },
      json={
         "text_prompts": [
            {
               "text": f'''an illustration of {image_prompt} in the
               style of Corporate Memphis, white background,
               professional, clean lines, warm pastel colors'''
            }
      . ],
         "cfg_scale": 7,
         "height": 1024,
         "width": 1024,
         "samples": 1,
```

```
            "steps": 30,
        },
    )

    if response.status_code != 200:
        raise Exception("Non-200 response: " + str(response.text))

    data = response.json()
    image_paths = []

    for i, image in enumerate(data["artifacts"]):
        filename = f"{uuid.uuid4().hex[:7]}.png"
        with open(filename, "wb") as f:
            f.write(base64.b64decode(image["base64"]))
        image_paths.append(filename)
    return image_paths
```

Este es el proceso a alto nivel:

1. Con el modelo `ChatOpenAI`, elaborará un *prompt* de imagen para el título dado.
2. Utilizando la API de Stability AI, enviará este *prompt* para que genere una imagen con instrucciones precisas de estilo.
3. A continuación, descodificará y guardará esta imagen localmente utilizando un nombre de archivo único y devolverá su ruta.

Con estos pasos, no solo le pide a la IA que cree contenido textual, sino que dirige su capacidad para dar vida a los *prompts* de forma visual.

Este sistema es flexible y se adapta a cualquier estilo que decida utilizar para las imágenes del blog. Los parámetros pueden ajustarse según sea necesario, y tal vez esta llamada a la API pueda sustituirse en un futuro por una llamada a un modelo Dreambooth al que usted ha personalizado y realizado el ajuste fino. Sin embargo, mientras tanto, dispone de una forma rápida y sencilla de generar una imagen personalizada para cada publicación del blog, sin necesidad de que el usuario introduzca ningún dato, con un estilo visual consistente.

Interfaz de usuario

Ahora que tiene su *script* funcionando de principio a fin, probablemente quiera facilitar su uso, y tal vez incluso compartirlo con personas que puedan proporcionarle sus comentarios. El *frontend* de muchas herramientas de IA en producción se crea normalmente utilizando JavaScript, concretamente el *framework* NextJS *(https://nextjs.org)* basado en ReAct. Este suele ir acompañado de una biblioteca CSS como Tailwind CSS *(https://tailwindcss.com),* que facilita la creación rápida de prototipos de elementos de diseño.

Sin embargo, la mayor parte de su código de IA está escrito probablemente en Python en esta etapa, y cambiar lenguajes de programación y entornos de desarrollo puede ser un desafío desalentador. Además de aprender JavaScript, NextJS y Tailwind, también podría encontrarse con una serie de problemas al intentar poner en marcha un servidor para su código Python y una base de datos activa para su aplicación y datos de usuario y, a continuación, integrar todo eso con un diseño web *frontend.*

En lugar de dedicar mucho tiempo a configurar servidores, crear bases de datos y ajustar los colores de los botones, podría tener sentido crear un prototipo sencillo de *frontend* para obtener una respuesta temprana, antes de invertir demasiado en esta etapa una idea que no está probada. Una vez que haya creado y probado una interfaz sencilla, tendrá una mejor comprensión de lo que debe crear cuando realmente necesite preparar su aplicación para la fase de producción.

Para lanzar interfaces de usuario sencillas destinadas a prototipos basados en IA, existen varias interfaces populares de código abierto, como Gradio *(https://www.gradio.app)* y Streamlit *(https://streamlit.io).* Gradio fue adquirida por HuggingFace e impulsa la interfaz web de usuario para muchas demostraciones interactivas de modelos de IA de código abierto, entre las que destaca la interfaz web de usuario de Stable Diffusion AUTOMATIC1111 *(https://oreil.ly/GlwJT).* Puede crear en poco tiempo una interfaz Gradio para facilitar la ejecución local de su código, así como compartir el prototipo para recibir comentarios.

Hemos creado una interfaz que le permite automatizar todo el proceso en dos pasos. Puede acceder al código fuente de Gradio aquí *(https://oreil.ly/HNqVX).*

A continuación, ejecute la aplicación de Gradio accediendo a la carpeta chapter_10 *(https://oreil.ly/chapter10)* desde su terminal y ejecutando `python3 gradio_code_example.py`. El *script* le pedirá que introduzca una `SERPAPI_API_KEY` y una `STABILITY_API_KEY` en su terminal.

A continuación, puede acceder a la interfaz de Gradio, como se muestra en la figura 10-6.

Figura 10-6. *Interfaz de usuario de Gradio.*

Cuando ejecuta Gradio, obtiene una interfaz en línea que puede utilizar directamente o una URL en la que puede hacer clic para abrir la interfaz web en su navegador. Si ejecuta Gradio con el parámetro `share=True`, por ejemplo, `demo.launch(share=True)`, obtendrá un enlace de acceso público que podrá compartir con amigos, compañeros de trabajo o usuarios en la fase temprana para recibir comentarios sobre su prototipo.

Después de inicializar la interfaz, introduzca un tema haciendo clic en el botón Summarize and Generate Questions. Entonces recopilará y resumirá los resultados de Google, y generará preguntas de sondeo.

A continuación, deberá rellenar las respuestas de cada pregunta. Por último, haga clic en el botón Generate Blog Post & Image, que tomará todas las preguntas, respuestas y resúmenes y creará una publicación de blog completa y una imagen ¡utilizando GPT-4!

Evaluar la calidad

Los datos de evaluación más valiosos en IA son los comentarios hechos por personas, ya que han sido claves para muchos avances en la alineación de AI, incluidos aquellos que alimentan a ChatGPT. Solicitar comentarios de los usuarios a través de una interfaz de usuario, o incluso crear mecanismos de retroalimentación en su producto, lo ayuda a identificar y corregir casos extremos.

Si se dedica al desarrollo con fines de investigación o desea contribuir a la comunidad de código abierto, considere la posibilidad de compartir su demo de Gradio en Hugging Face Spaces. Hugging Face Spaces permite a cualquier interesado alojar libremente sus demos de Gradio de forma gratuita, y subir su proyecto solo lleva unos minutos. Se pueden crear nuevos espacios a través del sitio web de Hugging Face *(https://oreil.ly/pSrP3),* o mediante programación utilizando la API de Hugging Face.

Resumen

¡Enhorabuena! Ha recorrido el amplio mundo del *prompt engineering* para la IA generativa. Empezó aprendiendo los principios del *prompt engineering* y exploró el contexto histórico de los LLM, adquiriendo conciencia de sus capacidades y de las preocupaciones de privacidad que plantean.

Aprendió a extraer datos estructurados, aplicar las mejores prácticas del *prompt engineering* y familiarizarse con un paquete de modelos de lenguaje de gran tamaño (LLM) llamado LangChain. A continuación, descubrió las bases de datos vectoriales para almacenar y consultar texto basado en similitudes y se aventuró en el mundo de los agentes autónomos.

Además, se sumergió en técnicas de generación de imágenes mediante modelos de difusión, aprendiendo a navegar por este espacio latente. Su viaje lo ha abarcado todo: desde modificadores de formato y replicación de estilos artísticos hasta técnicas de *inpainting* y *outpainting*. Además, ha explorado casos de uso más avanzados, como el *prompting expansion*, el mapeo de memes y el interrogador CLIP, entre muchos otros.

Por último, hizo la transición hacia la utilización del *prompt engineering* en la redacción de contenidos. Aprendió a crear un servicio de redacción de blogs que genera publicaciones basándose en las respuestas de los usuarios, imitando sus estilos de escritura, junto con estrategias de investigación de temas.

En general, este viaje no solo ha enriquecido sus conocimientos, sino que también le ha dotado de habilidades prácticas, preparándolo para trabajar profesionalmente en el campo del *prompt engineering*.

Ha sido un placer acompañarlo a través del amplio dominio del *prompt engineering* para la IA generativa. Gracias por seguir con nosotros hasta el final del libro. Confiamos en que se convertirá en una herramienta útil en todos los trabajos con AI que acometa en el futuro.

También nos encantaría conocer sus opiniones sobre el libro, así como cualquier proyecto notable que desarrolle utilizando las técnicas que hemos expuesto.

No dude en compartir sus comentarios o mostrar su trabajo enviándonos un correo electrónico a *hi@brightpool.dev*. Una vez más, ¡gracias! Su curiosidad y perseverancia son las que moldean el futuro de este apasionante campo, y estamos ansiosos por ver lo que aportará.

¡Feliz *prompting*!

Acerca de los autores

Mike Taylor *(https://www.linkedin.com/in/mjt145)* fue cofundador, con una plantilla de 50 personas, de la agencia de *marketing* para el desarrollo personal llamada Ladder *(https://ladder.io),* con oficinas en Estados Unidos, Reino Unido y la Unión Europea. Han asistido a sus cursos sobre *marketing* e IA en LinkedIn Learning *(https://oreil.ly/mtaylor),* Udemy *(https://oreil.ly/QDWh0)* y Vexpower *(https://vexpower.com)* más de cuatrocientas mil personas.

James Phoenix *(https://www.linkedin.com/in/jamesphoenix)* diseña *pipelines* fiables de datos para equipos de *marketing,* con lo que se automatizan miles de tareas recurrentes. Ha impartido más de sesenta *bootcamps* (cursos intensivos) de ciencia de datos para General Assembly y se asoció con Mike en el curso de Udemy *(https://oreil.ly/Nvkdm)* y en Vexpower *(https://vexpower.com).*

Ambos autores han estado experimentando con la ingeniería de *prompts* desde la beta de GPT-3 en 2020. Poco a poco, automatizaron cada parte de su trabajo con IA y ahora trabajan como expertos en *prompt engineering* en varios proyectos *(https://www.brightpool.dev).*

Colofón

El animal que aparece en la portada de *Prompt Engineering para ingeniería artificial generativa* es un armadillo peludo chillón *(Chaetophractus vellerosus).* Esta especie de armadillo recibe su nombre debido a su hábito de chillar, o gritar, cuando se lo atrapa o se siente amenazado.

El armadillo peludo chillón reside en áreas áridas, concretamente en regiones de Argentina, Bolivia y Paraguay. Este animal suele habitar en regiones subtropicales o tropicales, como bosques secos, matorrales, praderas y desiertos. Las extremidades y el vientre están cubiertos por pelo de color blanco y marrón claro. El caparazón, un grueso blindaje hecho de queratina, cubre su cuerpo; un escudo protege su cabeza y, entre sus orejas, se encuentra una pequeña banda. El animal, generalmente, alcanza entre treinta y cincuenta y seis centímetros de longitud, incluyendo su cola, y pesa menos de novecientos gramos, siendo los armadillos machos generalmente más grandes que las hembras.

El armadillo peludo chillón es omnívoro y se alimenta de pequeños vertebrados, como ranas, sapos, lagartijas, aves y roedores, además de frutas y vegetación. Puede pasar largos periodos sin beber agua.

Aunque la Lista Roja de la UICN clasifica al armadillo peludo chillón como de "preocupación menor", sufre una intensa caza en algunas partes de Bolivia por su carne y su caparazón. Muchos de los animales en las portadas de O'Reilly están en peligro de extinción; todos ellos son importantes para el mundo.

La ilustración de la portada es de Karen Montgomery, basada en un grabado antiguo de *Beeton's Dictionary*. El diseño de la serie es de Edie Freedman, Ellie Volckhausen y Karen Montgomery.

Marcombo

Marcombo es una editorial especializada en libros técnicos y científicos que cuenta con más de 75 años de experiencia.

Los títulos de Marcombo están escritos por grandes especialistas y tratan materias sobre tecnología, empresa, instalaciones y otros temas relacionados con las ciencias e ingenierías. Asimismo, Marcombo publica libros sobre formación profesional, certificados de profesionalidad y universitarios; materias de siempre y actuales que avalan una rigurosa y dilatada trayectoria editorial.

Marcombo está a su disposición para ofrecerle las mejores obras técnicas, científicas y de formación de ayer, hoy y siempre. Los autores, nacionales e internacionales, comparten su amplia experiencia mostrando tutoriales de contenidos paso a paso, expertos consejos e ideas motivadoras que reforzarán sus conocimientos. Estos libros son una valiosa herramienta con la que potenciará notablemente sus habilidades y conocimientos técnicos.

Queremos agradecer su confianza en los libros de Marcombo. Por eso, queremos compartir con usted diversos regalos digitales de algunos de los temas de referencia. Puede acceder a ellos dentro del apartado **Contenido gratuito** en www.marcombo.com